U0516224

权威·前沿·原创

皮书系列为
"十二五""十三五""十四五"时期国家重点出版物出版专项规划项目

BLUE BOOK

智 库 成 果 出 版 与 传 播 平 台

辽宁蓝皮书
BLUE BOOK OF LIAONING

辽宁经济社会发展报告

（2024~2025）

ECONOMY AND SOCIETY DEVELOPMENT REPORT OF
LIAONING (2024~2025)

主　编／张万强
副主编／王　磊　王　丹　姜瑞春　宋帅官

社会科学文献出版社
SOCIAL SCIENCES ACADEMIC PRESS (CHINA)

图书在版编目（CIP）数据

辽宁经济社会发展报告 . 2024-2025 ／ 张万强主编；

王磊等副主编 . --北京：社会科学文献出版社，2025.

6. --（辽宁蓝皮书）. --ISBN 978-7-5228-5427-4

Ⅰ . F127. 31

中国国家版本馆 CIP 数据核字第 2025VZ0392 号

辽宁蓝皮书

辽宁经济社会发展报告（2024~2025）

主　　编／张万强

副 主 编／王　磊　王　丹　姜瑞春　宋帅官

出 版 人／冀祥德

责任编辑／张丽丽

文稿编辑／吴尚昀

责任印制／岳　阳

出　　版／社会科学文献出版社·生态文明分社（010）59367143
　　　　　　地址：北京市北三环中路甲 29 号院华龙大厦　邮编：100029
　　　　　　网址：www. ssap. com. cn

发　　行／社会科学文献出版社（010）59367028

印　　装／天津千鹤文化传播有限公司

规　　格／开 本：787mm×1092mm　1/16
　　　　　　印 张：27　字 数：404 千字

版　　次／2025 年 6 月第 1 版　2025 年 6 月第 1 次印刷

书　　号／ISBN 978-7-5228-5427-4

定　　价／138. 00 元

读者服务电话：4008918866

主要编撰者简介

张万强　经济学博士，辽宁社会科学院党组成员、副院长、研究员，英国威斯敏斯特大学访问学者。兼任辽宁省委、省政府决策咨询委员，辽宁省政协智库专家，沈阳市委、市政府决策咨询委员等，获得辽宁省优秀专家、辽宁省"百千万人才工程""百"层次专家等称号。主要研究领域为区域经济、产业经济、财政学。出版专著8部，包括《打造世界级装备制造业基地：战略定位与发展路径》《构建内生增长动力的老工业基地振兴道路》《提升中国装备制造业市场竞争力的财政政策研究》《新中国成立70年辽宁的探索与实践》《辽宁比较优势研究》等。在《光明日报》《财经问题研究》《经济纵横》《内蒙古社会科学》等报纸和期刊发表学术论文80余篇。承担国家社科基金、省级社科基金及各类智库课题百余项。

王　磊　辽宁社会科学院社会学研究所所长、研究员，辽宁省经济社会形势分析与预测中心主任，国家社会科学基金项目评审专家，国务院就业工作领导小组办公室就业专家库专家。兼任中国社会学会常务理事，辽宁省社会学会会长，辽宁省委、省政府决策咨询委员，辽宁省科技伦理委员会委员，辽宁省人大社会委智库专家等。"辽宁五一劳动奖章"获得者，辽宁省"百千万人才工程""百"层次人选，辽宁省"四佳人物"，辽宁省宣传文化系统"四个一批人才"。主要研究领域为社会福利与社会救助。近年来主持国家社会科学基金项目4项，国家社会科学基金重大项目子项目 2 项。2013 年和 2014 年分别获得国家博士后科学基金面上项目一等资助和特别资助。主持完成各级各类科研课题近百项。出版学术专著 5 部,合著 9 部。在《财经问题研究》《理论与改革》《统计与决策》等核心期刊发表学术论文 20 余篇。科研成果获得省部级及以上奖项近 20 项,其中获得民政部民政政策理论研究优秀成果一等奖 2 项,辽宁省政府奖一等奖 2 项。

王 丹 辽宁社会科学院农村发展研究所所长、研究员。主要研究领域为农村经济、区域经济。近年来承担和参与国家级社科基金项目、省级社科基金项目及省政府、地方政府等委托课题 30 余项。撰写相关著作 10 余部,在国家级、省级报纸杂志上发表论文 20 余篇。"通向复兴之路——振兴东北老工业基地政策研究""取消农业税后农村新情况新问题及对策研究"等成果获得辽宁省哲学社会科学成果一等奖、二等奖等奖项。

姜瑞春 辽宁社会科学院产业经济研究所所长、研究员,美国 IVLP 项目高级访问学者,辽宁省中青年决策咨询专家库专家,辽宁省中小企业协会秘书长,中国统计学会第十届理事会理事。主要研究领域为产业经济、区域经济、技术经济等。出版《新兴产业与区域经济转型发展研究》《构建辽宁沿海经济带重点园区业绩考核体系的对策研究》《后金融时代产业发展与安全研究》《资源型地区产业升级的载体和模式研究》《产业转型升级与区域经济高质量发展研究》5 部专著(含合著),从 2011 年开始,连续十年为《辽宁经济形势分析与预测》《东北地区经济形势分析与预测》总报告的主要执笔人。

宋帅官 辽宁社会科学院经济研究所所长、研究员,辽宁省省级重点新型智库首席专家、辽宁省科技创新发展智库首席专家、辽宁省人大财经委智库专家、辽宁省税务学会理事、辽宁省"百千万人才工程"人才。主要研究领域为经济发展战略、产业发展规划、产业政策制定、国企改革等。主持完成省级社科基金课题、省财政科研基金及省政府有关部门委托课题40余项，出版学术专著2部，在《学术研究》《地方财政研究》《农业经济》《中国社会科学报》《辽宁日报》等学术期刊和报纸发表理论文章30余篇，20余篇调研报告、咨询建议获得省部级领导肯定性批示。

摘　要

《辽宁经济社会发展报告（2024~2025）》是辽宁社会科学院连续推出的第29本有关辽宁省经济社会形势分析的年度性研究报告。全书分为总报告、经济运行篇、产业发展篇、社会发展篇、乡村振兴篇、专题篇六部分，由辽宁社会科学院有关专家，以及省直有关部门、大专院校的学者历经1年有余研创而成。本书突出对辽宁经济社会发展中热点、难点和关键问题的分析和展望，并且重视研究数据的系统性、数据资料的权威性、对策建议的前瞻性和实用性。

2024年，辽宁经济整体呈现"稳中向好、稳中有进、稳中提质、稳中蓄势"的发展态势。从三次产业看，农业生产总体稳定、工业生产保持增长、服务业总体向好；从拉动经济发展的"三驾马车"看，有效投资波动增长、消费市场持续复苏、对外贸易保持稳定；从经济发展质效看，新质生产力培育加快、创新能力提升较快、发展协调性持续优化、绿色低碳发展取得新进展。与此同时，辽宁保障和改善民生不断实现新突破，社会发展质量和人民生活品质持续提升。主要体现为就业总体形势平稳向好，城乡居民收入持续增长，养老服务体系日臻完善，教育强省稳步推进，健康服务量质齐升。

辽宁经济社会发展还面临一些不容忽视的问题。受国内外需求不足和内生动力有限影响，与2024年初设定的目标相比，部分经济指标没有达到预期目标，与其他经济体量相近的省份相比，经济回升向好基础仍需巩固，运行中仍存在工业经济承压运行、投资和消费增速回升缓慢、部分企业经营困

难、服务业部分行业还需加快恢复等突出问题和矛盾。在社会民生领域，存在就业质量有待提升、城乡及区域间居民收入差距较大、养老服务供需失衡、生源减少对教育冲击显现、跨区域医疗服务仍难实现等突出问题。

2025年，辽宁经济发展面临的环境仍旧复杂严峻，积极因素和不利因素并存，但积极因素不断增多，经济发展将延续稳中有进的发展态势，经济增长有望继续超过全国水平。为此，辽宁要持续全面学习贯彻习近平新时代中国特色社会主义思想，深入学习习近平总书记关于东北振兴、辽宁振兴发展的重要讲话和重要指示批示精神，牢记嘱托、感恩奋进。在经济发展领域，要激发发展动力，推动经济稳中向好；强化创新引领，加快形成新质生产力；坚持扬长补短，构建现代化产业体系；全面深化改革，畅通壮大双向开放；坚持绿色低碳，实现可持续发展，促进经济运行稳中有进向好。在社会民生领域，要重点做好深化就业领域改革，提高城乡居民收入，优化收入分配结构，促进养老产业和养老事业协同共进，持续推动教育资源整合升级，推进优质医疗资源扩容与均衡布局等方面的工作。

关键词： 稳中有进 深化改革 新质生产力 高质量发展

Abstract

Liaoning Economic and Social Development Report 2024-2025 is the 29th annual research report on the analysis of the economic and social situation in Liaoning Province, which is continuously launched by the Liaoning Academy of Social Sciences. The book is divided into six parts: general report, economic operation, industrial development, social development, rural revitalization, and special topics. It was researched and created by relevant experts from the Liaoning Academy of Social Sciences, as well as scholars from relevant departments and universities directly under the provincial government, over a period of more than one year. This book highlights the analysis and outlook of hotspots, difficulties and key issues in the economic and social development of Liaoning Province, and attaches importance to the systematicness of research data, the authority of data materials, the foresight and practicality of countermeasures and suggestions.

The book points out that in 2024, the overall economy of Liaoning will show a development trend of "stable and improving, stable and advancing, stable and improving quality, and stable and gaining momentum". From the perspective of the three industries, agricultural production is generally stable, industrial production continues to grow, and the service industry is generally improving; From the perspective of the "troika" driving economic development, effective investment fluctuates and grows, the consumer market continues to recover, and foreign trade remains stable; From the perspective of the quality and efficiency of economic development, the cultivation of new productivity has been accelerated, the innovation capability has been improved rapidly, the development coordination has been continuously optimized, and new progress has been made in green and low-carbon development. Meanwhile, Liaoning has made new

breakthroughs in ensuring and improving people's livelihood, and the quality of social development and people's lives has been continuously improved. It is mainly reflected in the overall stable and positive employment situation, the continuous growth of urban and rural residents' income, the improvement of the pension service system, the steady progress of the education-strong province, and the simultaneous increase in the quantity and quality of health services.

The book believes that Liaoning's economic and social development still faces some problems that cannot be ignored: due to insufficient domestic and foreign demand and limited endogenous power, some economic indicators have not reached the expected targets compared to the targets set at the beginning of 2024. Compared with provinces and cities with similar economic volumes nationwide, the foundation for economic recovery still needs to be consolidated, and there are still prominent problems and contradictions in the operation, such as industrial economic pressure, slow recovery of investment and consumption growth, difficulties in some enterprise operations, and the need to accelerate the recovery of some service industries. In the field of social livelihood, there are prominent problems such as the need to improve employment quality, large income gaps between urban and rural areas and regions, imbalanced supply and demand of elderly care services, the impact of reduced student sources on education, and the difficulty in achieving cross regional medical services.

The book proposes that by 2025, the economic development of the province will still face a complex and severe environment, with both positive and negative factors coexisting. However, the number of positive factors will continue to increase, and the economic development will continue to maintain a steady and positive trend. Economic growth is expected to continue to exceed the national level. To this end, Liaoning should continue to fully implement Xi Jinping's Thought on Socialism with Chinese Characteristics for a New Era, deeply study the important speeches and instructions of General Secretary Xi Jinping on the revitalization and development of northeast China and Liaoning, remember the instructions, be grateful and strive forward. In the field of economic development, we need to stimulate development momentum and promote stable and positive economic growth; Strengthen innovation leadership and accelerate the formation of new quality productivity; Persist in highlighting strengths and weaknesses, and build a modern industrial system; Comprehensively deepen reform, smooth and strengthen two-way opening up; Adhere to green and low-carbon development, achieve sustainable development, and promote stable and positive economic operation. In the field of social livelihood, we should focus on deepening the reform in the employment sector, increasing the income of urban and rural residents, optimizing the income distribution structure, promoting the coordinated development of the pension industry and the old-age care, continuously promoting the integration and upgrading of educational resources, and promoting the expansion and balanced layout of high-quality medical resources.

Keywords: Steady Progress; Deepening Reform; New Quality Productivity; High Quality Development

目 录 ⤷

Ⅰ 总报告

Ⅱ 经济运行篇

Ⅲ 产业发展篇

Ⅳ 社会发展篇

Ⅴ 乡村振兴篇

VI　专题篇

皮书数据库阅读**使用指南**

CONTENTS ▶

I General Report

II Economic Operation Articles

Ⅲ   Industrial Development Articles

Ⅳ   Social Development Articles

V Rural Revitalization Articles

VI Special Articles

总 报 告

B.1
2024~2025年辽宁经济形势
分析与预测

姜瑞春　姜岩　耿殿贺*

摘　要：　2024年，面对外部压力加大、内部困难增多的复杂严峻形势，辽宁持续加大经济政策实施力度，农业生产总体稳定、工业生产保持较快增长、服务业总体向好，有效投资波动增长、消费市场持续复苏、对外贸易保持稳定，经济运行总体稳中向好、稳中有进、进中提质、稳中蓄势。同时，经济运行中还存在经济回升向好基础仍需巩固、工业经济承压运行、投资和消费增速回升缓慢、部分企业经营困难、服务业部分行业还需加快恢复等问题。展望2025年，全省经济发展面临的环境仍旧复杂严峻，积极因素和不利因素并存，但积极因素不断增多，经济发展将延续稳中有进的发展态势，经济增长有望继续超过全国水平。辽宁应激发发展动力，推动经济稳中向好；坚持扬长补短，构建现代

---

* 姜瑞春，辽宁社会科学院产业经济研究所所长、研究员，主要研究方向为产业经济、区域经济、技术经济等；姜岩，辽宁社会科学院产业经济研究所研究员，主要研究方向为产业经济；耿殿贺，辽宁社会科学院产业经济研究所助理研究员，主要研究方向为产业经济、区域经济。

化产业体系；强化创新引领，加快形成新质生产力；全面深化改革，畅通扩大双向开放；坚持绿色低碳，推动实现可持续发展，促进经济运行稳中有进向好，为中国式现代化及"十四五"收官之年经济高质量发展做出新贡献。

关键词： 经济形势　新质生产力　现代化产业体系

2024年以来，辽宁经济运行总体平稳、稳中有进，经济增长及第一产业增加值、固定资产投资、社会消费品零售总额、一般公共预算收入、城镇居民可支配收入等支撑性指标增速持续超过全国水平，新质生产力加快培育，科技创新能力不断增强，区域发展协调性持续优化，高质量发展扎实推进。2025年，辽宁经济形势将延续稳中有进向好的发展态势，预计经济增速将继续超过全国水平。

一　2024年辽宁经济运行态势分析①

2024年初以来，辽宁上下深入学习贯彻习近平总书记在新时代推动东北全面振兴座谈会上的重要讲话精神，认真落实中央经济工作会议及省委经济工作会议部署，全力开展"八大攻坚"，持续加大稳经济政策实施力度，工业保持较快增长，服务业总体向好，市场销售稳步增长，投资规模不断扩大，经济运行总体平稳。

（一）总体呈现"稳中向好、稳中有进、稳中提质、稳中蓄势"的发展态势

2024年以来，辽宁先后出台《辽宁省推动经济稳中求进若干政策举措》《辽宁省进一步推动经济以进促稳稳中提质若干措施》，政策红利持续释放。根据辽宁省统计局数据，2024年前三季度，辽宁实现生产总值22549.9亿

---

① 如无特殊说明，本文数据均来源于2024年辽宁省统计月报。

元，同比增长 4.9%，高于全国平均水平 0.1 个百分点，连续 7 个季度赶上或超过全国平均水平（见图 1）。其中，第一产业增加值为 1545.1 亿元，同比增长 4.8%；第二产业增加值为 8876.4 亿元，同比增长 5.1%；第三产业增加值为 12128.4 亿元，同比增长 4.7%。辽宁 2024 年前三季度生产总值在全国位列第 17，总体来看，全省经济运行延续稳定恢复态势，转型升级步伐加快，新动能加速蓄积，高质量发展的基本面持续向好。

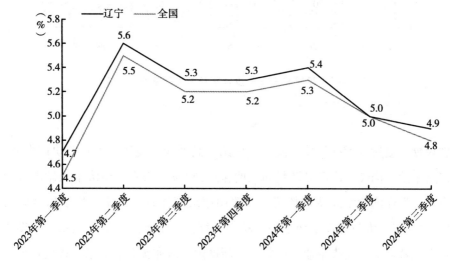

图 1　2023 年至 2024 年前三季度辽宁与全国 GDP 各季度累计增速比较

资料来源：Wind 数据库。

从各市来看，2024 年前三季度生产总值同比增速高于全省平均水平的有 6 个市，即沈阳、大连、本溪、丹东、锦州和朝阳，其增速分别为 5.1%、5.0%、6.3%、5.0%、5.2%、6.1%，是全省经济增长的重要增量。鞍山、抚顺、营口、阜新和辽阳增速分别为 4.8%、4.7%、4.9%、4.8% 和 4.9%。盘锦、葫芦岛和铁岭增速居全省后 3 位，增速分别为 3.9%、3.9% 和 3.8%（见图 2）。

（二）三次产业稳中有进

1.农业生产总体稳定

2024 年，辽宁粮食生产再获丰收，在遭受严重自然灾害的情况下，全

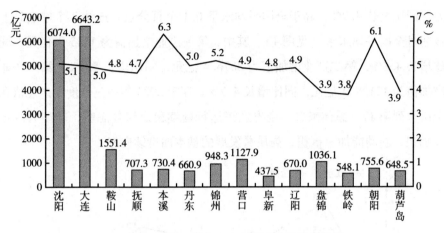

图2 2024年前三季度辽宁各市生产总值和增速

资料来源：辽宁省统计局。

省粮食产量达到500亿斤，成为历史第3高产年。现代设施农业快速发展，设施果蔬、肉类、水产品产量同比增速达到6%，为农业经济增长做出有力支撑。海洋渔业空间持续拓展，新建国家级海洋牧场6个，增量居全国第1。食品工业大省建设步伐加快，粮油、畜禽、水产品3个千亿元产业集群建设成效显著。龙头企业持续壮大，新增国家级龙头企业9家、省级龙头企业91家。全省43个农产品加工集聚区实现营业收入同比增长6.6%。

2. 工业生产保持增长

受国际大宗商品价格下行、市场需求收缩、重点企业集中检修等不利因素影响，全省工业运行持续承压。2024年1~11月，辽宁规模以上工业增加值同比增长2.9%（见图3），比2023年同期降低1.6个百分点，比全国平均水平低2.9个百分点，下行压力较大。装备制造业、石化工业、冶金工业和消费品工业4个主要行业增加值增速分别为3.5%、-0.8%、7.3%、6.1%。高技术制造业增加值同比增长11.9%，高于全国平均水平2.9个百分点。从三大门类看，采矿业增加值同比增长7.3%，制造业增加值同比增长2.3%，电力、热力、燃气及水生产和供应业增加值同比增长2.9%。

2024年1~11月，大连、本溪、丹东、锦州、辽阳、朝阳6个市规模以

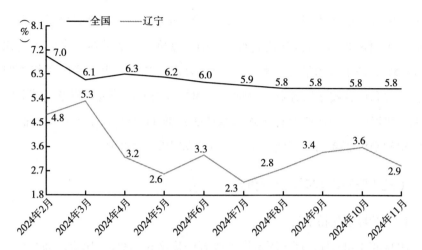

图3 2024年2~11月辽宁和全国规模以上工业增加值累计增速比较

资料来源：国家统计局。

上工业增加值增速跑赢全国，增速分别为7.8%、9.9%、8.6%、10.6%、8.8%、7.0%，铁岭、葫芦岛和营口增速为负，列后3位，增速分别为−6.0%、−2.6%和−0.8%（见图4）。

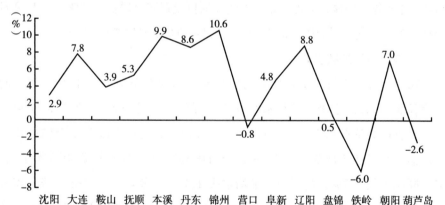

图4 2024年1~11月辽宁各市规模以上工业增加值增速

资料来源：辽宁省统计局。

3. 服务业总体向好

2024年前三季度，辽宁服务业增加值同比增长4.7%，其中交通运输、

仓储和邮政业增加值同比增长8.0%，住宿和餐饮业增加值同比增长5.7%。文旅"人财两旺"，节假日效应明显。前三季度，全省旅游综合收入同比增长39.5%，高于全国平均水平22.4个百分点；规模以上互联网和相关服务业、软件和信息技术服务业、科学研究和技术服务业等现代服务业营业收入实现较快增长。房地产业有止跌回稳苗头，前11个月，全省新建商品房销售面积和销售额降幅分别低于全国5.8个和10.2个百分点。

（三）"三驾马车"稳中有升

1.有效投资保持增长

2024年1~11月，辽宁固定资产投资同比增长3.9%，比全国高0.6个百分点，比1~9月回落0.9个百分点。2024年2~11月辽宁固定资产投资累计同比增速分别为15.1%、9.3%、4.9%、4.8%、2.5%、3.4%、3.4%、4.8%、4.2%、3.9%（见图5）。中央项目投资增势良好，1~11月，中央项目投资延续了年初以来的高速增长态势，累计同比增长24.3%；基础设施投资支撑有力，基础设施投资累计同比增长17.8%，比1~9月提高0.6个百分点；重大项目建设带动作用明显，全省亿元以上建设项目投资同比增长16.0%，比1~9月提高4.3个百分点，其中，10亿元以上建设项目投资同比增长32.3%。

2.消费市场持续复苏

2024年1~11月，全省社会消费品零售总额实现9843.3亿元，累计同比增长3.8%，高于全国平均水平0.3个百分点（见图6）。预计2024年全年，全省社会消费品零售总额同比增长4%以上，有望继续高于全国平均增速。消费市场加快恢复，1~11月，全省限额以上零售额实现3920.4亿元，累计同比增长3.7%，高于全国平均水平1.1个百分点，占社会消费品零售总额的比重达到39.8%。重点商品销售良好，全省限额以上批发零售业重点监测的19大类商品中，11类商品保持正增长。其中，汽车类商品同比增长2.4%（新能源汽车同比增长49.3%）、通信器材类商品同比增长30.4%、家用电器和音像器材类商品同比增长8.1%；网上零售快速增长，全省限额以上单位网上零售额同比增长11%。

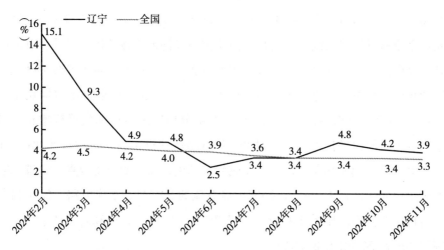

图5　2024年2~11月辽宁和全国固定资产投资累计增速比较

资料来源：Wind数据库。

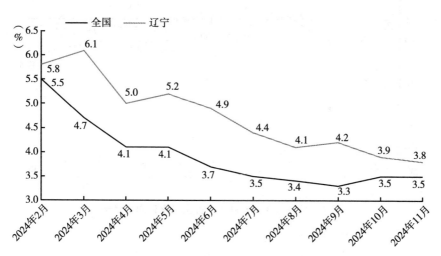

图6　2024年2~11月辽宁和全国社会消费品零售总额累计增速比较

资料来源：Wind数据库。

3. 对外贸易保持稳定

2024年1~11月，全省进出口总值为6944.8亿元，同比下降1.6%，增速低于全国6.5个百分点，总量居全国第12位，与上年持平。其中，出口

3416.2 亿元，同比增长 5.2%；进口 3528.6 亿元，同比下降 7.4%。尽管年初以来全省进出口持续承压前行，但从拉动经济最直接的出口来看，总体保持平稳向好势头（见图7）。预计2024年全年，全省出口同比增长5%以上。民营企业主力军地位进一步巩固，1~11月，辽宁民营企业进出口同比增长1.1%，占全省进出口总值的47.7%；对部分地区进出口总值保持增长，对东盟进出口同比增长59.1%，对 RCEP 贸易伙伴进出口同比增长8.0%；部分机电产品、钢材和高新技术产品成为拉动出口增长的重要因素，全省机电产品出口同比增长1.9%，占同期出口总值的50.6%。集成电路、船舶和电工器材出口分别同比增长11.8%、17.7%和19.4%，钢材和高新技术产品分别同比增长26.0%和8.2%。

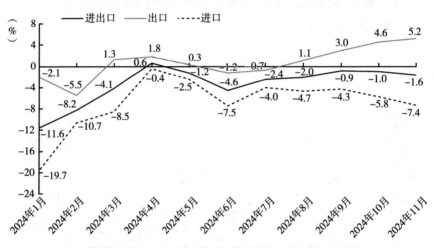

图7　2024年1~11月辽宁进出口累计同比增速

资料来源：Wind 数据库。

（四）发展质效提升明显

1. 新质生产力加快培育发展

一是政策体系不断完善。辽宁出台《关于培育新质生产力推动高质量发展的意见》和《辽宁省人民政府办公厅关于科技引领未来产业创新发展的实施意见》，人工智能、细胞治疗等未来产业加快布局。二是新兴产业加快发展。1~11 月，全省铁路、船舶、航空航天和其他运输设备制造业增加值同比增长 19.6%，电气机械和器材制造业增加值同比增长 16.4%，计算机、通信和其他电子设备制造业增加值同比增长 15.9%，医药制造业增加值同比增长 13.4%。三是数字化转型加快推进。规上工业关键工序数控化率和数字化研发设计工具普及率分别达到 64.1% 和 82.2%。沈阳入选全国首批"5G+工业互联网"融合应用试点城市，沈阳、盘锦入选工业和信息化领域北斗规模应用试点城市。大连数谷智创园正式开园。

2. 科技创新能力不断增强

一是创新能力加速提升。辽宁 R&D 经费投入增速 6 年来首次高于全国，投入强度创十年新高；全省技术合同成交额增长 26.7%，累计高价值发明专利拥有量增长 22.7%。二是科技资源加速集聚。沈阳浑南科技城、大连英歌石科学城开城运行，沈抚科创园启动运行；国家级创新平台高效运行，全国重点实验室达到 17 家。三是创新企业培育壮大。高新技术企业突破 1.4 万家，科技型中小企业近 4 万家，新增"雏鹰""瞪羚"企业 1015 家，高新技术企业、科技型中小企业、"雏鹰""瞪羚"企业分别同比增长 18.5%、12.6% 和 17.7%。

3. 区域发展协调性持续优化

一是"一圈一带两区"建设加快推进。沈阳都市圈组建产业、科技、人才、文旅等 11 个联盟；沿海经济带陆海统筹、港城联动，组建六城市产业协同发展专业委员会；辽西先导区持续深化与京津冀地区资源要素双向流动；辽东绿色经济区特色农业产业和全域旅游加快发展。二是县域经济发展提速。评定国家级优势特色产业集群 1 个、国家现代农业产业园 1 个、国家级特色产业强镇 5 个，新增全国休闲农业和乡村旅游重点县 2 个、中国美丽休闲乡村 8 个。瓦房店、海城、庄河上榜全国百强县。三是海洋经济发展全面提速。召开了全省海洋经济高质量发展大会，成立海洋经济发展委员会，出台《关于推动新时代海洋经济高质量发展的意见》。全国最大的南极磷虾捕捞加工船建成并投入使用。

4. 绿色低碳发展取得新进展

一是生态治理修复扎实推进。出台《关于全面推进美丽辽宁建设的实施意见》。辽河流域（浑太水系）山水林田湖草沙一体化保护与修复工程、阜新百里矿区历史遗留废弃矿山生态修复工程扎实推进，本溪露天矿和抚顺西露天矿实现三年复绿任务两年完成。二是生态环境质量持续改善。全省空气质量优良天数比例为 87.7%，同比提升 3.3 个百分点；$PM_{2.5}$ 平均浓度为 31.1 微克/米^3，同比改善 0.3%。积极构建陆海统筹、河海联动的保护治理体系，出台河流断面水质激励补偿办法，150 个地表水国考断面优良水质比例为 88.7%，同比提升 4 个百分点。三是绿色转型步伐加快。碳达峰碳中和政策体系持续健全完善，单位地区生产总值能耗下降 4% 左右，2020～2024 年累计降低 21% 左右；沈阳、大连碳达峰试点示范建设稳步推进，鞍山尾矿库综合利用项目入选国家首批绿色低碳示范项目。

二　当前辽宁经济运行存在的突出问题

当前辽宁经济运行总体平稳，但受国内外需求不足和内生动力有限影响，部分经济指标未达到年初设定的预期目标，与其他经济体量相近的省份相比，经济回升向好基础仍需巩固，运行中仍存在一些深层次问题和突出矛盾。

（一）经济回升向好基础仍需巩固

一是主要经济指标未达到预期目标。受市场疲软、部分产业产能过剩、炼化企业集中检修等因素影响，加之新建项目投产支撑不足，特别是电子、新能源汽车等新兴产业规模小、占比低、贡献少，石化行业油化比高，钢铁行业竞争力不强等问题制约，2024 年辽宁部分经济指标未达到预期目标，恢复的基础还不稳固。从 1～11 月辽宁与全国主要经济指标对比情况来看，全省全年规模以上工业增加值增速和进出口总额增速均很难完成年度预期目标，且大概率低于全国平均水平；固定资产投资增速和社会消费品零售总额增速虽然高于全国平均水平，但与年初设定的预期目标还有一定差距（见表1）。

表1 2024年1~11月辽宁与全国主要指标比较

指标	全国	辽宁		
	同比增长(%)	同比增长(%)	增速高(+)/低(-)于全国(个百分点)	年初预期目标
地区生产总值	4.8	4.9	0.1	5.5%左右
规模以上工业增加值	5.8	2.9	-2.9	5.5%
固定资产投资	3.3	3.9	0.6	10%
房地产开发投资	-10.4	-19.9	-9.5	—
商品房销售面积	-14.3	-8.5	5.8	—
社会消费品零售总额	3.5	3.8	0.3	8%
限额以上单位消费品零售额	2.6	3.7	1.1	
进出口总额	4.9	-1.6	-6.5	6%
出口总额	6.7	5.2	-1.5	
进口总额	2.4	-7.4	-9.8	
居民消费价格总指数	0.3	0.2	-0.1	3%左右
工业生产者出厂价格指数	-2.1	-2.7	-0.6	
工业生产者购进价格指数	-2.2	-2.6	-0.4	
一般公共预算收入	-0.6	4.7	5.3	5%
城镇居民人均可支配收入	4.2	4.6	0.4	与经济增长同步
农村居民人均可支配收入	6.3	5.9	-0.4	与经济增长同步

注：地区生产总值、城镇居民人均可支配收入、农村居民人均可支配收入均为2024年前三季度数据。

资料来源：国家统计局网站、辽宁省统计局网站。

二是经济总量排名进位压力较大。从辽宁与经济体量相近省份主要指标比较来看，2024年前三季度，辽宁经济总量排名被重庆反超，比2023年后退1位。1~11月辽宁与陕西、江西、重庆相比，规模以上工业增加值增速分别低4.8个、5.6个、4.7个百分点；1~11月辽宁固定资产投资增速比陕西、江西均低0.8个百分点；前三季度辽宁社会消费品零售总额增速分别比陕西、江西低0.2个、0.9个百分点。与2023年全年相比，2024年1~11月辽宁出口增速提升了6.3个百分点，低于云南的36.8个百分点、陕西的30.4个百分点和重庆的8.9个百分点（见表2）。辽宁这些主要经济指标的增速明显落后于经济体量靠前的省份，反映出其经济总量进一步提升的难度较大。

表2　辽宁与经济体量相当的省份主要经济指标比较

单位：亿元，%

省份	经济总量		经济增速		规模以上工业增加值增速		固定资产投资增速		社会消费品零售总额增速		出口增速	
	2023年	2024年前三季度	2023年	2024年前三季度	2023年	2024年前11个月	2023年	2024年前11个月	2023年	2024年前三季度	2023年	2024年前11个月
陕西	33786.1	24781.1	4.3	4.6	5.0	7.7	0.2	4.7	3.4	4.4	-11.5	18.9
江西	32200.1	24149.8	4.1	4.7	5.4	8.5	-5.9	4.7	6.3	5.1	-17.3	-24.4
辽宁	30209.4	22549.9	5.3	4.9	5.0	2.9	4.0	3.9	8.8	4.2	-1.1	5.2
重庆	30145.8	23244.3	6.1	6.0	6.6	7.6	4.3	0.1	8.6	3.8	-6.1	2.8
云南	30021.1	22110.0	4.4	3.0	5.2	2.9	-10.6	-10.4	6.7	2.8	-36.3	0.5

资料来源：国家统计局网站。

（二）工业经济承压运行

一是受国内外需求不足、大宗商品价格波动和产业结构调整缓慢等因素影响，工业存量增长乏力，汽车制造业、黑色金属冶炼和压延加工业、化学原料和化学制品制造业增加值持续下行，1~11月分别同比下降0.8%、1.0%、10.7%。二是工业增量少而弱的局面没有根本扭转。1~11月，规模以上工业增加值同比增长2.9%，增速低于全国2.9个百分点，在全国仅居第26位。1~11月，规模以上工业企业数同比仅增加550家，少于江西的984家和陕西的603家；规模以上工业企业营业收入累计同比下降4.6%，增速低于全国平均水平6.4个百分点，连续处于负增长区间（见图8）。三是工业生产者出厂价格指数和购进价格指数（IPI）环比下行，回升乏力。全省工业生产者出厂价格指数已连续21个月负增长，2024年1~11月累计下降2.7%，低于全国水平0.2个百分点。

（三）投资和消费增速回升缓慢

一是固定资产投资仍需加力。新开工建设项目数量及投资额双下降，

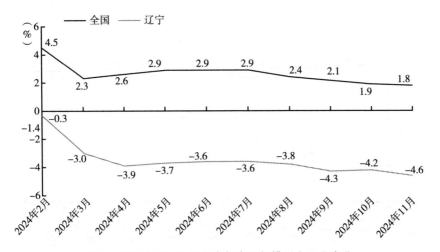

**图8　2024年2~11月辽宁与全国规模以上工业企业
营业收入累计同比增速**

资料来源：Wind 数据库。

1~11月，辽宁新开工建设项目数量同比下降11.7%，完成投资额同比下降10.4%。房地产开发投资降幅扩大，房地产开发投资降幅连续2个月扩大，1~11月累计同比下降19.9%，降幅比1~10月扩大1.4个百分点，比1~9月扩大2.6个百分点（见图9）。二是消费增速趋缓。部分升级类商品零售额增速持续走低，1~11月，全省限额以上化妆品类商品零售额同比下降1.2%，文化办公用品类商品零售额同比下降3.4%，金银珠宝类商品零售额增速连续5个月为负。家装建材类商品换新效果欠佳，受房地产市场仍未摆脱低迷状况影响，居家适老化改造、家装家居等领域的政策效果暂未充分显现，限额以上建筑及装潢材料类商品、家具类商品零售额连续3个月降幅扩大，1~11月分别下降26.0%、9.0%。

（四）部分企业经营困难

一是企业经济效益处于较低水平，生产经营成本居高不下。1~11月，规模以上工业企业营业收入和利润总额分别同比下降4.6%、32.6%，增速分别居全国第27位、第30位；规模以上工业企业亏损面达33.7%，高于全

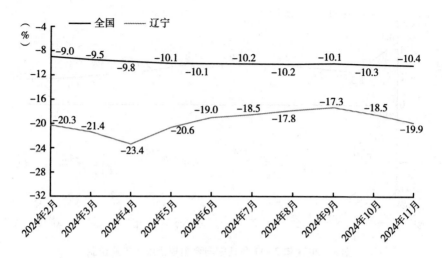

图9　2024年2~11月辽宁与全国房地产开发投资完成额累计增速

资料来源：Wind数据库。

国平均水平8.3个百分点。二是中小微企业生产经营恢复较慢。前三季度，限额以上单位消费品零售额增速低于社会消费品零售总额增速超过3个百分点；规模以上工业私营企业营业收入利润率为2.23%，分别低于全省、全国平均水平0.89个和1.68个百分点。

（五）服务业部分行业还需加快恢复

一是零售业增速回落、住宿业增速仍低位运行。1~11月，辽宁限额以上零售业销售额增长4.0%，比1~9月（4.6%）回落0.6个百分点；全省限额以上住宿业营业额增长0.7%，比1~9月回落0.8个百分点。二是金融供需状况有待进一步改善。受金融风险影响，截至11月末，全省金融机构本外币各项贷款余额累计下降5.5%，降幅比9月末扩大4.6个百分点，增速为年初以来最低点；全省社会融资规模仅占全国的1.8%，同比下降3.3%；本省地方金融机构信贷能力羸弱，国有大行新增贷款余额占全省的85%左右。

三 2025年辽宁经济发展环境及总体走势展望

（一）2025年辽宁经济运行环境分析

1. 有利条件

（1）中国经济延续温和复苏态势

2025年中国经济将继续保持稳健增长态势，增长韧性较强，高质量发展持续推进。一是消费和投资的内需"压舱石"作用将进一步凸显。大幅扩大超长期特别国债资金规模、加力扩围实施大规模设备更新和消费品以旧换新等多项政策将支持消费增长。预计这些政策将显著提升消费品销售量，带动相关行业发展。在更加积极的财政政策和适度宽松的货币政策的协同推动下，基建和房地产投资增速可能有所回升，新质生产力发展将推动制造业投资积极向好。二是外贸和国际合作将继续拓展。政府将采取扩大国内需求、支持科技创新和优化产业结构等一系列措施，以应对外部冲击。可以预见，中国经济将呈现温和复苏的态势。

（2）宏观政策转向推动经济复苏

2024年，国家宏观政策在推动经济复苏、优化产业结构、提升对外开放水平、促进国内消费、稳定房地产市场、推动科技创新等方面取得了显著成效。一是政策转向推动经济复苏。2024年9月末，政策积极转向，包括"一行一局一会"在国新办发布会上宣布的多项利好政策，以及中共中央政治局会议推出的一揽子增量政策，显著改善了市场风险偏好，推动了经济复苏。二是房地产有望止跌企稳。房地产市场在政策"组合拳"的推动下，逐渐止跌回稳。限购政策放松、首付比例下调、房贷利率降低以及融资政策优化，共同推动了房地产市场的复苏。三是宏观政策提供持续支持。2024年中央经济工作会议强调，2025年将继续实施更加积极有为的宏观政策，包括更加积极的财政政策和适度宽松的货币政策。提高财政赤字率、加大财政支出强度、增加发行超长期特别国债、适时降准降息等政策的实施将为

2025 年的经济增长提供持续支持，确保经济在复苏的道路上稳步前行。

（3）新技术、新产业加快产业升级

新产业革命正在推动辽宁转型发展，通过智能化改造传统产业、大力发展新兴产业及布局未来产业，辽宁正逐步构建具有特色优势的现代化产业体系，扎实推进新质生产力培育发展。一是加快传统产业智能化转型。辽宁作为中国重要的老工业基地，近年来在传统产业的智能化转型方面取得了显著进展。全省已建立近 90 个省级工业互联网平台、222 个数字化车间和 115 个智能工厂。这些平台和工厂的建设，极大地提升了辽宁传统产业的生产效率和智能化水平。二是大力发展新兴产业。辽宁重点发展机器人和人工智能、软件和信息技术服务、集成电路设备、生物医药和先进医疗设备以及新能源等十大战略性新兴产业集群，为辽宁经济转型提供了新的动力。三是深度布局未来产业。辽宁不仅在现有新兴产业上发力，还积极布局未来产业，大力发展人工智能、细胞治疗等前沿技术，为未来产业的发展奠定基础。

（4）辽宁自身发展潜力依然突出

辽宁工业体系完备，科研资源丰富，营商环境持续优化，对外开放力度不断加大，基础设施不断完善，未来发展态势趋于良好，展现出巨大的发展潜力。一是工业体系完备。根据国民经济行业分类，辽宁拥有 41 个工业大类中的 40 个，207 个工业中类中的 197 个，666 个工业小类中的 519 个，工业体系的完备性在全国领先。二是科研资源丰富。辽宁拥有 114 所高等院校，61 名两院院士，以及众多国家级创新平台，为科技创新提供了强大的智力支持。三是营商环境优化改善。辽宁将优化营商环境作为"先手棋"和"关键仗"，通过制度创新、服务提升等措施，降低企业生产经营成本，不断提升市场活力。四是国际经贸合作水平大幅提升。辽宁积极与欧洲、日韩等国家和地区开展经贸合作，特别是在冰雪经济、智能制造、新能源等领域取得了显著成果。五是交通网络发达。辽宁拥有大连港、营口港、锦州港等 6 个重要港口，铁路网和公路网密度居全国前列，是"一带一路"建设的重要节点。这些优势为辽宁全面振兴提供了坚实的基础和广阔的空间。

（5）中国式现代化辽宁实践迈出坚实步伐

习近平总书记对辽宁工作高度重视、深情牵挂、念兹在兹，这是推进辽宁全面振兴的最大底气和根本保证。党中央持续加大对东北、辽宁的支持力度，一系列支持政策效应逐步释放，特别是加强超常规、逆周期调节，大力推出一揽子增量政策，都为辽宁振兴发展带来难得的机遇。省委实施三年行动方案带来重大转变，新产业、新动能、新优势加快集聚，人流、物流、资金流活跃度明显提升。辽宁振兴发展取得突破性、转折性、历史性进展，扭转了经济总量全国排名持续下滑的被动局面，扭转了经济增速长期低于全国水平的发展态势，为实现高质量发展打下了良好基础。

2. 不利因素

（1）外部环境仍然严峻复杂

2025年，全球宏观经济环境仍然面临诸多不确定性，包括但不限于国际贸易摩擦、地缘政治局势紧张、全球经济复苏步伐不一等。这些外部因素给以制造业为主的省份带来不利影响。外部需求波动直接影响辽宁的出口导向型企业，进而影响整个产业链的稳定性和经济增长速度。辽宁作为东北地区唯一的沿海省份，其经济发展与国际贸易紧密相连。外部环境的不确定性增加了国际贸易成本和风险，特别是机械制造、钢铁等依赖出口的行业，这可能导致辽宁出口企业面临订单减少、利润下滑等问题，进而影响就业和居民收入水平。

（2）经济复苏信心有待恢复

我国经济逐步回归正轨，但在经济复苏过程中，投资和消费信心仍有待提振。一方面，国际环境日趋严峻复杂，宏观经济复苏低于预期，民营经济和企业家预期不稳的问题突出，互联网龙头企业国际竞争力下降，新经济、新产业、新业态创新乏力，发展信心还需要进一步提振；另一方面，大学毕业生实际就业率明显下滑，企业投资、用工增长意愿不强，居民增收难度较大。从辽宁看，2024年前三季度，辽宁居民人均可支配收入只有全国水平的92.8%，消费拉动经济复苏的动力不足。辽宁基层政府的财政收支矛盾较为突出，部分县区财政收入下降，导致"三保"支出压力增大，市场信

心亟待提升。

（3）产业转型压力不断加大

近年来，拉动中国经济增长的三大动力——出口、投资、消费均发生重大趋势性变化，经济潜在增长率下移；我国科技创新能力处于由大到强、要强未强的关键阶段；全国规模以上工业企业 R&D 经费占营业收入的比重仅为 1.33%，远低于发达国家。辽宁工业企业重制造、轻研发的特征明显，2023 年，规模以上工业企业有研发机构的比例仅为 5.9%，低于全国水平18.7 个百分点；辽宁产业深度转型成效不够明显，表现为传统制造业占比高，资源占据多、质效不够高，全省规模以上工业利润率为 4.9%，低于广东的 5.7%、江苏的 5.6%、浙江的 5.3%；以创新为引领的新经济体量偏小，2023 年，全省战略性新兴产业增加值占全省 GDP 的比重仅为 7.5%，低于全国 5.9 个百分点；"三新"经济增加值占 GDP 的比重不足 15%，低于全国，与浙江、江苏（25%以上）等发达省份差距较为明显，支撑作用还需进一步提升。

（4）人口老龄化带来新问题

近年来，低生育率、少子化、人均预期寿命延长、中青年劳动力外流，导致辽宁人口老龄化的速度更快、影响更深。"少子化、老龄化"成为常态，由此带来的赡养、抚育、养老、医疗、社会保障等方面的压力将逐年凸显。根据 2020 年第七次全国人口普查数据，全国 65 岁及以上人口占比为 13.5%，辽宁占比为 17.42%，排名全国第 1；与 2010 年第六次全国人口普查数据相比，辽宁 65 岁及以上人口比重上升了 7.11 个百分点。人口老龄化将是今后较长一段时间辽宁经济发展必须面对的省情，应对老龄化挑战，既要加快形成与人口老龄化相匹配的产业结构，更要加快推动经济增长从依靠"人口红利"向依靠"人才红利"转变，促进经济转型升级。

（二）2025年辽宁经济走势及主要指标预测

随着国家宏观政策持续加力增效以及辽宁三年行动计划决胜之年的各项

工作任务和政策措施落实落地，预计2025年全省投资和消费实现平稳增长，进出口降幅有望收窄，农业生产保持稳定，工业和服务业将有所回升，经济运行质量和效率将显著提高。辽宁宏观经济主要指标数值及增长率预测如表3所示。

表3　辽宁宏观经济主要指标数值及增长率预测

单位：万亿元，%

指标		实际值		预测值
		2023年	2024年前三季度	2025年
地区生产总值	数值	3.0	2.5	3.4
	增长率	5.3	4.9	5.3
工业增加值	数值	1.3	1.2	1.3
	增长率	5.0	2.9	4.5
服务业增加值	数值	1.6	1.2	1.7
	增长率	5.5	4.7	5.0
固定资产投资	数值	—	—	—
	增长率	4.0	4.8	8.0
社会消费品零售总额	数值	1.0	0.8	1.2
	增长率	8.8	4.2	6.0
出口总额	数值	0.30	0.28	0.42
	增长率	-1.1	3.0	5.0
进口总额	数值	0.41	0.3	0.38
	增长率	-4.7	-4.3	0.5
居民消费价格指数	增长率	0.2	-0.2	2.0
城镇调查失业率平均值	数值	5.5	5.5	5.5

资料来源：实际值来源于辽宁统计局，预测值来源于课题组预测。

1. 经济运行平稳向好，增速将高于全国水平

辽宁经济主要将受到以下因素影响。一是从国际看，外部环境依然复杂多变，保护主义加剧。二是从国内看，中央将实施更加积极的财政政策和适度宽松的货币政策，进一步完善政策工具箱，加强超常规逆周期调节，提高宏观调控的前瞻性、针对性、有效性，全面推动经济高质量发展。世界主要经济机构依然看好中国经济发展，世界银行最新预测中国2025年GDP增速

比前一轮预测上调了0.4个百分点。三是从省内看，辽宁产业基础雄厚、科教实力丰富、区位优势明显、资源禀赋突出，特别是近几年央地合作不断深化，储备实施了一批支撑经济发展的重大项目，新动能加快孕育、人流物流活跃度持续提升，外界对辽宁经济发展预期持续看好，推动经济向上向好的积极因素增多，为2025年全年经济发展奠定了坚实的基础，全省经济有望延续稳中有进、进中向好的发展势头。综合分析，辽宁经济运行将继续保持赶超全国态势，预计2025年地区生产总值同比增长5.3%，达到3.4万亿元。

2.工业生产承压运行，服务业质效持续提升

辽宁产业发展主要将受以下因素影响。一是工业方面，医药、船舶、烟草、铁矿等行业全年仍将保持较快增长，但石化、钢铁、汽车等相关行业仍面临较大压力。受订单减少、价格下行等因素影响，预计化工行业持续下降。主要钢铁企业产量将延续下滑趋势，预计全年钢材产量小幅下降。预计全年汽车产量大幅下降。全年工业平稳增长的压力较大。二是服务业方面，2024年全国服务业生产指数10月、11月连续2个月增速均高于6.0%，为年内增速最高的2个月。预计2025年全省批发业、餐饮业、交通运输业增速将加快，房地产业降幅继续收窄，零售业、住宿业、金融业等行业发展均有不同程度恢复。全年服务业发展质效将持续提升。综合分析，工业生产将承压运行，服务业发展质效将持续提升，预计2025年增加值分别同比增长4.5%、5.0%，分别达到1.3万亿元、1.7万亿元。

3.项目建设不断提速，投资效应持续显现

辽宁投资增长主要将受以下因素影响。一是在经济高质量发展阶段，"新基建"投资将成为投资增长的新动力。二是房地产投资将逐步回归健康发展。三是一批符合"两重"建设要求的重大项目获得国家支持，加速形成实物工作量；15项重大工程重点项目加力提效，一批引领产业升级的标志性项目、标志性工程加快推进，一批具有重大牵动力的基础设施项目开工建设；政府投资带动放大效应加快释放，积极支持社会资本参与重大项目建设，有效益的投资将持续扩大。综合分析，投资将保持平稳增长，预计

2025年固定资产投资同比增长8.0%。

4. 居民就业收入回暖,消费潜力加速释放

辽宁消费主要将受以下因素影响。一是"两新"工作持续激发需求潜力,大宗商品消费持续增加,系列促销活动拉动消费新热潮,消费新场景、新增长点加快培育,文体旅消费市场持续升温,网络零售快速增长,城市消费新活力、农村消费新潜能将加快释放。二是不断健全经济发展与收入增长联动机制,多渠道增加城乡居民财产性收入和经营性收入,稳步扩大中等收入群体规模,居民收入有望持续增长,对未来经济和收入增长的预期不断提高,边际消费倾向将有所提高,为消费增长奠定良好基础。第三,房地产市场将筑底回升,带动家具家电、建筑装潢等住房相关消费回暖。综合分析,消费增长潜力加速释放,预计2025年社会消费品零售总额同比增长6.0%,达到1.2万亿元。

5. 外部需求结构有所调整,出口有望稳定增长

辽宁外贸主要将受以下因素影响。一是世界经济不确定性和脆弱性日益增强,拖累外需走弱。二是外贸新增长点将加快培育,辽宁落实落细促进外贸稳定增长新措施,支持企业"走出去",抢抓机遇,增加订单,多元化开拓国际市场,"零外贸"企业将破零增量,进出口产品结构将持续优化。三是《区域全面经济伙伴关系协定》(RCEP)正逐步重构当前国际经贸规则。在这一历史机遇下,辽宁进出口商品结构持续优化,多元国际市场进一步开拓,为辽宁外贸提供新的增长点。综合分析,外贸增长将基本稳定,预计2025年出口总额和进口总额分别同比增长5.0%和0.5%,分别达到0.42万亿元和0.38万亿元。

6. 物价有望温和上涨,就业压力有所缓解

辽宁物价和就业情况主要将受以下因素影响。一是粮食生产连续丰收,重要民生商品供应充足,基础能源保障有力,保供稳价体系进一步健全,为物价保持平稳运行打下坚实基础。二是随着全省经济持续稳中向好,第二、第三产业吸纳就业能力持续增强,就业政策支持体系不断完善,多措并举降成本、保用工、稳岗位,高校毕业生等青年群体继续保持回辽留辽就业创业

的良好态势，中青年群体新就业占比稳步提升。预计2025年居民消费价格指数同比上涨2.0%，城镇调查失业率平均值为5.5%。

四 促进经济稳中有进向好的对策建议

党的二十届三中全会指出，当前和今后一个时期是以中国式现代化全面推进强国建设、民族复兴伟业的关键时期。辽宁应抓住这个关键期，全面贯彻落实党的二十大和二十届三中全会精神，深入贯彻落实习近平总书记关于东北振兴、辽宁振兴的系列重要讲话精神，坚持稳中求进的总基调，锚定新时代"六地"目标定位，培育壮大新质生产力，推动全省经济高质量发展。

（一）激发发展动力，推动经济稳中向好

一是稳定和扩大有效投资。研究中央投资方向以及重大生产力布局情况，结合辽宁发展的实际需求，高质量做好"两重"建设，统筹推进"硬投资"和"软建设"重点任务，以新基建、新产业、新制造"三新"为重点，加大对相关重大工程的投资力度，积极谋划储备一批科技创新、未来产业发展等领域重大项目。围绕高铁网、新型电网以及新一代移动通信等基础设施建设，开工建设大连新机场、沈阳都市圈环线等一批项目。加大对制造业的投资力度，加快推进建发盛海铜产业链和中化扬农精细化工等省内重点项目建设。充分发挥政府投资带动作用，发挥政府产业基金作用，进一步激发民间投资活力，引导民间资本参与盘活闲置资产，鼓励民间资本参与重大工程项目建设。

二是持续释放消费潜能，提振多层次消费需求。消费是拉动经济增长的重要引擎，贯彻落实《国务院关于促进服务消费高质量发展的意见》，制定详细实施方案，搭建活动平台，更有效地助力消费市场蓬勃发展。继续围绕"乐购辽宁惠享美好"主题开展促消费系列活动，加大以旧换新补贴力度，在稳定基本消费的基础上，不断扩大发展型消费和新兴消费。创新多元化消费场景，大力发展首发经济，加快发展冰雪经济，积极发展银发经济。推动

沈阳、大连创建国际消费中心城市，全面提升中街、太原街等核心商圈和特色商业街品质。创新消费业态，拓展消费模式，对接京东、抖音等头部平台，持续推动"辽品出辽"，做活网红经济。

三是促进外贸增量提质。通过对重点城市和重点企业进行调度和帮扶，精准施策"稳现有、抢应有、拓会有"，在促进外贸提质增量上下功夫，在开拓市场上下功夫，全力稳住外贸"基本盘"。稳现有，鼓励华晨宝马、鞍钢等重点企业进出口实现正增长；抢应有，重点围绕"省内生产、外省出口"的外贸企业进驻辽宁；拓会有，依托辽宁工业优势，抢抓央地合作机遇期，推动央地合作项目转化为出口产品。

（二）坚持扬长补短，构建现代化产业体系

一是锻长板、增优势，扎实推进产业结构调整。践行大食物观，合理开发利用辽宁各类资源，在筑牢粮食安全保障根基的前提下，严守耕地红线，确保全省粮食播种面积，落实国家千亿斤粮食产能提升行动，确立把农业建成大产业的产业思维，推进设施农业建设，抓好农产品生产，狠抓项目建设，延伸农产品加工产业链，实现农业全产业链发展。加快建设农业强省、食品工业大省，大力发展特色农产品深加工产业，深入推进粮油、畜禽、水产 3 个千亿级产业集群建设，培育壮大"辽字号"农业品牌，推动农业形成大产业。筑牢辽宁产业基础，落实工业企业技术改造升级计划，加快传统产业高端化、智能化、绿色化改造，实现技术改造和设备更新。开展先进制造业集群专项行动，推动建成精细化工产业集群、航空装备产业集群等 22 个重点产业集群，打造先进装备智造、石化和精细化工、冶金新材料及优质特色消费品工业 4 个万亿级产业基地。推动制造业向高新突破，加快 20 个国家新型工业化产业示范基地建设。进一步深化先进制造业和现代服务业融合发展，大力推广定制化服务、工业设计、供应链管理、共享制造等新业态。

二是补短板，强弱项，不断提高发展质效。2023 年 12 月，辽宁省委经济工作会议明确提出要抓紧补齐县域经济、民营经济和海洋经济三大短

板。推动县域经济高质量发展必须突出工业当先、制造为重，坚持三次产业协同发力、融合发展，加快重点产业聚链成群、建设高能级产业发展载体，拉动县域经济整体跃升。坚持一县一业、一乡一品，支持有条件的县域瞄准特色主导产业集中发力，杜绝同质化竞争。民营经济是经济高质量发展的重要基础，推动民营经济实现大发展，必须发挥市场在资源配置中的决定性作用，破除市场准入的隐性壁垒，健全市场准入制度体系，保障各类经营主体依法平等进入负面清单之外的行业。强化民营经济发展的法治保障，依法保护企业和企业家合法权益。加强金融、用地、人才、数据要素支持，破解民营经济发展难题。加强优质中小企业培育，培育一批创新型中小企业、专精特新中小企业和省级制造业单项冠军。推动海洋经济高质量发展，建设特色海洋经济强省，是习近平总书记赋予辽宁的重大政治任务，是融入和服务构建新发展格局的必然选择，也是推动辽宁全面振兴新突破的重要支撑。要紧紧围绕海洋强省建设目标，做大做强海洋传统产业，巩固存量，拓展增量，延伸产业链，提高附加值。推动海洋产业提质增效，巩固提升船舶与海工装备、海产品深加工、海洋化工等产业发展水平，培育壮大海洋新兴产业，完善支持政策，大力发展海上风电、海上核电等清洁能源，大力发展海水淡化、海洋生物医药、海洋旅游等产业，推动海洋运输服务业提档升级。

（三）强化创新引领，加快形成新质生产力

紧盯智能制造、前沿材料、氢能储能、生物育种等颠覆性科技变革领域，建立颠覆性技术发掘机制、完善成果转化机制、健全商业价值发现机制，实施一批"从0到1"的原创性、颠覆性创新研究项目，引领培育新质生产力。

一是提升科技创新策源能力。高水平建设辽宁实验室，争取在辽宁布局国家实验室（基地）、全国重点实验室等重大科技平台，建设一批国家技术创新中心、国家企业技术中心等国家级创新平台，高水平建设运行辽宁实验室。深化重大科技基础设施前沿研究，推进大连光源、海洋工程环境实验与

模拟设施、沈阳深部工程实验装置等大科学装置建设。

二是加强关键核心技术攻关。强化原始创新、集成创新，加强能源、新材料等领域基础研究，培育科技型中小企业，支持领军企业推进重大战略性技术和产品攻关突破，常态化开展科技需求与成果双向"揭榜挂帅"，以政产学研用一体化推进技术攻关、迭代应用、生态培育，在新材料、精细化工、高端装备制造、集成电路装备、工业基础软件等领域攻克一批"卡脖子"难题。

三是促进科技成果转移转化。持续增绿、增特、扩优、赋智，拓展"整零共同体"试点范围，借鉴广东"双螺旋"、陕西"秦创原"等机制模式，推进建设产业链资金链人才链深度融合的综合性服务平台。采取"高校院所+科技园区"的方式共建科技园，高标准建设一批中试基地和应用验证平台，打通"概念验证—中试熟化—产业化"链条。"以需定产"提高菱镁精深加工水平，推动铝、镁、钛等产品向高端挺进；培育壮大消费品工业特色镇，支持一批医药创新成果在辽转化。

四是加强产业科技创新服务。坚持问题导向，小切口、具体化推进科技体制机制改革，构建良好创新生态。聚焦科技创新重大任务，当好组织者，统筹协调各类要素资源，推进项目、平台、人才、资金一体化配置，会同成员单位共同凝练技术需求、部署攻关任务、组织项目实施、推动成果运用。实施新产业标准化领航工程，深化国际标准化交流合作，加强重点产业专利布局和运用，加快科技服务业高质量发展。

（四）全面深化改革，畅通扩大双向开放

一是进一步完善双向开放的体制机制。辽宁要全面贯彻落实党的二十届三中全会精神，抓紧时间制定双向改革开放项目清单、路线图、时间表，将扩大双向开放体制机制建设纳入全省经济社会改革总体目标，一体谋划、整体推进。要找准现阶段阻碍扩大双向开放的体制机制"堵点"和"痛点"，打破传统观念束缚和旧有体制机制障碍，完善国内统一大市场基础制度规则，积极推进高标准国际市场准入衔接制度建设，做好制度设计，全面提升

双向开放总体水平。一要强化市场基础规则制度统一，加强知识产权保护制度、市场准入制度和社会信用制度建设，彻底清理地域、行业保护制度，夯实国内大市场基础规则制度体系。二要加强流通网络、信息交互、平台功能等方面的制度建设，运用制度优势提升市场运行效率。三要完善要素资源市场与国内统一大市场制度体系的衔接，重点围绕土地和劳动力市场、资本市场、技术与数据市场、能源市场、生态环境市场建设等完善配套制度体系。四要打造商品和市场服务标准化制度体系，围绕人民群众和市场关心的领域大力实施标准化质量控制和评价体系建设。五要完善市场公平监督保障机制，充分发挥职能部门的监督作用，打造监管稳定性、可预期性制度体系，全面提升市场监管效能。

二是不断扩大国内大市场份额。积极融入国内统一大市场建设，实现市场设施的高标准联通。要立足省内既有产业、资源、服务优势，巩固现有市场份额和竞争优势，强化优势产业集群建设，实现优势产业链条之间的互补，增强产业链韧性。要尽快补齐省内产业链条的"短板"，积极融入京津冀、长三角、珠三角、粤港澳大湾区等重点区域，主动承接产业转移项目，引入外部技术、资金、项目实现产业链条的补强和延伸，不断提升产业的发展动力、活力，扩大国内大市场份额。要紧盯国内大市场新兴业态，加大对省内智力、人才、技术、生产要素等资源的整合力度，顺应国内大市场发展趋势，敢于争先，勇于突破，抢占发展先机，为辽宁占据国内大市场竞争先机奠定坚实基础。

三是打造东北亚地区对外出口新高地。要充分利用辽宁独特的区位优势和完善的交通运输配套设施，大力发展对外贸易，打造东北亚地区对外出口新高地。要继续扩大对日、韩贸易规模，打通对外出口贸易渠道。要增加与"一带一路"共建国家的出口贸易，将"三新"产品广泛销往海外市场。要扩大对俄贸易规模，促进农产品、服装鞋帽、原材料产品的对外出口。要加快交通运输业、现代物流业、物联网等产业的发展速度，为发展对外贸易提供坚实保障。要加强对外贸易基础设施建设，加快桃仙机场二期跑道、大连新机场项目建设，不断提升大连港、营口港、盘锦港等航运功能。

（五）坚持绿色低碳，推动实现可持续发展

一是大力打造全国绿色低碳示范中心。深入推进沈阳、大连碳达峰试点城市建设，在生产、生活领域推广绿色低碳模式。大力推广节能减排，全面推广新型环保能源。降低人员密集型单位碳排放量，推动节能型社区、学校、医院建设。加快推动传统产业绿色化转型升级，推动重点行业节能降耗、绿色低碳改造；培育一批绿色制造单位，打造一批国家级能效"领跑者"。通过采取一系列有效措施，打造全国绿色低碳示范中心，实现清洁能源强省建设目标。

二是将绿色低碳产品纳入促进服务消费总体布局。充分利用促进服务消费各项政策措施，将绿色低碳产品列入补贴名录，大力推广绿色节能家电、新能源汽车等。组织举办"环保家电""新能源汽车"下乡等活动，为绿色低碳产品提供置换补贴。

三是进一步优化国土空间总体布局。坚持"生态优先、绿色发展"战略，持续优化国土空间总体布局，推动全省产业结构转型升级，为绿色低碳产业创造良好的发展条件。坚持"绿水青山就是金山银山"的发展理念，加强环保督察和各项专项检查，打好污染防治攻坚战。

四是提升生态农业发展水平。依托省内生态资源优势，大力发展绿色生态农业，打造生态农业辽宁品牌，实现生态农业产品全产业链条可追溯。运用电商平台加强生态农业产品的宣传推广，不断扩大优质生态农业产品的市场影响力。

五是加快建设东北地区碳排放交易市场。加快建设立足辽宁、辐射东北的区域性碳排放交易市场。合理优化地区产业结构，加大节能减排实施力度，合理控制碳排放和工业增加值能耗等关键指标，为碳排放交易市场建设奠定坚实基础。完善市场规则制定和准入机制，与国内经济发达地区实现有效衔接，发挥好碳排放交易市场在温室气体减排、经济发展模式绿色低碳转型和生态文明建设等方面的"指挥棒"和"风向标"作用。

参考文献

何金中、郭文硕:《二季度经济边际走弱宏观政策将进一步发力——2024年上半年宏观经济分析及展望》。

中国社会科学院国际形势报告课题组:《2024年全球形势呈现出七大新特征》。

上海财经大学课题组:《2024中国宏观经济形势分析与预测年中报告》。

李迎伟主编《2024年河南经济形势分析与预测》,社会科学文献出版社,2024。

姜瑞春、姜岩:《2023~2024年辽宁经济形势分析与展望》,载张万强主编《辽宁经济社会发展报告(2023~2024)》,社会科学文献出版社,2024。

B.2
2024~2025年辽宁省社会形势发展报告

王 磊 姚明明 程显扬*

摘 要： 近年来，面对严峻复杂的内外部环境和多重挑战，辽宁克服困难，务实拼搏，保障和改善民生不断实现新突破，社会发展质量和人民生活品质持续提升。总体来看，就业形势平稳向好，城乡居民收入持续增长，养老服务体系建设持续推进，教育强省建设稳步推进，健康服务水平持续提升。但同时也要看到，在重点民生领域仍存在就业质量有待提升、城乡及区域间居民收入差距较大、基本养老服务供需失衡、新形势对教育发展提出更高要求、医疗服务可及性不强等一些不容忽视的问题。展望未来，要进一步提升辽宁社会发展质量和水平，推动全省人民朝着共同富裕的目标阔步前进，应做好加快实现充分就业、优化收入分配格局、综合统筹养老事业和养老产业、持续推动教育资源整合升级、促进优质医疗卫生资源扩容与均衡布局等方面工作。

关键词： 社会发展 民生福祉 生活质量

近年来，随着辽宁全面振兴新突破三年行动的持续推进，辽宁经济总体回升向好，发展质效明显跃升，动力和活力显著增强，统筹发展和安全有力有效，社会建设扎实推进，民生福祉日益增强，各项事业全面进步，公共服务质量持续提升，社会发展总体形势呈现稳步增长、全面向好的特

---

* 王磊，辽宁社会科学院社会学研究所所长、研究员，主要研究方向为社会福利与社会救助；姚明明，辽宁社会科学院社会学研究所副研究员，主要研究方向为国民经济；程显扬，辽宁社会科学院社会学研究所助理研究员，主要研究方向为社会保障。

点，振兴发展成果更多更公平惠及全省人民，为全面振兴奠定了坚实基础。

一 辽宁省社会发展总体形势

辽宁社会大局和谐稳定，社会平稳运行，在就业、居民收入、养老、教育及健康服务等多个社会领域取得了新成绩。

（一）就业形势平稳向好

自2023年以来，辽宁省坚定不移地强化就业优先战略，依托辽宁全面振兴新突破三年行动的总体布局，紧密围绕新时代"六地"战略定位，聚焦"八大攻坚"任务，同步强化生产要素供给与就业促进措施，力求在保障就业数量与提升就业质量上取得双重突破。目前，辽宁城镇调查失业率维持在合理水平，高校毕业生及青年群体返乡就业创业热情高涨，中青年劳动力新就业岗位占比持续提升，全省就业大局保持总体平稳态势。

1. 就业规模稳中有增

根据辽宁省统计局公布数据，2023年全年，辽宁省实现城镇新增就业人数达到47.9万人，相较于2022年增加了1.7万人，展现出就业市场的积极态势。在2023年末统计中，农民工总量稳定在481万人，其中外出农民工数量为251万人，而本地农民工则达到230万人，体现了农民工群体在城乡经济发展中的重要作用及其分布特点。[①] 在2024年上半年的统计周期内，全省范围内城镇地区新增就业人口达到26.8万人，相较于上年同期增长5.5%。这一成就标志着全省已顺利完成年度就业目标任务的58.2%，彰显了稳就业政策的积极成效及经济社会发展的良好态势。

2. 就业政策持续完善

辽宁省通过聚焦稳定和扩大就业的关键环节，以"保、稳、促、提、

---

① 资料来源：《辽宁省2023年国民经济和社会发展统计公报》《辽宁省2022年国民经济和社会发展统计公报》。

扩"为核心理念，精心研究并制定了一系列旨在促进就业的政策措施。这些措施围绕增强民营经济对就业的吸纳能力、培育高质量的人力资源、发挥创业对就业的带动作用，以及保障困难群体的基本生活等关键领域进行深入探讨与制定。在具体实施上，重点推进"业务协同"与"一网通办"工作，通过优化政策执行流程，提升政策落实的效率与效果。就业政策不仅有力助推企业更加高效地开展生产经营活动、劳动者更加充分地实现自主就业，而且确保困难群体的生活得到更加及时有效的保障。

坚定不移地致力于降低成本、保障用工稳定及岗位稳定，以有效缓解经营主体的压力并增强其信心。启动"春暖辽沈·惠企护航"保用工促就业助振兴攻坚行动的3.0版本，重点聚焦支持4个万亿级产业基地及22个关键产业集群的发展需求，全面整合人社部门在就业、社会保障及人才发展等领域的政策资源，实现了惠企资源的优化配置与高效利用。鼓励人社服务专员积极深入各类园区及企业，为企业提供精准的政策解读、岗位匹配及各项服务支持。自2024年初以来，全省范围内共举办了6661场次的招聘活动，发布了超过218.3万个岗位信息，累计释放了约19.5亿元的惠企减负政策红利，成功助力各类经营主体填补了39.7万个用工缺口。[1]

3. 青年群体来辽留辽就业创业趋势向好

高校毕业生及其他青年群体的就业是强化人力资源储备的重要力量。辽宁通过全面部署并实施促进就业与人才"引育留用"的核心项目，利用全平台深度推广"就来辽"这一服务品牌，强化其影响力、扩大其覆盖面。同时，统筹部署"振兴有你·就有未来"专项行动、"百万学子留辽来辽专项行动"以及"百校千企"人才对接计划，构建了更加高效的人才流动与配置机制。截至2024年上半年，辽宁已成功举办了超过500场次的大中型招聘活动，积极面向高校推送企业招聘需求信息，累计达25.4万次，有效促进了高校毕业生与用人单位之间的精准对接与有效合作。[2]

---

[1] 《强化就业优先政策　持续巩固向好态势》，《辽宁日报》2024年7月25日。
[2] 《强化就业优先政策　持续巩固向好态势》，《辽宁日报》2024年7月25日。

技能人才是中国制造、中国创造不可或缺的坚实支撑。辽宁通过推进"技能辽宁行动"以及先后发布两轮急需紧缺技能人才职业（工种）目录，确保职业技能培训紧密对接市场需求，实现精准施教。为进一步提升技能人才的社会认知度和影响力，举办 2024 年世界青年技能日主题宣传活动，搭建交流平台，成立辽宁省技工教育联盟，并成功举办了辽宁省第四届技工院校教师职业能力大赛，旨在提升技工院校教师的教学水平和职业素养。在技工教育和职业技能培训机构管理方面，以"订单班""冠名班"为切入点，不断深化校企合作，丰富大学生技能转换专业培训内容，创新性地启动了高校职业技能等级认定专业评估工作。鼓励和支持在校大学生积极拓展就业能力，掌握更多元的就业技能，以更好地适应市场需求。据统计，2024 年上半年，全省共开展了补贴性职业技能培训 13.2 万人次，为技能人才队伍的建设和壮大提供了有力保障。

4.就业公共服务平台更加多元化

辽宁通过精心培育并成功打造首批省级劳务品牌，持续推动零工市场向规范化方向迈进，助力建设共计 144 个零工市场，旨在进一步强化基层就业服务站点对零工信息的全面采集与高效运用，从而促进供需双方实现精准匹配与高效对接。同时，全面铺设线上线下相结合的基层就业服务网络，不断优化网络平台的业务功能，并积极推广应用"智慧就业顾问"系统，以显著提升移动终端在就业服务领域的嵌入度与应用能力。统筹调配各类资源，积极对接创业项目，致力于推动更多富有创意的"金点子"在辽宁省内成功转化落地，并助力其实现规模化、健康化发展。为确保劳动者权益得到充分保障，加强人力资源市场的清理整顿工作，并加大劳动保障监察执法力度，辽宁有效纠正和治理了就业歧视、欠薪欠保、违法裁员等突出问题，为劳动者提供了更加坚实有力的法律保障。

举办各类就业创业大赛，有效集聚创业支持资源，持续提高就业公共服务可及性和均等化、专业化水平，打造涵养就业创业生态"网红项目"。2024 年 4~6 月，先后举办第六届"中国创翼"创业创新大赛辽宁选拔赛以及第四届马兰花全国创业培训讲师大赛辽宁省选拔赛，实现重点行业产业、重点群体的全覆盖，有力带动了就业创业良性发展。

为进一步提升在校大学生的就业服务质量，辽宁于高校毕业生毕业季提前将涵盖政策宣介、职业规划指导、岗位推荐、技能培训及就业见习等在内的十项公共就业服务"打包"送至各大校园，确保每位高校毕业生均能获得至少一次政策宣介、一次职业规划指导、三次岗位推荐机会以及至少一次技能培训及就业见习体验。截至2024年6月底，2024届全省普通高校毕业生的省内就业落实比例已显著超过上年同期水平，展现出积极向好的就业形势。

（二）城乡居民收入持续增长

1. 城乡居民收入增长稳健

近年来，辽宁在推动经济高质量发展的道路上取得了显著成效，这一成效在城乡居民收入稳步增长上得到了生动体现。《辽宁省2023年国民经济和社会发展统计公报》等公开资料显示，2023年，辽宁全省居民的生活水平再次迈上新台阶，人均可支配收入达到了37992元，这一数字不仅彰显了辽宁经济的活力，也反映了居民生活质量的稳步提升。与上一年度相比，增长了5.3%，增速稳健。

在城镇居民方面，数据显示，2023年辽宁城镇居民人均可支配收入达到了45896元，较上年增长了4.3%。这一增速虽然看似温和，但在产业结构深度调整及外部环境不利影响下，实属难得。城镇居民人均可支配收入的稳步增长，离不开辽宁各级政府推动产业升级、优化营商环境、促进就业创业等一系列政策措施的深入实施。这些政策措施不仅为城镇居民提供了更多的就业机会和增收渠道，也激发了市场活力和社会创造力。

相比之下，农村居民人均可支配收入增幅更大。2023年，辽宁农村居民人均可支配收入达到了21483元，同比增长了7.9%，这一增速明显高于城镇居民，显示出辽宁在推进乡村振兴、促进城乡融合发展方面取得了显著成效。农村居民收入的快速增长，得益于辽宁农业现代化的不断推进、农村产业结构的优化升级以及农村基础设施的持续改善。同时，政府还加大了对

农村地区教育、医疗、养老等公共服务的投入力度，为农村居民提供了更加全面、优质的社会保障。

2.政策红利释放助推居民收入增长

辽宁城乡居民收入的稳步增长并非偶然，这背后既有宏观经济环境的支撑作用，也有政策红利不断释放的推动作用。近年来，辽宁坚持稳中求进工作总基调，以供给侧结构性改革为主线，着力推动经济高质量发展。通过深化改革开放、优化营商环境、培育新动能等一系列举措的实施，辽宁的经济结构不断优化、质量效益不断提升。这些积极变化为城乡居民收入的稳步增长奠定了坚实基础。此外，辽宁还注重发挥区域优势和资源禀赋优势，推动特色产业发展壮大。例如，在农业领域，辽宁依托丰富的自然资源和良好的生态环境优势，大力发展绿色农业、有机农业和特色农业等现代农业产业；在工业领域，辽宁依托雄厚的工业基础和完善的产业链条优势，加快推进传统产业转型升级和新兴产业培育发展。这些特色产业的发展壮大不仅为辽宁经济发展注入了新的动力源泉，也为城乡居民提供了更多就业机会和增收渠道。

（三）养老服务体系建设持续推进

1.稳步提升养老服务体系建设水平

《辽宁省 2023 年国民经济和社会发展统计公报》等公开资料显示，截至 2023 年底，辽宁省 60 周岁及以上户籍老年人口已达 1224.7 万人，占总人口的比例已达 29.4%，老龄化程度位居全国前列。辽宁省委、省政府历来高度重视养老服务工作，持续加大和提高养老事业与养老产业的投入力度与支持水平，不断推进居家社区机构相协调、医养康养相结合的养老服务体系建设，养老机构数量持续增加。政府相关部门公开资料显示，截至 2023 年底，全省有各类养老机构 2371 家，其中公办养老机构 495 家（城市公办 88 家、农村公办 407 家），民办养老机构 1876 家。床位总数为 21.24 万张，收住老年人 10.23 万人，入住率达 48.16%。全省社区老年活动室、日间照料室等城乡社区养老服务设施发展到 14021 个，其中面积在 750 平方米以上的488个，覆盖率分别达到100%和71.5%，床位达到4.95万张。全省老年助餐服务机构发展到547个；享受政府兜底购买服务的居家养老上门服务169.15万人次。以省级养老服务清单为指导，大力发展普惠型养老服务，推动各市制定出台本地区基本养老服务体系建设落实政策。围绕"15分钟养老服务圈"建设，加大基层资源投入，增加居家与社区基本养老服务种类和提升其服务质量，积极鼓励引导专业养老机构提供相关养老服务。沈阳、鞍山、抚顺等地签署《沈阳现代化都市圈养老服务一体化合作框架协议》，以沈阳为中心，推动形成相互支持、全域一体、密切配合的都市圈养老服务一体化格局。同时，针对农村地区存在的客观差距，持续提高资源投入水平、加大政策支持力度，逐步完善相关基础设施与人员配备，不断推进县乡村三级农村养老服务体系建设，实现供养福利机构的优化整合，指导各市充分利用和有效发挥"农村幸福院"的功能与作用。省政府相关部门还制定出台了包括《辽宁省养老服务市场失信惩戒对象名单管理暂行办法》《养老机构精神慰藉服务规范》《示范型居家和社区养老服务中心建设规范》《失能老人照料服务规范》等一系列办法、规范与标准，进一步推动养老服务实现法治化、标准化、规范化与专业化。

2. 不断织密织牢养老服务兜底保障网

辽宁持续加强制度建设与资金保障，不断织密织牢养老服务兜底保障网。相关部门联合出台《辽宁省特殊困难老年人探访关爱服务实施方案》，并联合下发《关于开展经济困难失能老年人集中照护工作的通知》。开展经济困难失能老年人自愿集中照护服务工作，改造升级10个以上城乡特困人员供养服务机构。同时，省民政厅会同省发展改革委争取中央预算内投资养老服务项目13个，下拨补助资金6600万元，支持各地累计完成109个特困人员供养服务设施的维修改造工作。2023年，省财政安排补助资金3000万元，补助1.5万户特殊困难老年人家庭适老化改造；安排资金2000万元，用于各地落实经济困难高龄、失能老年人养老服务补贴；安排资金750万元，用于全省经济困难老年人能力评估。为3.5万名经济困难的高龄老年人和失能老年人发放服务补贴和护理补贴，每人每月最低标准不低于50元；

为9.8万名分散供养特困老年人办理意外伤害保险。针对独居、空巢、留守、失能、重残、计划生育特殊家庭等特殊困难老年人开展探访关爱服务。并且依托金民工程，实现养老服务信息与低收入人口信息库、殡葬信息库以及公安人口信息库的数据共享比对，实时精准识别经济困难老年人身份和生存状态，确保及时干预和救助。除发放现金、代金券外，在充分论证老年人现实养老需求的基础上，指导各地通过政府购买服务等形式，按照折算金额标准为老年人提供丰富便捷的居家上门服务。

（四）教育强省建设稳步推进

1. 教育资源投入水平持续提升

辽宁作为教育大省，历来重视对教育领域的资源投入。2024年，辽宁省本级教育预算支出再创新高，达到了157亿元，占全省省本级一般公共预算支出的比重为9.86%。其中，普通教育支出占比超过八成，95%的普通教育预算集中投入至高等教育建设发展之中。2021~2024年，辽宁省省本级教育预算支出由129亿元逐步提升至157亿元（见图1），且教育支出在全省总预算中的比重始终保持在10%左右，进一步体现了辽宁教育强省建设的毅力与决心。特别是为发展新质生产力和有效应对人口老龄化，集中优势资源保障畅通教育、科技、人才的良性循环，全力集中高等教育建设发展，高校"双一流"建设硕果累累。截至2024年，通过对高等教育专业的持续优化，辽宁在计算机、人工智能、新能源材料与技术等前沿和交叉学科领域，已拥有自主备案目录外二级学科262个、交叉学科35个，包括中国医科大学妇产科学基础、辽宁中医药大学中医人工智能科学与技术、沈阳农业大学作物基因组与种质资源、沈阳航空航天大学通用航空飞行器设计与制造、沈阳建筑大学建筑遗产保护与景观设计等91个"人无我有"的特色学科。全省博士学位授予单位和授权点分别达到20个和186个，硕士学位授予单位和授权点分别为37个和713个。2023年新增国家级一流本科课程217门，新建省级现代产业学院97个、创新创业学院20个、创新创业教育实践基地30个。

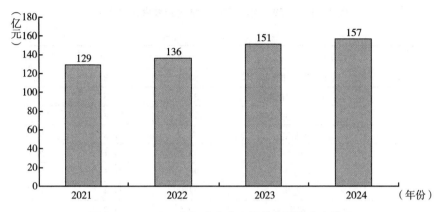

图1　2021~2024年辽宁省省本级教育预算支出情况

2.高等教育受教育人数稳步增加

随着辽宁省对高等教育重视与投入水平的提升，在人口老龄化的背景下，辽宁省高等教育的受教育人数保持了稳定的上升趋势。2023年辽宁省全年普通、职业本专科招生、在校生和毕业生人数分别为35.3万人、115.3万人和36.9万人；研究生招生、在校生和毕业生人数分别为6.1万人、18.0万人和5.2万人。2021~2023年，除普通、职业本专科的在校生人数出现下降外，高等教育的整体受教育人数保持逐年上升的态势（见表1）。与此同时，为有效支持和保障高校引才聚才吸引力，针对优秀人才与特殊人才，辽宁支持高校采用职称破格申报机制。2023年，全省高校新引进博士和高级职称人才2525人，其中省外引进679人；实施国外智力引进计划，7所高校建设国家级外国专家项目27个，引进俄、美、乌、日、意等10个国家专家团队38个，聘请国家级院士、学术骨干、青年人才130余人；加大高层次国际化人才联合培养力度，实施中外双导师联合培养研究生项目，获批779个研究生计划。2023年全省累计投入4.8亿元给予人才支持奖励和服务保障。新增两院院士6人，总数达61人；2个团队和3名个人获评国家卓越工程师奖。持续优化实施"兴辽英才计划"，遴选高水平人才和团队1047个。

表1　2021～2023年辽宁省各阶段受教育人数情况

单位：万人

教育阶段		2021年	2022年	2023年
幼儿园	学前教育在园幼儿	87.2	81.8	72.9
小学	普通小学招生	33.0	30.3	33.1
	在校生	197.3	196.4	199.4
	毕业生	32.3	31.2	30.0
初中	招生	32.2	31.1	29.9
	在校生	99.3	96.1	93.2
	毕业生	32.9	34.4	32.7
高中	招生	20.5	21.2	20.8
	在校生	61.0	61.9	62.1
	毕业生	18.8	20.0	20.3
普通、职业本专科	招生	30.6	33.0	35.3
	在校生	117.8	118.0	115.3
	毕业生	25.8	31.9	36.9
研究生	招生	5.6	5.9	6.1
	在校生	15.7	17.2	18.0
	毕业生	4.0	4.3	5.2

资料来源：2021～2023年《辽宁省国民经济和社会发展统计公报》。

（五）健康服务水平持续提升

1.医疗资源与服务能力实现高质量发展

辽宁坚持把保障人民生命健康放在优先发展的战略位置，持续拓展健康辽宁建设的深度与广度，全方位打造以城乡区域和人口结构变化为基础的系统连续、优质高效、方便可及的医疗服务体系、公共卫生体系和紧急医学救援体系，力争健康服务水平与保障能力实现全生命周期与健康全过程覆盖。持续加大医疗资源投入，卫生机构和医务人员数量逐年增加。截至2023年底，全省共有各类卫生机构34136个，各类卫生机构拥有床位33.4万张，卫生技术人员35.7万人。2021～2023年，除卫生院逐步优化整合外，其他卫生机构和医务人员的数量均呈现稳定上升趋势（见表2和图2）。为有效推进优质医疗资源扩容以及均衡布局，辽宁积极构建以国家区域医疗中心为龙头、以省级区域医疗中心为骨干、以市县高水平医院为支撑的体系完整、分工明确、功能互补、连续协同、运行高效、富有韧性的整合型公立医院发展新体系。充分发挥公立医院优质资源集聚效应，提高城市医疗集团和临床重点专科建设水平。同时，继续加强基层医疗卫生服务能力，确保城乡居民均能够享有更加公平可及、系统连续的预防、治疗、康复、健康促进等健康服务。截至2023年底，全省共有社区卫生服务机构1419个、村卫生室16401个、社区卫生服务中心400个、社区卫生服务站1019个。到2024年底，全省预计累计建强乡镇卫生院450所、村卫生室9000所。2015年全省启动全科医生特岗计划，通过政策支持为乡镇卫生院提供优质医疗服务人员，截至2023年底已招聘541人。进一步深化城市支援农村工作，按照"统筹布局、分区包片"的原则确定支援关系，城市三级公立医院定期派出专家驻守指导县域医共体临床、药学、护理、管理等工作。

表2 2021~2023年辽宁省各类卫生机构数量情况

单位：个

卫生机构	2021年	2022年	2023年
医院	1444	1447	1536
卫生院	1039	1034	1017
疾病预防控制中心	109	113	122
妇幼保健院(所、站)	86	84	96
社区卫生服务机构	1387	1389	1419
村卫生室	16235	16202	16401
社区卫生服务中心	393	392	400
社区卫生服务站	994	997	1019

资料来源：2021~2023年辽宁省国民经济和社会发展统计公报。

2. 全省居民健康素养水平持续提升

健康素养是指个人获取和理解基本健康信息和服务，并运用这些信息和

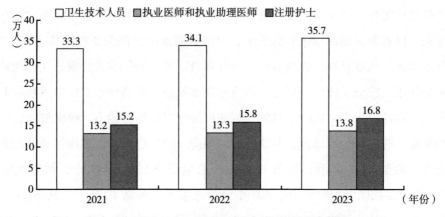

图2　2021~2023年辽宁省各类卫生技术人员数量情况

资料来源：2021~2023年辽宁省国民经济和社会发展统计公报。

服务做出正确决策，以维护和促进自身健康的能力。2023年辽宁居民健康素养水平达到29.94%，高于同期全国平均水平，比2022年提高2.33个百分点，继续呈现稳步提升的态势。其中，2023年全省城市居民健康素养水平为32.53%，农村居民健康素养水平为25.24%，较2022年分别提高1.30个和4.08个百分点。城乡居民基本知识和理念素养水平为41.67%，健康生活方式与行为素养水平为32.65%，基本技能素养水平为28.30%，较2022年分别提高1.32个、3.10个、0.18个百分点。6类健康素养水平由高到低依次为安全与急救素养（60.74%）、科学健康观素养（54.50%）、健康信息素养（44.06%）、慢性病防治素养（35.93%）、基本医疗素养（29.46%）、传染病防治素养（26.05%）。[①] 辽宁自2012年开始对居民健康素养水平进行持续监测，其监测结果由2012年的10.46%上升至2023年的29.94%，其超过全国平均水平已10年以上。截至2024年上半年，全省人均预期寿命为78.9岁，孕产妇和婴幼儿死亡率控制在较低水平，健康辽宁建设成果斐然。

---

① 《辽宁居民健康素养水平稳步提升》，辽宁省卫生健康委员会网站，2024年4月28日，https://wsjk.ln.gov.cn/wsjk/index/syxwxx/mtbb/2024042908232525441/。

二 辽宁省社会发展面临的主要问题

（一）就业质量有待提升

1.就业市场的结构性矛盾依然突出

尽管从整体上看，辽宁就业大局保持了相对稳定的发展态势，然而其中也存在一些不可忽视的问题，最为突出的便是就业的结构性矛盾，这一问题阻碍着劳动力市场的高质量运行。突出表现是劳动者技能储备与市场需求之间的不匹配问题。随着科技的飞速发展和辽宁产业结构的深度调整升级，市场对于高技能人才的需求日益迫切，但许多劳动者的技能水平还停留在传统行业或低技能岗位上，难以适应新兴产业的发展需求。这种技能与需求的错位不仅导致了大量岗位空缺无法得到有效填补，也使许多劳动者在求职过程中屡屡碰壁，陷入了"就业难"的困境。

相关机构调查显示，近年来，辽宁省内高新技术企业和战略性新兴产业的用工需求持续增长，但符合要求的求职者寥寥无几。与此同时，一些传统行业由于转型升级步伐缓慢，对劳动力的需求逐渐萎缩，大量低技能劳动者面临失业的风险。这种"招工难"与"就业难"并存的现象，正是技能储备与市场需求不匹配的直接体现。除此之外，劳动者主观就业愿望与实际情况的不匹配也是就业结构性矛盾的重要表现之一。许多劳动者对于就业岗位的期望往往过高，渴望找到一份既稳定又高薪、既体面又轻松的工作。然而，这样的岗位往往较稀缺，难以满足大多数劳动者的需求。因此，许多劳动者在求职过程中往往陷入了一种"高不成低不就"的尴尬境地，既不愿意屈就于低薪或辛苦的岗位，又无法找到符合自己期望的高薪岗位。

2.农村劳动力等流动人口稳就业压力依然较大

近年来，通过细致分析辽宁省的统计年鉴数据，不难发现一个显著的趋势，即第一产业（主要涵盖农业、林业、牧业和渔业）的从业人员比重经历了一次明显的增长，由2020年的28.3%上升至2022年的29.9%。这一变

化背后，隐藏着农村劳动力流向与就业结构变动的深刻社会经济背景。首先，这一数据变动受到宏观环境的影响，城市地区的制造业、服务业等行业萎缩，部分中小企业遭受重创，裁员潮此起彼伏，导致城镇就业机会相对减少。其次，辽宁农业现代化进程加速推进，特色农业、绿色农业和休闲农业等新型业态的发展在一定程度上促进了农村流动人口回流。从农民工总量变化看，2022年末农民工总量为467万人，到2023年末达到481万人，增长了14万人。因此，总体而言，农村流动人口稳就业、促就业的压力依然较大。

3. 新就业形态吸纳就业能力不强

在当今这个日新月异的时代，新产业、新模式与新经济形态如雨后春笋般不断涌现，它们以惊人的速度改变着我们的生活与工作方式。这股变革的浪潮不仅推动了社会经济的蓬勃发展，更在无形中为就业市场注入了前所未有的活力。然而，在这一片繁荣景象的背后，我们也必须正视一个不容忽视的现实：新兴产业与新经济形态为劳动力市场带来了丰富的就业机会与全新的岗位需求，但部分新就业形态在实际操作中吸纳就业的能力稍显不足。从《辽宁省统计年鉴》已公布的2020~2022年第三产业吸纳就业的统计数据看，第三产业吸纳就业的比例从2020年的49.5%下降到2022年的48.2%，服务业领域的吸纳就业能力下降明显。

（二）城乡及区域间居民收入差距较大

虽然辽宁城乡居民收入呈现了逐年增长的良好态势，但是从收入分配结构看，城乡居民收入差距、区域间收入差距依然存在。

1. 城乡居民生活水平略有下滑

从城镇和农村居民家庭恩格尔系数来看，均呈现扩大趋势，反映出无论是城镇居民家庭还是农村居民家庭（或总支出中）用来购买食物的支出所占的比例逐年提高，特别是2022年城乡居民家庭恩格尔系数均超过了30%，按照联合国的划分标准（30%~40%属于相对富裕，20%~30%为富足），辽宁城乡居民家庭生活水平已经从富足退步到相对富裕（见图3）。

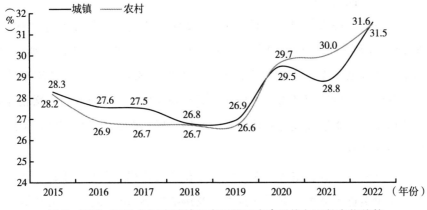

图3 2015~2022年辽宁城镇和农村居民家庭恩格尔系数变化趋势

2. 区域间收入差距依然较大

根据《辽宁省统计年鉴》公布数据，2020年城镇居民人均可支配收入最高的城市是沈阳（50566元），最低的是铁岭（29955元），相差20611元；2022年，城镇居民人均可支配收入最高的城市是大连（51904元），最低的是铁岭（30559元），相差21345元。可见，城镇居民人均可支配收入最高地区与最低地区之间的差距有所扩大。

究其原因，首先，从经济结构的角度来看，沈阳、大连作为辽宁大型城市，拥有更为完善的产业体系和更加丰富的经济资源，无论是传统工业、现代服务业还是高新技术产业，都具备较为明显的竞争优势。这种优势不仅促进了当地经济的快速增长，也为居民提供了更多的就业机会和收入来源。相比之下，铁岭等经济相对落后的城市面临着产业结构单一、经济增长动力不足等问题。

其次，从政策支持的角度来看，不同城市在享受国家及地方政策优惠方面也存在较大差异。经济发达的城市往往能够吸引更多的政策资源和投资，从而推动当地经济进一步发展。而经济相对落后的城市，则可能因政策扶持不足而难以摆脱发展困境。这种政策上的"马太效应"也在一定程度上加剧了地区间经济发展的不平衡。

3.农村居民增收压力仍较大

辽宁农村居民人均可支配收入在2022年首次降至全国平均水平之下，而在2023年则实现了较为显著的增长，与全国平均水平的差距有所收窄，但仍未改变其低于全国平均水平的状况。当前，农民工就业市场流动性显著，呈现劳动力供给超过需求的局面，导致农村居民的工资性收入增长受到用工环境、个人素质技能等多重因素的制约，增长态势缺乏稳定性，持续增长的压力依然存在。

深入分析其原因，主要是农村劳动力在文化和观念上的局限性导致大部分农民对于引进新品种、掌握新技术以及接纳新事物的意愿和能力较低，从而限制了农民收入增长的潜力，使他们只能依赖传统的种植经验来维持生计，也制约了富余劳动力的转移就业。此外，农民工从事的多为简单劳动，因此其外出务工的收入水平普遍偏低。

（三）基本养老服务供需失衡

1.老年人的多样化服务需求难以得到满足

当前来看，大部分基本养老服务通过政府集中采购与发放补贴等方式进行普惠提供，但由于服务内容相对有限，很多老年人的个性化与临时性需求难以得到有效满足。由于人口老龄化与家庭结构的变化，相当一部分的独居老年人由于空巢、失独、丧偶或单身等原因，往往需要日常送医陪诊和住院照护服务，而类似服务往往由医院提供，不属于基本养老服务范畴且价格不菲，超出了老年人的承受能力，这是城乡老年人养老服务面对的共同难题。就农村而言，由于基础设施匮乏和人员流失，很多慢性病与老年病的购药送药服务难以开展。此外，由于居住分散，农村社区食堂的运营效果不佳，就餐人数相对较少，送餐服务也很难开展。而城镇老年人则存在一些临时性个性化需求，相关服务很多处于空白状态，而政府相关单位也缺乏相应的政策依据与资金支持，难以满足老年人的现实需求。

2.养老服务供给体系仍有待完善

一方面，尽管当前的普惠性基本养老服务的对象是所在区域内的全部老年人，但由于政策倾向、宣传不足和缺乏认知理念等因素，除了政府面向困难群体所提供的免费基本养老服务，相当一部分老年人并没有购买养老服务的意愿、认知和能力。另一方面，当前的基本养老服务基本由医疗机构、养老机构、家政企业和老年服务企业等相关第三方专业机构提供，但在此过程中，老年人和第三方服务人员难以建立有效信任，且服务人员的流动性也相对较大，其部分上门服务存在形式主义、摆拍、敷衍等问题。第三方服务机构服务质量的监管仅仅凭借服务时长以及老年人的主观评价，缺乏具体的监督流程标准和评价机制。

（四）新形势对教育发展提出更高要求

1. 出生人口减少对招生总量影响显著

出生人口减少对于教育生源特别是学前教育和义务教育的影响越发明显。2023年，辽宁省学前教育在园幼儿72.9万人，较上一年减少近9万人，且生源下降数量在逐年增加。2021~2023年，在义务教育阶段，小学招生数量相对稳定，而毕业生数量则在逐步下降。与此相对应的是，初中的招生、在校生和毕业生数量均呈现下降趋势。这表明，随着总人口特别是出生人口的减少，教育机构的总量必然会出现下降，对学前教育与义务教育机构、人员和资源的分布结构和优化整合都提出了一系列挑战。

2. 教育高质量发展面临的环境更为复杂

一方面，以人工智能快速崛起为代表的科技发展趋势，对学生的想象力、创造力、自驱力、沟通能力和批判性思维能力等提出了更高的要求，也给教师队伍带来了新的挑战。另一方面，社会环境的快速变化、教育发展的客观趋势加之网络媒体等不良信息的影响，使得学生身心所面临的焦虑和压力与日俱增，各种心理问题发生的概率有所上升。

（五）医疗服务可及性不强

1. 跨区域医疗数据共享互通还存在一定障碍

随着医联体的建设发展，在医联体内部基本上实现了医疗数据的互联互

通，通过电子病历和线上档案等方式，医联体内部的医疗数据通道已经基本畅通。但是，不同医联体之间、不同等级医疗机构之间以及城乡之间在医疗数据的共享互通方面依旧存在一些不足与障碍。部分患者在跨区域或在不同医疗机构就医时，仍存在需要进行重复检查的情况，医疗机构之间的信息数据通道和共享平台还存在缺陷。同时，城乡间在医疗服务方面的差距仍然存在，县域医共体的建设水平有待提高。人民群众对于基层医疗机构的熟悉度和认可度仍有待提升，由于缺乏宣传引导，部分基层医疗机构具备服务能力却面临缺乏患者的窘境。

2. 医疗健康服务的适老化水平仍需继续提升

老年人口数量快速增加和预期寿命持续延长的趋势给医疗健康服务的种类、质量、服务方式以及个性化需求均会带来一系列新的挑战。一方面，在老年医学科的建设和人员培养方面，辽宁与南方经济发达省份还存在一定的差距。当前老年病专科门诊集中于大型三甲医院，相关的专科性医疗机构相对缺乏。同时，健康理念宣传、生活方式指导、心理健康指导和慢性病筛查与管理等开展相对有限，安宁疗护与长期专业护理等服务的供给也相对不足。另一方面，当前医院就诊环境的适老化、无障碍改造仍存在不足。

三　进一步推进辽宁省社会高质量发展的对策建议

（一）加快实现充分就业，推动高质量就业

1. 深化就业领域改革，为高质量充分就业提供活力

贯彻落实《中共中央关于进一步全面深化改革　推进中国式现代化的决定》，促进高质量充分就业，要坚定不移地深化各项改革，为提升就业质量、切实保障劳动者权益构筑起更为坚实的支撑。深化就业体制机制改革，进一步优化就业公共服务制度，全面加强就业公共服务体系建设，积极营造公平公正的就业环境，确保每一位劳动者都能通过不懈努力实现自我价值和发展。进一步完善劳动法律法规体系，针对新就业形态，明确劳动基准，加

强规范。不断完善社会保障体系，特别是加大对灵活就业和新就业形态劳动者的权益保障力度。强化市场监管，严格劳动保障监察执法，确保法律法规和制度措施得到有效执行，为劳动者权益提供强有力的法律保障和制度支持，构建更加公平、包容、可持续的就业环境，努力让广大劳动者在体面劳动中实现全面发展。

2. 着重稳岗拓岗，激发高质量充分就业的内驱动力

在推动全省高质量发展的过程中，积极为就业提质扩容，增强发展的就业带动力。在推动辽宁全面振兴新突破三年行动过程中，围绕 4 个万亿级产业基地和 22 个重点产业集群，布局优化产业体系，促进就业与产业的深度融合与协同发展，着力强化招工用工的保障链条。进一步健全就业服务专员制度，确保能够全面、准确地收集各行业企业的空缺岗位信息。广泛开展招聘对接活动，努力将有效的用工需求转化为实际的就业推动力，从而实现就业与产业的紧密联动。统筹运用社保补贴、吸纳就业补贴、失业保险费阶段性减免以及担保贷款等惠企政策，充分释放政策红利，为企业稳岗扩就业提供有力支持。加快数字经济和平台经济的发展，积极推动夜间经济的繁荣，为劳动者创造更加灵活多样的就业方式，包括居家就业、远程办公以及兼职工作等，打造零工市场和零工驿站，广泛收集并发布非全日制、临时性和阶段性用工等信息，为劳动者提供多渠道灵活就业的机会和平台。

3. 强化就业帮扶，稳住高质量充分就业的重点群体

全面优化和完善重点群体就业支持政策。高校毕业生、农民工以及就业困难人员等特定群体作为就业工作的核心与难点，其就业稳定直接关系到整体就业形势的基本稳定。

要将高校毕业生及其他青年群体的就业问题置于首要位置，制订并实施高校毕业生及其他青年留辽来辽就业创业的行动计划，通过拓宽市场化就业岗位以及政策性岗位的筹措渠道，积极应对挑战。为确保高校毕业生能够顺利过渡至职业生涯，要加强毕业前后的衔接工作，并实施全面的未就业毕业生实名制服务，以确保年底高校毕业生的就业率不低于往年水平，同时确保所有来自困难家庭的毕业生都能实现就业或参与到相关的就业准备活动中。

在推进新型城镇化和乡村全面振兴的过程中，要密切关注外出农民工的务工情况，建立并完善返乡回流人员的跟踪服务机制。同时，充分利用就业帮扶车间等平台，积极推广"以工代赈"模式，优先吸纳农民工特别是脱贫人口，以促进其就业并增加收入。

4. 强化创业扶持，拓宽高质量充分就业的多元渠道

进一步完善创业带动就业保障制度，优化创业服务，提升创业质量。全面落实创业补贴等扶持政策，确保每一份扶持资源都能精准到位。加大创业担保贷款的发放力度，以缓解创业者的资金压力。健全风险分担机制和呆账核销机制，对符合条件的创业者免除反担保要求，以降低其创业风险。

构建良好的创新创业生态，联合相关部门、区县及高校，共同打造环大学创新创业生态圈，促进创新资源的高效整合与利用。特别是针对大学生群体，实施"辽字号"大学生创业启航计划，重点资助一批具有潜力和发展前景的优秀创业项目，以激发大学生的创业热情与潜能。

加强创业导师队伍建设，采取梯度培育的方式，建立"导师带项目、项目选导师"的服务模式，确保每位创业者都能得到专业、精准的指导。同时，常态化开展创业导师服务进社区、进校园、进企业活动，以扩大创业导师服务的覆盖面和影响力。

定期举办"辽字号"创业大赛，为创业者提供政策咨询、项目推介、开业指导等全方位、集成式的创业服务。通过举办大赛，选拔出一批优秀的创业项目和团队，并为其提供更多的展示机会和发展空间。

（二）优化收入分配格局，促进居民收入提升

1. 缩小城乡收入差距，构建橄榄形收入分配格局

针对辽宁地区的实际情况，收入分配的政策措施应在持续扶持低收入群体的基础上，进一步向扩大中等收入群体倾斜，以构建更加稳健的社会经济结构。为实现这一目标，需优化收入分配机制，构建一套涵盖初次分配、再分配及三次分配的协调配套的基础性制度。在此过程中，应加大税收、社会保障及转移支付等调节手段的力度，以确保收入分配的公平性与合理性。同

时，必须正视并妥善解决长期存在的区域差异、城乡差距等问题。通过深化收入分配制度改革，从生产力的源头上着手，努力缩小城乡之间、行业之间的收入差距，为实现共同富裕奠定坚实的基础。

2.实施区域协调发展战略，缩小区域间居民收入差距

辽宁省政府及社会各界应共同努力，采取切实有效的措施加以应对区域间经济发展不平衡的严峻挑战。一是应加大对经济相对落后地区的政策扶持力度，通过财政转移支付、税收优惠等方式，帮助其改善基础设施条件、优化产业结构、提升发展动力。二是应积极推动区域协调发展，加强城市之间的合作与交流，促进资源共享和优势互补。三是应注重提高居民收入水平和生活质量，让改革发展成果更多更公平惠及全体人民。

（三）综合统筹养老事业与养老产业，促进养老服务供需平衡

1.积极引导多方参与基本养老服务，构建养老产业健康发展环境

一方面，促进形成政府与市场相互协作的养老服务体系。老年人的养老服务需求层次丰富，既有基本的生活保障需求，也有追求个性化、高质量服务的愿望。为此，政府应当逐步降低市场准入门槛，同时加强对各类社会养老服务机构的监管与规范，确保其服务质量和安全。在资金方面，有必要统筹整合各类养老服务的资金渠道，建立合理的成本分摊机制，实现政府、社会和家庭之间的良性互动，让更多老年人负担得起并享受到社会养老服务机构的专业服务。此外，推动公办养老机构改革，鼓励地方国有企事业单位疗养机构转型为养老服务设施，并引入市场化运营机制，以提升服务质量，有效缓解公办养老机构资源紧张与管理刻板的问题。同时，政府可通过购买服务等方式，向符合条件的社会养老机构购买服务，直接为老年群体提供优质服务，增强养老服务的可及性和公平性。

另一方面，推动多元化养老服务在社区落地生根。政府应积极推动养老服务市场的全方位开发和培育，不断拓展服务内容、延伸服务范围、创新服务形式，以满足老年人多样化的需求。以老年人现实需求为中心，通过引进

第三方养老服务机构进入社区，为老年人提供日间照料、医疗康复、生活辅助等个性化、点对点的居家养老服务，让老年人在熟悉的环境中享受便捷、贴心的服务。同时，鼓励社区、社会组织、社会工作者和志愿者等多方力量共同为老年人营造更加丰富多样、适宜居住的养老环境，使社区成为老年人安享晚年的温馨家园。

2. 加强老年人照护服务体系建设，深入推进医养结合可持续发展

一方面，针对人口老龄化趋势，加快构建居家、社区、机构相协调的失能老年人照护服务体系。发展居家（社区）照护服务，建议社区、机构为失能老年人家庭提供家庭照护者培训和"喘息"服务，引导公益志愿者为居家失能老年人提供照护服务。统筹社会力量，利用社区配套用房或闲置用房开办护理站，为失能老年人提供居家健康服务。鼓励社区卫生服务中心与相关机构开展合作，增加照护功能，为居家老年人提供短期照护、临时照护等服务。同时，促进机构照护服务发展。在社区卫生服务中心、乡镇卫生院等基层医疗卫生机构增设护理床位或护理单元。引导鼓励具备服务能力和相应资质的机构将照护服务向社区和家庭延伸，辐射居家失能老年人。推进照护机构老年痴呆患者照护专区和社区老年痴呆患者照护点建设，满足老年痴呆患者照护服务需求。

另一方面，深入推进医养结合可持续发展。首先，增加医养结合服务供给。以需求为导向，合理规划、建设和改建医养结合机构。鼓励综合性医院在不影响现有医疗业务供给的基础上，拓宽业务服务范围，增设相应的内嵌式或独立养老机构。其次，支持养老机构与医疗机构开展灵活多样的协议合作，对于规模较大但需求缺口较大的养老机构，可以鼓励其通过合作经营等方式与医疗机构开展合作，使其参与医疗机构的运营管理，提供医养结合服务，满足养老服务需求。最后，充分发挥社区养老机构的平台作用，加强与周边的老年康复医院、老年护理院等机构的合作，扩大服务范围辐射面，针对该社区内居家养护的老年群体开展康复训练、上门护理、上门诊治等医疗服务，使医疗护理服务切实深入社区、家庭，推进医养结合养老服务的基层全覆盖。激发市场活力，引导社会资本举办医养结合机构，提升医养结合服

务质量，健全医养结合标准规范体系。提升医养结合信息化水平，发展面向居家、社区和机构的智慧医养结合服务，开展老龄健康医养结合远程协同服务，为老年人提供优质高效的远程医疗服务。

（四）持续推动教育资源整合升级，实现教育大省向教育强省转变

1. 坚持学前教育普及普惠安全优质发展方向，引导学前教育资源整合优化

坚持学前教育普及普惠安全优质发展方向，持续增加公办幼儿园的数量，并积极引导扶持普惠性民办幼儿园发展。通过多种方式加大公办幼儿园投入力度，统筹资源优化布局，特别是对于城镇新增人口、流动人口集中地区以及乡镇地区等存在迫切需求的区域，通过新建与改扩建等方式确保普惠性幼儿园的覆盖水平。同时，通过政策扶持与引导等方式促进幼儿园多元化与优质化发展，鼓励幼儿园提供托育服务，试点"老幼共托"模式，针对特殊人群提供个性化服务等。进一步提升教育质量，持续完善学前教育专任教师待遇保障机制与培养教研体系，充分发挥城镇优质幼儿园和农村乡镇中心幼儿园的辐射带动作用，提高相关资源均衡水平。坚持规范管理并加强监管，不断完善相关制度法规，强化学前教育动态监管，针对民办幼儿园乱收费问题进行专项整顿。

2. 推进义务教育实现高质量均衡发展，全面提升素质教育实践水平

在城镇地区，持续推进教育集团化改革，通过总结、推广和共享带头学校的先进经验与优质资源，使得先进管理模式、教学教研经验以及优秀教师队伍等能够在教育集团内部充分交流融合，缩小集团内部的差异，实现均衡化发展。同时，针对相关区域的现实需求，通过新建、改建与扩建等不同方式增加义务教育资源供给。在农村地区，结合义务教育阶段学生数量变化趋势以及城镇化发展水平，在保障乡村义务教育有效供给的基础上，对部分"小、散、弱"的乡村小规模学校进行整合优化。进一步提高农村地区义务教育资源投入水平，持续推进城乡学校共同体建设，构建城乡义务教育优质均衡发展联盟，推动城乡教育均衡发展。多样化、全方位强化素质教育，积

极对接校外优质资源，加强学校相关设施建设与维护，通过校内宣讲、精品课程、校外参观与竞赛会演等多样化实践形式，促进学生思想品德、科学素养、美育、体育与动手能力等全面发展。

3. 提升教育数字化与智能化融合水平，通过人工智能为师生赋能

加强与相关技术平台以及科技企业的合作，顺应人工智能发展大趋势，进一步提升教育数字化与智能化融合水平与应用推广水平。积极对接国家级优质教育资源开放共享平台，保障各地各级教育数字化基础能力，通过技术手段扩大优质教育资源覆盖面，加大优质数字资源供给以促进城乡资源共享。鼓励引导具备条件的区域与学校积极试点将人工智能最新技术引入教育全过程，在教师教研备课、授课、作业批改、考试分析以及学生自主学习和回顾总结等方面进行技术赋能，这既有利于节省教师在重复事项上花费的时间，使其更专注于教学工作，也有利于提升学生的自主学习能力和自我管理能力，激发学生的兴趣和潜力，为培养适应新质生产力发展要求的高质量人才打下坚实基础。

（五）促进优质医疗卫生资源扩容与均衡布局，完善重点群体健康保障

1. 强化医疗卫生资源扩容与均衡布局，持续加大基层医疗资源投入

一方面，持续完善紧密型城市医疗集团建设，协同其与医联体的关系，在医联体内部实现数据资源共享的基础上，鼓励引导医联体之间逐步建立信息互联互通渠道。通过人员交流、经验共享和远程会诊等多种方式发挥优质公立医院引领作用，实现资源优化共享与供需匹配。全力推动国家肿瘤和儿童区域医疗中心建设项目进程，以此为依托辐射带动区域医疗服务能力全面提升。完善与"一圈一带两区"空间规划布局相适应的辽东、辽西、辽南、辽中省级区域医疗中心建设。同时，以满足重大疾病临床需求为导向推进重点专科建设。面向疾病领域前沿和顺应疾病谱变化发展趋势，保障人民群众的基本医疗健康需求，针对不同区域、不同人群以及不同级别医疗机构综合统筹、因材施教，持续加大临床重点专科的投入和培育力度，结合学科特点

优化医疗质量管理与考评标准体系，打造具有辽宁特色的国家、省、市、县四级临床重点专科群。另一方面，加大力度提升紧密型县域医共体建设水平，通过城乡协调机制与政策支持等方式加强资源互通共享，以提升县域医疗卫生健康综合服务保障能力。重视基层医疗卫生人员配备和培训工作，根据区域疾病谱与居民现实需求，配备全科、内外科、口腔与公共卫生等各类医疗人员。

2. 聚焦"一老一少"医疗健康服务，关注重点人群健康服务保障

针对人口老龄化趋势，关注老年群体在医疗健康与养老照护方面的多样化需求，提高老年医学科的建设水平与普及程度，通过加大专业医务人员培养力度提高其专业水平，在健康理念普及、生活方式指导、长期医疗照护、心理健康干预、慢性病筛查与管理以及安宁疗护等方面提供高质量个性化服务。强化老年健康综合服务体系，支持老年病专科医院、专业护理院、康复医院以及康养机构等多样化机构建设。同时，持续推动医养康养相结合，增强居家社区医养康养结合服务的保障能力，支持各级医疗卫生机构拓展医养结合功能，依托自身优质资源对外提供高质量相关服务。继续组织实施社区医养结合能力提升行动，依托符合条件的医疗卫生等服务机构，有效利用现有资源，提升居家社区医养结合服务能力。针对老年人、儿童、残疾人、孕产妇等特殊群体，持续推进医疗机构就诊环境的适老化、无障碍等改造，落实老年人便利就医各项举措，不断优化就医流程，持续提升老年人就医体验。构建积极生育支持政策体系，不断完善普惠托育服务和妇幼健康服务，落实母婴安全五项制度，实施母婴安全和健康儿童提升行动，推动全省各地因地制宜发展社区托育、用人单位办托和家庭托育点，推动形成"5分钟、10分钟托育服务圈"，逐步满足群众个性化与多元化的托育服务需求。

参考文献

杜振君、郝宝强、孙春茹：《辽宁高校毕业生就业力评价及提升策略》，《辽宁工业

大学学报》（社会科学版）2024 年第 2 期。

张鹏、汪盛贤：《吸引留住人才 推进辽宁省人才振兴问题研究》，《辽宁经济》2024 年第 4 期。

徐飞、包文莉：《辽宁省社会经济发展与就业量化研究》，《辽宁科技学院学报》2023 年第 6 期。

贾晓华：《辽宁省城乡居民财产性收入差距探析》，《时代经贸》2022 年第 9 期。

戚扬学：《共同富裕目标下促进辽宁居民收入增长的路径探索》，《辽宁经济》2022 年第 9 期。

经济运行篇

B.3
辽宁省工业经济形势分析与对策建议

王　典　万　义　宋帅官*

摘　要： 面对外部环境复杂性、严峻性、不确定性明显上升和经济结构调整持续深化等带来的新挑战，辽宁省在建设产业集群、发展高新产业、打造工业强县、优化营商环境以及培育中小企业等方面再创佳绩。但辽宁省工业仍面临增速放缓、县域经济动力不足和中小企业发展质量不高等问题。有必要从促投资稳增长、发展县域特色产业和促进中小企业高质量发展等方面着手，加速推动辽宁省工业转型升级，实现辽宁省工业经济高质量发展。

关键词： 辽宁省工业经济　产业转型升级　工业强县　中小企业高质量发展

---

* 王典，辽宁社会科学院经济研究所助理研究员，主要研究方向为工业经济、数字经济；万义，辽宁省人大财经委经济监督处副处长，主要研究方向为工业经济、法经济学；宋帅官，辽宁社会科学院经济研究所研究员、所长，主要研究方向为工业经济。

一 辽宁省工业运行特征

2024年7月19日,辽宁省统计局公开发布辽宁省上半年经济运行情况。数据显示,1~6月,辽宁省规上工业增加值同比增长3.3%,相较于前5个月提高0.7个百分点,扭转工业增加值增速持续下滑的势头,缩小与全国规上工业增加值增速的差距(见图1)。

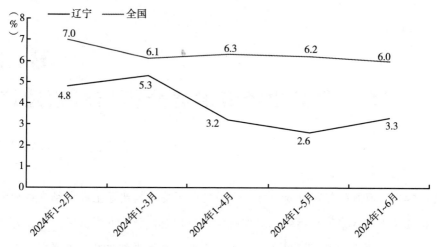

图1 2024年上半年辽宁省与全国规上工业增加值增速对比

资料来源:国家统计局、辽宁省统计局。

从经济类型来看,辽宁省工业经济中集体企业增加值同比增长27.7%,私营企业增加值同比增长7.4%,股份制企业增加值同比增长4.2%,外商及港澳台投资企业增加值同比增长0.9%。① 与上年同期相比,不同经济类型企业在拉动辽宁工业发展中发挥的作用发生变化。其中,股份制企业对工业增加值的拉动作用进一步提升,集体企业、私营企业和外资企业发挥的作用趋于降低。股份制企业、集体企业和私营企业成为拉动辽宁省工业增加值

---

① 《2024年上半年全省经济运行情况》,辽宁省统计局网站,2024年7月19日,https://tjj.ln.gov.cn/tjj/tjsj/sjfb/sqzx/20240719155532458805/index.shtml。

增长的核心主体。

从行业类别来看，省内 29 个行业工业增加值实现同比增长，增长面为 72.5%，高于上年同期的 52.5%。其中，计算机、通信和其他电子设备制造业增加值同比增长 34.6%，铁路、船舶、航空航天和其他运输设备制造业增加值同比增长 27.3%，电气机械和器材制造业增加值同比增长 18.1%，黑色金属矿采选业增加值同比增长 14.9%，专用设备制造业增加值同比增长 10.4%，医药制造业增加值同比增长 8.0%。[①] 可见，高新技术等先进制造业增加值增速提升明显，加速成为促进辽宁省工业发展的核心引擎。

从产品分类上看，辽宁省有 28 种产品产量实现同比增长，占 65 种重点产品的 43.1%。其中，民用钢制船舶产量同比增长 156.4%，变压器产量同比增长 56.2%，服务器产量同比增长 31.5%，城市轨道车辆产量同比增长 24.9%，新能源汽车产量同比增长 19.3%，化学纤维产量同比增长 10.9%，集成电路产量同比增长 8.6%。[②] 增长率分布相较上年同期发生变化。2023 年，汽车、碳纤维及其复合材料、智能手机和光缆等工业品产量显著增长，2024 年上半年，民用钢制船舶、变压器以及服务器等传统优势工业品成为拉动辽宁省工业发展的核心产品。

从地区分布上看，辽宁省 14 个城市中有 13 个城市规上工业增加值实现正增长。其中，6 个城市规上工业增加值增速跑赢全国，且省内工业增长动力空间格局日趋均衡。除沈阳和大连引领辽宁工业发展外，丹东、本溪、辽阳规上工业增加值增速均超 10%，经济活力持续释放，成为拉动辽宁省工业经济增长的新动力源。[③]

（一）高新技术产业加速发展，集聚效应持续释放

党的二十届三中全会提出"加快推进新型工业化，培育壮大先进制造

---

① 《辽宁刚刚发布：上半年，5.0%！》，《辽宁日报》，2024 年 7 月 19 日。
② 《2024 年 1—6 月份全省规模以上工业运行情况》，辽宁统计微信公众号，2024 年 7 月 19 日，https://mp.weixin.qq.com/s/tIWB4PbiOveXh8TEqKSncg。
③ 《上半年辽宁工业形势如何？数据来了！》，《辽宁日报》，2024 年 7 月 23 日。

业集群,推动制造业高端化、智能化、绿色化发展"。以科技创新为抓手,推动传统工业转型升级,大力发展新型工业化是开创辽宁省工业高质量发展新局面的重要路径。从数据上看,2024年上半年,辽宁省高技术制造业增加值增长15.5%,电子及通信设备制造业增加值增长33.3%,计算机及办公设备制造业增加值增长29.5%。①辽宁省已建立近90个省级工业互联网平台,建立了222个数字化车间和115个智能工厂,高新技术产业高质量发展进一步提速增效。②

省内众多城市在推进高新技术产业发展中取得亮眼成绩。沈阳成功推动恒久安泰大规模全钒液流电池智能制造项目、安宇迪航空部件生产基地项目、数码模汽车部件生产基地项目等产业链头部项目签约落地,市内产业链条持续完善,产业集群和生态加速形成。大连长兴岛建成投用两条具有自主核心技术的乙二胺生产线,是实现国产技术替代的重要成就。截至2023年,大连战略性新兴产业规模达3866.8亿元,同比增长13.2%,增值达1165.4亿元。截至2024年上半年,大连已建立115个国家级科技创新平台,近900个省级和市级重点实验室、技术创新中心和创新平台。③辽阳规上工业增加值同比增长17.9%,增速位居辽宁省第1。该市以建设五大重点工业产业集群为基础,梳理工业项目166项,总投资602亿元,培育出国家级专精特新"小巨人"企业12家、省级"专精特新"中小企业58家,认定高新技术企业193家,认定省"雏鹰""瞪羚"企业93家。④丹东东方测控技术股份有限公司成功实现无人驾驶智能调度、智能监控和安全操作程序的智能采矿,使采矿提效降本。鞍钢集团有限公司完成对55条生产线的智能升级,关键

① 《2024年上半年辽宁经济运行数据发布→》,辽宁经济广播微信公众号,2024年7月19日,https://mp.weixin.qq.com/s/3iKTRfFKn9QSHkPiNRuHhQ。
② 《央媒看辽宁 | 新华网:绿色发展绘底色 逐智向新谋振兴——来自老工业基地辽宁的高质量发展报告》,辽宁发布微信公众号,2024年12月27日,https://mp.weixin.qq.com/s/hsz9t7YgM0eNgOEkTEM9pA。
③ 《〈新闻联播〉聚焦大连!以科创赋能助推产业提质升级》,大连发布微信公众号,2024年6月30日,https://mp.weixin.qq.com/s/Lwpm30YDrpvdXYA4UkKJWw。
④ 《【数据解读】2024年1-6月份辽阳市规模以上工业增加值增长17.9%》,辽阳统计微信公众号,2024年7月25日,https://mp.weixin.qq.com/s/X0GfjCwPg08IzrG2q_CD-Q。

工序中的计算机数控应用率超 80%，成为辽宁省传统产业智能化转型标杆。①

（二）百强县榜再聚首，县域经济发展取得新成就

辽宁省县域崭露头角，强县建设再创佳绩。2024 年县域经济创新发展论坛发布 2024 赛迪百强县榜单，辽宁省在最新一轮县域经济评比中取得佳绩，入榜县城数量再创新高，是东北地区唯一具有百强县的省份。

从入榜规模看，辽宁省在省级百强县规模上居全国第 8 位，实现了扩容进位。

从入榜主体看，大连瓦房店、鞍山海城和大连庄河成功入围 2024 赛迪百强县榜，入榜数量是上年的 3 倍。其中，瓦房店从上年的第 61 位上升到第 58 位，前进 3 位。② 海城和庄河两地重新闯进榜单，分别居第 92 位和第 94 位。就县域工业发展而言，深耕多年的瓦房店轴承、海城菱镁和庄河清洁能源已集链成群，在全国和全球市场颇具竞争力。

从工业数据看，瓦房店大力推动轴承等优势产业数字化、网络化、智能化改造和工业转型升级。2023 年共谋、招、推、建 500 万元以上重点项目 310 个，总投资 2902 亿元。③ 海城全面实施"北纬 40 度 海城质造"城市品牌体系战略，推动构建"4+4+3+N"现代化产业体系，2024 年上半年实现地区生产总值 309.1 亿元，同比增长 6.3%，跑赢全国、辽宁省、鞍山市。④ 庄河坚定不移做优做大做强"六大百亿级产业集群"。2024 年上半年，庄河共谋划储备推进项目 373 个，开复工项目 135 个，完成固定

---

① 《央媒看辽宁｜中国日报头版：聚焦辽宁高质量发展——产业转型升级与创新驱动》，辽宁发布微信公众号，2024 年 7 月 14 日，https：//mp.weixin.qq.com/s/ZiHcTZL_uHvG8f2Qqvfe4A。

② 《2024 全国百强县名单发布，辽宁三地上榜！》，辽宁发布微信公众号，2024 年 7 月 31 日，https：//mp.weixin.qq.com/s/1Ww0tBDpBkfjtA_vbFeeDw。

③ 《全国百强！大连两地上榜！》，大连发布微信公众号，2024 年 7 月 31 日，https：//mp.weixin.qq.com/s/EudYrIRRkrrcIZkTw_KPXQ。

④ 《海城市成功杀进中国县域经济百强！》，大连发布微信公众号，2024 年 8 月 1 日，https：//mp.weixin.qq.com/s/-HQ-N5oWOU9jeLJL2kzaKg。

资产投资 41 亿元。①

辽宁省作为工业大省，发展工业强县是推动辽宁省高质量发展的重要一环。为促进省内县域经济高质量发展，省委、省政府于 2024 年 7 月发布《关于推动县域经济高质量发展若干政策措施的意见》，从基础设施、改革创新、特色产业以及低碳转型等方面对县域经济未来发展进行严格科学规划和统一部署，为补齐县域经济短板、实现县域经济发展提质增效提供新的指导，辽宁省县域工业经济高质量发展未来可期。

（三）投资实现量质双增，"辽宁引力"不断增强

投资是拉动经济增长的重要抓手，优质投资是辽宁省工业高质量发展的重要推动力。省委书记郝鹏在 2023 年 12 月 20 日至 21 日的辽宁省委经济工作会议上指出，"要坚决扩大有效投资，拿出更多'政策干货'，吸引更多优质投资，培育投资新增长点"。合理、有效的投资已经成为辽宁省经济发展实现新突破的重要着力点。2024 年上半年，辽宁省在对外引资和投资结构优化两个方面取得新成绩。

一方面，八方投资聚辽宁，引资磁场再增强。省商务厅数据显示，上半年辽宁省招商引资实际到位资金 5680 亿元，同比增长 14%，完成全年目标任务的 62.7%。辽宁省 14 个市均完成全年目标任务的 50% 以上，实现时间、任务"双过半"。

从引进内资项目来看，2024 年上半年共有 3949 个内资项目到资，实际到位资金 5589.7 亿元，同比增长 15.8%。其中，亿元以上到资项目 1027个，到位资金 4615.4 亿元，同比增长 16.4%，占辽宁省投资总额的比重超过 80%。从引进内资来源来看，以"辽宁招商引资促进周"为重要引资举措，京津冀、长三角和珠三角地区成为辽宁省重点注资地，共引进到位资金 3937.9 亿元，同比增长 10.2%，占辽宁省投资总额的比重超过 70%。从资

---

① 《全国百强！大连两地上榜！》，大连发布微信公众号，2024 年 7 月 31 日，https：//mp. weixin. qq. com/s/EudYrIRRkrrcIZkTw_ KPXQ。

本流入目的地来看，沈阳现代化都市圈上半年到资 2678.7 亿元，同比增长 18.7%；沿海经济带到资 2610.5 亿元，同比增长 11.7%；辽西融入京津冀协同发展先导区到资 653.1 亿元，同比增长 21.5%。[①]

从引进海外资本来看，辽宁省组织友好经贸代表团访问日本、韩国、新加坡等地，成功举办"辽宁—日本经贸合作说明会""2024 韩国—沈阳活动周"等经贸活动，推进一批重点项目投资取得突破性进展，促成宝马集团对沈阳基地新增投资。2024 年 5 月第四届"投资辽宁"大会在辽宁大连召开，"投资辽宁"平台成立三年间，累计向国内外投资者精准发送辽宁招商引资讯息 320 万次，提供线上投资咨询服务 4.5 万余次、线下咨询服务 6000 余次，已吸引 2646 家国内外企业来辽注册，累计吸引投资企业在辽注册资本金超过 30 亿元，纳税额近 6 亿元。[②] 第十五届夏季达沃斯论坛成功在大连举办。论坛期间省内各市依托论坛提供的宝贵机会，积极举办"城市会客厅"招商活动，吸引超千人次到访，达成项目合作意向 60 个，意向合作金额超 130 亿元，向国际企业展示了辽宁招商引资的诚意，增强了国际企业对辽宁经济发展和持续投资的信心。

另一方面，投资结构持续优化，助推新型工业化建设。科学谋划资金使用方式、合理分配资本流动方向，有利于形成"内需牵引投资，投资创造需求"的良性循环新格局。

从资金流动情况来看，2024 年上半年辽宁省第二产业到资 2926.3 亿元，同比增长 19.7%，占辽宁省投资总额的 52.4%。其中，制造业共到资 1807.6 亿元，同比增长 17.8%，占辽宁省投资总额的 32.3%。辽宁省作为工业大省正把握自身比较优势，优化引资结构，助力工业高质量转型、发展。此外，辽宁省围绕数字辽宁、智造强省建设和做好结构调整"三篇大文章"目标，促使投资结构持续优化。

---

① 《5680 亿！上半年，辽宁招商引资实际到位资金同比增长 14%》，辽宁发布微信公众号，2024 年 8 月 3 日，https：//mp.weixin.qq.com/s/9RM2Gk4X2X7bFpFF5y5deA。

② 《第四届"投资辽宁"大会在大连召开》，辽宁统战微信公众号，2024 年 5 月 11 日，https：//mp.weixin.qq.com/s/3H-BndtFby0hGzVPgxlKmQ。

从资金使用情况来看，2024年上半年辽宁省固定资产投资同比增长2.5%。其中，第二产业投资同比增长14.0%，高于上年同期0.7个百分点。第三产业投资下降4.9%，低于上年同期5.2个百分点。制造业是辽宁省工业最重要的构成部分。上半年，在高技术制造业投资中，航空、航天器及设备制造业投资同比增长1.6倍，医疗仪器设备及仪器仪表制造业投资同比增长66.3%，医药制造业投资同比增长35.1%。建设项目投资同比增长9.6%，其中亿元以上建设项目投资同比增长13.3%。① 辽宁省持续加大高新技术产业资金投入量，为促进传统制造业升级、高技术制造业建设提供重要支撑。

（四）营商环境再优化，中小企业高质量发展

优化营商环境是实施辽宁全面振兴新突破三年行动必须下好的"先手棋"，是降低市场主体制度性交易成本的重要手段，是增强辽宁发展磁场、壮大中小企业的关键举措。

在优化营商环境方面。2024年以来，辽宁省以破除市场准入壁垒、维护公平市场秩序、推动市场环境优化升级为核心任务，在推进辽宁省营商环境优化方面取得了积极进展。辽宁省在2023年底公布《辽宁省促进市场公平竞争条例》，这是东北区域第一部维护市场公平竞争秩序的地方性法规。2024年上半年，辽宁省受理投诉举报、咨询事项42.5万件，为消费者挽回经济损失1413.8万元；查办知识产权违法案件238件，共销毁侵权假冒伪劣服装、鞋帽等产品约165吨、货值达1240万元；收集园区、企业反映各类问题诉求6.2万件，办理答复5.7万件；发放惠企"政策包"12万余份，促成融资188亿元，帮助解决用工14万人；帮助企业联系引进优质项目

---

① 《辽宁，重磅发布！》，LRTV辽宁之声微信公众号，2024年7月20日，https：//mp.weixin.qq.com/s/NMVXKEYXFD6XDK29XcWOfw。

2477 个，累计促成订单 65.5 亿元，清欠资金 35 亿元。①

在培育中小企业方面。辽宁省连发政策"大礼包"，释放改革红利，助力企业高质量发展。例如，省工信厅推出数字辽宁智造强省专项资金等系列惠企政策，近三年累计安排专项资金 37.6 亿元。在推动传统产业升级、助推新兴产业发展、培育数字化等高新技术方面支持企业和项目 6372 个。2024 年上半年，辽宁省认定首批优质中小企业服务机构 126 家，净增规上工业企业 278 家，现已拥有省级"专精特新"中小企业 2465 家、创新型中小企业 3927 家，培育有效期内专精特新"小巨人"企业 296 家，且 38 家入选国家制造业单项冠军，开创中小企业高质量发展新局面。②

二 当前辽宁省工业经济运行中的突出问题和风险点

在省委、省政府的坚强领导下，辽宁省工业经济发展实现量质双增、稳中有升，但有必要指出的是，当前工业经济发展仍面临增速放缓、县域经济短板突出和创新机制不健全等突出问题和风险点，需要引起重视。

（一）工业增速放缓，稳增长压力增大

2023 年上半年和 2024 年上半年辽宁省规上工业增加值增速对比如图 2 所示。第一，辽宁省 2024 年上半年规上工业增加值增速只在 1～2 月高于上年同期，其余时段均远低于上年同期。以 1～6 月为例，2024 年辽宁省规上工业增加值增速为 3.3%，低于 2023 年的 5.3%。第二，辽宁 2024 年规上工业增加值增速的变化趋势与 2023 年类似，呈现先增后降的波动趋势，趋势的相似性在一定程度上说明规上工业增加值增速具有季节性波动特征。需要

---

① 《新闻发布会｜"优化营商环境"主题系列新闻发布会①——破除市场准入壁垒 维护公平市场秩序 积极服务和融入全国统一大市场》，辽宁发布微信公众号，2024 年 8 月 7 日，https：//mp.weixin.qq.com/s/9vXjFuYRU9wy5dTwAhNd_ w。

② 《辽宁：年初以来全省净增规上工业企业 278 户》，辽宁日报微信公众号，2024 年 6 月 27 日，https：//mp.weixin.qq.com/s/P7iJ4g7CaLK9VqiCTFRn0Q。

强调的是，不同于上年前6个月规上工业增加值增速与前5个月持平，辽宁省2024年前6个月规上工业增加值增速高于前5个月0.7个百分点，这说明，2024年6月规上工业增加值增速显著提升，逆转前5个月规上工业增加值增速持续下降的趋势。

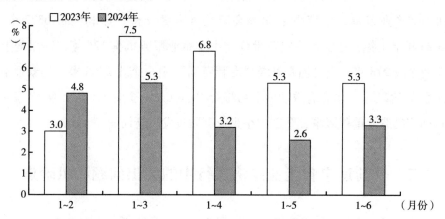

图2 2023年上半年和2024年上半年辽宁省工业增加值增速对比

资料来源：辽宁省统计局。

投资增速放缓和结构调整可能是导致辽宁省工业增加值增速放缓的重要原因。在投资方面，省统计局数据显示，2024年上半年辽宁省固定资产投资同比增长2.5%，增速比上年同期低2.5个百分点，低于全国1.4个百分点。此外，制造业投资增速低于上年同期0.4个百分点。从产业上看，第一产业投资同比增长2.1%，低于上年同期1.4个百分点；第二产业投资增长14.0%，高于上年同期0.7个百分点；第三产业投资下降4.9%，低于上年同期5.2个百分点。辽宁省2024年上半年规上工业企业营业收入同比下降3.6%，利润率同比下降0.32%。从利润总额来看，辽宁省规上工业企业2024年上半年实现利润总额同比下降11.9%，其中，制造业实现利润总额下降29.0%。工业利润降低一方面会导致企业扩大再投资面临更严峻的流动性约束；另一方面可能恶化企业对未来的预期，降低投资积极性，引致投资增速放缓。在中央项目投资大规模增长（18.8%）的背景下，2024年上半年辽宁省整体投资规模仍出现增速放缓的情况，这可能是导致 2024 年上半年工业经济增速放缓的原因之一。

在结构调整方面，辽宁省 2024 年上半年规上工业增加值同比增长 3.3%，其中，高技术制造业同比增长 15.5%。另外，虽然辽宁省固定资产投资同比仅增长 2.5%，但航空、航天器及设备制造业，医疗仪器设备及仪器仪表制造业，医药制造业等高技术制造业投资增速显著提升。结构调整可能是导致 2024 年上半年辽宁省工业经济增速放缓的另一个原因。

（二）县域经济动力不足，短板仍然突出

发展工业强县是推动辽宁省工业高质量发展的重要一环。虽然辽宁省在新一轮百强县评比中有 3 个县入榜，实现扩容进位，但仍有调整空间。

第一，强县数量少，规模小。从数量上看，辽宁共有 41 个县，占据全国 1301 个县的 3.15%，但只有 3 个县进入百强县榜，入榜数与江苏（25 个）、浙江（15 个）和山东（12 个）等县域经济强省仍存在较大差距。从规模上看，辽宁省百强县榜单排名都在第 50 名以后。就经济体量而言，瓦房店、海城和庄河 2023 年 GDP 分别为 1135.6 亿元、641.6 亿元和 636.20 亿元，只有一个"千亿级"县，且海城和庄河距离实现"千亿"目标任重道远。

第二，省内县域发展不均衡。县域 GDP 是评价县（市）能否进入百强县榜的一个重要指标。辽宁省内县域经济发展中瓦房店经济体量断层第 1，远高于分别排名第 2、第 3 且同为全国百强县的海城和庄河，相当于抚顺的 38 倍；省内排名第 3 的庄河 GDP 是第 4 名大石桥的 2 倍多（见表 1）。考虑到 GDP 超过 600 亿元是评为百强县的门槛，辽宁省在增加百强县数量方面面临重大考验。总之，辽宁省县域发展呈现"一超少强多弱"的不均衡空间布局。

第三，县域特色产业培育和发展不足。特色产业的发展和培育是县域经济发展的重要举措。瓦房店的轴承、海城的菱镁、庄河的清洁能源培育深耕多年，才实现集链成群。省内多数县域特色产业培育和发展较慢，成为辽宁省工业强县建设的关键堵点。

表1 2023年辽宁省各县（市）GDP情况

单位：亿元

县（市）名称	GDP	所属地	县（市）名称	GDP	所属地
瓦房店市	1135.6	大连	建平县	146.0	朝阳
海城市	641.6	鞍山	台安县	144.2	鞍山
庄河市	636.2	大连	铁岭县	139.0	铁岭
大石桥市	313.9	营口	黑山县	136.1	锦州
新民市	309.0	沈阳	彰武县	134.9	阜新
东港市	269.5	丹东	康平县	129.1	沈阳
法库县	213.6	沈阳	开原市	129.0	铁岭
凤城市	204.0	丹东	北镇市	126.1	锦州
绥中县	197.8	葫芦岛	朝阳县	124.0	朝阳
阜蒙县	190.0	阜新	桓仁县	122.9	本溪
盖州市	181.4	营口	喀左县	119.9	朝阳
凌源市	176.6	朝阳	调兵山市	119.2	铁岭
凌海市	170.4	锦州	宽甸县	115.2	丹东
灯塔市	163.4	辽阳	义县	113.8	锦州
昌图县	159.0	铁岭	长海县	107.0	大连
兴城市	157.0	葫芦岛	建昌县	97.7	葫芦岛
辽阳县	154.3	辽阳	西丰县	65.2	铁岭
盘山县	151.5	盘锦	清原县	64.6	抚顺
本溪县	150.17	本溪	新宾县	56.3	抚顺
北票市	148.6	朝阳	抚顺县	29.6	抚顺
岫岩县	147.6	鞍山			

资料来源：辽宁省各县（市）人民政府网站。

（三）创新体制机制不健全，中小企业发展质量不高

在政府和市场主体的共同努力下，省内中小企业发展获得显著成效。然而辽宁省当前拥有的专精特新中小企业和"小巨人"企业分别只占全国总数的1.76%和2.47%，进步空间广阔。

健全创新体制机制，培育壮大省内民营经济，是以科技创新引领辽宁省工业发展的重要着力点。工信部数据显示，我国"专精特新"中小企业中

民营企业占比达 95% 左右。截至 2022 年末，辽宁省实有经济市场主体
471.43 万户，占全国企业总数的 8.9%，其中，民营经济市场主体占比
95.8%，是省内工业经济发展的主要参与者。可见，辽宁省民营企业发展呈
现"占比高但质不强"的特征。科技创新是提升企业发展质量的重要抓手。
一方面，创新活动具有高度的不确定性，是企业"摸着石头过河"的过程，
对资本的依赖度较高。中小企业普遍面临改造资金不足、研发人才资源匮乏
等问题，导致其在"试错"时缺少勇气，呈现企业创新乏力和犹豫的情景。
另一方面，人才是创新的核心要素之一。辽宁省教育科技人才体制机制一体
化程度不高、建设滞后，严重阻碍健全创新体制机制，成为中小企业释放创
新能力的关键堵点，亟须打通。

三 推动辽宁省工业经济高质量发展的对策建议

为全力保障辽宁省工业经济高质量发展，针对辽宁省工业经济面临的突
出问题和潜在风险，辽宁省有必要进一步处理好政府和市场的关系，双管齐
下促投资稳增长；有必要加快探索培育县域工业经济发展比较优势，加快工
业强县建设；有必要继续优化营商环境，促进中小企业高质量发展，为辽宁
省全面振兴新突破贡献更大力量。

（一）政府市场两手抓，促投资稳增长

依赖有效市场和有为政府实现"稳投资、促投资、调投资"，是助推辽
宁省工业转型升级的关键抓手。

用好政府这只"看得见的手"。政府应该在引导投资、保护投资和吸引
投资上协同发力，助推省内工业发展。在引导投资方面，应以《辽宁全面
振兴新突破三年行动方案（2023—2025 年）》和《辽宁省深入推进结构调
整"三篇大文章"三年行动方案（2022—2024 年）》为遵循，制定鼓励企
业向绿色、高精尖技术突破等领域进行投资的政策，为企业"松绑减负"，
降低企业制度性交易成本，实现对推动工业高质量发展的微观主体赋能；在

保护投资方面，应进一步规范知识产权保护制度，制定更多创新成果保护政策，打造企业"想创新、敢创新、能创新"的良好局面；在吸引投资方面，应强化区域合作，打造便于国内外了解辽宁的引资平台，提高本省制度型开放水平，降低外部资金进入辽宁的成本，打造国际化、统一化融资引资平台。

用活市场这只"看不见的手"。市场在资源配置中起决定性作用，应减少对市场主体的政策干预，全力激发市场自身活力及其资源配置潜力，加速推动有效市场建设，确保市场主体在"守正"的前提下具有足够的灵活性和自由度。第一，发挥投资主体在市场中的自主选择能力。市场由众多微观个体组成，充分发挥个体能动性是构建高水平社会主义市场经济体制的关键。赋予市场主体一定的灵活度，有利于形成更加公平、公正的商业竞争环境，构建"能者上、弱者退"的高质量动态市场新格局，促进市场外投资者进入市场投资，实现辽宁工业投资量质双升。第二，发挥市场竞争的筛选能力。优胜劣汰是市场竞争的重要法则，市场内投资决策能力更强的企业家更容易脱颖而出。在市场竞争对企业家投资决策的筛选下，市场中将有可能崛起一系列龙头企业和"小巨人"企业，有助于形成本省特色产业，且这些头部企业的示范作用也有利于激发具有企业家精神但尚未进入市场的劳动者开展投资的激情，促使工业领域呈现"你追我赶"持续投资的新局面。

（二）寻找县域比较优势，加快工业强县建设

从补齐短板和推进数实融合等方面着手，解决辽宁省县域经济面临的发展不均衡、特色产业培育不足和强县数量少等问题，推动县域经济高质量发展。

第一，补齐县域基础设施短板。首先，增强县域道路可达性。提高县（市）与周边城市互联互通互动水平，优化城乡间、县域间和县域内公路网结构。以推进"四好农村路"建设、公交线路延伸和绕城公路建设为抓手，实现道路微循环，构建省域交通大循环，以道路为依托打造信息融通新格局。其次，推进新型能源基础设施建设。以建设县域新型能源基础设

施为关键着力点，按照因地制宜、适度超前的原则提高能源使用效率，以县域为载体培育发展新质生产力，实现能源工业高质量发展。再次，加强重点县镇建设。鼓励县域集中建设符合自身优势的重点城镇，完善特色产业配套设施，在镇级层面培育壮大特色产业。最后，构建县域发展锦标赛机制。加强各级政府信息交流，全层次把握县镇特色产业发展情况，构建区域间特色产业高质量发展锦标赛体制机制，打造工业重镇、商贸强镇、文旅名镇和农业特色镇。

第二，拥抱数字技术，做好做大县域宣传。首先，提升县域数字经济发展水平。抓住新一轮设备更新和消费品以旧换新机遇，推动县域数实融合应用场景落地和传统设备智能化改造。其次，以数据要素助力新型工业化建设。把控好数智化设备对地区地理信息和个体信息的提取，形成省域大数据中心。以省域大数据库为基础，以数字技术为依托，开创"禀赋指导发展、需求牵引供给"的县域工业经济发展新局面。最后，数字赋能特色产业发展，提升辽宁省新型工业全球吸引力。依据数字技术传播快和成本低的特性，赋能县域产业宣传工作，在特色产业构建和发展中"集全球之思、广全国之益"。

第三，深化改革创新，培育县域特色产业。首先，下放权力赋能县域改革，推动县域工业振兴突破。发展特色产业是建设工业强县的重要举措，对上下级政府提出了新要求，应抓牢上级放权和下级接权两个方面。一方面，上级政府应赋予下级政府一定的自主权和容错尺度，提升县域政府处理事务的灵活性。另一方面，下级政府应提升自身管理治理能力，做到"想用、能用、会用、善用"，发展自主权。此外，应加快建立"省级领导+牵头部门+县"联系工作机制，重点指导、识别、审核县域发展的特色性，避免低效率重复建设，打造工业强县"辽宁模式"。其次，完善创新要素流动体制机制。应支持县域企业同省内科研单位建立产学研结合体，向县域企业派驻高级科技人才，鼓励县域企业家进入省内高级科研单位学习交流，提升创新要素循环水平，弱化行政边界对要素流动的阻碍作用，推动辽宁省要素统一大市场建设。

（三）优化营商环境，促进中小企业高质量发展

在优化营商环境方面。第一，破除隐性门槛，降低市场主体准入成本。首先，政府应加快制定并实施市场准入负面清单管理制度，给予市场主体足够的政策空间，让具有企业家精神的劳动者"想拼则能拼、想闯则能闯"。其次，应加速完善省内招投标领域数字证书跨地区、跨平台互认体制机制，降低制度性交易成本，加速畅通省内大循环。最后，应平等对待各类所有制企业，支持民间投资参与重大项目，清理废除含有地方保护、市场分割、指定交易等妨碍公平竞争的政策措施。第二，规范涉企收费，推动减轻市场主体经营负担。应严格规范市政公用服务价外收费、金融服务收费等政府收费、罚款项目中违反法定权限设定、过罚不当等不合理罚款事项，发挥检察机关对民营企业权利的保障作用，减轻企业主体经营负担。

在促进中小企业高质量发展方面。第一，加大对中小企业要素支持力度。应鼓励金融机构加大对中小企业的金融支持力度，改善企业融资环境。此外，应搭建辽宁省域征信平台，降低商业银行和用款企业进行对接的交易成本。第二，加强法治对企业的保障。一方面，应健全平等保护各类所有制经济的法治环境，防止行政、刑事手段对经济活动的不正当干预，实现对中小企业产权和企业家权益的依法保护。另一方面，应依靠法律保护劳动者合法权益，为企业引才营造良好的法治环境，用政策和法治保障人才与企业有机融合，协同发展。第三，充分发挥中小企业创新引领作用。一方面，应围绕辽宁省4个万亿级产业基地和22个重点产业集群建设，引导中小企业参与基础再造工程和制造业重点产业链等行动，充分发挥中小企业体量小、灵活度高和市场敏感性强等优势。另一方面，应对符合国家发展战略并且具有竞争力的中小企业进行引进培育，推动符合辽宁省比较优势的中小企业成规模地冲进全国民营企业500强，形成具有辽宁特色的产业集群。

参考文献

《2024年上半年全省经济运行情况》，辽宁省统计局网站，2024年7月19日，https：//tjj. ln. gov. cn/tjj/tjsj/sjfb/sqzx/2024071915532458805/index. shtml。

《2023年上半年全省经济运行情况》，辽宁省统计局网站，2023年7月20日，https：//tjj. ln. gov. cn/tjj/tjsj/sjfb/sqzx/2023112316104376858/index. shtml。

《辽宁：奋力改革振兴　建设智造强省》，《光明日报》2024年7月25日。

《工信部：我国专精特新中小企业中民营企业占比达95%左右》，人民网，2023年9月4日，http：//finance. people. com. cn/n1/2023/0904/c1004-40070209. html。

《经济运行总体平稳　高质量发展扎实推进——透视辽宁经济"半年报"①》，《辽宁日报》2024年7月20日。

《聚焦推进新型工业化　加快发展新质生产力——透视辽宁经济"半年报"②》，《辽宁日报》2024年7月24日。

B.4
辽宁省农业农村经济运行态势分析[*]

王丹 王淑娟 黄萍萍^{**}

摘 要： 2023年辽宁全面贯彻落实党的二十大精神，加快推进农业强省和现代化大农业发展先行地建设，农业农村经济平稳发展，取得了第一产业平稳增长、粮食产量再创新高、畜牧业持续稳定发展、农民收入实现快速增长、农村消费逐渐复苏、农村人居环境不断改善等积极成效，对全省经济发展的支撑作用不断增强。但在发展中也面临着基础设施短板依旧存在、畜牧业收益有所下滑、农民工资收入增长动力仍需提升、农村消费需求有待继续释放、县域经济发展滞缓、农产品加工业需进一步加强等现实发展问题。辽宁要夯实农业农村发展根基、促进畜牧业生产稳定发展、进一步提高农民收入水平、提升农村消费能力、补齐农村经济发展短板、促进乡村产业集聚发展，加快推进农业农村经济高质量发展。

关键词： 农业农村经济 粮食生产 农民收入 县域经济 农产品加工

2023年是全面贯彻落实党的二十大精神的开局之年，也是辽宁实施全面振兴新突破三年行动的首战之年，辽宁全面贯彻新发展理念，加快推进新发展格局构建，全省经济回升向好。在农业农村领域，辽宁加大力度推进农

---

* 本报告为2023年度沈阳市社会科学立项课题（项目编号：sysk2023-JD-63）和2023年度辽宁社会科学规划基金一般项目"辽宁预制菜产业发展现状及对策研究"的阶段性成果。

** 王丹，辽宁社会科学院农村发展研究所研究员，主要研究方向为农村经济、区域经济；王淑娟，辽宁社会科学院经济研究所研究员，主要研究方向为产业经济、区域经济；黄萍萍，辽宁省农业农村发展服务中心高级农艺师，主要研究方向为农业技术推广。

业强省、食品工业大省和现代化大农业发展先行地建设，农业农村经济向高质量发展迈进，乡村振兴取得新成效。

一 2023年辽宁农业农村经济运行与发展现状分析

（一）第一产业平稳增长，对全省经济增长拉动作用不断增强

2023年，全省实现生产总值30209.4亿元，比上年增长5.3%。其中，第一产业增加值为2651.0亿元，占地区生产总值的比重为8.8%，同比增长4.7%，比全国（4.1%）高0.6个百分点，增速为近十年第2高位（仅次于2021年的5.3%），居全国第8位。全年固定资产投资比上年增长4.0%，其中第一产业投资比上年增长9.4%。全年农产品加工业增加值比上年增长3.6%，占规模以上工业增加值的比重为8.1%。其中，食品制造业增加值同比增长38.8%，烟草制品业增加值同比增长7.3%，农副食品加工业增加值同比增长0.9%。从农产品进出口来看，出口316.6亿元，同比增长5.7%；进口448.7亿元，同比增长10.2%。① 从以上数据可以看出，2023年辽宁农业对全省经济增长拉动作用不断增强。

（二）播种面积稳定增加，粮食产量再创新高

辽宁一直把粮食安全作为农业生产的首要任务，坚持粮食播种面积只增不减，粮食产量屡创历史新高，粮食生产能力和粮食主产省地位不断巩固提升。2023年粮食总产量达512.7亿斤（2563.4万吨），同比增加15.8亿斤，增长3.2%。其中，水稻产量为82.6亿斤（412.9万吨），减产3.0%；玉米产量为411.5亿斤（2057.4万吨），增产5.0%。粮食总产量居全国第12位，历史上第2次突破500亿斤，增速在全国13个粮食主产省中排第1位。

从粮食作物播种面积来看，2023年粮食作物播种面积为5367.6万亩，

---

① 资料来源：《辽宁省2023年国民经济和社会发展统计公报》。

比上年增加25.3万亩，增长0.5%。连续3年稳定在5300万亩以上，粮食播种面积稳步提升。其中，玉米播种面积为4205.9万亩，比上年增加68.9万亩，增长1.7%；水稻播种面积为750.7万亩，比上年减少23.9万亩，下降3.1%；大豆播种面积为184.1万亩，比上年增加11.2万亩，增长6.5%（见表1）。玉米因播种面积增加，产量提升6.7亿斤；水稻受播种面积减少影响，产量下降2.6亿斤；大豆因播种面积增加，产量提升0.3亿斤。

表1 2020~2023年辽宁主要粮食播种面积情况

单位：万亩，%

粮食种类	2020年	2021年	2022年	2023年	2023年较2022年增长率
粮食作物	5290.8	5315.4	5342.3	5367.6	0.5
谷物	5016.2	5053.7	5074.3	—	—
水稻	780.6	781	774.6	750.7	-3.1
玉米	4049	4086.3	4137.0	4205.9	1.7
豆类	147	170.2	180.9	—	—
大豆	154.8	155.2	172.9	184.1	6.5

资料来源：根据2021~2023年辽宁统计年鉴及辽宁统计局网站资料计算整理。

从粮食单产水平来看，2023年辽宁粮食单产477.6公斤/亩，同比增加12.5公斤/亩，增长2.7%，单产水平高于全国平均水平87.9公斤/亩，稳居13个粮食主产省第2位。其中，玉米单产489.2公斤/亩，同比增加15.6公斤/亩，增长3.3%；水稻单产550.1公斤/亩，同比增加0.7公斤/亩，保持稳定；大豆单产152.3公斤/亩，同比减少3.7公斤/亩，减少2.4%。

（三）畜牧业持续稳定发展，家禽生产增势显著

2023年辽宁主要畜禽产品产能、供给充足，肉产量达到472.0万吨，同比增加27.6万吨，同比增长6.2%，比2022年同比增速提高了3.7个百分点。其中，猪肉产量249.1万吨，同比增长2.7%；牛肉产量32.0万吨，同比下降0.9%；羊肉产量6.8万吨，同比增长1.9%；禽肉产量184.0万吨，同比增长13.1%。全年禽蛋产量311.8万吨，同比下降1.3%。全年生牛奶产量135.4

万吨，同比增长 0.5%。全年家禽出栏 109964.99 万只，同比增长 13.1%；生猪出栏 2970.5 万头，同比增长 2.6%。年末生猪存栏 1337.2 万头，同比下降 5.5%。[①]

生猪生产总体保持相对稳定。受价格长期低迷影响，2023 年生猪养殖收益下滑，行业发展积极性受挫，但在强有力的政策措施的支持下，生猪生产总体实现良性发展。全年生猪累计出栏量达到 2970.5 万头，同比增加 76.21 万头，同比增长 2.6%，较 2022 年出栏增速提高了 1.1 个百分点；猪肉产量 294.1 万吨，同比增长 2.7%。全年生猪年饲养量达到 4307.74 万头，较 2022 年的 4308.86 万头仅减少 1.12 万头，同比仅下降 0.03%。

家禽生产稳中向好。2023 年家禽生产实现快速发展，家禽存出栏量均实现同比增长，禽肉产品产量较为充足。全省家禽出栏量首次突破"10 亿只"大关，达到近十年来最高水平，全年累计出栏量为 109964.99 万只，同比增长 13.1%；禽肉产量 184.0 万吨，同比增长 13.1%；禽蛋产量 311.8 万吨，同比下降 1.3%。

牛羊生产增减略有起伏。从牛生产来看，2023 年末全省牛存栏 290.25 万头，同比下降 1.5%；全年牛累计出栏 201.6 万头，同比下降 0.9%，牛出栏量保持在 200 万头以上，仍排在近十年来第 2 位；牛肉产量 32.0 万吨，同比下降 0.9%；牛奶产量 135.4 万吨，同比增长 0.5%。受养殖成本持续高位和肉牛市场价格同比下降的双重影响，全省牛生产产能出现小幅缩减。从羊生产来看，2023 年末全省羊存栏 765.82 万只，同比下降 2.8%；全年羊累计出栏 596.34 万只，同比增长 1.9%；羊肉产量 6.8 万吨，同比增长 1.9%。全年羊价格相对稳定，饲养效益处于微利，仍有部分养殖户对养殖羊保持较高积极性。

（四）农民收入实现快速增长，城乡收入差距缩小

2023 年，辽宁农村居民人均可支配收入为 21483.0 元，同比增长

---

① 资料来源：《辽宁省 2023 年国民经济和社会发展统计公报》。

7.90%，高于全国平均水平 0.2 个百分点（见表 2）。扣除价格因素，农村居民人均可支配收入同比实际增速高于全省生产总值增速 2.8 个百分点，实现了农村居民收入增长与经济发展同步的目标。2023 年首次突破 2 万元大关，在全国各省（区、市）中居第 9 位，比上年前移 1 位，反超江西。收入总量居东北三省一区首位，总量分别高于吉林、黑龙江、内蒙古 2011 元、1727 元和 262 元。城乡居民人均收入倍差由 2022 年的 2.21 缩小至 2023 年的 2.14，继续呈现逐年缩小态势。

表 2 2013~2023 年辽宁农村居民人均可支配收入增速情况

单位：元，%

年份	农村居民人均可支配收入	同比增长
2013	10522.7	12.14
2014	11191.5	6.36
2015	12056.9	7.73
2016	12880.7	6.83
2017	13746.8	6.72
2018	14656.3	6.62
2019	16108.3	9.91
2020	17450.3	8.33
2021	19216.6	10.12
2022	19908.0	3.60
2023	21483.0	7.90

资料来源：根据历年辽宁省统计年鉴及辽宁省统计局网站资料整理。

四项收入呈现全面增长（见表 3）。2023 年，人均工资性收入、经营净收入、财产净收入和转移净收入分别为 7952 元、9585 元、487 元和 3459 元，同比分别增长 6.9%、8.5%、15.1% 和 7.7%。其中，工资性收入占人均可支配收入的比重为 37.0%，拉动人均可支配收入增长 2.6 个百分点，增收贡献率为 32.4%；经营净收入占人均可支配收入的比重为 44.6%，拉动人均可支配收入增长 3.8 个百分点，增收贡献率为 47.9%，是农村居民增收的最大拉动力；财产净收入占人均可支配收入的比重为 2.3%，拉动人均可支配收入增长 0.3 个百分点，增收贡献率为 4.0%，在收入中增长最快；转移净收入占人均可支配收入的比重为 16.1%，拉动人均可支配收入增长 1.2 个百分点，增收贡献率为 15.7%，是农村居民增收的重要支撑。

表 3　2021~2023 年辽宁农村居民人均可支配收入构成情况

单位：元，%

指标	2021 年		2022 年		2023 年		增速
	收入	比重	收入	比重	收入	比重	
人均可支配收入	19217	100.0	19908	100.0	21483	100.0	7.9
工资性收入	7109	37.0	7442	37.4	7952	37.0	6.9
经营净收入	8667	45.1	8831	44.4	9585	44.6	8.5
财产净收入	397	2.1	423	2.1	487	2.3	15.1
转移净收入	2044	15.8	3212	16.1	3459	16.1	7.7

资料来源：根据 2021~2023 年辽宁统计年鉴及辽宁统计局网站资料计算整理。

（五）农村消费逐渐复苏，恢复态势向好

2023 年，辽宁全年社会消费品零售总额为 10362.1 亿元，同比增长 8.8%。其中全年城镇消费品零售额为 8787.0 亿元，同比增长 8.7%；乡村消费品零售额为 1575.0 亿元，同比增长 9.3%。农村居民人均消费支出为 16040 元，在全国各省（区、市）中居第 20 位，比上年前移 1 位；同比增速为 12.0%，高于全国平均水平 2.7 个百分点。从消费结构看，八大类消费支出全面复苏。其中，人均医疗保健支出、教育文化娱乐支出同比增速较高，高于人均消费支出平均增速，是拉动消费支出增长的主要因素。人均医疗保健支出为 2288 元，同比增长 40.2%，对消费支出增长贡献最大；人均教育文化娱乐支出为 1726 元，同比增长 17.5%。2023 年农村居民人均服务性消费支出为 6065 元，同比增长 18.1%，高于人均消费支出增速 6.1 个百分点；占人均消费支出的比重为 37.8%，比上年提高 1.9 个百分点。农村居民恩格尔系数为 30.4%，比上年下降 1.1 个百分点，低于全国平均水平 2.0 个百分点。

（六）农业高质量发展水平不断提升，农村人居环境不断改善

从农业生产来看，辽宁加大耕地保护和建设力度，新建和改造高标准农田 296 万亩，2023 年末高标准农田面积为 2382.7 千公顷，比上年末增加 108.7 千公顷。分类实施黑土地保护工程 1000 万亩。秸秆还田、有机肥还田、测土配方施肥等重点工作积极落实。全年测土配方施肥面积 4322.1 千公顷，比上年增加 23.4 千公顷。年末农业机械总动力 2810.6 万千瓦，比上年末增加 152.8 万千瓦。全年新增高效节水灌溉面积 11.4 千公顷。玉米、水稻耕种收综合机械化率分别达到 92.2% 和 97.6%。

从人居环境来看，2023 年辽宁学习"千万工程"经验，深入实施农村环境净化整治专项行动，完善农村基础设施，创建美丽宜居村 1020 个、乡村振兴示范带 23 条，排查清理积存垃圾点位 10.84 万处，建设和改造农村公路 5643 公里。持续推动 4 个国家数字乡村试点、18 个省级数字乡村试点建设。① 农村生产生活条件不断改善，脱贫攻坚成果进一步巩固拓展，"三农"基本盘不断夯实。

二　2023年辽宁农业农村经济发展存在的主要问题

（一）基础设施短板依旧存在，农业农村发展任重道远

作为粮食生产大省，2023 年辽宁粮食生产再创新高，但粮食生产"靠天吃饭"的现状依旧存在，尤其是受气象因素影响较大，在防灾减灾特别是大范围灾害的抵御能力方面仍然较弱，还需进一步加强。辽宁目前还以小农户耕种为主，以户为单位的种植经营难以完成大规模的农田基础设施建设，在统筹农田基础设施建设方面还需要依托高标准农田建设项目进行统一建设和维护。党的二十大报告提出"逐步把永久基本农田全部建成高标准

---

① 资料来源：《辽宁省 2023 年国民经济和社会发展统计公报》。

农田"的决策部署。目前辽宁高标准农田建设正在积极推进，但高标准农田建设标准偏低。2022年，全国高标准农田建设亩均投入约为2300元，而辽宁亩均投入为1323元，在全国排名倒数第2。2023年，辽宁亩均投入提高到1426元，但与国家要求和先进地区相比差距依然较大。[①] 此外，辽宁高标准农田项目、农田灌溉井等后期运行维护及资产管理工作还存在管护责任分散的问题，很多设施分布在一家一户的农田上，后期维护多交由村委会负责管理，但由于经费落实困难，在管护方面存在一定程度的不到位现象。

（二）受价格长期低迷影响，畜牧业收益有所下滑

2023年，价格持续低迷对畜牧业养殖收益影响较大，尤其是生猪和牛生产受影响较严重。畜牧业相关的肉类市场价格在2022年上半年就开始出现价格低迷表现，导致一些中小型养殖户亏损严重。从生猪生产来看，生猪价格长期低迷导致养殖收益下滑，生猪养殖效益明显收窄，生猪养殖行业发展信心不足，各季度末生猪存栏量都出现了同比下降。第一季度末存栏1226.88万头，同比下降0.1%；第二季度末存栏1311.9万头，同比下降0.2%；第三季度末存栏1307.7万头，同比下降4.1%；第四季度末存栏1337.24万头，同比下降5.5%。从牛生产来看，自2023年4月开始，肉牛出栏价格出现下跌，并且持续到年末。辽宁肉牛养殖农户较多，肉牛供给能力一直处于较高水平，受养殖成本持续高位和肉牛市场价格同比下降的双重影响，2023年全省牛生产产能出现小幅缩减。

（三）农民收入低于全国水平，工资收入增长动力仍需提升

2023年辽宁农村居民人均可支配收入实现较快增长，2022年首次低于全国平均水平，2023年收入水平与全国平均水平差距有所缩小，但仍落后于全国平均水平。从四项收入看，仅经营净收入高于全国平均水平，工资性收入、财产净收入、转移净收入均低于全国水平，尤其是工资性收入与全国

[①] 辽宁调查报告（第72号），国家统计局辽宁调查总队，2023年11月20日。

平均水平差距最大,低于全国 1211 元,从占比来看,辽宁人均工资性收入占人均可支配收入的比重为 37.0%,低于全国平均水平 5.2 个百分点。从 2023 年农村居民人均可支配收入结构来看,家庭经营净收入排在首位,比重约占 44.6%,比上年增长 0.2 个百分点,可以看出辽宁农民收入主要来自家庭经营收入。其次是工资性收入,约占 37.0%,比上年降低 0.4 个百分点(见表 4)。工资性收入是辽宁农民增收的重要途径,但目前受经济下行压力的影响,劳动密集型行业发展不景气,用工需求增速趋缓,辽宁农民工大多选择在省内就业,而且有回流的态势。财产净收入占比略有上升,转移净收入占比保持相对稳定,主要原因是惠农政策支持力度不断加大,农村社会保障水平不断提高。要实现辽宁农民增收主要还是要立足于工资性收入和家庭经营净收入两项。

表 4 2013~2023 年辽宁农村居民人均可支配收入构成

单位:%

年份	工资性收入	经营净收入	财产净收入	转移净收入
2013	40.0	49.0	2.7	8.3
2014	39.0	46.9	2.1	12.0
2015	39.2	46.2	1.9	12.6
2016	39.4	43.8	2.0	14.9
2017	39.4	42.3	2.2	16.1
2018	38.5	42.7	2.3	16.5
2019	38.6	43.5	1.8	16.1
2020	37.3	45.1	1.7	15.9
2021	37.0	45.1	2.1	15.8
2022	37.4	44.4	2.1	16.1
2023	37.0	44.6	2.3	16.1

资料来源:根据历年辽宁省统计年鉴及辽宁省统计局网站资料整理。

(四)农村消费需求有待继续释放,服务性消费仍需恢复

2023 年,辽宁农村居民人均消费支出低于全国平均水平 2135 元,平均

消费倾向低于全国平均水平 9.1 个百分点。辽宁农村居民人均可支配收入与全国平均水平基本相当，但人均消费支出却长期低于全国平均水平。这说明辽宁农村居民消费能力明显不足，传统自给自足的生活还在大范围延续，农村现代化水平还不够高。农民把收入握在手中，主要应对养老、教育、医疗等现实生活问题。同时，2023 年辽宁农村居民人均服务性消费支出占人均消费支出的比重仍低于 2019 年 1.5 个百分点，且低于全国平均水平。这进一步说明辽宁农村服务性消费不活跃，也充分显示出辽宁农村生活服务业发展不充分，商业网点连锁化、品牌化、服务化水平不高。

（五）县域经济发展滞缓，加快高质量发展迫在眉睫

县域是城乡融合发展的重要载体和平台，推动县域经济高质量发展是辽宁推进乡村全面振兴的重要内容。近些年辽宁县域经济发展出现了瓶颈。一是经济发展滞缓。2023 年，全省 41 个县（市）地区生产总值为 8140.1 亿元，占全省生产总值的 26.9%。其中超过 600 亿元的县只有 3 个，不足 100 亿元的有 5 个。辽宁与南方县域经济发达的省份相比差距较大，县域生产总值均值仅为湖北的 1/2、浙江的 1/3、江苏的 1/6。县域三次产业之比为 24.9：30.6：44.5，农业比重大、工业经济规模小的问题突出。二是人口外流严重。根据第七次全国人口普查数据，辽宁县域常住人口较十年前减少 314.4 万人，41 个县（市）全部人口净流出。三是财政支出压力大。2023 年全省县域财政自给率偏低，仅为 33.5%，低于全省 8.4 个百分点。各县（市）财政面临着"三保"支出、债务还本付息、中小企业历史欠款等诸多问题。四是城镇基础设施建设滞后。县城交通、给排水、供暖、燃气等市政设施老化，设施维护不及时，部分道路配套排水设施存在错接混接、跑冒滴漏现象，配送投递设施、小区居住条件等需进一步改善。特别是部分县生活垃圾未实现无害化处理，污水排放不达标，养殖废弃物未全部资源化利用。

（六）产业处于起步发展阶段，农产品加工业需进一步加强

辽宁农业产业化发展水平不高，优势农产品资源较多，但大多数产业体

量不大，产业链条较短，尤其是农产品加工业短板明显，整个农业产业化发展仍处于起步阶段。一是农产品加工规模较小。2023年，辽宁规上农产品加工业收入为3844亿元，而很多南方发达省份规模超过万亿元。规上农产品加工企业有1647家，仅占全国企业数的1.8%。2023年农业农村部认定的农业产业化国家重点龙头企业共有1541家，辽宁只有76家。全国农业产业化百强企业中，辽宁只有禾丰食品1家上榜。二是农产品精深加工不足。辽宁近半数的农产品加工集聚区产值低于20亿元，全省农产品加工产值与农产品总产值比值为2:1，低于全国水平（2.5:1）。三是农村三产融合程度低。辽宁在农业新产业、新业态、新模式方面发展明显不足，三产融合程度较低，文化旅游、数字农业、休闲农业、电商农业等新业态之间融合发展与南方发达地区相比明显滞后。辽宁要建设农业强省和食品工业大省还需努力。

三　当前辽宁农业农村经济发展面临的形势分析

（一）国际形势

当前，世界经济形势依然低迷，国际政治经济环境不稳定、不确定、突发难以预料的因素增多。近几年极端天气频发，多国粮食生产受高温、干旱、洪涝灾害影响，国际粮食和重要农产品的价格波动较大，全球性粮食安全风险不断增大。一些重要的农产品出口国不断加强或延长农产品出口限制措施，给国际农产品市场供应链带来较大影响，也给国际农产品贸易预期增添了更多的不确定性。同时，新技术、新业态的出现进一步使国际农产品市场和贸易格局变得复杂多变。2024年国际农产品贸易环境复杂性、严峻性不断上升，平稳运行的压力不断加大，农产品贸易增速或将呈现放缓态势。我国目前农产品的进口额居世界第一位，是名副其实的世界农产品大市场；出口额居世界第五位，很多优质水果、蔬菜和水产品等大量进入国际市场。近几年国内农产品价格受国际市场的影响越来越大，国际因素传导作用对国内农业发展的影响也不断加深。

（二）国内形势

从国内形势来看，整个国民经济回升向好的趋势没有改变，但依旧面临有效需求不足、社会预期偏弱的现实发展问题，给农业农村经济发展带来一定的压力。党的二十大报告提出，"加快构建新发展格局，着力推动高质量发展"，要求"必须完整、准确、全面贯彻新发展理念，坚持社会主义市场经济改革方向，坚持高水平对外开放，加快构建以国内大循环为主体、国内国际双循环相互促进的新发展格局"。在农业农村发展方面，提出"全面推进乡村振兴"，要求坚持农业农村优先发展，提出建设农业强国目标[①]。按照党的二十大的部署，农业农村在粮食安全、产业发展、人才保障、组织建设、文化融合、巩固拓展脱贫攻坚等方面积极扎实推进。2024年中央一号文件聚焦"两确保、三提升、两强化"方向重点，再次强化对农业农村优先发展的政策支持，农业农村经济发展面临的有利条件不断增强。党的二十届三中全会从完善城乡融合发展体制机制角度，针对农业农村领域巩固和完善农村基本经营制度、完善强农惠农富农支持制度、深化土地制度改革等方面提出一系列重大改革举措[②]，农业农村发展未来前景更是得到强有力的改革红利支持。

（三）省内形势

2023年辽宁先后作出实施全面振兴新突破三年行动和打造新时代"六地"的重大决策部署，全面贯彻新发展理念，加快推进高质量发展，着力扩大内需、优化产业结构，全省生产总值增速十年来首次超过全国增速，经济社会发展呈现多年少有的良好局面。2024年是实现"十四五"规划目标任务的关键一年，也是推进全面振兴新突破三年行动的攻坚之年，辽宁努力

---

① 《习近平：高举中国特色社会主义伟大旗帜　为全面建设社会主义现代化国家而团结奋斗——在中国共产党第二十次全国代表大会上的报告》，中国政府网，2022年10月25日，https://www.gov.cn/xinwen/2022-10/25/content_ 5721685.htm。
② 《中共中央关于进一步全面深化改革　推进中国式现代化的决定》，新华网，2024年7月21日，https://www.news.cn/politics/20240721/cec09ea2bde840dfb99331c48ab5523a/c.html。

夯实经济发展基础,大力推进产业集群、县域经济等重点领域发展,积极扩大有效需求。在农业农村领域,以建设农业强省和食品工业大省为抓手,大力推进现代化大农业先行地建设,辽宁农业农村将迎来迈向高质量发展的新阶段。

四 促进辽宁农业农村经济高质量发展的对策建议

(一)加强基础设施建设,夯实农业农村发展根基

辽宁作为粮食大省,粮食安全是其农业生产的首要任务。要紧紧围绕推进乡村全面振兴,以加快建设农业强省、食品工业大省为工作主线,聚焦现代化大农业发展先行地目标,积极加强基础设施建设,夯实辽宁农业农村向现代化迈进的基础。一是加强耕地保护。要严守耕地红线,保障耕地数量,坚决遏制耕地"非粮化"现象,巩固永久基本农田特殊保护制度,加强和改进耕地占补平衡管理,全面落实"进出平衡"制度。进一步加强黑土地保护,分类实施黑土地保护工程。二是积极推进高标准农田建设。高标准农田建设是实现农业高质量发展的基石,要积极加大对高标准农田建设的投入,以财政资金为引领,吸引社会资本、金融资本和民间资本投入,拓宽多元化融资渠道。同时做好后期设施运行管护工作责任落实,更好发挥设施效能。三是加快设施农业基础设施更新改造升级。对传统设施农业进行标准化改造升级,提升机械化、智能化水平。

(二)加强宏观调控管理,促进畜牧业生产稳定发展

2023年畜禽价格长期低迷,影响了养殖户的收益,养殖户信心不足,给畜牧业生产的稳定发展带来不利影响,要加强宏观调控管理,加大政策支持力度,确保畜牧业生产实现良性发展。一是加强畜牧业疫病防控。疫病对畜牧业生产的影响是非常大的,尤其可能对规模较小养殖户造成毁灭性影响。应加强疫病防控监管,确保养殖生产安全,增强养殖户的信心。二是进一步降低养殖生产成本。当前人工成本、饲料成本、水电成本较高,要采取

措施加强市场管理，同时加大支持力度，降低成本，提高养殖户的收益空间。要进一步推进粮改饲和苜蓿种植，积极推广农作物秸秆加工技术，提高秸秆在地化饲料化利用率，降低养殖业的饲料成本。三是引进大型养殖企业，形成养殖、加工全产业链条发展模式，提高养殖收益，降低养殖风险。四是加大金融支持力度。养殖业资金需求大，但由于风险较高，金融资本、民间投资进入的并不多，要加大政策性金融支持力度，确保养殖业资金信贷充足。

（三）加大政策支持力度，进一步提高农民收入水平

从 2023 年辽宁农村居民人均可支配收入来看，总量低于全国平均水平，四项收入中仅经营净收入高于全国平均水平，工资性收入、财产净收入、转移净收入三项均低于全国水平，这说明辽宁农民收入主要来自农业生产，这是辽宁的优势，要把优势做大做强，同时针对弱项补齐短板。一是大幅提高工资性收入。工资性收入是农村居民重要收入来源。2023 年辽宁农民工总量达到 481 万人，同比上升 2.9%，但外出就业以省内为主，有 76.5% 的农民工选择在本省地域内务工。要进一步强化就业优先政策，加大对农民工就业创业的支持力度，针对农民外出打工需求加强用工信息、用工渠道畅通，改变熟人引领的传统模式，让农民工走出去。面对农民工回流的形势，加大政策支持力度，大力发展特色产业，以产业吸引农民工就近就业创业。同时要积极加强农民工技能培训，形成具有辽宁特色的劳务品牌。二是继续做强农业经营净收入。要大力发展优势特色产业，提高农业生产的规模化、标准化、品牌化发展水平，提升农产品附加值。不断拓展农业的增值空间，大力发展休闲、养生、乡村旅游等新业态，增加农民收入。三是加大改革创新力度提高财产性收入。要进一步深化农村集体产权制度改革，发展壮大集体经济，促进土地经营权流转，提高农村居民财产净收入。

（四）积极采取有力措施，提升农村消费能力

长期以来，辽宁人均可支配收入与全国平均水平基本相当，但人均消费

支出却低于全国平均水平，这说明辽宁农村居民有消费潜力，但消费意愿不强。要找到其中的堵点，畅通消费渠道，挖掘农村消费潜力。一是大力推进农村消费市场体系建设，构建以县城为主体，以乡、村两级为辅助的实体消费服务设施体系。同时加快农村电子商务发展，进一步完善农村电子商务网络服务和仓储配送体系建设，实现线上线下互动的市场消费模式，打造新消费场景，方便农村居民生产、生活需要，促进农村消费。二是进一步挖掘农村居民消费潜力。积极组织各种生活消费品、绿色智能家电、新能源汽车下乡惠农促销活动，鼓励农村居民放心消费，对家用电器等耐用品进行更新换代，改变辽宁农村居民家用器具支出、交通工具支出和文娱耐用消费品支出较低的现象。同时要准确把握农村消费供需关系变化方向，在稳定和扩大传统农村消费渠道的同时，积极适应消费升级趋势，打造新的消费场景，培育壮大新型消费模式，持续繁荣农村消费市场。三是优化农村消费市场环境。加强农村市场监管，确保消费者权益，同时积极探索适合农民消费的补贴形式，挖掘农村新消费增长点，加快农村消费提质升级增效。四是进一步健全农村社会保障体系。进一步提高农村低保、特困人员救助和养老金等标准，减轻农民治病、养老负担，使农民有能力消费、有勇气消费。

（五）大力发展县域经济，补齐农村经济发展短板

要立足辽宁县域特色资源，加大改革力度，促进城乡融合发展体制机制创新，积极探索县域经济高质量发展新路径。一是大力发展县域特色产业。产业是县域经济发展的支柱，各个县域要立足产业传统和资源禀赋优势，统筹梳理各个县域产业发展方向，在挖掘传统产业优势的基础上，从全省全链条统筹指导布局各个县域的新兴产业，形成产业特色突出、分工合作明显的县域产业体系，提升"新字号"产业对县域经济发展的支撑作用，激发县域增长新动力。二是加快县域产业园区建设。县域产业园区是县域经济发展的核心区域，要积极依托辽宁4个万亿级产业基地和22个重点产业集群建设，围绕具有比较优势的相关产业，加快县域产业园区基础设施建设和改造升级，积极打造县域特色产业集聚区。三是统筹推进新型城镇化。近些年辽宁县域

人口大量流失，要加大新型城镇化建设力度，形成留住人才、吸引人才的体制机制。积极对一些老城区的老旧燃气、供水、供热、排水管网进行改造，增强县域吸引力和综合承载力。大力提升县域公共服务水平，加大对县域医疗卫生、基础教育、劳动就业、养老保障的投入，吸引农村劳动力到县域就业创业、就医就学、养老生活。提升县域对农村劳动力转移就业的有效吸纳作用，提高新型城镇化水平，实现县域繁荣发展。四是大力促进县域服务业发展。辽宁农村消费明显不足，与县域服务业发展不充分有直接关系。各个县域要积极转变观念，大力发展商贸中心、大中型超市、集贸市场等传统实体服务业，进一步完善县、乡、村三级电子商务和快递物流配送体系，实现线上线下互动发展。大力提升现代文旅业、现代物流业、金融服务业、休闲养生、观光旅游等新型生活性服务业发展，挖掘农村资源的生态价值。

（六）加快提升农产品加工水平，促进乡村产业集聚发展

辽宁有丰富的农产品，但农产品加工一直是短板。建设农业强省和食品工业大省最重要的内容就是提升农产品加工业水平。一是促进乡村特色产业集聚发展。要依托目前形成的粮油、畜禽、水产、果蔬、饮料五大优势产业链条，积极发展相关的特色农业生产基地，加强特色农业标准化生产、全程化管控，提升农产品的品质。加快现代化畜牧种养结合产业基地建设，同时"建链、补链、强链"，实现二产带一产、一产促二产、二三产融合发展新模式。二是加快龙头企业的引进和培育。全省农产品加工企业规模小，领军企业少，要积极加强现有农产品加工企业的改造升级，提升企业的竞争力。加快完善预制菜产业相关技术、质量安全和产品等级的标准体系，促进辽宁新兴预制菜产业加速发展。加大政策支持力度，吸引一批农产品精深加工的龙头企业落户辽宁。三是加快载体和平台建设。积极推进"一乡一品""一县一业"建设，加快推进特色优势产业集聚区、农业产业强镇、现代农业产业园等载体建设，构建促进农村一二三产融合发展的平台体系，搭建农户和企业、农产品加工和供需的信息平台。

参考文献

主报告课题组：《以新质生产力推进乡村全面振兴》，载魏后凯、杜志雄主编《中国农村发展报告（2024）》，中国社会科学出版社，2024。

苏红键：《统筹新型城镇化和乡村全面振兴的战略路径》，载魏后凯、杜志雄主编《中国农村发展报告（2024）》，中国社会科学出版社，2024。

课题组：《辽宁省粮食产业高质量发展研究》，载《2024 年度中国粮食和物资储备发展报告》，人民出版社，2024。

王丹：《辽宁省全面推进乡村振兴发展面临的问题与对策研究》，载张磊、王昆主编《东北地区乡村振兴发展报告（2023）》，社会科学文献出版社，2023。

B.5
辽宁省服务业运行分析与发展对策

李佳薇　王璐宁*

摘　要：　2024 年上半年，辽宁省服务业增速进位较为亮眼，区域差距趋向缩小，投资构成有所变化，企业经营逐步向好，但产业发展质量、产业升级支撑能力和产业融合推动作用仍需提升。未来，面对尚未趋稳的国内外发展预期，借力中央和辽宁政策导向，需要通过提升产业竞争能力、锚定重点供给方向、增强政策支撑实效多措并举推动辽宁服务业优质高效发展。

关键词：　产业发展质量　产业升级　产业融合

一　辽宁省服务业[①]运行现状分析

（一）增速进位较为亮眼

2024 年上半年，辽宁省实现服务业增加值 7878.6 亿元[②]，居全国第 17 位，占全国的 2.3%；同比增长 5.2%，较 2023 年同期下降 0.4 个百分点，较全国高 0.6 个百分点，与天津市、山东省并列全国第 6 位；占全省生产总值的 54.2%，较 2023 年同期高 1.2 个百分点，较全国比重低 2.5 个百分点，

---

* 李佳薇，辽宁社会科学院产业经济研究所副研究员，主要研究方向为产业政策；王璐宁，辽宁社会科学院产业经济研究所副研究员，主要研究方向为产业政策。
① 如无特殊说明，本报告所称服务业涵盖所有第三产业。
② 如无特殊说明，本报告数据均来源于国家统计局网站，各省、直辖市、地级市统计局网站。

居全国第 18 位。从 2016 年以来各年同期变化情况来看，辽宁省服务业增加值累计同比增速变化趋势总体上与全国大致相同，"十四五"时期各年同期变化情况较全国略显平缓（见图 1）。

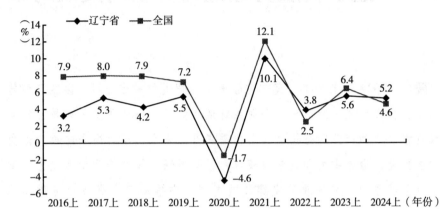

图 1　2016～2024 年（上半年）辽宁省与全国服务业增加值增速对比

资料来源：国家统计局网站、辽宁省统计局网站。

（二）区域差距趋向缩小

2024 年上半年，沈阳都市圈服务业增加值占全省服务业增加值的 49.7%，占沈阳都市圈地区生产总值的 56.8%，分别高于沿海经济带同类指标 2.6 个和 4.9 个百分点。14 个城市中服务业增加值同比增速达到全省水平（5.2%）的有营口市、大连市、鞍山市、锦州市和盘锦市 5 个城市；占地区生产总值的比重超过全省比重（54.2%）的有沈阳市、锦州市、丹东市和鞍山市 4 个城市；沈阳市、大连市和鞍山市服务业增加值分别占全省服务业增加值的 30.5%、28.4% 和 6.8%，其余 11 个城市所占比重都在 2% 至 5%（见表 1）。从近几年两大区域服务业增加值同期变化情况看，沈阳都市圈始终略高于沿海经济带，但两大区域差距总体呈缩小趋势，2024 年上半年沈阳都市圈服务业增加值仅高出沿海经济带 5.5%，较 2023 年上半年下降了 0.8 个百分点（见图 2）。

表1　2024年上半年辽宁省各地区服务业增加值相关指标对比情况

单位：%

地区	服务业增加值同比增速	占地区生产总值的比重	占全省服务业增加值的比重
全省	5.2	54.2	100
沈阳	4.8	61.9	30.5
大连	6.7	52.5	28.4
鞍山	6.6	54.4	6.8
抚顺	4.9	47.6	2.8
本溪	4.5	45.7	2.7
丹东	4.3	57.9	3.1
锦州	5.3	59.0	4.6
营口	8.0	51.1	4.7
阜新	2.7	53.5	2.0
辽阳	1.1	46.5	2.6
铁岭	3.9	51.3	2.4
朝阳	4.5	49.3	3.0
盘锦	5.2	40.5	3.7
葫芦岛	3.9	50.5	2.7
沈阳都市圈	—	56.8	49.7
沿海经济带	—	51.9	47.1

资料来源：根据辽宁省及各市统计局网站数据整理。

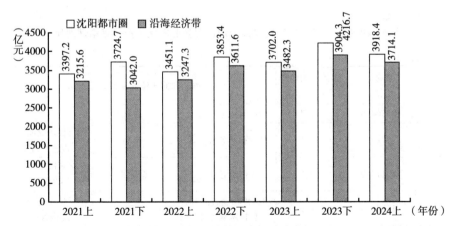

图2　2021年至2024年上半年辽宁省两大区域服务业增加值变化对比

资料来源：根据辽宁省各市统计局网站数据整理。

（三）投资构成有所变化

2024 年上半年，辽宁省服务业固定资产投资较上年同期下降 4.9%，增速较全国低 4.7 个百分点，较 2023 年同期低 5.2 个百分点。2023 年，辽宁高技术服务业投资同比增长 42.8%，较高技术制造业投资增速高 17.5 个百分点，较全国高技术服务业投资增速高 31.4 个百分点。

从 2024 年上半年服务业固定资产投资分行业增速情况看，增速排在辽宁省前 3 位的依次是住宿和餐饮业、租赁和商务服务业、批发和零售业，分别高于全国 92.6 个、84.6 个、78.3 个百分点，而 2023 年上半年排在辽宁省前 3 位的依次是科学研究和技术服务业，文化、体育和娱乐业，教育；排在全国前 3 位的依次是住宿和餐饮业，信息传输、软件和信息技术服务业，科学研究和技术服务业，后 2 项分别高于辽宁省 8.3 个和 33.5 个百分点。2024 年上半年服务业增加值高于辽宁省的 16 个地区中有 6 个地区服务业固定资产投资增速为正值①，这 6 个地区增速排在前 3 位的行业以教育，住宿和餐饮业，信息传输、软件和信息技术服务业居多（见表 2）。分地区看，2024 年上半年亿元以上服务业投资正增长的有锦州市、本溪市、阜新市、鞍山市和丹东市 5 个城市，其中锦州市增速最高，达到 22%。

表 2　2024 年上半年辽宁省与部分地区服务业固定资产投资增速对比

单位：亿元，%

地区	服务业增加值	服务业固定资产投资增速	增速列前 3 位的服务业行业		
浙江	23364.0	1.7	文化、体育和娱乐业	教育	—
北京	18712.0	8.1	租赁和商务服务业	教育	水利、环境和公共设施管理业
上海	17175.0	10.1	住宿和餐饮业	金融业	交通运输、仓储和邮政业
河南	16585.0	1.9	信息传输、软件和信息技术服务业	教育	水利、环境和公共设施管理业

① 未能查询到排在第 10 位湖南省的服务业固定资产投资增速。

地区	服务业增加值	服务业固定资产投资增速	增速列前3位的服务业行业		
湖北	14640.1	1.1	住宿和餐饮业	教育	批发和零售业
河北	12015.0	3.0	教育	居民服务、修理和其他服务业	信息传输、软件和信息技术服务业
辽宁	7878.6	-4.9	住宿和餐饮业	租赁和商务服务业	批发和零售业

资料来源：根据各省、直辖市统计局网站数据整理。

（四）企业经营逐步向好

2024年上半年，辽宁省规模以上服务业[①]企业营业收入2785.5亿元，较上年同期增长1.9%，增速较全国低5.3个百分点；实现税金及附加20.3亿元，较上年同期增长6.2%；实现应交增值税56.1亿元，较上年同期增长4.4%；实现应付职工薪酬640.2亿元，较上年同期增长3.7%。从近几年1~5月情况看，辽宁省规模以上服务业企业营业收入、税金及附加、应付职工薪酬3项增速总体均呈先下降后缓升的趋势（见图3）。

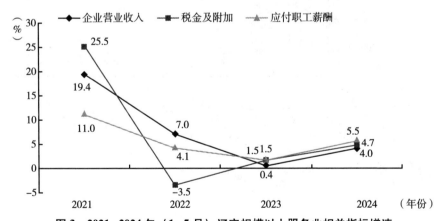

图3　2021~2024年（1~5月）辽宁规模以上服务业相关指标增速

资料来源：辽宁省统计局网站。

---

① 本报告所称规模以上服务业，不包括限额以上批发零售和住宿餐饮业、金融业和房地产业，下同。

　　从2023年和2024年（1～5月）规模以上服务业分行业企业营业收入情况看，除卫生和社会工作企业营业收入略有减少外，其余行业企业营业收入均有所增加；营业收入额由高至低顺序基本未变，其中规模以上交通运输、仓储和邮政业，规模以上信息传输、软件和信息技术服务业，规模以上租赁和商务服务业仍居前3位（见图4）。从2024年1～5月6类服务业行业企业营业收入分区域情况看，除规模以上信息传输、软件和信息技术服务业企业营业收入沿海经济带较沈阳都市圈高出12.1%外，其余5类均为沈阳都市圈数值较高。两大区域差距最大的是限额以上批发和零售业，沈阳都市圈较沿海经济带高出93.7%；差距最小的是规模以上交通运输、仓储和邮政业，沈阳都市圈较沿海经济带仅高出8.2%（见图5）。

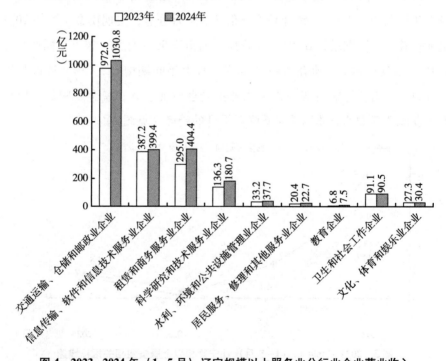

图4　2023～2024年（1～5月）辽宁规模以上服务业分行业企业营业收入

资料来源：辽宁省服务业统计季报。

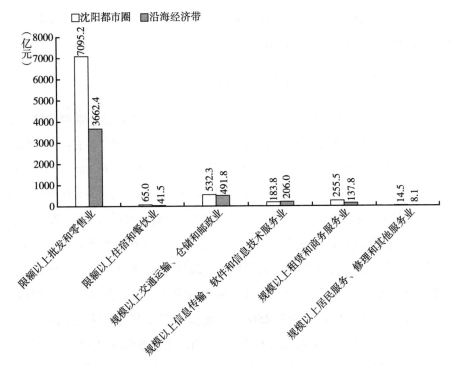

图5　2024年（1~5月）辽宁六类服务业企业营业收入两大区域比较

注：限额以上批发和零售业营业收入、限额以上住宿和餐饮业营业收入均采用2024年上半年数据。

资料来源：根据辽宁省服务业统计季报数据整理。

二　辽宁省服务业发展存在的问题

（一）产业发展质量有待提升

服务业企业质量管理意识和品牌建设意识不强，质量不高，导致服务业竞争力提升受阻。2022~2024年，辽宁省在20个国家级服务业标准化示范项目中的上榜数量为零。① 除沈阳市外，省内质量基础设施服务大多为某一

———————

① 资料来源：根据国家标准化管理委员会网站资料整理。

区域或产品领域的线下服务，且多局限于产品质量的检验，而对于质量培训、品牌培育等服务项目还涉及较少。

（二）产业升级支撑能力亟待提高

科技成果转化服务平台能级不高。2021 年度国家级科技企业孵化器评价结果显示，辽宁达到优秀（A 类）的孵化器企业只有 6 家，而安徽有 14 家、四川有 17 家、河南有 20 家、湖北有 21 家、山东有 30 家。[①] 2024 年上半年，辽宁科学研究和技术服务业营业收入为 214.6 亿元，河北为 328.8 亿元，安徽为 306.5 亿元。农业科技创新能力不强。例如，在农业农村部 2021~2023 年公布的 77 个畜禽新品种（配套系）中，由辽宁单位培育的畜禽新品种只有 1 个。[②] 产业数字化转型核心能力仍需提升。2024 年 1~5 月，辽宁信息技术服务收入和嵌入式系统软件收入分别为 450 亿元和 5 亿元，四川分别为 1313.5 亿元和 58.9 亿元，山东分别为 2518.2 亿元和 1327.2 亿元。这两项服务收入总和占辽宁全部软件业务收入的 49.7%，四川、山东分别为 71.4%、71.6%，[③] 表明辽宁传统软件服务占比较高，系统集成和信息化解决方案业务占比不高，对智能工厂、全生命周期管理等新业态、新模式服务能力有限。

（三）产业融合推动作用有待加强

农业服务主体转型质效不高。农民日报社发布的《2023 中国农民合作社 500 强》中，辽宁仅 1 家上榜，且排在第 290 位。支撑先进制造业高质量发展的作用有限。以工业互联网为例，中国科学院、《互联网周刊》等机构联合发布的"2024 工业互联网 500 强榜单"中，辽宁共有 11 家企业上榜，其中只有 3 家企业跻身前 250 位。旅游服务融合广度和深度仍需拓展。工业文化旅游业态仍需扩展，轻工业文化旅游体验互动少，带动轻工业利润提升作用发挥不足。农业文化旅游发展潜力尚待挖掘，辽宁 2023 年全年休闲农

---

① 资料来源：根据工业和信息化部火炬高技术产业开发中心网站资料整理。
② 资料来源：根据农业农村部网站资料整理。
③ 资料来源：根据工业和信息化部网站资料整理。

业和乡村旅游营业收入 115 亿元，而河南 2023 年上半年休闲农业和乡村旅游营业收入达到 283 亿元，安徽 2023 年全年休闲农业和乡村旅游营业收入达 1024.5 亿元。融合新业态发展滞后，2021~2023 年，全国 74 家国家体育旅游示范基地名单中，辽宁仅有丹东市天桥沟旅游度假区 1 家在 2021 年获评；2023 年，全国旅游演艺精品名录 40 项，国家级文化和旅游数字化创新示范案例 44 项，"5G+智慧旅游"应用试点项目 30 项，辽宁均无一上榜。①

三　辽宁省服务业发展形势与展望

（一）服务贸易助推全球经济发展

WTO 数据显示，2023 年全球货物贸易总额同比下降 5%，但服务贸易总额同比增长 9%。WTO 预计，到 2040 年服务贸易在全球贸易中的比重将超过 30%。服务贸易呈现以数字服务贸易为引领、以生产性服务贸易为主体的结构特征。2023 年全球可数字化交付服务出口额同比增长 9%，占全球服务出口总额的 54%，占全球贸易出口总额的 13.8%。2023 年商业、专业和技术服务占全球可数字化交付服务出口额的 41.2%；计算机、金融和知识产权相关服务占比分别为 20.5%、16%和 10.9%。预计到 2040 年发展中国家服务出口在全球服务贸易中的份额将提高 15 个百分点，但发达经济体依托技术优势将继续保持在全球服务贸易尤其是数字服务贸易发展中的主导地位。②

（二）国内市场总体形势不容乐观

国内市场有效需求不足、企业经营压力较大等制约服务业经济持续回升向好的因素依然存在。2024 年 1~10 月，服务业商务活动指数月平均值为 50.47%，有 7 个月指数低于此平均值；服务业业务活动预期指数月平均值

---

① 资料来源：根据文化和旅游部网站资料整理。
② 《把握全球服务贸易创新发展趋势》，光明网，2024 年 10 月 24 日，https://www.gmw.cn/xueshu/2024-10/24/content_37633476.htm。

为 57.04%，有 5 个月指数低于此平均值。按服务业商务活动指数达到较高景气区间（55% 以上）的月份数量来衡量，市场活跃度最高的是邮政业，电信、广播电视和卫星传输服务；市场活跃度较高的是货币金融服务，铁路运输业，航空运输业，文化、体育和娱乐业。按服务业商务活动指数低于50% 的月份数量来衡量，市场收缩最严重的是房地产业，比较严重的是资本市场服务，收缩程度较小的是居民服务业和餐饮业。

（三）全省平稳运行基础不断夯实

2024 年 8 月 3 日，《国务院关于促进服务消费高质量发展的意见》发布，点明各类服务消费发展方向、动能、环境和政策保障，以培育服务消费新增长点。2024 年 9 月 2 日，《国务院办公厅关于以高水平开放推动服务贸易高质量发展的意见》发布，在制度调适、要素流动、领域聚焦、布局拓展和保障完善等方面为推动服务贸易高质量发展明确了方向和路径。2024年 1 月 27 日，《辽宁省推动经济稳中求进若干政策举措》发布；2024 年 9 月10 日，《辽宁省进一步推动经济以进促稳稳中提质若干措施》发布，为若干细分服务业行业稳定发展起到重要作用。此外，2023 年辽宁发布的有关科技、工业软件、会展、文旅等领域的政策也将继续助力服务业优质高效发展。

四　推动辽宁省服务业优质高效发展的对策建议

（一）提升产业竞争能力

加快推进全省质量基础设施线上线下"一站式"服务体系建设，完善质量标准品牌服务功能。鼓励服务业经营主体参加质量管理体系认证、加强服务质量管理体系建设，持续开展服务业质量监测、评价和通报。落实国家各服务行业标准，积极参与标准制修订和标准化试点应用。完善服务业品牌培育机制，鼓励中小服务企业品牌孵化器建设，分行业推进"辽宁服务"品牌评定机制研究和建设试点，着力塑造辽宁服务品牌形象。

（二）锚定重点供给方向

发展壮大高端生产性服务业。强化高质量孵化器对科技型创业企业共享设施、技术服务、成果保护、资源对接、投资融资等全面孵化服务功能；创新发展软件和工业设计服务业，重点支持优势制造业领域基于数据模型驱动的工业软件集成，推动产品和解决方案研发及产业化；引培专业化管理服务、知识产权服务、人力资源和培训服务等专业化程度较高的商务服务业企业；积极发展科技金融、绿色金融、数字金融、供应链金融等新兴金融业态；推广供应链管理、智慧物流等先进物流模式和冷链物流、跨境电商等专业化物流服务。构建多元化的品质生活服务供给体系。依托数字经济和应用场景开展生活性服务创新，培育特色旅游、智慧健康养老、数字创意等复合型业态。

（三）增强政策支撑实效

设立省级服务业发展专项资金，用于支持新兴融合服务业态发展和省级服务业融合试点示范建设等传统行业管理体制无法覆盖的领域，在优化服务业核算的基础上探索与服务业发展规律和地方经济发展水平相适应的支持标准，培育壮大高端综合设计服务、知识产权服务、创意设计、人力资源管理等制造服务业经营主体，覆盖种业研发、农资供应链、资源回收利用等农业全过程服务经营主体，特色文旅、智慧健康养老、数字创意等融合发展新业态经营主体。

参考文献

王晓红：《把握全球服务贸易创新发展趋势》，光明网，2024 年 10 月 24 日。

张洪毓：《以高质量的现代服务业发展助力海南自由贸易港建设》，《中国质量万里行》2024 年第 8 期。

《构建优质高效的服务业新体系——以优质高效服务供给更好满足人民美好生活需要》，国家发展改革委网站，2023 年 11 月 6 日。

B.6
辽宁省固定资产投资形势分析与对策研究

温晓丽*

摘　要： 近年来，辽宁固定资产投资同比增速呈现上升态势，2023年增速高于全国平均水平，达到近10年最高水平，中央项目投资增长表现抢眼，基础设施投资和制造业投资成为拉动固定资产投资增长的重要领域，多数地市固定资产投资增速高于全省平均水平。未来制造业投资的引领作用将更为显著，地方化债导致的基础设施投资收缩效应将显现，房地产市场仍处于深度调整的筑底阶段。当前固定资产投资仍需关注投资增长率有所回落、市场需求与投资信心不足、房地产开发投资下降、重大项目储备不足等问题，为此提出加强政府投资精准导向和带动效应、进一步打造营商环境"升级版"、精准扩大制造业有效投资、稳定房地产开发投资、探索优化投融资模式、高质量做好重大项目储备和前期工作等对策建议。

关键词： 固定资产投资　投资结构　民间投资

　　2024年前三季度，面对复杂严峻的国内外环境，在省委、省政府坚强领导下，辽宁省固定资产投资保持平稳增长，增速总体呈现上升态势，由上半年同比增长2.5%上升到前三季度同比增长4.8%，高于全国增速1.4个百分点，对稳定区域经济发展发挥了重要作用。但同时也应注意到，在各种不利因素影响下，全省各地区出现投资意愿下降、投资信心不足、投资能力受限等问题，第四季度及2025年稳投资压力较大。

---

　　* 温晓丽，辽宁社会科学院经济研究所研究员，主要研究方向为工业经济与区域经济。

一 辽宁省固定资产投资运行主要状况及特征

（一）从近年趋势看，辽宁省固定资产投资同比增速呈现上升趋势，2023年增速高于全国平均水平

2019年以来，辽宁省固定资产投资增速缓慢上升，由2019年的0.5%上升到2023年的4.0%，2024年前三季度达到4.8%，达到近10年来最高水平，2023年及2024年前三季度固定资产投资增速高于全国，其余年份低于全国（见图1）。

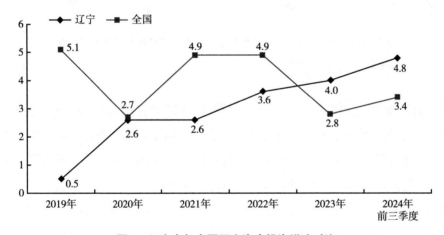

图1 辽宁省与全国固定资产投资增速对比

资料来源：辽宁省统计局网站、国家统计局网站。

从固定资产投资增长率变动轨迹来看，近10个季度，2022年四个季度投资同比增长表现平稳，全年为3.6%，2023年第一季度和2024年第一季度同比增速较高，分别为11.9%和9.3%，2024年上半年，同比增速降至10个季度来的最低值，第三季度增速又呈现上扬趋势（见图2）。

（二）2024年前三季度全省固定资产投资增速高于全国平均水平，其中中央项目投资增长表现抢眼

辽宁省统计局和国家统计局的统计数据显示，2024年前三季度，辽宁省

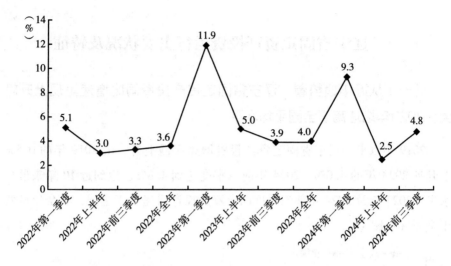

图2 2022年至2024年前三季度辽宁省固定资产投资季度累计增速

资料来源：辽宁省统计局网站。

固定资产投资同比增长4.8%，高于全国3.4%的增速（见表1）。分产业看，第二产业投资增长9.6%，低于全国第二产业投资增长2.7个百分点，在高技术制造业投资中，航空、航天器及设备制造业投资增长1.1倍，远远高于全国34.1%的投资增速，医药制造业投资增长10.0%；第一产业投资同比下降18.5%，第三产业投资高于全国平均水平，高技术服务业投资同比增长12.6%。自2023年第三季度以来，辽宁省中央项目投资增速实现两位数增长，2023年前三季度、2023年全年、2024年第一季度、2024年上半年、2024年前三季度中央项目投资分别同比增长38.4%、29.3%、18.2%、18.8%、26.4%。

表1 2024年前三季度固定资产投资及分产业投资同比增速情况

单位：%

地区	固定资产投资	房地产开发投资	第一产业投资	第二产业投资	第三产业投资
辽宁省	4.8	−17.3	−18.5	9.6	3.0
全国	3.4	−10.1	2.3	12.3	−0.7

资料来源：辽宁省统计局网站、国家统计局网站。

（三）投资结构不断优化，基础设施投资和制造业投资双引擎发力

从三大投资领域增长轨迹看，基础设施投资和制造业投资是固定资产投资重要的增长动力（见表2）。基础设施投资增速尽管较 2022 年有所回落，但 2024 年前三季度仍实现同比增长 17.2%，高于全国平均水平。2024 年前三季度制造业投资增速回落至 3.5%，其中高技术制造业投资增长较快。2024 年前三季度工业投资同比增长 8.9%，占比达到 40.0%，同比增加 1.5 个百分点。2024 年前三季度设备工器具购置投资增长 13.2%，比固定资产投资增速高 8.4 个百分点；完成工业技改投资同比增长 19.9%，比固定资产投资增速高 15.1 个百分点，高于全国技改投资增速 9.4 个百分点，列全国第 7 位。在系列政策作用下，房地产开发投资增长较 2023 年降幅逐季度收窄。

表 2　2022 年至 2024 年前三季度辽宁省固定资产投资分领域增速情况

单位：%

投资领域	2022 年第一季度	2022 年上半年	2022 年前三季度	2022 年全年	2023 年第一季度	2023 年上半年
基础设施投资	43.9	50.3	48.3	38.8	18.6	19.7
制造业投资	4.9	15.9	—	1	8.8	8.2
高技术制造业投资	12.4	12.2	—	4.9	13.3	37.0
房地产开发投资	—	−22.1	−18.6	−18.6	−7.9	−23.4

投资领域	2023 年前三季度	2023 年全年	2024 年第一季度	2024 年上半年	2024 年前三季度
基础设施投资	15.1	15.2	21.3	11.6	17.2
制造业投资	17.3	—	20.8	7.8	3.5
高技术制造业投资	46.2	25.3	29.2	—	—
房地产开发投资	−28.2	−26.1	−21.4	−19.0	−17.3

资料来源：辽宁省统计局网站。

（四）从区域看，固定资产投资增速表现分化，多数地市高于全省

从 2024 年前三季度全省各市固定资产投资增速看，盘锦市、本溪市、朝阳市 3 市投资增势良好，实现两位数增长，再加上锦州市、葫芦岛市、营口

市，共6市超过全省4.8%的平均水平；铁岭市、辽阳市、大连市分别同比增长0.2%、1.6%、2.0%，以及抚顺市同比下降12.1%，表现欠佳（见图3）。

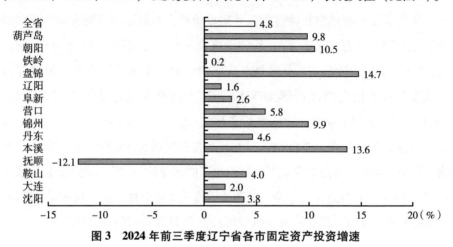

图3　2024年前三季度辽宁省各市固定资产投资增速

资料来源：辽宁省统计局网站、各市统计局网站。

（五）项目建设稳步推进，央地合作不断深化

2024年全省加大力度推进重点项目早开工、早竣工、早达产，前三季度全省建设项目12365个，同比减少174个，下降1.4%；完成投资额增长11.7%。其中亿元以上建设项目3997个，减少3个，下降0.1%；完成投资额增长15.9%。央地合作项目成为辽宁省投资的重要增长点，2024年，共有重大央地合作项目182个，已开工项目111个，累计完成投资1430亿元，2024年上半年完成投资404.2亿元，项目签约数、落地率、开工速度均位居全国前列。① 推进119个省级万亿级产业基地培育工程项目，带动4089个项目开复工，625个项目竣工投产，推进大规模设备更新和技术改造，8个项目签订专项再贷款合同9.1亿元，38个项目获得超长期特别国债5.84亿元。②

① 《央企在辽宁：新老产业实现突破性进展》，《企业观察报》2024年8月12日。
② 《辽宁举行前三季度经济运行情况系列新闻发布会（第三场）》，中华人民共和国国务院新闻办公室网站，2024年10月24日，http://www.scio.gov.cn/xwfb/dfxwfb/gssfbh/ln_ 13831/202410/t20241024_ 870857. html。

二 辽宁省固定资产投资需关注的问题与挑战

（一）投资增长基础不牢固，有效投资的"稳增长"作用有待加强

投资对"稳增长"的支撑作用有待进一步加强。当前全省传统产业投资由快速增长期进入发展平台期，新兴产业尚未成势，创新要素对新旧动能接续转换的支撑不足，在经济基础尚未稳固的情况下，产业投资持续增长压力较大。从 2024 年投资数据来看，与第一季度相比，上半年固定资产投资增长率有所回落，尽管第三季度有所回升，但未来固定资产投资总体增速不容乐观，持续增长压力较大，亟须在培育投资新增长点，提高新技术、新产业、新业态的投资份额上取得突破。

（二）市场需求与投资信心不足，民间投资活力亟待激发

受市场需求不足、预期不稳、房地产下行等因素影响，民营企业效益下滑，部分企业出现投资意愿不强、投资动力不足的现象，民间投资进度放缓。2021 年、2022 年、2023 年辽宁省民间投资分别下降 2.0%、7.6% 和 12.2%，[①] 下降幅度不断扩大。尽管 2024 年前三季度民间投资实现了正增长，同比增长 5.6%，[②] 但仍低于全国 6.4% 的平均水平，[③] 民间投资持续增长乏力，民营企业转型发展能力有待进一步提高，着力激发民间投资活力成为第四季度和 2025 年特别迫切的问题。

---

① 资料来源：2021~2023 年辽宁省国民经济和社会发展统计公报。
② 《2024 年前三季度全省经济运行情况系列新闻发布会（第二场）》，辽宁省人民政府网站，2024 年 10 月 22 日，https://www.ln.gov.cn/web/spzb/2024nxwfbh/2024102212333515145/index.shtml。
③ 《前三季度国民经济运行稳中有进 向好因素累积增多》，国家统计局网站，2024 年 10 月 18 日，https://www.stats.gov.cn/sj/zxfb/202410/t20241018_1957044.html。

（三）房地产开发投资依然呈现两位数下降，市场预期有待进一步修复

房地产市场仍然处于深度调整阶段，前三季度房地产开发投资和商品房销售面积依然下降，尽管国家和省市层面不断出台优化房地产调控政策，但尚未真正对房地产投资形成有效传导，房地产开发投资谨慎态势仍在延续，市场预期有待进一步修复。

（四）重大产业项目储备不足，固定资产投资面临后劲不足风险

对支撑国家重大战略、引领全省转型升级的重大项目谋划不够，投资规模大、产业链条长、带动能力强的大项目储备不足，个别地市新入统项目与投资规模不如上年同期，再加上随着财政收支偏紧，政府投资能力受限，投资后劲不足凸显。

三 辽宁省固定资产投资面临的形势与展望

当前，宏观经济发展环境发生重大变化，尽管经济运行中多重积极因素不断增多，为固定资产投资稳定增长提供了重要支撑，但也面临诸多外部环境复杂性与不确定性，国内有效需求不足、市场预期偏弱，经济稳定向好的基础还不牢固，经济下行压力增大，经济运行中还面临不小的风险挑战，投资形势严峻。综合考虑，辽宁省未来固定资产投资增速预计会实现稳中略降，完成2024年固定资产投资增长10%的目标困难较大。[①]

（一）固定资产投资中制造业投资的引领作用将更为显著

在房地产投资负增长、基础设施投资放缓的情况下，全省制造业投资将

---

① 《2024年省〈政府工作报告〉重点工作分工方案》，辽宁省人民政府网站，2024年2月5日，https://www.ln.gov.cn/web/zwgkx/zfwj/szfwj/2024n/20240218110425732l1/index.shtml。

成为固定资产投资增长最重要的支撑，但同时制造业投资也面临较大下行压力。从行业基本面来看，2024 年 6~9 月的中国制造业采购经理指数（PMI）分别为 49.5%、49.4%、49.1%、49.8%，[①] 一直处于 50% 枯荣线以下，景气水平不高。相较于 8 月，9 月制造业景气度有所回升，生产指数和新订单指数分别为 51.2% 和 49.9%。[②] 从全省制造业发展看，上半年全省规模以上工业企业利润同比下降 11.9%，制造业实现利润总额下降 29%，对全省有重要支撑作用的汽车制造业利润下降 16.3%，[③] 第四季度有继续下探趋势，制造业利润持续下降将掣肘企业投资能力。从政策面来看，政策利好密集释放，对制造业投资韧性形成坚强支撑。随着大规模设备更新、消费品以旧换新等产业政策不断加码，政策落地见效，对上游原材料和中游装备制造等制造产业的影响将不断增强，制造业投资的"逆周期"属性凸显，尤其是高技术制造业。综合考虑，在高技术制造业投资和技改投资带动下，全省制造业投资将保持一定的强韧性，乐观预期，全年增速预计可达 8%~9%。

（二）地方化债导致的基础设施投资收缩效应将更加凸显

从基础设施投资来看，受化债影响，财政投资无法实现逆周期扩张，基础设施建设实物开工量较慢，基础设施投资未来增速有限，这在第二季度已经有所显现，预计下半年，基础设施投资增速将略有下降。财政支出将更多向民生领域倾斜，基础设施投资的资金来源结构正在发生变化，如果能运用好超长期国债等支持政策，由中央资金支撑的基建行业，如供电供热、铁路、航空、管道运输等，会对冲一部分地方资金收缩带来的基建拖累，基础设施投资仍是固定资产投资的重要支撑。

---

① 资料来源：2024 年 6~9 月中国采购经理指数运行情况，国家统计局网站。
② 资料来源：2024 年 8~9 月中国采购经理指数运行情况，国家统计局网站。
③ 《2024 年 1~6 月份全省规模以上工业企业利润下降 11.9%》，辽宁省统计局网站，2024 年 7 月 30 日，https://tjj.ln.gov.cn/tjj/tjsj/sjfb/sqzx/20240730152329 67447/index.shtml。

（三）房地产市场仍处于深度调整的筑底阶段，开发投资将延续偏弱走势

从上半年房地产开发投资数据来看，自 2024 年 4 月以来，房地产开发投资和商品房销售面积都呈现降幅收窄的现象，但总体上降幅仍远高于全国平均水平，房地产行业形势依然严峻，市场下行趋势仍未得到根本扭转，将继续对实体经济需求、经济增长、金融财政风险等产生重要影响，下半年仍将继续对固定资产投资增长形成拖累，在"稳市场""去库存"等政策逐步落实下，对投资的拖累或将减缓，但也存在较大不确定性。

乐观情形下，如果稳定房地产市场、设备更新、消费品以旧换新等强有力扩张性调控政策明显起效，全年固定资产投资增长将高于全国；悲观情形下，如果政策效果较弱，市场预期和信心没有得到根本扭转，预计全年固定资产投资增长将低于全国。

四　辽宁省扩大有效投资的对策建议

在国内外复杂多变因素交织下，平衡好政府投资与民间投资、短期刺激与长期规划的重要性凸显。下半年及未来更长时间，辽宁省应科学研判国际环境、宏观政策、市场需求等影响，立足全省固定资产投资阶段性特征，聚焦补短板、强弱项、调结构、增后劲，注重投资领域与方向的精准性，统筹处理好化解地方债风险与扩大有效投资的关系，实现高质量发展和高水平安全良性互动。

（一）加强政府投资精准导向和带动效应，积极拓展有效投资空间

突出政府作为公共投资的主导地位和精准性，重点聚焦经济社会薄弱环节，以及产业创新发展和转型升级、保障和改善民生等领域。综合运用多种金融工具，规范推进政府和社会资本合作（PPP），发挥政府投资对社会资本的撬动作用；推动基础设施领域不动产投资信托基金（REITs）发展，盘

活基础设施领域存量资产，构建存量资产与新增投资之间的良性循环。加大关键核心技术攻关投资力度，推动重大战略科技力量和科技创新平台建设投资，突出科技创新的引领作用；加大对设备更新改造、新型基础设施、节能减排降碳等领域的支持力度，助力传统产业转型升级；培育发展新动能，加大对战略性新兴产业和未来产业的投资力度。

（二）进一步打造营商环境"升级版"，激发民间投资活力

坚持问题导向和目标导向，坚持市场主导和政府引导相结合，以进一步全面深化改革为突破口，以系统集成、协同高效的制度体系建设为重点，进一步落实《中共中央、国务院关于促进民营经济发展壮大的意见》《中共辽宁省委 辽宁省人民政府关于进一步支持民营经济高质量发展的意见》中各项针对民间投资的支持性措施，畅通政策落地"最后一公里"。切实降低民营企业的税费负担及物流、用地、用能等经营性成本，逐步取消对民营企业在项目招投标、政府采购、土地使用、产权交易等方面的不合理限制，用好政府引导基金、PPP 等模式，支持民间资本参与收益相对稳定、条件相对成熟的重大项目建设，稳定民间投资收益预期，提高民间投资信心。进一步完善知识产权保护体系，加大对民营企业原始创新的保护力度。加强国企与民企资源整合，鼓励不同产权性质企业之间达成战略合作与股权融合。培育良好的营商文化，打造高效可持续的市场化、法治化、国际化营商环境，推动营商环境穿透式、系统式全面提升，从而激发民间投资活力。

（三）精准扩大制造业有效投资，增强内生投资动力

以新型工业化为引领，制定重点行业投资增长计划和重点产业链高质量发展行动，从改造提升传统产业和制造业核心竞争力协同发力。加强技改投资长期支撑作用，落实落细工业领域设备更新实施方案，推进先进设备更新、数字化转型、绿色装备推广和产业链供应链安全水平提升。发挥政府各类基金作用，引导社会资本向制造业现代化产业体系建设的重点领域和薄弱环节聚焦，加强新旧动能的转化接续，通过科技创新投资引领战略性新兴产

业、未来产业投资发展壮大，强化制造业关键基础零部件、核心元器件、基础材料等领域的技术改造，推动传统产业高端化、智能化、绿色化转型升级。重点引导制造企业围绕增品种、提品质、创品牌扩大有效投资，不断提升产品、服务的质量水平和层次；鼓励制造企业应用人工智能、大数据、5G 等新一代信息技术，加快"数转智改网联"建设；推动重点行业企业实现节能降碳和绿色转型，加大重大创新成果产业化项目建设力度。

（四）供需两端综合施策，稳定房地产开发投资

加强房地产市场预期引导，围绕"市场+保障"的住房供应体系构建房地产发展新模式，协调发挥好市场机制在资源配置中的决定性作用和政府引导作用，既保证房地产市场适度活跃，也保障刚需住房，加快建立多主体供给、多渠道保障、租购并举的住房制度，完善房地产市场平稳健康发展长效机制。实施优化区域土地供应结构、调整住房信贷政策、支持房地产企业合理融资等一系列政策措施，切实提高房地产开发企业投融资能力，按照市场化原则对治理完善、聚焦主业、资质良好的房地产企业和建筑企业进行信贷投放，支持优质房地产企业发行债券融资等，加大对"保交楼"的金融支持力度，提高企业流动性和投融资能力。

（五）探索优化投融资模式，推动基础设施投资持续稳定

完善重大基础设施整体融资机制，多渠道增加基础设施建设资金来源，积极探索完善政府和社会资本合作新机制，鼓励支持社保资金、保险资金等长期资本通过股权或债权方式投资收益稳定、回收期长的基础设施和产业项目。通过投融资政策解读、项目信息共享以及重点项目推介等多种方式，加强政银企社对重大项目融资需求对接，提高各类融资方式对基础设施建设需求的适配度，为基础设施建设提供更为专业化的投融资服务，降低基础设施投资对财政资金尤其是地方政府债务融资的依赖。争取中央更多资金支持和更大政策倾斜，用好超长期特别国债等政策，加大对保安全、促发展、惠民生等领域的基础设施投资力度，适度超前开展基础设施投资与建设。

（六）高质量做好重大项目谋划储备和前期工作，加强固定资产投资各环节保障

制定前瞻性发展战略与规划，高质量、高起点谋划储备一批牵引性、带动性强的重大项目。辽宁省作为重点化债省份，在政府项目投资收紧的"后基建"时代，应积极探寻统筹债务化解与重大项目谋划储备的新模式。严格对照中央和省预算内投资、地方政府专项债券、超长期国债投向，参照化债省份"黑白灰"清单，大力推进白名单项目，尽量避开"黑名单"项目，积极争取"灰名单"项目，积极争取多类资金。项目谋划储备重点聚焦未来"十五五"规划方向，聚焦国家重大战略实施和重点领域安全的"两重"领域、聚焦现代化产业体系与新型工业化建设等领域。高度重视重大项目前期工作，聚焦关键环节，认真研究、主动对接，提升项目储备质量。加强政策配合协调，积极落实重大项目建设所需的资源要素和相关建设条件，从顶层设计、改革创新、投融资方式、投资监管等方面，加强固定资产重大项目投资各环节保障，提高投资效率，打造最优投资环境。

参考文献

刘立峰、冯梦缘：《新中国投资的成就、经验和未来趋势》，《宏观经济管理》2024年第6期。

王宏利：《2023年中国固定资产投资形势分析与中长期预测》，《产业创新研究》2023年第11期。

中国宏观经济研究院固定资产投资形势课题组：《2022年固定资产投资形势分析与2023年展望》，《中国物价》2023年第1期。

牛嘉伟：《我国固定资产投资演变特征、基本经验和发展建议》，《西南金融》2024年第1期。

朱满德、徐小明、程国强：《营商环境改善与民间固定资产投资增长——基于省级层面证据和南北差异检验》，《软科学》2023年第6期。

B.7
辽宁省对外贸易发展现状及对策研究

陈 岩*

摘 要: 2023年辽宁省政府聚力实施全面振兴新突破三年行动，全力打造对外开放新前沿，打造东北亚开放合作枢纽地。在促进辽宁省对外经贸发展的"黄金九条"政策指导下，辽宁省对外贸易总体平稳发展，辽宁自贸试验区建设成效明显，对外开放合作进一步深化拓展。但辽宁省对外贸易在发展中仍存在进出口额增长乏力、外贸依存度不高、跨境电商配套服务体系不完善、通道平台优势有待进一步挖掘等问题。针对这些问题，本文提出了提升制度型开放水平、培育外贸发展新动能、大力发展外贸新业态新模式、进一步深化拓展开放合作的对策建议。

关键词: 对外贸易 贸易结构 新模式 新业态

2023年辽宁省全面贯彻落实党的二十大精神，聚力实施全面振兴新突破三年行动，2023年底提出了新时代"六地"目标定位，提出打造东北亚开放合作枢纽地，全力打造对外开放新前沿，不断提升对外开放合作水平，推动辽宁省经济高质量发展再上新台阶。

一 辽宁省对外贸易发展的基本情况

为了进一步打造对外开放新前沿，辽宁省出台了一系列重要文件，明确

---

* 陈岩，辽宁社会科学院产业经济研究所副研究员，主要研究方向为对外贸易、对外开放。

了以全面开放引领全面振兴的总体战略。2023 年 7 月，辽宁省召开对外开放大会，出台了《关于在辽宁全面振兴新突破三年行动中进一步提升对外开放水平的实施意见》和促进辽宁外省经贸发展的"黄金九条"政策，不断优化辽宁营商环境，以保障辽宁对外贸易平稳高质量发展。

（一）对外贸易总体平稳

2023 年，辽宁省实现进出口总额 7659.6 亿元，其中，出口 3535.6 亿元，进口 4124.0 亿元。在出口商品中，机电产品出口 1839.0 亿元，比上年增长 4.6%；高新技术产品出口 499.2 亿元，比上年增长 0.7%；钢材出口 327.9 亿元，比上年增长 3.0%；农产品出口 316.6 亿元，比上年增长 5.7%；电动载人汽车、锂电池、太阳能电池"新三样"产品出口比上年增长 48.8%，其中电动载人汽车出口 133.3 亿元，比上年增长 49.8%，呈现较快增长态势。此外，辽宁民营企业主力军作用增强，全省有进出口记录的外贸经营主体首次突破 1.5 万家。在进口商品中，全年农产品进口 448.7 亿元，比上年增长 10.2%；汽车零配件进口 438.8 亿元，比上年增长 0.6%；原油进口 1121.6 亿元，比上年下降 10.5%。[①]

（二）自贸试验区建设成效明显

辽宁自贸试验区成立以来，不断进行首创性探索，在投资、推进贸易便利化、金融、国资国企改革等方面不断取得阶段性成果，推动辽宁对外开放新前沿建设。

国家赋予辽宁自贸试验区的首批 123 项试点任务已全部完成，并在全国范围内复制推广"辽宁经验" 16 项，在全省范围内复制推广改革创新经验 207 项。2023 年，辽宁自贸试验区新引入投资额亿元以上项目 163 个，开工项目达到 116 个。自贸试验区实现进出口总额 1264.3 亿元，占全省的 16.5%；实际利用外资 7.5 亿美元，占全省的 22%。建设运营以来，截至

---

① 若无特殊说明，本报告数据均根据历年辽宁统计年鉴、国家统计局网站、辽宁统计局网站资料整理。

2024 年上半年，辽宁自贸试验区累计进出口总额超过 1 万亿元，实际利用外资 50 亿美元，进出口总额和实际利用外资均约占全省的 1/5。① 作为辽宁省对外开放的试验田和核心载体，辽宁自贸试验区不断在探索中成长，加强制度创新与产业对接，突出特色创新，不断释放改革红利，以制度创新推动辽宁经济高质量发展。

（三）"一带一路"建设不断推进

辽宁省地处东北亚的核心区域，临近日、韩、俄、蒙，拥有优良的港口资源、工业门类齐全的产业基础、科教人才丰富的创新资源，是融入共建"一带一路"，推进我国向北向东开放的重要门户。2023 年，辽宁省重点强化与东北亚国家以及 RCEP 成员国之间的经贸合作，着力提升对外开放合作水平，打造东北亚经贸合作中心枢纽。2023 年辽宁省对主要国家和地区货物出口情况如表 1 所示，其中对俄罗斯出口增长较快，较上年增长 29.4%，对韩国增长 16.1%。2024 年上半年，辽宁省对东盟进出口额为 446.1 亿元，同比增长 38.7%；对欧盟进出口额达 643.8 亿元，同比增长 4.8%；对日本、韩国、美国和俄罗斯分别进出口 421.8 亿元、297.8 亿元、247.4 亿元和 209.3 亿元，合计占 31.8%。此外，对共建"一带一路"国家和 RCEP 贸易伙伴分别进出口 1856.2 亿元和 1313.9 亿元，分别占 50.1% 和 35.5%。②

表 1　2023 年辽宁省对主要国家和地区货物出口情况

单位：亿元，%

国家和地区	出口额	比上年增长	占全部出口比重
亚洲	2106.8	0.0	59.6
日本	609.4	2.0	17.2
韩国	379.5	16.1	10.7

① 《深耕国家"试验田" 构筑开放"新高地"》，《辽宁日报》2024 年 6 月 14 日。
② 《上半年辽宁外贸进出口总值达 3702.9 亿元 与共建"一带一路"国家货物贸易额占比超五成》，《辽宁日报》2024 年 8 月 4 日。

国家和地区	出口额	比上年增长	占全部出口比重
欧洲	692.3	2.6	19.6
欧盟	462.4	-3.2	13.1
德国	148.6	-5.1	4.2
俄罗斯	143.9	29.4	4.1
非洲	113.6	3.3	3.2
大洋洲	70.8	-11.9	2.0

资料来源：根据《辽宁统计年鉴》、国家统计局网站资料整理。

同时，辽宁省大力提升港口枢纽能力，积极推进中欧班列（沈阳）集结中心建设。2024年，辽宁中欧班列（沈阳）集结中心往返开行班列突破1000列，运输货物超8万标箱，班列开行数量稳居东北地区第1，形成了"通道并行、多点直达"的国际铁路班列运输网络体系和"一列牵动、多城联动、多式联运、多国共运"的发展格局。

（四）招商引资进一步深化拓展

2023年，辽宁省招商引资继续较快增长，实际到位资金8232.5亿元，比上年增长16.0%。其中，实际到位内资8004.2亿元，比上年增长19.5%；实际使用外资33.8亿美元。辽宁省到位资金10亿元以上重大项目118个，到位资金同比增长20.9%。[①]

2023年9月，辽宁高水平举办了第四届辽宁国际投资贸易洽谈会、首届中俄地方投资发展与贸易合作大会和首届"全球辽商大会"，并取得了丰硕成果。第四届辽宁国际投资贸易洽谈会共签约项目271个，签约总额达5863.4亿元。此外，辽宁省积极与日本神奈川县、韩国京畿道等开展友好交流活动，带动辽宁省对日韩进出口增长2.5%。通过与德国、沙特等国家的经贸人文交流，促进重大外资项目华晨宝马、华锦阿美的进一步深入发展。

---

① 《同比增长16% 2023年辽宁招商引资实际到位资金8232.5亿元》，中国新闻网，2024年1月25日，https：//www.chinanews.com.cn/cj/2024/01-25/10152952.shtml。

二 辽宁省对外贸易发展中存在的主要问题

（一）进出口额增长乏力

2023年辽宁省进出口总额为7659.6亿元，比上年下降3.1%，约占全国进出口总额的1.8%。其中，出口额3535.6亿元，比上年下降1.1%；进口额4124.0亿元，比上年下降4.6%。辽宁省进出口额不高，占全国进出口总额的比例呈下降趋势，由2019年的2.3%下降至2023年的1.8%（见图1）。从2019~2023年数据来看，辽宁省出口额增速较低，不仅低于全国平均水平，而且多数年份低于黑龙江省、吉林省、河南省以及安徽省（见表2）。可见，辽宁省对外贸易尚有较大的空间待发展。

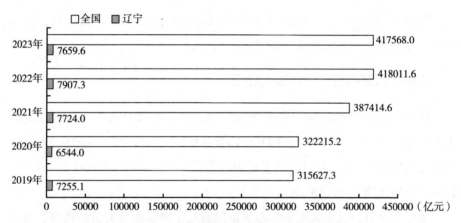

图1 2019~2023年全国与辽宁省进出口总额情况

资料来源：根据《辽宁统计年鉴》、国家统计局网站资料整理。

表2 2019~2023年全国及部分省份出口额增速

单位：%

年份	全国	辽宁省	吉林省	黑龙江省	河南省	安徽省
2019	0.5	−6.8	−4.9	13.9	0.8	11.7
2020	3.6	−15.6	−10.6	2.7	9.4	12.8

年份	全国	辽宁省	吉林省	黑龙江省	河南省	安徽省
2021	29.9	33.7	30.1	33.5	31.2	39.1
2022	7.0	5.0	37.3	17.4	2.0	12.7
2023	-4.6	-6.4	18.3	32.7	-3.1	5.5

资料来源：同花顺 iFinD。

（二）外贸依存度不高

辽宁省作为东北地区唯一的沿海省份，外贸对经济增长的拉动作用不大，外贸依存度不高，并且一直低于全国平均水平。2023年全国外贸依存度为33.1%，辽宁省仅为25.4%，较上年下降1.9个百分点，低于全国平均水平7.7个百分点（见图2）。相比之下，国内其他沿海省份进出口总额和外贸依存度都较高。2023年江苏省进出口总额为5.25万亿元，约占全国进出口总额的12.6%，外贸依存度约为41%；浙江省进出口总额为4.9万亿元，约占全国进出口总额的11.7%，外贸依存度约为59.4%。

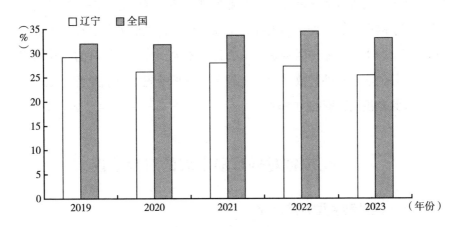

图2 2019~2023年全国与辽宁省外贸依存度情况

资料来源：根据《辽宁统计年鉴》、国家统计局网站资料整理。

（三）跨境电商配套服务体系不完善

目前，辽宁省跨境电商处于起步阶段，于2022年开始推动传统外贸企业利用第三方平台开展跨境电商业务。省内开展跨境电商业务的企业数量不多，业务模式单一，出口商品种类不多，以机电产品和纺织品等低附加值产品为主，新兴产业企业数量有待增加。同时，省内跨境电商平台业务范围窄、规模小，相关的国际物流体系、支付服务体系、运营推广、数据化管理等平台体系建设不完善，报检、通关、结汇、退税等手续与国际市场标准尚存在一定差距。辽宁省应进一步完善政策环境、相关的配套服务体系，以逐步扩大省内跨境电商的示范带动效应，培育壮大外贸发展新动能。

（四）通道平台优势有待进一步挖掘

中欧班列作为推进"一带一路"建设的重要示范项目，是深化我国与共建国家经贸合作的重要载体。2023年3月4日，中欧班列（沈阳）集结中心正式运营发展。目前，中欧班列（沈阳）集结中心发展尚未形成规模优势，辽宁省物流通道优势尚未转化成为产业发展优势。辽宁省内缺乏能够满足国外市场需求的有竞争力的出口商品，中欧班列货物主要来源于长三角等南方省市，辽宁省本地企业提供的货物所占比重不大，对辽宁经济的拉动作用不明显。此外，辽宁对外开放平台数量较多，但平台规模效应发挥不足，尚未形成共建共享机制，影响力不够。

三　辽宁省对外贸易发展的对策建议

（一）提升制度型开放水平

第一，以沈大国家自主创新示范区、国家级高新区、辽宁自贸试验区、综合保税区等开放平台为试点，在贸易、投资、科技、数据、金融等重点领域对标《全面与进步跨太平洋伙伴关系协定》（CPTPP）、《数字经济伙伴关系协定》（DEPA）等国际高标准经贸规则，建设公平、高效、透明的市场环境，稳步推进省内规则、规制、管理、标准等制度型开放试点，逐步形成贸易投资合作的新机制、新模式。积累示范区、先行区参与对外贸易多边合作的经验，并将成功经验及时在其他地区复制推广，推动省内创新联动发展。

第二，加大招商引资力度。全面落实《外商投资法》，通过产业链招商、主题招商、以商招商，吸引一些具有牵动力和行业影响力的代表性外资企业等在辽宁省投资发展，积极引进带动力强、发展潜力大的制造业外资。促进外资总部经济发展，鼓励外资企业利润再投资，支持外资企业在辽宁设立研发中心。重视培育企业上下游产业链的延伸发展和配套服务体系建设，围绕企业诉求加快有效的制度体系建设，重视治理体系改革创新。不断创新加大制度型开放力度，为辽宁省进一步对外开放增添活力。

（二）培育外贸发展新动能

第一，合理优化交通配置，加强辽宁港口资源与内陆地区的联动合作。向西，加快锦州港、盘锦港与辽西、蒙东地区的合作，进一步推进"辽蒙欧"大通道建设；向东，加快丹东港与吉林、黑龙江东部地区的合作，加快东北地区东部经济带建设；同时促进大连港、营口港与哈大干线城市的联动合作，加速物流、资金、人员的集聚，推进"辽满欧"大通道建设。

第二，形成多式联运物流体系。加强省内各类交通运输体系有机衔接，做好与海外市场运输节点的有效衔接，缓解国际物流运输压力。统筹协调物流资源，规划配置好辽宁省内国际航运、中欧班列、公路货运等运力资源，合理规划运行路线，避免线路重叠，降低恶性竞争，逐步提升辽宁在物流运输中的话语权。运用大数据技术实现运输信息交换和数据资源共享，提升运力资源配置效率。

第三，积极推进国际物流体系建设。积极发挥辽宁口岸功能，做大做强口岸经济，加快"智慧口岸"建设，持续扩大口岸开放。推动辽宁港口与俄罗斯、韩国、朝鲜等国主要港口的交流与合作，打造东北亚国际物流交通

枢纽。大力发展跨境物流业务。积极开辟跨境直达运输班列和运输航线，推动公共海外仓的建设，不断扩大跨境物流网点覆盖范围。

（三）大力发展外贸新业态新模式

第一，构建"跨境电商+海外仓"模式。优化完善对海外仓、跨境电商的政策支持。鼓励辽宁企业按照国际规则和市场化原则，在海外建立海外仓、批发展示中心、零售网点和售后服务网点等类型的分支机构，推动辽宁省国际营销服务体系转型升级，培育壮大国际营销网络，积极拓展国际市场空间，实现跨越式发展。

第二，深耕"跨境电商+产业带"发展。推动跨境电商平台与辽宁重点产业开展广泛合作，加快产业链、供应链深度融合，促进辽宁企业与跨境电商平台、综合服务企业、物流企业等的对接合作，积极推进跨境电商赋能辽宁产业带"出海"。加快大连跨境电商综合试验区建设，构建辽宁优势产业带跨境电商国际营销体系，扩大示范带动效应，打造国际经济合作新优势。

第三，积极推进产业园区建设。加快推进乌干达辽沈工业园、特变电工印度绿色能源产业园、罗马尼亚辽宁工业园等境外产业园区建设，引导和鼓励辽宁企业入驻国家及省市重点境外产业园区。组建"走出去企业战略合作联盟"，大力支持"新三样"、高附加值、绿色低碳产品出口。鼓励辽宁省企业强强合作，"抱团出海"。按照"飞地模式"推动辽宁加工贸易园区高质量发展，稳定加工贸易发展。

（四）进一步深化拓展开放合作

第一，加强高层次平台载体建设。高水平办好夏季达沃斯论坛、辽洽会、"全球辽商大会"等重大展会，不断提升辽宁品牌影响力。加强省内国家级开发区、高新产业园区、辽宁自贸试验区等平台载体间的交流协作，建立共建共享机制，形成平台规模效应，扩大其国际国内影响力，推动外贸提质增效。

第二，加快内外贸一体化发展。贯彻落实《辽宁省促进内外贸一体化发展若干措施》，对标国际先进水平，加快调整完善相关规则和各级标准制定，促进内外贸标准、检验认证和监管衔接，打通阻碍内外贸一体化的制度堵点。培育内外贸一体化市场主体，推动内外贸产品同线同标同质，助力企业在国内国际两个市场自如切换。支持外贸企业与商贸平台、电商平台合作，积极打造内销品牌，促进产品出口转内销。

第三，积极开拓多元化国际市场和贸易伙伴。加快融入"一带一路"建设，积极开拓共建"一带一路"国际市场，寻求新的贸易伙伴。在保持美、日、欧、东盟等传统市场的基础上，大力开拓俄罗斯、中东欧、拉美等新兴市场，减少对传统市场的依赖。加强对国际贸易摩擦的预判和分析，增强辽宁省企业应对国际贸易风险的意识和自我保护能力。健全国际贸易摩擦应对机制，提升涉外法律服务水平。

参考文献

《2024 辽宁省政府工作报告》，《辽宁日报》2024 年 1 月 29 日。

《以更大担当和作为谱写辽宁全面振兴新篇章》，《辽宁日报》2024 年 4 月 24 日。

周静言：《对外贸易促进辽宁产业结构优化升级路径研究》，《辽东学院学报》（社会科学版）2024 年第 1 期。

《辽宁打造东北亚开放合作枢纽地》，《环球》2024 年 1 月 8 日。

孟祥铭、俞晓敏、刘向冉：《关于实施辽宁自贸区提升战略的对策研究》，《辽宁经济》2024 年第 5 期。

B.8
辽宁地方财政运行情况分析

邢文妍*

摘　要：　2023年辽宁地方财政运行具有以下五方面特点：一般公共预算收入恢复明显，收入质量有所提升；一般公共预算支出规模持续增长，重点支出保障有力；地区间财政收入不均衡，个别地区收入增长乏力；土地市场趋冷，政府性基金收入持续下滑；地方政府债务规模适中，显性债务风险可控。辽宁地方财政运行仍然存在地方财政自给率偏低，对转移支付依赖程度较高；房地产市场遇冷，土地财政难以为继；地方政府债务负担较重，化债压力较大三方面深层次问题。为推动辽宁地方财政高质量运行，本文提出以下四方面对策建议：强化地方财政增收节支，提升财政保障能力；优化地方财政支出结构，提升财政支出效能；深化财政体制改革，缓解地方财政困难；完善地方政府债务管理，推动其持续加力提效。

关键词：　财政收支结构　地方政府债务　土地财政

中央经济工作会议提出，2024年全年财政基调为"适度加力、提质增效"；中共中央政治局4月30日召开会议，要求财政靠前发力、避免政策前紧后松。党的二十届三中全会强调进一步全面深化改革要"以经济体制改革为牵引"，并在"健全宏观经济治理体系"方面强调要深化财税体制改革。因此，在当前地方财政运行持续紧平衡的状态下，辽宁地方财政需要在促进经济增长、持续改善民生以及激发创新活力等重点方向持续发

---

* 邢文妍，辽宁社会科学院经济研究所研究员，主要研究方向为财政理论与政策。

力，同时有效控制地方政府债务风险，从而推动地方财政高质量可持续运行。

一 2023年辽宁地方财政运行的基本情况

（一）一般公共预算收入恢复明显，收入质量有所提升

从一般公共预算收入总量和增速来看，2023年辽宁省一般公共预算收入恢复明显。2023年，辽宁省一般公共预算收入为2754亿元，在全国排第16位，较2022年排名前进了2位；一般公共预算收入较2022年增长了9.1%，增速高于同期全国平均水平。一般公共预算收入增长的主要原因在于，受2023年积极财政政策以及2022年实施大规模增值税留抵退税拉低基数等因素影响，辽宁省经济持续回升向好，经济总量突破3万亿元，同比增长5.3%，十年来首次超过全国增速。

从一般公共预算收入的结构来看，2023年辽宁省财政收入结构持续优化。2023年，辽宁省税收收入为1870.6亿元，较2022年增长了12.4%，高于同期一般公共预算收入的增速。辽宁省税收增量占一般公共预算收入增量的比重为90.1%，尤其是增值税增量占辽宁省税收增量的122.7%，拉高一般公共预算收入增速10个百分点。① 由此可见，税收收入的增长是带动一般公共预算收入增长的主要动力。

从税收收入占一般公共预算收入的比重来看，2023年辽宁省财政收入质量有所提升，但税收增长动能不足。税收收入占一般公共预算收入的比重从2022年的65.9%提升到2023年的67.9%（见图1），财政收入质量有所提升。但是，此比重仍然低于同期陕西省的78.4%。由此可见，税收占比仍然偏低，收入稳增长基础不够牢固。其主要原因在于受产品价格、销量、原材料成本等诸多因素影响，辽宁省规上工业企业利润降

---

① 资料来源：根据《关于辽宁省2023年预算执行情况和2024年预算草案的报告》数据整理。

幅较大，企业所得税同比下降 16.9%，其中冶金业、金融业税收下降幅度较大。①

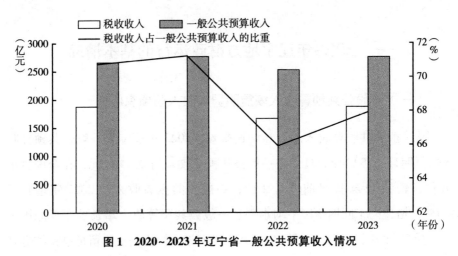

图 1 2020~2023 年辽宁省一般公共预算收入情况

资料来源：根据历年《辽宁统计年鉴》资料计算整理。

（二）一般公共预算支出规模持续增长，重点支出保障有力

从一般公共预算支出的总量来看，2023 年辽宁省一般公共预算支出规模在高基数的基础上仍然保持了持续增长。2023 年，辽宁省一般公共预算支出 6567.3 亿元，同比增长 4.9%。从一般公共预算支出的重点方向来看，一是为民生领域提供财政保障。2023 年民生支出占一般公共预算支出的比重达到 76.5%。辽宁省筹措资金 94 亿元，落实积极就业政策，确保就业大局稳定；筹措资金 3089.9 亿元，确保企业离退休人员养老金按时足额发放；筹措资金 51.6 亿元，支持学前教育普及普惠安全优质发展，推动义务教育优质均衡发展和城乡一体化发展等。② 二是为辽宁做好重大战略任务提供财力保障。2023 年辽宁省聚焦全面振兴新突破三年行动目标任务，梳理了 156 项财政支持政策，统筹省以上财政资金近 3000 亿元，助力全面振兴新突破

---

① 资料来源：根据《关于辽宁省 2023 年预算执行情况和 2024 年预算草案的报告》数据整理。
② 资料来源：根据《关于辽宁省 2023 年预算执行情况和 2024 年预算草案的报告》数据整理。

三年行动首战告捷。筹措资金12.4亿元，支持开展科技基础研究、"揭榜挂帅"关键核心技术攻关和科技成果转化、支持辽宁实验室高质量建设等。三是提高县区财政保障能力。2023年辽宁省坚持底线思维，下达县区财力性转移支付714.9亿元，基层"三保"得到有效保障。[①]

（三）地区间财政收入不均衡，个别地区收入增长乏力

从地级市一般公共预算收入来看，2023年辽宁省地市级一般公共预算收入表现出明显的不均衡。沈阳、大连一般公共预算收入显著高于其他地级市，占全省一般公共预算收入的比重高达56.3%。从地级市一般公共预算收入的增速来看，2023年辽宁省14个市中只有辽阳是负增长，其他各市都保持了正向增长（见图2）。其中，沈阳、大连的增速都在12%以上，2市收入增量占全省收入增量的73.2%，拉高全省收入增速6.6个百分点。但是，仍有7个市的一般公共预算收入增速低于全省平均水平，个别地区受经济增长承压、部分企业经营困难、房地产市场低迷、生产者物价指数（PPI）持续负增长等因素影响，财政收入增长乏力。

（四）土地市场趋冷，政府性基金收入持续下滑

从政府性基金收入来看，2023年辽宁省政府性基金收入规模继续缩减。辽宁省政府性基金收入在2020年达到1351.4亿元的最高点后，连续三年持续下滑。2021年政府性基金收入为1184.6亿元，同比下降12.3%；2022年大幅度下跌至524.4亿元，同比下降55.7%；2023年，继续维持下跌态势，政府性基金收入跌至448.6亿元，同比下降14.5%（见图3）。其主要原因在于受到房地产市场低迷影响，卖地收入大幅下降。根据华经产业研究院数据和国信房地产信息网数据，2023年辽宁省土地出让面积为4156.28万平方米，同比下降15.5%；土地成交面积为3079.98万平方米，同比下降21.5%；全部用地成交地面均价为1293元/米^2，同比下降10%。

---

① 数据来源：根据《关于辽宁省2023年预算执行情况和2024年预算草案的报告》数据整理。

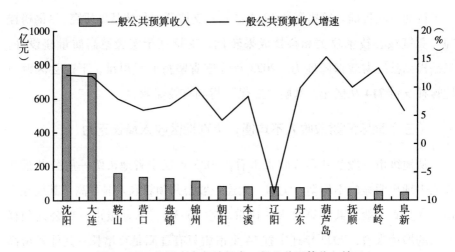

图 2　2023 年辽宁省各地级市一般公共预算收入情况

资料来源：根据《辽宁统计年鉴2023》资料计算整理。

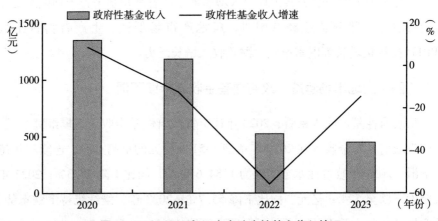

图 3　2020~2023 年辽宁省政府性基金收入情况

资料来源：根据历年《辽宁统计年鉴》资料计算整理。

（五）地方政府债务规模适中，显性债务风险可控

从地方政府显性债务规模来看，2023 年辽宁省存量债务规模适中。截至 2023 年末，辽宁省政府债务余额为 12870.4 亿元，占全国地方政府债务

余额的 3.2%，控制在政府债务限额 13131.5 亿元之内，其中，一般债务余额 7892.1 亿元，专项债务余额 4978.3 亿元。① 从地方政府债务风险来看，2023 年辽宁省地方政府负债率相对偏高。截至 2023 年末，辽宁省地方政府负债率（政府债务余额/GDP）为 42.6%，较 2022 年的 37.9% 上升了近 4 个百分点，也高于同期全国地方政府债务率（32.3%）近 10 个百分点，但是仍然控制在 60% 的国际警戒线以内，这表明辽宁省地方政府债务规模适中，显性债务风险可控。②

二 辽宁地方财政运行存在的主要问题

（一）地方财政自给率偏低，对转移支付依赖程度较高

辽宁省地方财政自给率偏低，对中央财政转移支付的依赖程度较高。辽宁省一般公共预算收支逆差呈现不断扩大的态势，从 2011 年的 1262.7 亿元扩大到 2023 年的 3813.3 亿元，增加了 2 倍多。地方财政自给率（一般公共预算收入/一般公共预算支出）也从 2011 年的 62.7% 下降到 2023 年的 41.9%（见图 4），并且低于 2023 年全国地方财政自给率均值（44.7%）近 3 个百分点。这表明辽宁省地方财政更加依赖中央转移支付，中央转移支付的规模和结构直接影响到辽宁省地方财政的运行质量。根据 2023 年中央对地方一般性转移支付的决算数据，2023 年辽宁省获得中央一般性转移支付 3035.5 亿元，转移支付规模在全国排第 14 位，较 2022 年的 2872.0 亿元增加了 5.7%，创历史新高。

在省市县三级财政中，县级财政收支压力最大，财政自给率最低。从县级财政收支情况看，2023 年，辽宁省 41 个县（市）一般公共预算收入为 538.8 亿元，一般公共预算支出为 1606.8 亿元，县级财政自给率为 33.5%，

---

① 资料来源：根据《关于辽宁省 2023 年预算执行情况和 2024 年预算草案的报告》数据整理。
② 资料来源：根据《关于辽宁省 2023 年预算执行情况和 2024 年预算草案的报告》数据整理。

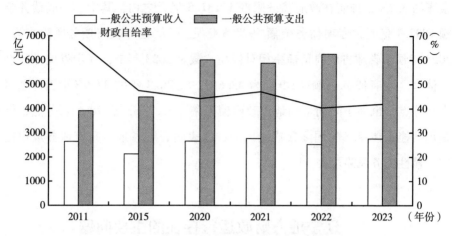

图 4　2011~2023 年辽宁财政收支和财政自给率情况

资料来源：根据历年《辽宁统计年鉴》资料计算整理。

较 2022 年提高了近 4 个百分点，但仍然低于辽宁省地方财政自给率
（41.9%）8.4 个百分点。由此可见，县级财政收支压力最大，维系自身财
政收支运转的能力偏低。其主要原因在于，辽宁省大部分县（市）的主导
产业财政贡献率不高，重点税源企业未形成较大规模，县级财政收入增长乏
力，而县级政府财政事权支出责任重，财政支出呈现刚性增长态势。2023
年，辽宁省财力进一步向基层、困难地区倾斜，下达县区财力性转移支付
714.9 亿元，同口径增长 13.8%，不断提高县区财政保障能力。①

（二）房地产市场遇冷，土地财政难以为继

2023 年，辽宁省房地产开发投资 1744.7 亿元，同比下降 26.1%；商品房
销售面积为 2070.96 万平方米，同比下降 5.1%；商品房销售额为 1557.0 亿
元，同比下降 14.2%。② 这表明，房地产对地方财政的拖累效应明显，土地
成交量下降，土地出让金下行，土地相关税费减少。未来房地产市场遇冷、

---

① 资料来源：《关于辽宁省 2023 年预算执行情况和 2024 年预算草案的报告》。
② 资料来源：辽宁省统计局网站。

人均预期寿命提高以及城镇化率提升空间有限的发展态势下，土地财政将难以为继，辽宁省亟须打造地方财政收入的新增长点。

（三）地方政府债务负担较重，化债压力较大

从显性债务来看，辽宁省债务规模持续增长，地方政府债务余额从2020年的9257.11亿元增加到了2023年的12870.40亿元，增长了39.03%。与此相应的是，辽宁省负债率持续小幅上升，从2020年的36.86%上升到2023年的42.6%。从债务率（政府债务余额/地方政府综合财力）来看，辽宁省债务率从2020年的131.57%上升至2023年的190.42%，已经超过了100%的警戒线，债务风险偏高。从与全国各省份的横向对比来看，辽宁省负债率和债务率在全国各省份中均处于偏高水平。考虑到辽宁省综合财力中中央补助占比较高，政府偿债能力对上级补助收入的依赖度偏高。

从隐性债务来看，2020年以来辽宁省坚决杜绝新增隐性债务，全力加大对已有隐性债务的管理力度，隐性债务风险总体可控。2023年，辽宁省城投有息债务增速稳定且处于较低水平。根据辽宁省财政厅发布公告，2023年10月成功发行870.42亿元的特殊再融资债券，缓释当地政府债务风险。[1]2023年辽宁省没有发生债务逾期违约事件。

三 辽宁地方财政运行态势展望

（一）一般公共预算收入承压，税收收入和非税收入"此消彼长"

2024年上半年，辽宁省一般公共预算收入1620.5亿元，同比增长6.3%，完成年初预算的56%，超过序时进度6个百分点，实现了"时间过半、任务过半"。其中：税收收入1021.3亿元，同比下降0.3%；非税收入

---

[1]　陈益刊：《辽宁发870亿特殊债 当地财政债务形势如何》，《第一财经日报》2023年10月13日。

599.2亿元，同比增长19.9%。①受2023年同期制造业中小微企业缓税入库垫高基数、结构性减税降费以及工业品价格连续负增长等因素的影响，上半年辽宁省部分税种呈现下降态势，增值税下降了10.2%，个人所得税下降了5.8%，城市维护建设税下降了5.3%，契税下降了2.3%。面临税收收入下行压力，辽宁地方财政加快盘活国有资源资产，部分地区在处置闲置资产收入、有偿使用矿区和场地使用费收入等方面呈现增长态势，拉动了非税收入增长。随着未来积极财政政策的持续发力以及特殊因素影响的逐步减弱，辽宁税收收入将会逆势增长。

（二）一般公共预算支出增速放缓，财政支出有待发力

2024年上半年，辽宁省一般公共预算支出3187.8亿元，同比仅增长3%，在一定程度上影响了地方政府促进经济增长和提供公共服务的效能，对实现预期经济增长目标形成了一定影响。其主要原因在于地方财政紧平衡限制了财政支出的增长。另外，2024年上半年政府性基金预算支出324.5亿元，同比下降了49.3%，其主要原因在于专项债发行偏慢，土地出让收入减少。随着未来积极财政政策持续发力，辽宁地方财政支出将会提速发力。

（三）中央财政发力加杠杆，地方专项债发行进度较慢

2024年上半年，中央财政发力加杠杆，地方专项债发行进度较慢，这在一定程度上影响了地方政府性基金的支出进度。财政部在2024年2月已将2023年增发的1万亿元国债资金全部提前下达地方，同时2024年1万亿元超长期特别国债也启动发行，根据财政部安排，5月中旬至11月中旬，20年、30年和50年超长期特别国债分期陆续发行。在支持领域方面，超长期特别国债重点聚焦加快实现高水平科技自立自强、推进城乡融合发展、促进区域协调发展、提升粮食和能源资源安全保障能力、推动人口高质量发

---

① 资料来源：辽宁省统计局网站。

展、全面推进美丽中国建设等方面。① 因此,超长期特别国债发行的持续推进,将对辽宁省稳定投资起到重要支撑作用。

2024 年上半年,辽宁省地方专项债发行和使用进度偏慢。辽宁省作为重点化债省份,受到严控新增投资、专项债项目筛选偏慢等因素影响,新增专项债发行和使用进度较 2023 年同期偏慢。目前,辽宁化债取得了较好效果,避免了债务集中到期引发的流动性风险。未来专项债的加速发行,将进一步推动辽宁省投资再提振,形成实物工作量,充分发挥专项债稳增长的作用。

四　提升辽宁地方财政运行质量的政策建议

(一)强化地方财政增收节支,提升财政保障能力

从财政收入角度出发,强化收入征管调度,深入挖掘增收潜力,提高财政收入质量。一是争取更多中央财力支持。密切跟踪中央财政补助政策、增发国债资金分配和新增债务限额核定情况,用好用足国家支持东北全面振兴取得新突破的政策措施,争取中央更多资金支持和更大政策倾斜。二是加大预算收入统筹力度。深挖潜在税源、开发增量税源、统管存量税源,努力形成经济发展和财政增收的良性互促。② 加强对非税收入征收的管理,规范非税收入征收范围和征收行为。进一步强化财政资金的高效利用和回收,重点关注激活国有资产,从而实现可用财政资源最大化。三是提升减税降费政策的精准度和有效性。减税降费政策要综合考虑市场发展方向和需求,以及地方财政可承受能力,在保持宏观税负基本稳定的前提下,把重点放在结构性减税方面。既要持续关注各行业留抵退税回补情况,不断提升减税降费政策的精准度,又要帮助企业纾困解难,推动地方财政可持续发展。

从财政支出角度出发,不断提升财政支出绩效。一是严格落实压减非急

---

① 葛孟超、曲哲涵:《今年超长期特别国债发行启动》,《人民日报》2024 年 5 月 18 日。
② 邢文妍:《辽宁省城镇职工基本养老保险中的财政风险问题分析》,《辽宁经济》2024 年第 2 期。

需非刚性支出。进一步压减一般性支出和非急需非刚性支出，盘点各部门的存量资金和闲置资产，及时收回结余资金，切实将有限的资金优先用于重点领域、重大项目支出。二是精兵简政，减轻财政负担。辽宁省应尽快出台深化机构改革的相关政策文件，对于部分造血能力较弱的市县通过精简冗员、加强人员绩效考核、增效赋能来减轻财政负担；对于人口流出地区实施区县合并，减少财政供养人员，减轻财政负担。三是强化绩效管理。完善全方位、全过程、全覆盖预算绩效管理体系，健全预算全周期跟踪问效机制，提升绩效目标指标和标准体系的科学性和实效性，推动绩效管理结果有效应用。

（二）优化地方财政支出结构，提升财政支出效能

辽宁省应进一步优化财政支出结构，集中财力办大事，落实积极的财政政策适度加力、提质增效。一是加强资金统筹，高质量支持重大战略实施。财政资金应强化对重大任务和重点工程的财力保障，大力支持"八大攻坚"，把打造新时代"六地"、三年行动50项重点任务和15项重大工程所需资金作为预算安排的首要任务。① 综合运用超长期特别国债、地方政府专项债券、产业引导基金、基础设施REITs等政策工具，合力投向重点领域、重大项目；要加快做好项目谋划与储备工作，尽早确定资金投向，尽快形成实物工作量。二是加快推动发展新质生产力。地方财政应该主动补位市场主体不愿涉足的基础理论研究、前沿科技攻关、公共服务保障等新质生产力发展的重点领域和薄弱环节，以对冲技术开发和未来产业培育中的不确定性与投资风险。充分发挥财政资金的引导作用，撬动金融资源和社会资本支持科技创新。积极探索形成财政资金、金融资源和社会资本多渠道并举的科技创新投入机制，持续加大科技创新领域支持力度。三是精准支持具有辽宁特色优势的现代化产业体系建设。地方财政应该统筹用好税收优惠、专项资金、政府采购、首台（套）保险补偿等政策，增强企业培育新质生产力的内在

---

① 唐佳丽：《落实积极的财政政策　适度加力提质增效》，《辽宁日报》2023年12月30日。

驱动力，促进传统产业改造升级、战略性新兴产业发展壮大，推动未来产业合理布局。四是加强财税联动，注重引导消费。财政政策应该从重投资向消费与投资并重转变，支持实施推动大规模设备更新和消费品以旧换新行动。综合利用税收优惠、贷款贴息、投融资担保、信贷风险补偿以及加速会计折旧等政策支持企业设备更新和技术改造，推动制造业投资改善。做好央地联动，合力推动汽车、家电、家装厨卫等耐用消费品以旧换新，激发居民消费潜力。五是强化民生领域的财政支出保障。继续加大财税政策对稳就业的支持力度，健全财政教育投入机制，提高医疗卫生服务能力，逐步健全多层次社会保障体系，加大财政资金下沉力度，切实守住基层"三保"底线，防止系统性风险发生。

（三）深化财政体制改革，缓解地方财政困难

辽宁省应进一步深化财政体制改革，建立健全与中国式现代化相适应的现代财政制度。一是进一步明确各级政府的财权和事权。政府财权和事权的不匹配是造成地方财政困难的重要原因之一。应该从法律和制度层面，清晰界定各级政府的事权与支出责任，特别是在医疗卫生、基础教育、环境保护等重大民生领域显著提升中央财政投入比例，以强化财政支持和保障。二是进一步完善财政体制机制。在保持全省财力格局总体稳定的基础上，建立健全权责清晰的支出划分机制、统一规范的收入划分机制、公平有序的市场竞争机制、科学有效的转移支付机制、稳固可靠的县乡保障机制以及县级财力长效保障机制，全面落实基层"三保"责任。三是健全转移支付制度。围绕"兜底线、促均衡、保重点"的目标，建立促进高质量发展的转移支付激励约束机制，着力提升转移支付的科学性、有效性，并精准支持省内财力薄弱地区加快发展，加快推动基本公共服务均等化，有效保障县区"三保"资金需求。

（四）完善地方政府债务管理，推动其持续加力提效

辽宁省应进一步完善地方政府债务管理，加快专项债发行，进一步推动

有效投资快速增长。一是推动专项债继续扩容。积极盘活专项债的债务限额空间，发挥专项债券在资金补充、项目投资和产业引导等方面的作用。继续强化专项债的高效应用，重点扩大项目储备规模，加快配套设施建设，提高项目申报流程效率。在适当的情况下，灵活调整债券使用的时效性，以提升其弹性空间。在地方财政压力持续增大和项目回报率普遍偏低的情况下，着力优化债务偿还的保障机制，以防范债务违约风险。二是持续优化债务结构。提高国债配置比重，同时压缩地方政府债务比重；适度上调一般性债务比重，相应降低专项债务比重；严格控制隐性债务盲目增长。

辽宁省应进一步优化"化债"政策，推动地方从应急状态回归常态。一是抓实化解地方债务风险。严格落实一揽子化债方案，全力统筹化债资金资产资源和支持性政策措施，对于当前部分地方政府化债压力较大的问题，可以考虑采取中央发行国债转贷地方、政策性金融机构给地方政府发放贷款、继续发行特殊再融资债券等方式缓解地方压力，避免出现流动性风险，确保"三保"支出，以时间换空间。二是建立起化债的激励约束制度。进一步压实地方政府责任，积极盘活资源、提升资源统筹能力，对于地方好的做法和创新案例予以表彰和政治晋升激励，调动各方化债的积极性和创造性。三是加强防范化解隐性债务，推进融资平台公司市场化转型。进一步健全隐性债务风险防范的长效机制，形成法治化、系统化、信息化的问责机制，对于化债不实和新增隐性债务等违法违规举债行为进行追责问责。积极推动地方融资平台公司市场化转型发展，根据不同平台公司的业务范围和行业特性，鼓励其参与各类市场化项目，鼓励其优化股权结构吸引社会资本，多维度、全方面提升融资平台公司市场竞争能力。

参考文献

陈益刊：《辽宁发 870 亿特殊债　当地财政债务形势如何》，《第一财经日报》2023年 10 月 13 日。

葛孟超、曲哲涵：《今年超长期特别国债发行启动》，《人民日报》2024 年 5 月18 日。

邢文妍：《辽宁省城镇职工基本养老保险中的财政风险问题分析》，《辽宁经济》2024年第 2 期。

唐佳丽：《落实积极的财政政策　适度加力提质增效》，《辽宁日报》2023 年 12 月30 日。

产业发展篇

B.9
辽宁省消费品工业发展研究

姜 岩*

摘 要: 消费品工业是国民经济的基础性、民生性、支柱性、战略性产业，是筑牢实体经济根基的基本盘。辽宁优质特色消费品工业发展取得一定成绩，但仍存在战略规划不充分，资源要素瓶颈突出；整体规模偏小，龙头企业带动不强；创新意识不强，产业链条延伸不足；品牌建设滞后，市场开拓能力不足等问题。亟须加强顶层设计，坚持规划引领、系统布局；聚力打造重点产业链，推动集群发展；培育壮大头部企业，促进企业升规纳统；强化科技创新战略引领；深入数智赋能提质增效；深入实施"三品"战略，拓展消费品市场空间。

关键词: 消费品工业 产业链 科技创新

---

* 姜岩，辽宁社会科学院产业经济研究所研究员，主要研究方向为区域经济、产业经济。

辽宁省委十三届六次全会和省委经济工作会议就加快建设万亿级优质特色消费品工业基地作出了重要部署安排，提出要推动消费品工业向"专"发力，重点发展食品、纺织服装、包装、智能家居、医药和医疗器械等产业。辽宁具有发展消费品工业的资源优势和产业优势，积极推动消费品工业高质量发展、打造万亿级优质特色消费品工业基地是加快构建具有辽宁特色优势现代化产业体系的重要发力点。

一 辽宁消费品工业发展现状

根据国家统计局公布的 41 个工业行业大类，消费品制造业包含农副食品加工业、食品制造业、酒饮料和精制茶制造业、烟草制造业、纺织业等 13 个行业。辽宁消费品工业主要包括食品、医药和医疗器械、包装、家居、特色轻工、纺织、烟草制品及消费品设备制造 8 个行业大类。辽宁消费品工业结构逐步优化，创新能力持续增强，为全省工业经济运行企稳回升奠定坚实基础。

（一）优质特色消费品工业总体概况

辽宁消费品工业起步早、基础厚，20 世纪 80 年代，辽宁消费品工业规模在全国排名第 5，曾诞生过新中国第一根锦纶丝、第一根涤纶短丝、第一支人造塑料花等填补国内空白的产品，为解决全国人民基本生活问题做出过突出贡献。当前，辽宁正在加快建设万亿级优质特色消费品工业基地，深入实施消费品工业"三品"工程和"特色消费品"发展工程，积极开拓国际国内市场，助力企业扩大生产、加快发展，打造一批市场知名度高、产品竞争力强的品牌，重塑辽宁消费品工业发展新优势。截至 2023 年底，全省消费品工业实现营业收入 5130 亿元，同比增长 2.2%，食品、柞蚕丝绢、医药等现代优质特色消费品营业收入占消费品工业营业收比重达 25%，消费品质量合格率达到 91.3%，高于全国平均水平。①

---

① 本文数据均来源于辽宁省工业和信息化厅。

（二）产业规模不断壮大

1. 食品工业

食品工业是辽宁第四大支柱产业，全省共有规上食品工业企业1056家，实现营业收入3844.0亿元，营业收入20亿元以上企业17家，营业收入亿元以上企业89家。

2. 纺织工业

全省纺织工业共有规上企业331家，实现营业收入208.6亿元。目前，辽宁正在打造万亿级石化和精细化工产业基地，已经打通"原油—PX—PTA—聚酯—纺织"全产业链条。全省柞蚕丝产量占全国的80%、占全世界的56%，水缫丝、柞蚕丝内衣和柞蚕丝被在国内外有一定知名度。

3. 特色轻工业

全省特色轻工业拥有规模以上企业857家，实现营业收入953.8亿元。辽宁特色轻工业历史悠久、独具特色，鞍山岫玉、抚顺琥珀、本溪辽砚、阜新玛瑙"辽宁四宝"享誉全国，辽砚荣获"国之宝中国十大名砚"，阜新被命名为"世界玛瑙之都"。

4. 医药和医疗器械工业

辽宁共有规上医药和医疗器械企业205家，实现营业收入657.5亿元。辽宁是全国重要的大宗原料药、疫苗、高端医学影像装备供应基地，产业涉及化学药、生物药、中药、医疗装备等领域。各类药品年产能超过3000亿（片、支、粒、袋、瓶等）。

（三）产业布局逐渐清晰

辽宁消费品工业主要分布在沈阳、大连、丹东、鞍山、营口，沈阳、大连两市消费品工业规上企业总量之和占全省的52%（见图1）。农副食品加工企业主要集中在沈阳、大连、铁岭、盘锦等市，形成了沈北农产品精深加工、大连海洋食品加工等产业集群；塑料制品企业集中在沈阳、大连、营口等市；家具行业形成了沈阳、大连和本溪产业集聚区；工艺美术企业集中在鞍山、阜新、朝阳、本溪等市，形成以"辽宁四宝"为代表的特色产品；乐器行业以营口钢琴为主，同时发展了小提琴及琴凳等配套产业；纺织企业主要分布在沿海经济带和沈大高速公路沿线，其中大连、丹东、沈阳、鞍山4市规上企业营业收入占全省的比重超70%（分别为42.9%、16.5%、7.3%、7.2%），大连普兰店西服、鞍山海城棉服、葫芦岛兴城泳装、辽阳小北河袜品、丹东运动户外服装、营口柞蚕丝绢纺织、抚顺针刺过滤材料等特色产业集群在国内外享有一定盛誉。

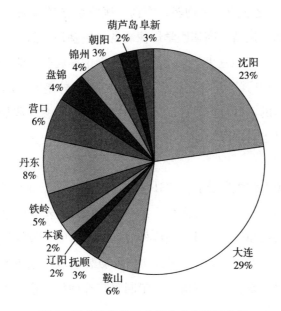

图1　辽宁消费品工业规上企业区域分布

资料来源：辽宁省工业和信息化厅。

（四）头部企业竞争力增强

1. 食品工业

全省共有规上食品工业企业1056家，"专精特新"企业66家。辽宁拥有丰富多样的农副产品资源，部分行业全国领先，畜牧、水产、蔬菜、水果、海鲜、食用菌等各类农产品供给在国内具有重要地位，饲料和鲜冷冻肉

产量居全国第3，啤酒产量居全国第5。省内骨干企业禾丰食品有限公司单体白羽肉鸡屠宰量（近7亿羽）居全国第1。现有39个省级农产品加工集聚区，营业收入20亿元以上的企业17家，初步形成了以中粮、益海嘉里、九三、双汇、华润等大企业集团和禾丰、宏发、辉山、桃李等域内企业并存的多元竞相发展格局。

2. 生物医药和先进医疗装备

全省共有规上生物医药和先进医疗装备企业205家，"专精特新"企业92家。产业涉及化学药、生物药、中药、医疗装备等领域。辽宁是全国重要的大宗原料药、疫苗、高端医学影像装备供应基地，部分头部企业竞争力较强，大连晖致、沈阳三生、东北制药等入围中国医药工业百强榜，沈阳三生入选产线研发20强。东软医疗多种产品打破国外垄断，成大生物的狂犬疫苗、艾美诚信的乙肝疫苗等产品的国内市场占有率多年稳居第1，大连科兴的水痘疫苗已走向国际市场。

3. 纺织服装业

全省共有规上纺织服装企业331家，"专精特新"企业22家。辽宁纺织业资源优势明显，是全国柞蚕生产第一大省，柞蚕丝绸产业历史悠久，水缫丝、柞蚕丝内衣和柞蚕丝被在国内外有一定知名度。服装业发展较快，现有中国西装名城（普兰店）、中国运动户外服装名城（东港）等10个国家级特色名城名镇，泳装、装饰流苏、定制服装等特色产品驰名中外。

4. 特色轻工业

全省共有规上特色轻工业企业906家，"专精特新"企业48家。辽宁传统轻工业历史悠久、独具特色，形成了大连橱柜产业集聚区、阜新清河门皮革园、沈阳包装印刷产业基地等集聚效应显著的特色产业集群，涌现出展志天华、3D木门、梦宝家私等一批国内知名龙头企业。

二 辽宁消费品工业发展存在的问题

虽然辽宁消费品工业基础雄厚，在全国具有较强的竞争力和较高的地位，创造出一大批全国知名品牌，但进入 90 年代后，由于经济体制的变革、市场中心的变化，保留的消费品品牌数量有限，行业整体规模缩小，与发达省份的差距不断拉大。

（一）战略规划不充分，资源要素瓶颈突出

辽宁是我国重要的工业基地，装备制造、石化、冶金等重工业一直是辽宁的支柱产业，围绕重工业的战略布局、政策支持较多，相比之下，对纺织、服装、家具、造纸、食品加工等消费品工业的关注度不够，缺少长期持续的综合政策支持。辽宁的资源、劳动力、资本、土地、技术等要素向支柱产业倾斜，消费品工业发展仍有诸多障碍，存在土地规模化利用难度大、人才激励措施不完善等问题。

（二）整体规模偏小，龙头企业带动不强

辽宁消费品工业营业收入刚刚突破 5000 亿元，与万亿级目标距离较远，与广东、山东、湖北等消费品工业规模超 2 万亿元的省份差距较大。一是规模以上企业数量较少，竞争力不强。消费品工业属于劳动密集型行业，中小企业占比大，2023 年，全省消费品工业规上企业共有 2498 家，占工业规上企业的比重为 27.6%，占比低于全国平均水平。辽宁消费品工业企业升规纳统积极性不高，以纺织行业为例，296 家企业中仅有 2 家规上企业。二是头部企业规模不大。全省超过 100 亿元的企业仅有 2 家，超 50 亿元的企业仅有 7 家。

（三）创新意识不强，产业链条延伸不足

辽宁消费品工业全产业链发展处于低水平，受资金、技术、观念等因素影响，大部分中小企业仍采用传统的研发设计、生产制造模式，创新投入不足，数字化、智能化设备普及率不高。以农产品加工业为例，辽宁作为农业大省，拥有人参、五味子、柞蚕、小粒花生等多种地方特色农产品，但农产品加工业仍处于产业链低端环节，很多产品以原材料形式出售。辽宁农产

加工业产值与农业总产值之比为 2.0∶1，远低于 2.5∶1 的全国平均水平，与江苏、山东、河南等食品工业大省相比差距较大。辽宁乙烯等化工基础原料产量居全国前列，但精细化工产业链条过短，化工产品以初级产品形式销往外省，再从外省采购本地企业需求的服装面料、塑料制品等重点产品。

（四）品牌建设滞后，市场开拓能力不足

辽宁曾经拥有众多消费品工业品牌，但受多方因素影响很多品牌已经不存在，保留下来的品牌也因宣传不足、企业投入有限，影响力明显下降。"有品质无品牌"的情况在多个行业有所体现，如兴城的泳装、丹东的户外运动服装都停留在"微笑曲线"低端的加工环节，多为国际品牌做"贴牌代工"，本地自主品牌较少，影响力较小。辽宁消费品的销售渠道单一，仍过度依赖线下销售模式。辽宁在各地建立了电商平台，但成效并不突出，其中兴城泳装电商基地因多方面原因已关闭，兴城的泳装出现了"两头在外"的情况，在南方甚至是国外采购泳装布料，生产出的成品由在北京、杭州等地区成立的销售公司销售。

三 推动辽宁消费品工业发展的对策

辽宁在推动消费品工业高质量发展的过程中，要聚焦新时代"六地"目标定位，认真贯彻落实省工业和信息化厅《关于推动消费品工业高质量发展的指导意见》，系统谋划实现消费品工业产值倍增。积极推动消费品工业集聚化、规模化、品牌化发展，以高质量"辽品"供给满足日益升级的国内市场需求，加快形成大企业"顶天立地"、中小企业"铺天盖地"的发展格局。

（一）加强顶层设计，坚持规划引领、系统布局

省委、省政府需高度重视消费品工业发展，制定支持消费品工业高质量发展的战略部署，以《辽宁省"十四五"消费品工业发展规划》为基础，制定省级层面的消费品工业高质量发展的具体办法、行动方案，重塑辽宁制

造业产业体系框架。依托辽宁资源优势和产业基础，将食品工业、生物医药和先进医疗装备、纺织服装业以及特色轻工业作为优势产业，设定产业链链长，围绕重点产业，坚持问题导向，组织编规划、出政策，分别制定出台相关的规划、行动方案、支持政策。

（二）聚力打造重点产业链，推动集群发展

紧盯消费品工业短板，着力拉长产业链条、增强产业链韧性、推动产业链优化升级、提升产业链发展水平，稳住消费品工业重点行业，推动生物医药和先进医疗装备产业集群、现代轻工产业集群、优质粮油生产和食品制造产业集群、特色纺织产业集群发展。做大做强食品工业，锚定食品工业大省目标，全力推进粮油食品加工业发展，推进水稻、大豆、玉米、花生、杂粮五大产业链建设，建设千亿级粮油食品产业基地群。把握行业风口，制定预制菜行动方案，推动预制菜标准体系建设，制定预制菜相关的园区建设指南和行业标准。培育壮大医药产业，依托辽宁东软医疗、本溪药都、沈阳药科大学、中国医科大学、辽宁中医药大学等创新基地和创新平台，大力推进生物药、化学药、新药、高端仿制药、现代中药、先进医疗装备等研发生产。加快医疗装备核心零部件及高端生物医用材料国产化进程，发展数字化医学影像设备、高端放射治疗设备、移动与远程诊疗设备、新型诊断产品、手术机器人、智能辅助医疗设备、植（介）入器械等先进医疗装备。加快发展纺织工业，打通纺织业全产业链，延伸精细化工链条，实现纺织业原料本地采购，着重在服装加工、产业用纺织品和柞蚕丝等产业上下功夫，加速形成兴城泳装、丹东运动户外、大连高端定制、抚顺环保过滤材料以及柞蚕服装家纺等特色产业集聚区。培育特色轻工产业，形成木材加工、家具、造纸和纸制品、塑料制品、文教工美等 12 个行业的集聚区，实现产业平稳增长。

（三）培育壮大头部企业，促进企业升规纳统

坚持把加快发展消费品工业头部企业、强化产业协同作为推进消费品工业高质量发展的重要抓手，创新央地企业融合发展模式，推动央企在辽宁布

局新项目。实施企业梯度培养计划，深入推进"个转企、小升规、规改股、股上市"，加强政策支持，有效激发企业"升规"主动性。强化政策供给，减轻企业生产经营负担，针对企业关注的降低税费负担、建立常态化可持续的奖励机制、减少报表等深入开展政策研究，加快出台扶持"小升规"企业稳定发展、支持相关企业转型升级、吸引合规企业升规纳统的政策举措。为企业提供要素保障、资金奖励、政策支持，不断激发企业创业创新活力。加大升规后的持续政策、资金支持力度。提高现有升规后5万~10万元的奖励标准，并在提高后的标准基础上，对规上企业进行年度考核，并给予一定的奖励。参考嘉兴等城市的奖励标准制定辽宁的奖励方案：产值规模（营业额）3000万元以上，可按园区规模经济奖励有关规定，按阶梯给予奖励；对营业收入达到规定档次的企业，可按相应标准补足差额奖励；企业年营收总额每年较之前年份增量部分，按一定比例给予效益贡献奖励；企业在园区购置和租赁办公用房，在一定期限内按每平给予补贴等。

（四）强化科技创新战略引领，深入数智赋能提质增效

加快构建以企业为主体、以市场为导向、产学研用深度结合的消费品工业创新体系。按照"高端、智能、绿色、精品、服务"的要求，加快技术革新、设备更新、产品创新，转换发展动力，提升发展层次。依托辽宁高校院所研发优势，培育建设一批高水平企业研发机构，构建创新生态系统。坚持把加快数字化转型作为引领性、战略性工程，以数字化转型推动消费品工业高端化、智能化、绿色化发展。以"三品"为目标推进消费品数字化转型，实现智能工厂、数字化车间、工业互联网新模式示范，推动产业链、供应链、创新链"三链耦合"，加快消费品工业创新中心、产业研究院、重点实验室、中试基地、协同创新中心等各类创新平台建设，深化产学研用合作，促进创新成果转化。

（五）深入实施"三品"战略，拓展消费品市场空间

积极创建消费品工业"三品"战略示范城市，开展省级"三品"示范

城市评选，调动各地发展消费品工业积极性，组织"三品"城市参加重庆消费品工业"三品"战略峰会，展示"三品"城市经验做法和产业发展成效。广泛开展"三品全国行"活动，举办全省预制菜大会、大连时装周、葫芦岛泳装节等，支持各地、各行业协会举办各类展览、交流活动，助力产业和品牌宣传推广。重点支持企业开展自主品牌和产品品牌塑造，推进"辽宁品牌"孵化，打造一批具有自主品牌的优质特色企业，提升"辽品"美誉度。大力发展平台经济，推进"直播+工厂"协同发展模式，打通"人找货"和"货找人"的双向链接。通过发展直播电商，助力"辽品""流量出圈"，打通辽宁特色消费品的新销售渠道，迅速提高市场占有率，实现消费品市场空间无限拓展。

参考文献

《第一届消费品行业数字化转型暨工业互联网高质量发展大会召开》，《中国集体经济》2023 年第 34 期。

北京师范大学互联网发展研究院课题组：《工业企业数字化转型与企业数字治理变革》，《社会治理》2023 年第 6 期。

李金贵：《数字化助力消费品工业提质增效》，《经济日报》2024 年 5 月 30 日。

B.10
辽宁粮油产业发展现状、问题
与对策研究[*]

于 彬[**]

摘 要： 2023年，辽宁粮油综合生产能力加快提升，高标准农田和黑土地保护工程建设顺利推进，"优质粮食工程"和"中国好粮油"行动计划深入实施。辽宁粮油产业发展质量不断提高的同时，仍存在诸多亟待解决的问题，应促进粮油精深加工环节集聚发展，重点扶持粮油精深加工企业，提升"辽字号"粮油品牌知名度和影响力，提升资源环境承载力，实现辽宁粮油产业高质量发展。

关键词： 粮油产业 粮食安全 辽宁好粮油

国家安全是民族复兴的根基，粮食安全是国家安全的重要基石。党的十八大以来，党中央高度重视粮食安全问题，千方百计促进粮食生产，先后提出了"加强重点领域安全能力建设，确保粮食、能源资源、重要产业链供应链安全"，[①] 系统阐释了"保障国家粮食安全的根本在耕地""坚持农业科技自立自强，用中国种子保障中国粮食安全""健全种粮农民收益保障机制和主产区利益补偿机制"等新时代粮食安全的重大理论和实践课题，科

---

* 本报告是2023年度辽宁社会科学规划基金一般项目"辽宁预制菜产业发展现状及对策研究"的阶段性成果。

** 于彬，辽宁社会科学院农村发展研究所副研究员，主要研究方向为农业经济、产业经济。

① 《坚定不移沿着中国特色社会主义道路前进 为全面建成小康社会而奋斗——在中国共产党第十八次全国代表大会上的报告》，中国人大网，2012年11月17日，http：//www.npc.gov.cn/c2/c30834/202410/t20241017_ 440084. html。

学揭示了粮食安全的内在规律。[①] 2024 年 "中央一号" 文件再次明确指出：以学习运用 "千万工程" 经验为引领，确保国家粮食安全。辽宁是东北粮仓的重要组成部分，在保障北粮南输通道畅通的同时，持续优化农业生产体系，以科技赋能现代农业发展，为端牢国人饭碗提供优质稳定的辽沈粮源保障，为国家守好粮食安全的底线，是辽宁的职责和使命。

一　辽宁粮油产业发展现状

2023 年，粮油产业的政策支持力度不断加大，辽宁粮油综合生产能力加快提升，高标准农田和黑土地保护工程顺利推进，粮油产品品质不断提高，粮油产业实现了平稳发展。

（一）粮油综合生产能力加快提升

辽宁全年粮食作物播种面积由 2022 年的 3561.5 千公顷增加到 2023 年的 3578.4 千公顷，增幅为 0.5%。粮食产量创历史新高，由 2022 年的 2484.5 万吨增加到 2023 年的 2563.4 万吨，增幅高达 3.2%。粮食单产为 955.1 斤/亩，居全国粮食主产省第 2 位。其中，水稻播种面积由 2022 年的 516.4 千公顷下降至 2023 年的 500.5 千公顷，水稻产量由 2022 年的 425.6 万吨下降至 412.9 万吨；玉米播种面积由 2022 年的 2758.0 千公顷增加到 2803.9 千公顷，增加 45.9 千公顷，玉米产量由 2022 年的 1959.2 万吨增加到 2023 年的 2057.4 万吨，增幅达到 5.0%。2023 年油料产量为 128.1 万吨，比 2022 年增产 13.0%。油料作物播种面积由 2022 年的 311.4 千公顷增加到 2023 年的 320.2 千公顷，增加 8.8 千公顷（见表 1）。[②]

---

① 《深入学习贯彻习近平总书记关于国家粮食安全的重要论述精神》，光明网，2023 年 8 月 7 日，https：//topics.gmw.cn/2023-08/07/content_36878755.htm。

② 《辽宁省 2023 年国民经济和社会发展统计公报》，辽宁省统计局网站，2024 年 3 月 26 日，https：//tjj.ln.gov.cn/tjj/attachDir/2024/03/2024032815431143514.pdf；《聚焦 2023 "成绩单"辽宁农业全面发力》，辽宁省人民政府网站，2024 年 1 月 23 日，https：//www.ln.gov.cn/web/ywdt/tjdt/20240123112246648103/。

表1 2019~2023年辽宁粮油生产情况

单位：千公顷，万吨

年份	粮食作物播种面积	油料作物播种面积	粮食产量	油料产量
2019	3488.7	293.5	2430.0	97.7
2020	3527.2	309.6	2338.8	99.7
2021	3543.6	334.8	2538.7	116.2
2022	3561.5	311.4	2484.5	113.4
2023	3578.4	320.2	2563.4	128.1

资料来源：2019~2023年辽宁国民经济和社会发展统计公报。

（二）高标准农田和黑土地保护工程建设顺利推进

2023年末，辽宁有高标准农田面积2382.7千公顷，比上年末增加108.7千公顷。创新高标准农田建设投融资模式，首次引入"金融杠杆"，撬动资金5.2亿元；在全国率先出台2个质量管控地方标准，首批建设亩均投入5000元以上的高标准农田核心样板示范区4.85万亩。经过扩建及提质工程，新增高标准农田面积达296万亩，使高标准农田在永久基本农田中的占比提升至57%，这一指标在东北三省中处于领先地位。制定辽宁省"黑土粮仓"科技会战实施方案和黑土地保护利用技术方案，分类实施黑土地保护工程1000万亩。完成保护性耕作面积1288万亩，超额完成国家任务的22.7%。2024年，辽宁全面提升粮食综合生产能力，争取率先将永久基本农田全部建成高标准农田，全力打造国家高标准农田高水平建设示范省。[①]

（三）优质粮食工程和"中国好粮油"行动计划深入实施

辽宁作为我国重要商品粮基地，近年来依托国家优质粮食工程政策支持，扎实推进产购储加销"五优联动"机制构建，着力推动产业链、价值链、供应链协同发展，全面提升优质粮油产品市场供给水平。仅2023年，

---

① 《聚焦2023"成绩单"辽宁农业全面发力》，辽宁省人民政府网站，2024年1月23日，https：//www.ln.gov.cn/web/ywdt/tjdt/20240123112246648103/。

辽宁实施国家玉米单产提升工程 40 万亩，涌现出一批"吨粮田"，在 3 县开展大豆"推技术、提单产"试点，刷新全省大豆种植区域单产纪录；遴选推介优质高产品种 72 个，集成推广配套栽培技术 27 项。① 为巩固拓展优质粮食工程前期成效，辽宁粮食和物资储备等部门分阶段印发专项政策文件，2020 年印发《关于实施"辽宁好粮油"行动计划的通知》，2021 年印发《辽宁省粮食和物资储备局 辽宁省财政厅关于深入推进优质粮食工程的意见》，2022 年印发《辽宁省深入推进优质粮食工程"六大提升行动"实施方案（试行）》，系统性推进粮油品质提升工程，构建起"政策引领+标准规范+行动支撑"的三维实施体系。② 辽宁在优质粮油品牌建设方面也取得了显著成效，截至 2023 年底，13 个粮油产品入选"中国好粮油"名录，涉及 12 家省内企业。在品牌动态管理机制下，首批"辽宁好粮油"59 个产品通过复审，覆盖 54 家企业的 5 大品类；第二批遴选中新增 81 个产品，来自 64 家生产企业的 13 个品类。目前已形成涵盖米面油及杂粮等 14 类共 140 个优质商品的多元化矩阵，标志着区域粮油品牌建设迈上新台阶。③

（四）优质粮油产业集群和企业规模不断扩大

优质粮油生产和食品制造产业集群建设是建设食品工业大省和农业强省的重要支撑，辽宁围绕壮大龙头企业，着力打造玉米、水稻、大豆、花生、杂粮五条产业链。出台《辽宁省食品工业大省发展规划（2023—2027年）》和《粮油产业集群发展行动方案（2023—2025年）》，规划粮油产业集群布局，在辽中、辽南、辽西等地着力打造玉米饲料产业链，在辽河流域着力打造水稻产业链，在盘锦、营口、大连等港口地区着力打造大豆产业

---

① 《聚焦 2023 "成绩单" 辽宁农业全面发力》，农业农村部网站，2024 年 2 月 4 日，http://www.moa.gov.cn/xw/qg/202402/t20240204_6448303.htm。
② 《深入实施"辽宁好粮油行动计划 激发产业高质量发展新动能"》，辽宁省粮食行业协会网站，http://www.lnslx.org.cn/news/show-4894.html。
③ 《抓生产 严品控 创品牌 精耕细作育出"辽宁好粮油"》，辽宁省人民政府网站，2024 年 2 月 6 日，https://www.ln.gov.cn/web/qmzx/lnsqmzxxtpsnxd/lnzxd/bm/2024020608584540110/index.shtml。

链，在辽西北地区着力打造花生产业链，在辽西地区着力打造杂粮产业链，形成以沈阳、铁岭、阜新、朝阳、盘锦、锦州、葫芦岛为重点的粮油食品产业发展格局。2023 年，辽宁优质粮油生产和食品制造产业集群实现产值2410 亿元，其中粮油加工业产值 1600 亿元，同比增长 6%；集群项目完成投资 54 亿元，同比增长 12%；工业饲料总产量居全国第 4 位，大豆加工量居全国第 5 位。全省市级及以上粮油龙头企业达到 788 家，其中省级及以上211 家，主要分布在沈阳、鞍山、丹东、锦州、营口、阜新、铁岭、盘锦。①

（五）粮油产业政策支持力度不断加大

为保护粮食和油料作物的安全稳定供给、调动和保护农民生产的积极性，2024 年辽宁发布了粮食油料生产 16 项支持政策。在粮食生产支持机制方面，实施差异化补贴政策，依据法定种植面积与区域补贴基准发放生产性补贴。同步构建"保险+补贴"双轨保障机制，中央与地方财政对新型经营主体实施保费分层补贴，形成 80%的综合保费补贴比例。在市场价格调控层面，延续稻谷托底收购制度，2024 年度粳稻（三等）最低收购价维持1.31 元/斤的标准。推行粮油作物规模经营主体增产奖励机制，单一经营主体同品类作物年度补助上限设定为 30 万元。在提升耕地地力激励方面，为采用秸秆全量还田与有机肥替代化肥技术的新型经营主体（含合作社、家庭农场等）提供生物质炭基肥等物化支持。针对保护性耕作实施主体，建立基于秸秆覆盖率梯度的作业补助机制，实行三档差异化补助标准。开展大豆—玉米等粮豆轮作模式的经营主体，可申请生态补偿。②

二 辽宁粮油产业发展面临的主要问题

虽然全省农产品加工业处于不断提档升级、转型发展的进程中，但从整

---

① 张本刚等：《辽宁企业发展报告》，辽宁社会科学院，2024 年 5 月。
② 《重磅！辽宁发布支持粮食油料生产"16 条"》，辽宁省农业农村厅网站，2024 年 4 月 9 日，https：//nync. ln. gov. cn/nync/index/nyww/nyxw/nyww/20240409143044469016/。

体来说，粮油产业还存在精深加工不足、企业实力不强、品牌影响力不足以及产能进一步提升面临资源环境约束等突出问题。

（一）粮油加工规模、深度和综合利用不够

从整体来说，辽宁粮食加工业还存在总体规模不大、初加工和粗加工占比明显高于精加工和深加工以及加工损耗居高不下等突出问题。2023年，辽宁半数的农产品加工集聚区产值低于20亿元，全省农产品加工产值与农产品总产值的比值为2∶1，低于全国2.5∶1的水平。辽宁粮油产业精深加工不足的问题十分突出，大多数粮油企业仍以卖原粮为主，粮油加工产业链条主要停留在初加工阶段，稻谷、玉米及大豆等作物加工后多以原粮形态进入消费市场或初级加工环节，深加工领域如功能性饲料原料开发及食品工业转化率相对偏低。与此同时，生产过程中产生的玉米秸秆、豆类皮壳及加工余料等农业剩余物存在资源利用率偏低现象，大量生物质资源尚未实现高值化利用。95%以上的中小粮油加工企业研发投入不足，装备制造技术和设备跟不上，无力从事新产品开发和加工深度的拓展，导致粮油产品附加值低且综合开发利用不够，很难满足粮油产业高质量发展的需求。

（二）粮油加工企业实力相对较弱

经过多年发展，辽宁粮油产业已经初步形成了以中粮、益海嘉里、九三、禾丰、鼎翔、富虹等大中型企业为主的发展格局，这些龙头企业技术先进、市场占有率高、加工能力强，有较强的带动能力。但同时我们也应该看到，这些带动能力强的大型粮油企业中，仅有禾丰食品股份有限公司这一家国家农业产业化重点龙头企业是辽宁本地企业。辽宁其他较为知名的优质粮油重点生产企业，如沈阳信昌粮食贸易有限公司（十月稻田）、台安县九股河农业发展有限公司、沈阳福来食品实业有限公司、辽宁豆华天宝食品科技股份有限公司等，企业规模和影响力无法与带动能力强、示范引领作用大的国家级企业相比，且众多粮油生产加工企业存在产品重叠、定位趋同的问题。

（三）"辽字号"粮油的品牌和影响力不足

随着消费升级步伐加快，优质粮油品牌已成为城乡居民膳食消费的主流选择，粮食行业正通过全产业链整合深入推进品牌价值提升与产业集约发展。虽然辽宁通过实施"中国好粮油"行动计划，创建了许多优质粮油品牌，并通过不断的营销和宣传扩大了部分粮油品牌的影响力，但粮油品牌的数量和影响力还有较大发展空间，例如在谷物加工、油脂精炼及淀粉制品等细分领域，跨区域龙头企业占据主要市场份额。省内企业品牌运营体系尚不完善，特别是在市场推广渠道建设和品牌价值塑造方面存在明显短板。

（四）粮油产能进一步提升面临较为严峻的资源环境约束

虽然辽宁粮食产量连年丰收，但粮油生产面临的资源环境约束却变得更为严峻。一是地力不断下降。受长期过度开发和利用以及气候变化等诸多因素的影响，辽宁的地力出现了不同程度退化，这将对未来粮食产量的稳定提升产生直接的影响。同时，随着城镇化和工业化进程的不断推进，辽宁的土地资源出现了紧缺的情况，耕地数量也随之出现下降的趋势。二是土地面源污染程度不断加剧，治理越来越困难。在耕种过程中，农药和化肥等化学投入品长期被超量使用，畜禽粪污不合理排放，使辽宁耕地养分结构失衡更加严重，引发粮食生产生态环境风险。土地面源污染会直接导致地表水和地下水质发生变化，地表水出现富营养化，地下水的硝酸盐含量出现超标，严重威胁粮油生产安全。

三　推进辽宁粮油产业发展的对策建议

辽宁应通过促进粮油精深加工环节集聚发展、重点扶持粮油精深加工企业、提升"辽字号"粮油品牌知名度和影响力以及提升资源环境承载力等途径实现粮油产业高质量发展。

（一）促进粮油精深加工环节集聚发展

一是依据《辽宁省食品工业大省发展规划（2023—2027 年）》提出的"推进辽宁中西北部玉米、辽河流域粳稻、西北部花生、西部杂粮原料基地建设，稳定玉米、稻米栽培面积，扩大大豆种植面积，打造辽西花生'黄金产业带'，提升特色作物生产能力"，立足县域，建设各具特色的集聚区，实现粮油加工集聚发展。二是着力构建智能化粮油产业综合体，通过推进集约化加工园区与资源循环利用中心建设，形成贯通农业生产端与消费端的全产业链协同体系。以盘锦稻米产业为示范标杆，重点发展粮食枢纽经济，在沈北新区、铁岭县等区域培育超百亿级粮油产业集群，同步强化开原、新民等地的产业配套能力，推动粮油加工体系向高附加值产品研发、中央厨房食品制造及副产物梯度利用方向升级，实现原料供应、精深加工、智能仓储及市场流通的高效衔接。围绕玉米芯、稻壳、秸秆等通过生物发酵手段开发有机肥料，促进粮油产品精深加工向多领域、多梯次、深层次、全利用、高效益、绿色健康可持续方向发展。三是推动粮油产业园区向多功能综合载体转型，推进粮油产业园区基础设施现代化升级，重点完善交通、能源、水利、信息及物流网络体系，全面提升粮油供应链运行效率。实施政策集成创新与资源集约配置，将粮油产业园区建设成为集成农业科技创新、产业投资与人才培育的核心载体。

（二）重点扶持粮油精深加工企业

一是从禾丰食品股份有限公司、沈阳信昌粮食贸易有限公司（十月稻田）、台安县九股河农业发展有限公司、沈阳福来食品实业有限公司、辽宁豆华天宝食品科技股份有限公司、营口渤海米业有限公司、营口禾丰源米业有限公司、沈阳桃李面包股份有限公司、沈阳康福食品有限公司、辽宁正业花生产业发展有限公司、沈阳红梅味精股份有限公司、营口海纳食品有限公司、辽宁塔城陈醋酿造有限公司、大连弘润莲花食品有限公司等众多辽宁本地粮油产业重点企业中筛选一批符合国家产业政策、基础好、潜力大的企

业，从资金、人才、土地、政策等方面给予重点扶持，培育一批有实力、有技术、有品牌、有市场、有效益的辽宁本地粮油标杆企业和龙头企业，从而带动辽宁粮油加工产业健康持续发展。二是政府应强化自身的服务意识，研究并制定有助于粮油产业发展的招商引资政策措施，并在用地、用人和税收等方面给予支持，协助粮油精深加工企业采用先进手段实现企业加工技术和装备的改造升级，建立现代化生产管理制度和标准化生产流程，拓宽粮油精深加工企业的发展路径。三是充分利用金融手段，助力粮油精深加工企业做大做强，加大"辽科贷""辽知贷""辽贸贷""辽绿贷"等信贷新产品对粮油加工企业的支持力度，对符合规定的粮油农产品深加工项目给予政策及财政资金支持，并保证资金能够及时拨付到位。

（三）提升"辽字号"粮油品牌知名度和影响力

一是强化地理标志粮油产品的品牌效应，重点提升"盘锦大米""建平小米""彰武地瓜"等区域公用品牌的核心竞争力。通过政策引导与资源整合双轮驱动，构建"区域品牌＋企业品牌＋产品品牌"协同发展机制。实施品牌战略专项支持计划，完善资金配置与产业链整合机制，推动形成以"辽宁好粮油"为引领的多层次品牌体系。同步推进标准化认证与质量追溯系统建设，培育具有地理标志的"辽品"粮油品牌集群，通过《辽宁省农产品品牌建设指南》建立品牌梯度培育机制。二是实施品牌梯度培育计划，对首次取得国家级认证（中国驰名商标、地理标志保护产品）及省级优质标识（著名商标、名牌产品）的粮油经营主体，依据《辽宁省农产品品牌建设指南》给予专项激励。构建品牌价值提升机制，通过质量追溯认证与知识产权保护双轨并行，完善品牌培育全周期管理体系。同步建立品牌创建激励机制，重点支持新型农业经营主体参与"优质粮食工程"，对通过绿色食品认证及质量体系认证的粮油加工企业实施差异化补贴。三是引导有条件的企业、农民专业合作社开展"三品一标"认证，提供认证指导，简化认证程序，为认证成功的企业提供宣传、奖补、税收等方面的支持，并进行定期抽查监管。推进粮油加工全流程质量追溯系统建设，构建覆盖原料采购、生产加工和终端销售的全链路数字化追溯机制。同步建立可视化质量档案系统，实现从农田到餐桌的原料溯源、工艺参数追溯及流通路径追踪三重保障。将粮油品牌的培育和保护纳入法治化轨道，严厉打击假冒伪劣产品，保护品牌形象和利益，为品牌农产品的生存和发展创造良好的秩序和环境。

（四）提升资源环境承载力

深入贯彻落实"藏粮于地"战略，提升辽宁黑土地和耕地质量。一是继续深入实施黑土地保护工程。要加强黑土地保护政策间的协同互补性，从黑土地保护监督管理体系、黑土地保护政策投入体系和黑土地保护法律体系等多个维度构建黑土地保护的制度体系。强化黑土地保护的科技支撑，统筹全省科研院所、高校以及政府科技部门等多个层级的科研力量，组建科技创新联盟。在研发黑土地保护技术积极探索黑土地保护的同时，加快搭建黑土地大数据监测平台和质量评价数据库。二是继续扎实推进面源污染治理。推动精准施肥、科学用药，健全防治污染法律法规；制定种植业污染治理、水产养殖尾水排放等标准规范，完善污染防治标准体系；制定农业面源污染防治相关治理制度和奖惩制度，优化防治污染经济政策。集中力量攻关和推广化学投入品源头减量技术，推动建立多元主体合作共治的面源污染治理市场机制。

参考文献

代萍：《支持辽宁大力发展粮油加工业》，《辽宁日报》2024年3月6日。

《聚焦2023"成绩单"辽宁农业全面发力》，农业农村部网站，2024年2月4日，http://www.moa.gov.cn/xw/qg/202402/t20240204_6448303.htm。

《重磅！辽宁将这样建设大粮仓》，《辽宁日报》2023年7月25日。

于彬：《辽宁农产品加工业发展问题研究》，载张万强主编《辽宁经济社会发展报告（2023~2024）》，社会科学文献出版社，2024。

B.11
辽宁生物医药产业高质量发展研究

严加高　邵玉明*

摘　要：　党的十八大以来，习近平总书记高度重视生物医药产业发展，强调"要加强基础研究和科技创新能力建设，把生物医药产业发展的命脉牢牢掌握在我们自己手中"。辽宁把推动生物医药产业高质量发展作为深入贯彻习近平总书记新发展理念的重要举措，不断突破核心技术研发能力不足、产业集群发展质量有待提升、产业专业化人才短缺等难题。但在经济下行的背景下，仍面临着各种困难与挑战，本文提出以新质生产力赋能生物医药产业高质量发展、推动生物医药产业转型升级、促进医药产业国际化发展、推进中医药强省建设、建强人力资源梯队等对策建议，以期生物医药产业更加有力地支撑"健康辽宁"建设。

关键词：　医药产业　高质量发展　新质生产力

生物医药产业与人民的健康息息相关，是医疗卫生服务领域的核心，是健康中国建设的重要方面，主要包括医药产品研发、生产加工、市场运营、物流配送以及医疗服务等业态。当前，人类社会不仅面临着传染性疾病的威胁，也面临着慢性非传染病的威胁，国家卫生健康委强调关口前移，早诊早治，提出分级诊疗方案，推进医疗集团和紧密型医联体建设。结合深化医疗卫生体系改革的新部署，辽宁积极推动生物医药产业高质发展，更高水平地为广大人民群众提供疾病预防、治疗及康复等服务，更好地满足群众对健康的新需求。

---

* 严加高，辽宁社会科学院社会学研究所研究员，主要研究方向为卫生经济学、健康产业；邵玉明，辽宁省社会保险事业服务中心部长，研究方向为社会保障政策。

一 辽宁生物医药产业发展现状①

当前，辽宁生物医药产业在产业基础、创新能力、政策支持等方面均表现出强劲的发展势头和广阔的发展前景，产业综合实力在东北地区处于领先地位。

（一）产业基础扎实

当前，辽宁生物医药产业已构建起以化学药、生物药、中药及医疗器械为核心的多元化工业体系。这一体系不仅涵盖了医药产业的各个关键环节，还实现了从原材料供应到产品生产的完整产业链整合。调研发现，截至2024年上半年，全省处于实际生产状态的生物医药企业达到473家，规模庞大，为产业集群的持续发展提供了坚实的支撑。其中，规上企业205家，产值为764.8亿元；规下企业268家，产值约10亿元；药品生产企业201家，产值为639.1亿元（其中规上企业151家，产值为635.8亿元）。规上企业不仅提升了整个产业集群的竞争力，还带动了上下游企业的协同发展，形成了良性循环的产业生态。

辽宁生物医药产业规模持续增长。调研发现，2023年，沈阳市生物医药及医疗装备产业实现工业总产值281.6亿元，同比增长5.4%。2024年上半年，辽宁医药制造业增加值增速达到8%，高于全国平均增速6个百分点；2024年1~7月，全省医药制造业增加值增速进一步提升至10.3%，高于全国平均增速8.4个百分点，高于全省规上工业增速8个百分点；全省已有7个仿制药通过一致性评价，获批国药准字文号20个，同比增长81.8%。

（二）区域产业布局完善

辽宁生物医药产业以沈阳、大连、本溪为核心，锦州、丹东、抚顺等城市协同发展，形成了较为完善的区域产业布局，既发挥了各地区的资源优势，

---

① 本文数据均来源于万德数据库。

又促进了产业的整体升级。公开数据显示，截至2023年底，沈阳、大连、本溪三市生物医药产业领域的相关企业数量分别为628家、384家和109家。

作为辽宁的省会城市，沈阳重点发展化学原料药及化学药品制剂、生物制药、现代中药及医疗设备等领域。沈北新区、沈阳高新区、铁西经济开发区和新民经济开发区等多个园区竞相发展，形成了医药产业集聚效应，孵化出一批国内外知名的医药企业，如东软医疗、沈阳三生制药、东北制药、蓝卡等，这些企业在各自领域具有较强的竞争力和市场影响力，特别是在生物制药、医疗设备研发与生产等方面表现突出，显示出辽宁生物医药产业的较大规模和坚实基础。副省级城市大连则致力于打造国际知名、国内领先的生物医药产业基地，其在生物药、疫苗及高端医疗器械等领域具有显著优势。本溪则依托其独特的中药资源和产业基础，重点发展生物制药、疫苗、高端仿制药及化学药物新制剂等。

（三）科技创新能力较强

辽宁生物医药产业依托高校、科研院所和生产企业，组建了高新技术创新平台，推动技术创新和产业升级，为产业高质量发展提供了技术支撑，促进生物医药企业在多个领域取得核心技术突破，如东软医疗成功研制出中国第一台具有自主知识产权的全身CT，沈阳三生制药在生物药领域拥有多个在研品种等。省会城市沈阳依托沈阳药科大学、中国医科大学等医药类高校，搭建了生物医药产业共性技术创新平台，链接东软集团、东北制药等行业骨干企业，为数字化医学影像设备、化学制药等产业专业技术赋能，促进生物医药高新技术迭代发展，沈阳三生制药研发的"促红素"、辽宁成大生物开发的"人用狂犬病疫苗"在国内同类产品中保持较高的市场占有率。

（四）药品生产企业实力强劲

辽宁生物医药产业集群中，药品生产企业数量众多，达到201家。其中60家企业产值规模在1亿~10亿元，92家企业产值规模在1000万~1亿元，大连晖致、三生制药、东药集团3家企业进入2023年全国医药行业百强，辽宁成大、东药股份、兴齐眼药、何氏眼科、春光药装、三生制药6家为上市公司，这些企业注重技术创新和产品研发，不断提升产业集群的创新能力，推出一批优质新药，满足市场需求，提高市场竞争力。

（五）产业集群发展水平持续提升

辽宁生物医药产业集群的发展，不仅得益于单个企业的实力提升，更得益于集群内部企业之间的协同合作，通过资源共享、技术交流、市场开拓等方式，实现优势互补和互利共赢。这种协同发展的势头不仅提升了整个产业集群的竞争力，还为辽宁生物医药产业的持续发展注入了新的活力。辽宁发布了一系列产业扶持政策，促进生物医药产品标准化建设、品牌化发展，引导企业参加国际展会，设立海外分支机构，加强与国际知名企业合作与交流，不断提高产业集群发展质量。

（六）产业政策体系较为完善

近年来，辽宁省政府及相关部门出台了一系列支持生物医药产业发展的政策措施，不断优化生物医药产业营商环境。如实施税收优惠、资金扶持、人才引进等措施，为生物医药企业提供了广阔的发展空间，营造了良好的营商环境，有效地促进了生物医药产业在创新研发、生产运营、物流仓储、推广销售等各个环节的发展，实现降本增效。政府出台的生物医药产业中长期发展规划，为生物医药产业发展指明了方向，引导产业向高端化、智能化、绿色化方向发展，特别是对创新药、医疗器械研发方面起到了关键性的推动作用，有效地推进了生物医药企业转型升级。

二 辽宁生物医药产业在追求高质量发展中面临的挑战

当前，辽宁生物医药产业总体上发展良好，但随着全球产业链格局的不断变化以及国内市场竞争的持续加剧，辽宁生物医药产业推进高质量发展仍面临一些亟待解决的难题。

（一）产业核心技术创新能力不足

辽宁生物医药产业在技术创新方面保持一定的研发投入，但与发达省份相比，整体投入水平较低，新产品研发存在一定的滞后性，在高端产品的研发及生产工艺方面，与国际国内领先水平存在较大差距，创新能力还有较大的提升空间。部分药企在研发新药方面缺乏前沿科学技术的支撑，非常规类临床试验药品缺少资金支持，具有自主知识产权的核心技术数量和质量偏低，导致市场竞争力不足。在高端医疗器械、创新药物等领域，虽然形成了一定的产业基础，但是核心技术自主研发能力不足，关键技术受制于人，尚未形成核心竞争力，难以满足客户对高品质产品的需求。

（二）产业集群发展质量有待提升

辽宁生物医药产业虽然逐步形成以沈阳、大连、本溪为核心，锦州、丹东等协同发展的产业布局，但由于各地区发展水平差异较大，产业协同水平不高，产业集群建设面临较大考验。其一，沈阳、大连、本溪的产业集群较为成熟，但其他地区产业基础相对薄弱，产业政策落实不到位、政策解读不清晰、资金拨付不及时、配套服务跟不上等情况时有发生，导致全省集群发展仍处于起步阶段。其二，辽宁生物医药产业集群融资渠道狭窄，资金来源单一，主要依靠自筹和政府资助，缺乏市场化的产业基金支持，所筹资金远不能满足技术研发需求，导致产品更新换代缓慢，研发出来的产品很难满足市场需求。其三，辽宁生物医药产业上下游企业协同发展的意识不强，产业链条尚未形成完整的闭环，上下游企业之间的协同合作不够紧密，如原材料供应、物流配送、医疗服务等环节很难实现强有力的相互支撑，导致资源利用效率低，整体竞争力下降，不能实现近产近销的良性循环。

（三）产业专业化人才短缺

辽宁经济发展水平相对较低，受工作环境和待遇不如一线城市等因素影响，吸引和留住人才较难，年轻人才流失较为严重，导致辽宁生物医药产业人才短缺，特别是掌握核心技术的高端人才短缺，对产业创新发展产生较大影响。地方政府、产业园区、企业对于生物医药产业高端人才的引进和培育政策支持力度不够，在职称评审、工资待遇、发展空间等方面，缺乏更有力的政策导向。新药研发、生物技术、医疗器械智能化发展等核心领域高端专业人才的短缺，不仅限制了企业自主创新能力的提升，也影响全省生物医药产业标准化、品牌化建设，导致生物医药产业在招商引资、集群式发展、数智化发展、产业转型升级等方面面临诸多挑战。

（四）政策支持力度有待加大

随着医药卫生体制改革的不断推进，国内外大型医药企业及产品努力进入国家医保采购目录，抢占市场份额，生物医药产业市场竞争日益激烈。尽管辽宁出台了一系列支持生物医药产业发展的政策措施，但部分地区在资金扶持、税收优惠等方面落实不到位，在支持企业技术创新、鼓励科研成果转化等方面需要更具体、更有力的政策措施来推动生物医药企业转型升级。如企业在品牌建设、知名度推广、产品研发、建立销售渠道、人才招引等方面尚缺乏有效的政策支持。此外，生物医药产业是资金密集型产业，研发投入大且周期长、风险大，在激烈的市场竞争下，企业的财务成本不断增加，而部分同行企业通过价格战抢夺市场份额，导致行业整体利润水平下降，需要政府在维护市场健康发展方面出台有效政策。

三　辽宁生物医药产业高质量发展的对策建议

生物医药产业发展是一个系统工程，需要政府、企业、高校、科研院所等多方面共同努力，通过实施创新驱动、产业升级、政策支持、环境优化以及人才培养与引进等措施，推动产业高质量发展。

（一）以新质生产力赋能生物医药产业高质量发展

发展新质生产力是推动生物医药产业高质量发展的内在要求和重要着力

点，以新质生产力赋能辽宁生物医药产业高质量发展，是当前辽宁生物医药产业转型升级、提升竞争力的关键路径。

一是加强科技创新，催生新质生产力。鼓励和支持生物医药企业加大研发投入，聚焦生物药、化学药、中药及先进医疗器械等领域的关键技术突破，加大对"卡脖子"技术的攻关力度，提升生物医药产业的核心竞争力；推动产学研深度融合，搭建企业与高校、科研院所的合作平台，促进科技成果转化和产业化应用，支持生物医药企业与科研机构联合申报国家重大科技项目，共同攻克技术难题；加强创新体系建设，完善生物医药产业创新体系，构建以企业为主体、以市场为导向、产学研深度融合的技术创新体系；鼓励生物医药企业建立研发机构，提升自主创新能力。

二是推动产业升级，构建现代化产业体系。鼓励生物医药企业向高端化、智能化、绿色化方向发展，提升产业附加值，优化产业结构，支持优势企业开展兼并重组，培育一批具有国际竞争力的生物医药企业集团。发展新兴产业，聚焦精准医疗、健康服务等新兴产业领域，培育新的增长点，推动生物医药产业与互联网、大数据、人工智能等新一代信息技术深度融合，发展智慧医疗等新业态、新模式；完善产业链，加强生物医药产业链上下游的协同发展，推动原料药、制剂、医疗器械等产业链环节的优化升级，鼓励生物医药企业向产业链上下游延伸，提升产业链整体竞争力。

（二）以深化医疗体制改革推动生物医药产业转型升级

一是抓住医疗卫生体制改革的契机推动产业升级。推进药品和医用耗材集中带量采购，打破医疗机构的垄断地位，促进生物医药销售方式多元化发展，激发生物医药产业的内生动力，优化生物医药资源配置，确保市场公平竞争。通过政策引导，鼓励生物医药企业把更多的精力投入产品生产和研发中，提升生物医药产业质量控制水平，推动行业标准化、规范化发展，积极加强与云计算、大数据、物联网、人工智能等技术的深度融合，提升产业数字化、智能化水平。

政府应当完善生物医药产业创新体系，加强产学研用协同创新，推动科技成果转化和产业化。同时，建立完善的生物医药产业监管体系，加强对药品、医疗器械等产品的全生命周期监管。加大对违法违规行为的打击力度，维护市场秩序和消费者权益。

二是推进医保支付制度改革。通过调整支付标准、优化支付结构等措施，引导医疗机构和医生更多地使用创新药物和医疗技术，激励生物医药企业加大创新药物研发力度，推动产业升级。在医保机构和医疗机构之间建立公共契约模式，促进商业健康保险发展，为群众提供更多元化的医疗保障选择，提高医疗保障水平，满足人民群众多样化的医疗需求，从而促进产业升级发展。

三是维护生物医药市场秩序。打破生物医药流通领域的壁垒，优化生物医药流通体系，促进多种所有制、多种流通模式的并存和互补。通过市场机制调节药品价格，减少中间环节，降低流通成本，加强监管和质量控制，完善生物医药流通领域的监管体系，确保药品质量和安全。加强对生物医药企业的质量管理和监督检查，提高生物医药产品的整体质量水平。

（三）促进生物医药产业国际化发展

一是制定更为精准的政策。加大对生物医药国际合作的支持力度，包括在标准协调、市场准入、品牌推广、项目实施等方面的政策支持，以促进生物医药企业更好地融入国际市场，提升国际合作权重，使辽宁成为我国生物医药产业国际合作的重要领域。政府可以通过政策引导，鼓励企业积极参与国际医药合作与交流，制定长远稳妥的国际合作战略，结合区域市场整体情况和国别具体情况，实现供需精准匹配和区域布局，并积极参与国际技术联盟、技术交流和技术共享活动，提升我国生物医药企业的技术水平和研发能力，同时与国际生物医药企业和组织建立广泛的合作关系，通过参加国际展会、论坛等活动，拓宽国际合作渠道，形成互利共赢的合作网络。

二是优化国际市场布局。强化重点市场开发，特别是加大对共建"一带一路"国家的市场开发力度，实施多元化拓展市场策略，避免过度依赖

单一市场，通过开拓新兴市场和发展中国家市场，降低市场风险并提升市场份额，加大品牌建设和推广力度，提升生物医药企业品牌知名度。通过积极参加国际展会、举办产品发布会等方式，提升品牌形象和影响力。

三是高水平应对国际挑战。关注地缘政治变化对生物医药国际合作的影响，及时制定应对措施，及时加强与相关国家和地区的沟通和协调，维护合作关系的稳定性和可持续性。完善我国生物医药产业的法律法规体系，加强与国际标准的接轨和认证工作，通过提升产品质量和安全性来提升国际市场竞争力。

（四）以弘扬中医药养生文化为引领，推进中医药强省建设

一是加强中医药文化传承与创新。深入挖掘辽宁地区中医药历史文化遗产，如古籍文献、名医名方、传统疗法等，通过举办中医药文化节、学术研讨会等形式，增强公众对中医药文化的认知与认同。同时，鼓励中医药科研创新，利用大数据、人工智能等现代科技手段，推动中医药理论创新和技术进步。

二是完善中医药服务体系。优化中医药资源配置，加强基层中医药服务能力建设，提升中医药在疾病预防、治疗、康复中的全链条作用，推动中医药与西医结合，形成优势互补、协同发展的医疗服务模式。利用多种渠道和媒体平台，广泛宣传中医药养生知识，倡导健康生活方式。开展中医药养生讲座、体验活动、健康咨询等，让更多人了解并实践中医药养生方法。同时，结合辽宁地域特色，开发具有地方特色的中医药养生产品和服务，满足人民群众多样化的健康需求。

三是促进中医药产业发展。加大对中医药产业的扶持力度，推动中药材种植养殖、中药饮片加工、中成药制造等产业链上下游协同发展。加强中药材质量控制和标准化建设，提升中药产品质量和市场竞争力。同时，鼓励中医药企业加强技术创新和品牌建设，拓展国内外市场，积极参与国际中医药交流与合作，提升辽宁中医药的国际影响力。

四是强化政策支持与保障。制定和完善促进中医药发展的政策措施，加

大财政投入力度，为中医药发展提供有力保障。加强中医药法律法规建设，规范中医药市场秩序，保障人民群众用药安全。同时，建立健全中医药评价体系和激励机制，激发中医药发展的内生动力。

（五）以精准的人才培养和引进方案建强人力资源梯队

一是明确人才培养与引进目标。辽宁生物医药产业需明确自身的人才需求，包括技术型人才、管理型人才及复合型人才，并根据产业发展趋势和未来规划，制定详细的人才培养目标及中长期人才发展规划，确保人才培养与引进工作与产业发展战略相匹配。

二是完善人才培养体系。构建包括岗前培训、在职培训、晋升培训等在内的全方位培训体系，确保员工在不同阶段都能获得必要的技能提升。加强与企业、科研机构的合作，推动产学研深度融合，通过实习实训、项目合作等方式，提升学生的实践能力和创新能力。实施师承教育，完善中医药师承教育制度，支持老中医、资深专家收徒授业，传承中医诊疗经验和中药传统技艺。

三是精准引进高层次人才。优化引才政策，制定具有竞争力的引才政策，包括薪酬激励、住房保障、子女教育等，吸引国内外高层次人才来辽工作。利用各类人才交流会、招聘会、猎头公司等渠道，拓宽引才视野，精准对接产业发展需求。通过建立丰富的人才库，对高层次人才进行动态管理和跟踪服务，确保人才引进的针对性和有效性。

四是加强校企合作与产教融合，推动生物医药企业与高校、科研机构建立长期稳定的合作关系，共同开展人才培养、科学研究和技术创新。根据产业发展需求，调整优化高校专业设置和课程设置，使教学内容更加贴近产业实际，提高学生的就业竞争力。

五是建立激励机制与评价体系。构建多元化激励机制，包括薪酬激励、晋升激励、荣誉激励等，激发员工的积极性和创造力。根据不同岗位的需求制定人才评价标准，将绩效考核与人才评价相结合，对员工的工作表现进行定期评估，确保人才激励的公平性和有效性。

参考文献

《中国共产党第二十届中央委员会第三次全体会议公报》，中国政府网，2024 年 7 月 18 日，https：//www. gov. cn/yaowen/liebiao/202407/content_ 6963409. htm。

《辽宁全面振兴新突破三年行动方案（2023—2025）》，辽宁省人民政府网站，2023 年 2 月 23 日，https：//www. ln. gov. cn/web/qmzx/lnsqmzxxtpsnxd/tt/2023031314300973172/index. shtml。

朱贤文、李明艳：《辽宁民族医药产业高质量发展研究》，《满族研究》2022 年第 2 期。

B.12
辽宁推进低空经济"四链"融合
发展的对策研究

耿殿贺*

摘　要：　低空经济已经成为发展新质生产力、打造区域产业竞争优势、扩大市场消费需求的重要赛道，将全面融入国民生产生活各领域，形成万亿级市场规模。辽宁具有扎实的产业基础和科技研发优势，并在低空经济领域不断发力，但仍存在着产品结构失衡、科技成果转化水平较低、应用场景乏力、尚未形成"四链"融合发展的协同工作机制等问题。因此，应系统研究辽宁低空经济产业链创新链资金链人才链的融合发展，为产业发展提供理论支撑和对策建议。

关键词：　"四链"融合　低空经济　通用航空

2024年是辽宁全面振兴新突破三年行动的攻坚之年，辽宁要立足现有产业基础优势，着眼于市场前景广阔的新赛道，做好"三篇大文章"，构建现代产业体系，实现产业结构优化。2023年，中央工作经济会议提出"打造生物医药、商业航天、低空经济等战略性新兴产业"，2024年政府工作报告也首次提出要大力发展低空经济。辽宁具有发展低空经济的雄厚产业基础，科技研发资源和人才优势在国内处于领先水平。但在发展过程中，存在着顶层设计不足、缺少创新协同载体、企业技术需求与科技成果不匹配、高校和科研院所科技资源和成果转化未能充分发挥等问题。党的二十大报告提

---

* 耿殿贺，辽宁社会科学院产业经济研究所助理研究员，主要研究方向为产业经济。

出，要强化企业科技创新主体地位，发挥科技型骨干企业引领支撑作用，营造有利于科技型中小微企业成长的良好环境，推动创新链产业链资金链人才链深度融合（以下简称"'四链'融合"）。"四链"融合是构建新发展格局、推动要素市场化的重要抓手，是提升创新能力的内在需求，本质是在政府引导和市场机制作用下，实现各类要素资源合理高效配置。因此，将"四链"融合作为发展辽宁低空经济的重要抓手，可以有效打通低空经济发展中的堵点，拓宽低空经济赛道，扩大产业规模，促进各种主体和相关要素在发展中实现融合和集聚。

一　辽宁低空经济"四链"融合发展的基础优势

（一）产业链基础雄厚

辽宁航空产业基础雄厚，其中航空装备产业主要集聚在沈阳、大连等市，形成以航空制造业为重点、以航空运输业及航空服务业为支撑、军航民航两翼并举、核心要素集聚的全产业链航空产业体系。2023年前10个月，全省航空装备产业实现产值767亿元，同比增长19%。民机方面，以大部件制造为主，以从事空客A220、A320，波音B737、B777、B787，商飞ARJ21、C919等转包生产为主。发动机方面，主要生产军用发动机和具有完全自主知识产权的"三轻一重"系列燃机。目前辽宁通用航空产业已经形成以沈阳为核心、多点开发的发展格局，沈阳法库国际飞行大会已经成为国内首批国际性通航展会，是国内少数专注于通航领域的大型展会。朝阳、葫芦岛等地空域资源广阔、气候条件优越，大力发展飞行培训等产业，全力推进低空经济发展。

（二）创新链优势突出

辽宁拥有沈阳发动机设计研究所、沈阳飞机设计研究所、沈阳航空工业空气动力研究所等一批国内航空领域的一流科研院所，同时拥有一批为航空制造企业服务的院校和研发机构，包括沈阳航空航天大学、大连理工大学、中国科学院沈阳金属研究所、中国科学院沈阳自动化研究所、中国电子科技集团第四十七研究所、中国电子科技集团第五十三研究所、沈阳轻工科学研究院、沈阳仪表科学研究院、锦西化工研究院等。

（三）人才链资源丰富

沈阳飞机设计研究所职工 2000 余人，其中专业技术和管理人员 1300 余人，研究员 100 余人，高级工程师近 400 人，院士 3 人，博导 6 人，博士后 5 人，70 多位专家享受政府特殊津贴。沈阳发动机设计研究所职工 2500 余人，工程技术人员 1400 余人，其中硕博士学历人员近 500 人，专业技术人员占 62%。沈飞、黎明公司也都设有企业技术中心和技术研究机构，并拥有一大批研发设计人才，从事飞机和发动机设计研究的科研人员在 7000 名以上。大连理工大学、东北大学、沈阳航空航天大学等高校设有航空设计制造相关学科，为辽宁通用航空产业发展奠定了良好的人才基础。

（四）资金链为产业发展注入动能

沈阳市是辽宁发展低空经济的龙头和引擎。2024 年，沈阳低空经济产业基金正式完成备案，成为国内首个专注于低空经济发展的产业基金。该基金主要用于投资与发展通用航空、低空旅游及无人机等相关领域，为沈阳和辽宁低空经济发展注入强劲动力。沈阳低空经济产业基金面向沈阳市本地低空经济全产业链，总规模 5000 万元，已全部实缴到位。基金由沈阳盛京金控投资集团有限公司、沈阳航空产业集团与法库县联合组建，由沈阳航空产业集团下属的沈阳航空产业投资基金管理有限公司负责具体管理运营。从出资结构看，该基金具有"资本+产业+平台"的属性。沈阳航空产业集团作为市属国有企业，牵头成立了沈阳市低空飞行管理服务中心，凭借航空领域的产业布局能力，为该基金的运营管理提供支撑与指导；盛京金控集团具有国有金融资本集聚平台的优势，通过加快培育发展新质生产力，将有力推进

沈阳低空经济优化升级；法库县拥有东北首个批复使用的通用航空机场以及省内唯一的报告空域，建有跑道、机库、无人机专用起降场等基础设施，为低空经济项目落地提供应用场景。

二　辽宁低空经济"四链"融合发展存在的问题

（一）低空经济产品结构失衡

一是缺少民机整机项目，产业链条短，规模较小。目前，国内民用飞机整机产业形成以上海为核心的国产干线大飞机总装基地、以西安为核心的国产支线飞机研制基地、以天津为核心的空客总装基地。与上述地区相比，辽宁缺乏民机整机产品，发展后劲不足。二是本地配套率较低，军地深度融合不够。军工企业存在体系内配套壁垒，省内相关企业实力较弱，很难获得参与武器装备科研生产的机会，沈飞、黎明、601所、606所作为主机厂和总体所，大量型号产品的外部配套任务集中在江浙地区，本地配套率不足10%。三是无人机、载人eVTOL等市场潜力巨大的新兴产品发展相对不足，企业数量少、规模小，大多数企业处在起步阶段，缺少具有国内国际领先水平的整体龙头企业。

（二）科技成果转化水平有待提升

辽宁航空领域科技资源比较丰富，但许多科技成果都流向省外转化，其中既有科技成果转化的客观规律和企业自身选择问题，也有辽宁对科技创新成果关注不够的问题。辽宁对低空经济领域的新产品、新技术研发不足，对载人eVTOL、专用多旋翼飞机、消费级无人机和工业无人机等未来市场空间大的新产品研发投入力度不够。高校院所、国家级重点实验室、工程实验室和技术中心等创新载体的资源优势和转化孵化作用尚未充分发挥，军民两用技术转化成果较少。

（三）低空经济应用场景乏力

一是"低空经济+N"应用场景推广较少。已经开始进行低空经济商业化探索的应用场景有物流配送、城市管理、文体旅游、应急救援、消防巡检、现代农业等。目前，新疆、安徽、广东、四川、江西等省区已经开始纷纷探索低空经济场景应用，并取得显著成效。二是改革试点工作推进力度有待加大。截至2023年，江西、四川、海南、湖南、安徽成为全国首批低空空域管理改革试点省份。中央空管委办公室批复了《湖南省低空空域管理改革试点拓展实施方案》，湖南成为全国第一个全域低空空域管理改革试点拓展省份，构建了全域低空空域协同运行管理的制度和技术保障体系。辽宁具有良好的产业基础，应全力争取低空经济相关改革试点工作。三是辽宁境内低空空域资源少，缺乏飞行服务站等保障设施，飞行活动申报时间长，空域使用效率不高。通用机场"飞不起来""落不下去"。全省通用机场共13个，其中正在使用的8个，闲置的5个。许多通用机场建设年代久远，跑道道面风化严重。

（四）尚未形成"四链"融合发展的协同工作机制

一是辽宁低空经济产业链顶层设计不足，没有真正形成产业链的协同工作机制，创新、人才、资金等要素未对产业链建设形成强有力的支撑。产业链从规划、招商到落地全链条发展的态势尚未成熟。同时，在更高的层面上还缺乏统一的整体思路和工作机制，导致对各市县政府缺乏指导。二是辽宁低空经济发展缺乏专项规划引领，产业定位和产业发展路径不明晰。在中央发布相关政策文件的同时，深圳、上海、湖南、江苏等地政府相继出台低空经济与通用航空相关政策文件，目标明确，计划性强。三是产业发展所需的资源支撑不足，工作推进机制不健全，与国家相关部门和央企之间未形成合力。国内部分省份已经利用央地合作步入民机产业发展的快车道。例如，天津市政府与中航合作成立中航直升机公司，广东省政府联合珠海格力集团与中航合作成立中航通用飞机公司，上海市政府会同上海电气集团与中航合作

成立中航商用发动机公司和上海航空电器公司，湖南省政府会同株洲市政府与中航合作成立中航湖南通用航空发动机有限公司，江西省政府组建了直升机产业投资管理有限公司，等等。

三 低空经济发展的国内外趋势

（一）国际低空经济发展现状

全球低空经济经历了前期应用探索阶段和中期规范化发展阶段。在低空经济发展初期，由于政策体系不够健全及相关技术不够成熟，低空经济形态以农业、工业、旅游业等领域的探索应用为主。2010年后，随着低空经济相关技术不断成熟、应用场景不断优化，规范化监督成为各国低空经济发展的首要任务。目前，低空经济已经开始向进一步应用普及阶段过渡，处于爆发式增长前夕。在低空经济的主要应用领域，无人机市场增长态势迅猛，无人机产业投资规模由2013年的1.21亿美元增长至2022年的48.06亿美元。通用航空作为低空经济的核心，全球通用航空飞机交付量呈上升态势。2022年，全球通用航空飞机交付量达2818架，较2021年增长6.5%，全球通用航空飞机销售额实现229亿美元，较2021年增长6.16%。[①]

（二）国内低空经济发展现状

为促进低空经济健康可持续发展，国家和地方政府出台了一系列政策措施。自2000年起，国家空管委办公室在军航空管系统组织了低空经济领域一系列小规模试点。2010年8月，国务院、中央军委下发《关于深化我国低空空域管理改革的意见》，正式开启低空空域管理改革工作。国家空管委办公室在全国范围内组织了3轮大规模低空空域管理改革试点。目前，低空经济具体管理和实施层面的事权已经下放到地方政府。航空运动、空中游

---

① 资料来源：赛迪顾问《中国低空经济发展研究报告（2024）》。

览、医疗救护等新业态、新场景不断涌现，农林植保、电力巡检等传统通航作业保持稳定增长。据测算，2023 年，我国低空经济规模超 5000 亿元，2030 年有望实现 2 万亿元。截至 2023 年底，我国通用航空企业 689 家，通用机场 451 个，在册通用航空器 3173 架，全年作业飞行达到 135.7 万小时。[①] 无人机市场增长快速，是发展低空经济的重要产业载体。根据中国民用航空局公布的数据，2023 年，全国民用无人机的产业规模已达 1174.3 亿元，同比增长 32%，稳居全球第 1；无人机设计和制造单位有 2000 余家，运营企业近 2 万家，在册无人机 126.7 万架，同比增长 32.2%；无人机飞行时间超过 2311 万小时，同比增长 11.8%。随着无人机在能源巡检、应急保障、农林植保等场景的应用不断深入，工业无人机将成为民用无人机未来发展的重点领域。2023 年，工业无人机产业规模达 766.8 亿元，在民用无人机中占比达 65.3%。[②]

（三）各省（区、市）发展低空经济的主要经验做法

截至 2023 年，国内共有 16 个省（区、市）将发展低空经济写入政府工作报告。深圳、北京、南京、苏州、广州、杭州、沈阳、扬州、成都、重庆、贵阳等城市陆续成立低空经济产业基金。通过产业基金引导作用，加强地方政府对低空经济产业的支撑，提升市场对低空经济发展前景的信心。湖南、四川、江西、海南、安徽成为全国首批低空空域管理改革试点省份，形成了一些典型经验做法。一是壮大低空经济发展基础。各试点省份已形成各具特色的发展模式，通过政策引导和财政支持打造便利的通航发展环境，强化低空经济发展基础。二是加快低空经济应用场景建设。应用场景是发展低空经济的主要路径，有了规模化的应用市场，才能够吸引更多低空经济项目。目前通用航空产业是低空经济的重点，应用场景拓展至应急抢险、旅游休闲、气象探测、农业灌溉、海洋监测等多个领域。三是破除低空经济发展

---

① 资料来源：《2023 年我国低空经济规模超 5000 亿元》，中国政府网，2024 年 2 月 28 日，https://www.gov.cn/lianbo/bumen/202402/content_ 6934828. htm。

② 资料来源：赛迪顾问《中国低空经济发展研究报告（2024）》。

壁垒。随着低空空域改革不断深化，各地方政府纷纷出台相关标准为低空经济发展保驾护航，以满足低空经济政策需求。

四　辽宁推进低空经济"四链"融合发展的建议

（一）加强顶层设计，建立"四链"融合发展机制

一是科学谋划布局。研究制定辽宁省低空经济发展专项规划，明确目标、明晰路径、优化布局，统筹通用航空全产业链发展。二是推动形成"一核引领、多点支撑"的产业布局。以沈阳为核心，以沈阳通用航空产业基地和法库通用航空基地为依托，构建以航空制造业为重点、以航空运输业及航空服务业为支撑、军民两翼齐飞、创新要素集聚的低空经济产业链体系；以大连通用航空产业园、盘锦通用航空产业园等为支点，大力发展通用航空器组装制造、零部件制造、通用航空运营、飞机维修、航空物流、通用航空教育培训和航空旅游等产业；积极推进朝阳建设低空经济发展示范区，以通用航空飞行为牵动，推进通用航空人才培训、通用航空运营保障、通用航空维修与制造、通用航空消费服务等。三是健全专班工作机制。由相关部门牵头，统筹省市资源，对接军方、国家部委和央企集团资源，形成发展合力。四是出台支持低空经济发展的政策举措，加大政策扶持力度。完善民参军专项措施，推动军工企业加大军地合作力度。

（二）延长拉伸产业链条，重点发展新领域无人机等产品

一是争取客改货项目。针对民航货运市场爆发式增长和货机严重不足的现状，依托南航沈阳维修基地、沈阳民机和相关专业飞机改装企业优势，重点争取波音和空客相关机型客改货项目。二是争取客空 A320 机身工作包。紧盯空客公司在天津建立第二条总装生产线的契机，积极争取 A320 关键大部件总装集成项目落户沈阳。三是支持 601 所、中国科学院沈阳自动化研究所开发特色无人机产品，重点开发 1~2 吨无人货机、高原无人货运机、军贸无人机、军用无人机

和军民两用无人机等产品。四是招引培育无人机龙头企业，瞄准国内无人机领域重点企业，点对点招商，打造无人机产业园区，推动无人机产业集聚。

（三）围绕产业链布局创新链，突破前沿核心技术

一是加大科技发展力度，充分发挥沈飞、黎明、601所、606所、中国科学院沈阳自动化研究所、沈阳航空航天大学等科技资源优势，加强eVTOL、直升机、无人机和传统固定翼飞机等整机产品研发，带动上下游机身材料、电池、电机、芯片等关键原材料和核心零部件研发生产。二是系统分析低空经济产业链中的关键技术和创新要素，明确创新链所依托的先进技术平台与发展载体，建立产业链与创新链融合的工作机制，在政策支持、课题设置、人才引进等方面予以支持，加快创新链在产业链中的布局。三是加强重大技术攻关，集中攻关低空经济产业链的关键核心技术，建立产业链重大技术攻关清单，通过"揭榜挂帅"等方式向社会发布。三是围绕产业链建设创新平台，鼓励以沈飞、黎明、601所、606所等为龙头，组建新型研发机构，支持龙头企业联合上下游企业建立产业链创新联盟、开展联合技术攻关、共享创新成果。鼓励产业链中的整机企业和配套企业加强与高校、科研院所的技术合作，共建研究院、技术中心等研发机构，推动重大基础设施和大型科研仪器设备开放共享。

（四）围绕产业链配置资金链，提供多样化金融产品

一是优化金融服务。低空经济上中下游涉及的行业领域、客户群体众多，针对不同的行业、不同的客群、不同的产业园、不同的企业，必须以综合性、多功能、全程服务的服务理念，提供金融产品，优化金融服务，从产业集群、园区企业以及员工实际需求出发，加强公私联动，快速响应需求，加强金融服务的精准供给，进一步加强资源布局，按照以客户为中心的经营理念，从产品、服务、平台等多个维度提供适配的金融产品支持。二是加强金融赋能的精准供给。针对多数低空经济产业科创企业轻资产、重投入、高增长、强波动的显著特性，为处于初创期、成长期的科创企业量身打造评价

模型，满足科创企业业务发展需求和企业发展全生命周期需要，支持产业技术研发、技术改造。支持专业领域"专精特新"企业以及高新技术企业等的培育发展，加强战略合作，不断为低空经济的发展提供更多的金融支持。

（五）打造低空经济应用场景，为人才链培养提供支撑

一是培育通航应用场景。推进通航服务全面进入政府公益服务、应急救援等领域。建设通航旅游休闲基地、飞行培训基地等特色园区，鼓励开展通航运动训练和竞赛飞行、飞行员培训业务、航空旅游等。二是为无人机在快递物流、安防监控、现代农业、应急消防、城市管理、地理测绘、电力巡检等领域的应用创造条件，用市场应用带动制造业发展。三是围绕低空经济产业链，培育一批产业链创新团队和领军人才，培养一批科技带头人和中青年科技创新骨干。建立低空经济产业链人才需求和供应匹配信息平台，定期收集企业人才需求并向社会发布。协助高校和科研院所申请开设低空经济产业链建设相关专业，设立专项奖学金，定向培养科技人才，构建科技人才梯队。四是加快低空经济高技能人才培养。实施低空经济产业人才培养计划，支持省内高校和科研院所开展低空经济相关学科体系和人才培养体系建设，培养一批低空经济高学历人才和具有实际操作能力的技能人才。

参考文献

刘志迎、周勇、蒋子浩：《推动"四链"深度融合 加快形成新质生产力》，《经济参考报》2023年11月23日。

杜宇玮、张雯：《推动资金链与创新链产业链人才链深度融合》，《钱江晚报》2024年3月13日。

聂常虹等：《对创新链产业链资金链人才链"四链"融合发展的问题研究》，《中国科学院院刊》2023年第2期。

前瞻产业研究院：《2024年中国低空经济的研究报告》。

杨进兴：《低空经济产业发展研究报告》。

赛迪顾问：《中国低空经济发展研究报告（2024）》。

辽宁清洁能源产业发展对策研究

田 晔 *

摘 要： 2024是实现"十四五"规划目标任务的关键一年，也是"四个革命、一个合作"能源安全新战略实施的第十年。辽宁锚定新时代"六地"目标定位，打造国家重大战略支撑地，强化能源安全保障。辽宁深入推进能源基础设施建设，不断优化能源结构，积极构建清洁低碳、安全高效的现代能源体系，加快清洁能源强省建设，坚决扛稳国家能源安全政治责任，为国家能源安全战略做出显著贡献。

关键词： 清洁能源 绿色低碳 产业链

一 辽宁清洁能源产业总体运行和发展情况

近年来，辽宁紧紧围绕"双碳"发展目标，大力调整能源布局，依托资源禀赋推动新能源领域的成长，助力经济与社会向绿色低碳方向转变。在新能源装备制造、风能、太阳能及储能等优势产业中，不断涌现众多国家级的高新技术公司和行业"独角兽"。辽宁凭借种类繁多、资源丰富的清洁能源优势，全面加速构建清洁能源强省，推动辽宁走上绿色低碳的发展道路。

（一）新型电力体系建设成效显著

2024年8月7日，据辽宁省工信厅发布的信息，全省清洁能源装机平

---

* 田晔，辽宁社会科学院经济所助理研究员，主要研究方向为国民经济。

均增速为 17.30%，发电量增速为 17.09%。到 2024 年，绿色电力平均价格较上年同期下跌 2.75%。2024 年前 7 个月，共有 397 家企业参加了"绿电"交易，累计成交总量 120.61 亿千瓦时，较上年同期增加了 440.85%，年交易电力在国家电网 27 个省级营业区中位居第 2。辽宁电网已建成以 500 千伏辽宁中部内外层双环网及辽南、辽西 500 千伏环网为核心，以 220 千伏电网为基础，"供电分区化、连接紧密化"的坚强电网结构。电网供电保障能力、区域资源优化配置能力大幅提升。"十五五"期间，辽宁电网将以打造"智慧电网、数字辽电"为目标，全面提升主网安全韧性、配网智能弹性、负荷互动柔性，实现各电压等级协调互动发展，全面建成现代、绿色、坚强、智慧电网，支撑辽宁经济产业发展和清洁能源消纳。辽宁清原抽水蓄能电站是国家"十三五"期间重点工程，电站总装机容量 180 万千瓦，是东北地区规模最大的抽水蓄能电站，电站 2023 年 12 月实现第一台机组投产发电，第二、第三、第四台机组分别于 2024 年 3 月 28 日、2024 年 6 月 29 日、2024 年 8 月 28 日投产发电。抽水蓄能电站在辽宁电网中承担调峰、调频、调相、储能、系统备用、黑启动等职责，为辽宁电网提供了安全可靠、灵活高效、绿色清洁的电力保障，为辽宁电力建设系统发展提供了强大的新动能。

（二）清洁能源开发范围有序扩大

核电基地建设迅速，辽宁省大连市红沿河核电站作为东北地区规模最大的电力投资项目，拥有 6 台百万千瓦级的压水堆核电机组，其总装机容量高达 671 万千瓦，年发电量可达 480 亿千瓦时。截至 2024 年第二季度，红沿河核电站累计向电网输送电量 3074 亿千瓦时，实现了约 9244 万吨标准煤的节约，同时二氧化碳排放量减少了约 25333 万吨。这一成就相当于在土地上植树造林 69 万公顷，极大地促进了当地经济与生态环境的和谐发展，为建成蓝天碧水的区域环境做出了重要贡献。在氢能产业发展上，沈大走廊被纳入国家"共建中国氢能高速行动倡议"布局，华电铁岭 25 兆瓦离网制氢项目已于 2024 年初产出全省第一桶"绿氢"。

（三）储能行业扩张不断升级

2023 年 7 月，辽宁省发改委下发《关于开展新型储能第一批试点示范工作的通知》，针对朝阳、阜新、铁岭等新能源发电低抗扰、低惯量、阻尼弱等特性，导致多场站短路比较低、电压支撑能力不足、供电可靠性较低的地区，布局具有电压源特性、构网型的储能项目，以提升地区安全支撑能力。辽宁在新型储能产业领域形成了以中国科学院大连化学物理研究所、中国科学院沈阳金属研究所、大连理工大学、东北大学等科研院所及高校为代表的技术研发优势；培育了一批本地重点储能装备制造企业；具备了开展全钒液流、磷酸铁锂、钠离子、飞轮和压缩空气等储能技术应用场景的集聚优势。"十四五"初期，全省新增风电审批，优先支持承诺配套占风电装机规模 10% 以上的储能设施的项目。大连融科 20 万千瓦/80 万千瓦时全钒液流储能示范项目已投产。

（四）能源使用模式革新加速提升

在全国范围内，辽宁的炼化产业实力排名第 2，钢铁产业则位于第 4。作为该省的两大支柱产业，石化和冶金领域成为减碳工作的关键所在。辽宁把握住设备更新换代的契机，强化冶金、石化等行业的先进技术应用，推动产业向更高层次、更智能化、更环保的方向发展。2023 年度，全省范围内成功实现了 537 项钢铁企业的超低排放改造关键工程，化工行业的精细化程度攀升至 46.2%，较上一年度增长了 1.2 个百分点。此外，辽宁严格把控市场准入门槛，有力地遏制了盲目"上马"高耗能、高排放项目，针对传统用能消费结构偏煤、偏重、偏公路的实际，严格控制化石能源消费，积极推动建筑行业节能升级，助力交通运输业的绿色低碳转型，推动终端用能电气化，以及乡村、园区用能多元化，培育发展低碳零碳产业园区。

二 辽宁清洁能源产业发展的主要瓶颈

（一）清洁能源原料资源国际化依赖程度高，存在供应方控制和原料垄断风险

我国的新能源领域发展呈现"中国生产、世界市场"的显著特点。在这一领域，我国的新能源基础相对薄弱，原材料供应相对短缺。例如，镍、钴、铜、铝、锰、铬、锆、铍以及铂族金属等关键新能源材料的全球储量占比不超过5%，而锂的占比也只有7%。同时，这些资源的分布和生产在国际上呈现高度集中的态势，全球前3位资源储量和生产国的占比之和超过了60%。辽宁致力于开发风能、太阳能及核能等绿色能源，并打造集风、光、火、核储能于一体的综合性能源基地。然而，在发展过程中，风能、光伏以及电池制造技术不断遭遇供应不稳定的挑战，预计对锂等稀缺矿产的依赖将持续提升。

（二）清洁能源产业发展就地消纳问题突出

2024年8月，国家发展改革委办公厅、国家能源局综合司联合下发《关于2024年可再生能源电力消纳责任权重及有关事项的通知》，下达2024年各地总量消纳和非水电消纳责任权重指标以及2025年预期值，进一步推动绿色低碳发展走深走实。辽宁清洁能源大规模发展面临最低消纳责任权重提升等挑战，具体表现在两个方面。一方面，大基地开发利用面临送出消纳难题。当前大型新能源基地规划仍延续资源集聚地外送至负荷中心消纳利用的思路，辽宁大型新能源基地集中分布在辽西北地区（阜新、铁岭、朝阳），现有装机1490万千瓦，年发电量295亿千瓦时。目前电网建设能够基本满足外送需求，未来辽西北新能源装机规模将超过5000万千瓦，年发电量突破1000亿千瓦时，超过700亿千瓦时的发电量增量均需外送消纳，仅依靠配套电网建设难以满足基地化发展要求，也不利于能源基地承接产业转移、形成成本洼地。另一方面，分布式开发模式和电网承载能力问题突出。分布式能源多数仍延续集中式的开发模式，部分地区由于消纳能力不足出现输电网反送电和电压过载问题，出现分布式能源接网困难情况，分布式自发自用优势难以发挥。同时可能存在"光伏贷"、过度宣传等侵害人民群众合法权益的管理问题。

（三）清洁能源发展受制于国际标准和西方贸易保护政策

辽宁清洁能源产业在技术规范、产品检测、审核认证等方面尚处于发展阶段，未能构建起完整的技术支持体系以推动清洁能源行业的成长。在清洁能源产品出口方面，国内的标准体系尚未与全球标准体系顺利对接，同时，西方发达国家控制着标准制定和认证的主动权，这无疑提高了我国产品进入国际市场的难度和风险。此外，我国清洁能源企业走出国门还需要获得目标国家的多项官方许可，诸如投资、环保、建设、联网以及商业运营许可等。而美国制定的诸如国民名单、军工企业名单等政策，也对我国及辽宁企业的国际交易自由度带来一定的制约。2022年9月，美国《通胀削减法案》已正式立法，对我国及辽宁的清洁能源产业发展造成了显著的制约效果。

（四）碳关税、碳壁垒影响辽宁清洁能源产业规模化发展

世界范围内的产业正在进行结构优化与升级，同时碳中和目标的实施促使绿色低碳技术变革迅速崛起。辽宁清洁能源产业在发展过程中，也不可避免地会受到国际绿色贸易壁垒的影响。美国和欧盟近几年来不断对我国的锂电和光伏产品施加关税壁垒。钢铁是碳排放量最大的工业行业之一，辽宁又是国内重要的钢铁生产省份，2024年1~8月，粗钢产量4737.3万吨，绿色发展、强制减排任务迫在眉睫。2019年欧盟首次提出"碳边境调节机制"，并计划2026年开始征收"碳关税"，将对辽宁钢铁、铝和化肥等高碳排和高能耗行业进出口造成直接影响，其中钢铁成为受影响最大的行业。今后，这些商品必须满足欧盟的环保标准，这提高了辽宁清洁能源产品输出的复杂性。

三　推动辽宁清洁能源产业发展的对策建议

辽宁在探索清洁能源的发展道路上，已经具备了坚实的基础，这主要体现在风能、光伏、氢能源、电能储存以及新能源汽车等领域的产业布局和技术积累上。相较于国内其他地区，辽宁拥有独特的优势。在此基础上，若能进一步深化以下几项工作，将有助于进一步提升辽宁能源供应的安全性。

（一）建立自主创新研发体系，加快重大核心技术突破

在推动我国掌握核心技术的进程中，辽宁清洁能源产业尚需实现重要突破，关键部件的生产仍受制于人。需借助能源行业的领先企业，打造一系列区域性能源科研创新中心，汇聚产学研各方的科技资源，协作突破关键性技术难题，巩固新能源领域的关键技术优势，显著提高新能源科研的系统性攻关实力，有效规避产业链中的关键风险点。强化新能源产业未来技术的发展战略研究，推进突破性技术的创新和初级市场的孵化，推动产业链与创新链的深度整合，实现科技自立自强的高水平发展，构建具备全球竞争力的开放型创新技术体系。

（二）大力开发储能技术，促进清洁能源消纳

充分运用公司在技术革新上的领先地位，对储能技术、核能设备等领域的核心技术进行深入研发，集中力量攻克质子交换膜、触媒以及膜电极等氢能源领域的核心材料技术难题，大力推进石油化工产业副产品氢的提纯、高效电解低成本产氢以及氢的储存和运输技术的研究。同时，尝试将压缩气体、液态流动电池等储能技术推向商业化道路，促进飞轮储能、钠离子电池、氢能储存等新型储能技术的研究与实证应用，并实施碳捕集与封存技术的应用研究。积极推进构建稳定可控的工业技术架构，借助实验与展示项目，集中资源攻克一系列能源设备中的核心瓶颈问题，全力增强装备制造业的自主创新能力，推动能源行业技术创新支撑体系的完善。加大对新能源汽

车性能监测与保障技术、智能交通与能源网络技术、分布式光伏发电设施及其并网技术的研发力度。促进科技创新成果的快速落地，推动辽宁能源领域的核心区域和关键园区与高校、科研院所、中央企业以及国际大型企业展开深入的战略合作，积极参与国家层面的重点科技规划和示范性工程。构建高端科技创新团队，吸引优秀的团队、人才及项目入驻，以此加大对辽宁能源发展项目的智力援助力度。

辽宁围绕零碳能源、先进储能、碳捕集及利用、碳汇增强等关键领域，利用能源催化转化领域的国家级重点实验室等科研优势，进行超高效率光伏电池技术、创新制氢方法、新型储能解决方案、人工光合作用、大气中碳直接捕集技术等基础性及前沿科学研究。同时，大力研发超级电容器新材料、金属空气型电池、固态电芯、水系有机液流电池、二次水系离子电池以及相变材料储热技术等新一代储能技术。

（三）从能源安全战略出发，超前部署碳中和前沿颠覆性技术

为了响应我国"双碳"目标，以及满足辽宁能源、机械制造、金属冶炼、石油化工等行业绿色转型的迫切需求，辽宁打造一套绿色减碳的基础研究框架至关重要。在此框架下，需强化对基础性、尖端性、变革性技术的研究与开发。利用辽宁高端科技智囊团的资源，构建对尖端变革性技术的预测、发掘及评审体系，并定期对碳中和领域变革性技术的研究项目进行更新与调整。聚焦低碳能源开发、尖端储能技术、碳捕集及利用技术，借助能源催化领域的国家级重点实验室等科研平台，深入研究包括超高转换率光伏单元、创新制氢方法、先进储能解决方案、人工光合作用、直接空气中的碳捕集技术以及碳质资源的高效催化应用等基础性与前瞻性课题。强化不同学科间的交汇融合，激发突破性技术革新，推动关键技术的创新进步，引导产业经济模式的转型与升级。

（四）强化能源低碳/零碳多能融合技术创新

针对辽宁在能源结构调整方面的紧迫需求及其创新能力，紧贴多元化能

源融合的技术发展战略，积极促进风能、太阳能等可再生能源以及核能的发电技术、新型储能技术、氢能源及燃料电池技术、智能能源网络技术、化石能源的清洁高效转换技术、先进节能技术等核心技术攻关。加强对新型电力系统核心技术的研究及推广使用，提升可再生能源的接纳与储存能力，为辽宁电力设备制造、氢能源等相关产业集群的科技进步提供强有力的技术支持。借助全省范围内风电、太阳能、核能、生物质能等关键能源项目的支撑，深入研究海洋风电利用、太阳能沙漠治理、渔业与光伏相结合、生物质能发电以及核能海水淡化等领域的技术，推动相关设备的创新研发，打造新能源发展的新格局与新产业形态。预计到2030年，辽宁新能源技术的研发实力将显著提升，有效促进传统能源的逐步替换。

（五）大力开发氢能技术，促进绿色氢能产业创新发展

充分利用大连化工研究所在氢气生产、储运及燃料电池方面的研究开发优势，加速发展氢气制备、储运及燃料电池；构建以氢能为核心的完整产业链和配套设施，并鼓励发展以洁净能源为基础的大规模电解水生产氢气。建成国内一流、国际先进的氢气技术研究和创新基地。发展新的可再生能源生产氢气，促进其工业化，扩大氢气在储能、交通和工业等方面的应用。

（六）设计谋划好清洁能源产业链，发展清洁能源产业集群

促进清洁动力领域的发展，核心在于打造完整的产业链条。一是着重规划打造清洁能源产业链。遵循"理论研究+技术突破+金融支持+人才保障+市场应用"的产业链打造模式，充分调动企业、高等院校、科研机构及人才的创新潜能，在新能源的开发利用领域进行基础性研究；发挥国家整体作战优势，实施"揭榜竞赛"制度，突破清洁能源开发过程中的关键技术瓶颈；为清洁能源的研究主体和市场参与者提供信贷、投资、补助、税收、技术等多方面的支持；积极培育和吸引国内外清洁能源行业的高端人才，构筑清洁能源产业的人才集聚地。推动企业深化能源技术成果转化，助力企业构建线上线下融合的能源交易市场，积极引导企业拓展国内外市场空间。二是

着力引入旗舰型企业和专注于细分市场的创新型企业。对于新能源产业链的源头、中端和终端领军企业，以及成长型的"瞪羚"公司和专注于细分领域的"专精特新"中小型企业，通过整合资金、技术、信息、项目、平台、场地、人才等多重资源，促进新能源企业形成集群效应，确保产业链的稳健与可控。三是利用数字化手段助力清洁能源企业实现智能化升级。一方面，积极推动清洁电力、氢能源、燃料电池等绿色能源向数字化能源及其产业化领域转型，大力促进清洁能源在各种数字化场景中的广泛应用；另一方面，助力传统中小型能源企业实现数字化升级改造，借助工业互联网平台，实现中小型能源企业的"云端智能化"，从而推动能源企业的绿色化与智能化进程。四是建立清洁能源产业创新联盟。构建以清洁能源、氢能源、燃料电池为核心的产业推进组织，构筑政府与企业间的互动纽带；抓住数字政府建设的机遇，向相关企业提供"一次性办结"的高效服务；打造清洁能源行业的工业互联网系统，助力清洁电力、氢能源、燃料电池等行业的企业创新发展，提供全方位的问题解决方案；组建清洁能源企业创新合作体，以比亚迪、华为等知名新能源及其组件开发商为核心创新力量，引领中小型能源企业共同发展。

参考文献

德阳市委市政府决策咨询委员会：《建设世界级清洁能源装备制造基地的思路与对策研究》，《战略与决策》2023 年第 2 期。

梁红静、刘津升：《我国清洁能源发展中存在的问题及对策研究》，《边疆经济与文化》2021 年第 6 期。

魏霞、刘子健、李伟：《辽宁：科技创新助力清洁能源消纳》，《国家电网》2019 年第 12 期。

社会发展篇

B.14
辽宁养老服务体系建设研究*

杨成波　杨怀纲**

摘　要：　辽宁加快养老服务体系建设步伐，取得了良好效果，政策体系不断完善，抓实居家和社区养老服务，支持养老机构多业态发展，医养康养进一步融合发展，强化兜底保障服务，实施综合监管提升服务质量。但也存在养老服务总体发展水平有待提高、医养融合发展不充分和养老服务床位数量不足等问题。因此，要从居家和社区养老、农村养老、兜底保障、信息化养老、人才队伍建设和养老机构评估等方面入手，完善辽宁养老服务体系。

关键词：　养老服务　居家和社区养老　机构养老

---

* 本文为2024年度辽宁省经济社会发展研究课题（项目编号：2024lslybkt-134）的阶段性成果。

** 杨成波，辽宁社会科学院社会学研究所副所长、研究员，主要研究方向为社会学基础理论和社会保障；杨怀纲，辽宁省社会保险事业服务中心部长，主要研究方向为社会保障有关政策分析。

党的二十届三中全会提出，优化基本养老服务供给，培育社区养老服务机构，健全公办养老机构运营机制，鼓励和引导企业等社会力量积极参与，推进互助性养老服务，促进医养结合。建立健全养老服务体系是我国积极应对人口老龄化挑战的重要抓手，辽宁在养老服务体系建设方面进一步深化发展。

一 辽宁养老服务体系建设现状

（一）政策体系不断完善

近年来，辽宁发布了一系列关于养老服务的政策法规文件，不断丰富和完善了辽宁的养老服务政策体系。辽宁省出台了《辽宁省建立完善老年健康服务体系实施方案》《辽宁省积极应对人口老龄化实施方案》《辽宁省人民政府办公厅关于推进养老服务发展的实施意见》《辽宁省"十四五"促进养老托育服务健康发展实施方案》《辽宁省"十四五"城乡社区服务体系建设规划》《辽宁省贯彻落实"十四五"健康老龄化规划实施方案》《辽宁省人民政府办公厅关于印发辽宁省推进基本养老服务体系建设实施方案的通知》等政策文件，相关部门印发了人口发展、养老服务、医养结合、老年健康、老年教育、无障碍建设等一系列涉老政策措施，为养老服务发展提供了强有力的政策支持和制度保障。

（二）抓实居家和社区养老服务

一是积极争取国家项目。"十三五"时期，民政部、财政部实施了居家和社区养老服务改革试点，辽宁有9个市被确定为国家试点单位，争取国家资金 2.7 亿元。其中鞍山、抚顺、丹东、锦州获评全国改革试点验收"优秀"等次，鞍山、辽阳改革经验被民政部在全国推广。"十四五"时期，民政部、财政部将改革试点升级为提升行动，经积极争取，沈阳、锦州、本溪、丹东、抚顺先后被确定为国家提升行动项目地区，获得国家专项资金超

过 1.2 亿元，已建成家庭养老床位 1.1 万余张。二是实施省改革试点项目。"十四五"时期，省政府连续 3 年将建设示范型居家和社区养老服务中心列入省政府工作报告民生实事，投入补助资金 1.12 亿元，支持各地建设 150 个示范型居家和社区养老服务中心（综合体），健全县（区）、街道（乡镇）、社区（村）三级养老服务网络。全省各地在社区嵌入式养老服务机构培育、街道养老服务综合体建设、智慧养老发展和困难老人上门服务等方面培育出一大批先进典型，创新打造了"牡丹赋能"养老服务品牌。各级各类医养结合机构、养老服务机构、物业企业、家政公司、餐饮单位、爱心公益组织等为老年人开展助餐、助浴、助洁、助医、助行、助娱等定制服务，倾力打造"15 分钟养老服务圈"。截至 2023 年底，全省社区老年活动室、日间照料室等城乡社区养老服务设施发展到 14021 个，床位达到 4.95 万张，覆盖率分别达到 100% 和 71.5%。全省老年助餐服务机构发展到 547 个；享受政府兜底购买服务的居家养老上门服务 169.15 万人次。①

（三）支持养老机构多业态发展

全省各级财政年均安排养老服务资金不低于 8.5 亿元，各级福彩公益金 55% 以上用于发展养老服务。"十四五"时期谋划养老服务项目 324 个，计划总投资 216 亿元，2021 年以来投资 37.4 亿元。沈阳、锦州、丹东、铁岭、朝阳、葫芦岛 6 个市成为城企联动普惠养老专项行动试点城市，争取国家项目 6 个，新增床位 5600 张。省民政厅与国家开发银行、中国银行、工商银行、盛京银行开展战略合作，为养老服务项目争取金融支持。各级政府全面落实扶持养老机构发展的建设补贴、运营补贴、责任保险费补贴、税费减免等政策，鼓励引导社会资本投入养老服务，积极发展医养结合型、护理型、嵌入式、旅居式、候鸟式等多业态养老服务。在各项政策的支持下，中国康养集团、国药集团、华润集团、泰康人寿等国内知名企业进驻辽宁养老板块，涌现出沈阳养老产业集团、大连康养产业集团、

---

① 资料来源：《2023 年度辽宁省老龄事业发展公报》。

万佳宜康、幸福爸妈、辽河康养等本土养老服务品牌。截至 2023 年底，全省有各类养老机构 2371 家，其中公办养老机构 495 家（城市公办 88 家、农村公办 407 家），民办养老机构 1876 家。全省有 64 家公办养老机构实施了以公建民营为重点的改革。全省有 395 家养老机构开展了延伸居家和社区养老服务工作，年服务老人超过 72.58 万人次。全省养老机构床位 21.24 万张，收住老人 10.23 万人，入住率为 48.16%。其中，民办养老机构床位 14.43 万张，入住老人 7.64 万人，入住率为 52.95%；公办养老机构床位 6.81 万张，入住老人 2.59 万人，入住率为 38.03%（见表1）。全省普通养老机构收费价格在 700~6000 元，高端养老机构收费价格在 5000~24000 元。

表1　2023 年辽宁省机构养老情况

类型	养老机构总数(家)	养老机构床位数(万张)	收住老人数(万人)
公办	495	6.81	2.59
民办	1876	14.43	7.64
总计	2371	21.24	10.23

资料来源：根据辽宁省民政厅网站整理。

（四）医养康养进一步融合发展

一是建立健全老年医疗服务网络，加强二级以上综合性医院老年医学科建设，引导二级及以下医院转型为康复医院、护理医院，推进老年友善医疗机构建设，积极发展安宁疗护服务，提高老年健康服务能力。二是推动医疗卫生机构与养老服务机构统筹规划、毗邻建设，鼓励养老机构依法开办内设医院、诊所（室）。鼓励二级及以下医疗卫生机构利用闲置床位增设养老服务功能，推动基层医疗卫生机构拓展医养结合功能，积极发展社区和居家医养结合服务。截至 2023 年底，全省两证齐全的医养结合机构 175 家，其中养办医机构 81 家，医办养机构 94 家，4 个区、2 家机构被命名为第一批全国医养结合示范单位，全省养老机构与医疗机构建立结对

签约 2000 余对，能够以不同形式为在院老人提供医疗服务。卫生健康与民政部门联合培育中医药健康养老服务示范单位 45 家，推广医养结合典型事例 100 余例。①

（五）强化兜底保障服务

聚焦低保、特困、失能、高龄等特殊困难老年群体，辽宁省政府出台《辽宁省推进基本养老服务体系建设实施方案》和《辽宁省基本养老服务清单》，大力发展基本养老服务。一是特困老人应保尽保。将无劳动能力、无生活来源、无法定赡养人的"三无"老人及时纳入特困人员救助供养政策范围，连续 13 年提高特困人员救助供养标准，城市和农村特困人员救助供养平均标准分别达到 1280 元/月和 837 元/月，高于全国平均水平，全省 13.7 万名特困人员的基本生活和服务得到了有力保障。二是加强公办养老机构建设。省民政厅、省发展改革委和省财政厅等部门下发文件，每年安排资金补助各地特困供养服务设施改造，到 2023 年底实现全省失能半失能照护型特困供养机构县（市）全覆盖，有集中供养意愿的特困老年人 100% 集中供养。三是制定实施老年福利政策。为全省 28.8 万名 80 岁以上困难老年人及 90 岁以上老年人发放高龄津贴，每人每月补贴标准为 50 元至 1000 元不等；为 3.5 万名经济困难的高龄老年人和失能老年人发放服务补贴和护理补贴，每人每月最低标准不低于 50 元；为 9.8 万名分散供养特困老年人办理意外伤害保险。完成特殊困难老年人家庭适老化改造 2.55 万户。313 名符合条件的经济困难失能老年人入住养老机构享受集中照护服务。② 四是加强对特殊困难老年人的关心关爱。落实国家政策文件规定，逐步建立面向经济困难的独居、空巢、留守、失能、重残老年人的关爱巡访制度，通过政府购买服务，组织养老服务企业、社工服务组织、社区志愿者等社会力量，定期到老年人家中提供探访关爱服务，及时送去关怀和温暖。

---

① 资料来源：《2023 年度辽宁省老龄事业发展公报》。
② 资料来源：辽宁省民政厅网站。

（六）实施综合监管提升服务质量

辽宁省民政厅开展了为期四年的提高养老院服务质量专项行动。2023年，省民政厅等部门下发养老机构登记备案措施文件，对养老机构设立、消防安全、食品安全、特种设备等工作实施综合监管。省民政厅牵头开展常态化养老机构"双随机、一公开"抽查和安全管理大排查大整治活动。省委政法委牵头开展了为期 9 个月的养老诈骗专项整治行动，依法处置无证无照养老服务场所 87 个。民政部在辽宁开展养老服务信用监管试点，建立起养老服务市场失信惩戒对象名单管理制度。加强养老服务标准化的规范引领作用，成立辽宁养老服务标准化技术委员会，编制下发居家养老、失能老年人专业照护等省级服务标准 7 件。开展了两批次养老机构等级评定工作，加强养老人才队伍建设，各地建立了一批培训实训基地。辽宁省举办了三届养老护理职业技能大赛，4 人获得全国竞赛三等奖及以上奖项。

二　辽宁省养老服务体系建设存在的问题

（一）养老服务总体发展水平有待提高

受市场环境、老年人消费观念、消费能力等因素影响，养老服务的总体发展水平不是很高。养老服务前期投入大、利润低、回报周期长，养老服务机构总体盈利能力不强，养老机构床位总体入住率不高，部分养老服务机构面临生存难、可持续发展难等难题。省内大品牌、实力强、有经验的养老服务企业和社会组织比较少。专业人才短缺，养老服务机构从业人员中养老护理员数量与失能半失能老年人护理需求差距大，且主体是 45 岁至 60 岁的农村进城务工人员，缺乏护理知识、技能和经验，年轻的专业人才稀缺，养老服务专业毕业生行业留存率低。人员结构失衡，专业技术、社会服务、经营管理、科学研究和志愿者五支队伍结构失衡，战略人才和顶级经营管理及专业技术人才尤其缺乏，养老服务高技能人才体系建设严重不足。资源整合度

低，智慧养老服务资源整合度低，存在"数据孤岛"现象，不同平台信息难以有效收集、整理和分类，未形成统一完善的智慧养老服务平台，影响服务的精准性和高效性。资源配置不均衡，存在城乡、区域、服务类型的结构性问题，机构养老床位大量空置的同时，价格可负担、质量有保障的居家社区养老资源紧缺。缺乏统一标准，智慧养老等领域缺少相关政策和统一标准，导致养老服务质量参差不齐，在服务内容、服务流程、服务质量评估等方面缺乏规范，难以保障老年人的合法权益。居家养老上门服务耗资较大，长期照护险覆盖城市范围小，老旧小区养老服务设施开发改造难，养老机构融资难。养老服务存在着有效需求不足、低效供给过剩、供需对接不畅，养老产业发展相对滞后，养老护理工作队伍人才短缺、能力不足等问题。

（二）医养融合发展不充分

养老机构取得医疗资质的较少，公立医院缺乏开展养老服务的动力，真正实现医养融合的机构少；长期护理保险试点地区少，受益人群覆盖面窄；对居家老人上门诊疗服务还有待发展。服务内容单一，现有医养结合服务多集中于基本生活照料，缺乏针对失能半失能老年人的专业护理和康复服务，难以满足多样化需求。农村医养结合发展滞后，农村地区医养结合机构数量少、设施落后，服务能力不足。例如，部分农村养老机构缺乏常驻医护人员，难以满足老年人的医疗需求。服务衔接不畅，医疗卫生和养老服务机构在合作中存在信息共享不畅、服务流程衔接不紧密的情况。如养老机构与医疗机构之间的转诊标准和流程不够明确，导致老年人在需要医疗救治或康复护理时，不能及时、顺畅地在两者之间转换。签约合作形式化，部分养老机构与周边医疗卫生机构虽有签约合作，但实际服务内容落实不到位，如预约就诊绿色通道、上门巡诊等服务不能有效开展，未能真正满足老年人的医养需求。

（三）养老服务床位数量不足

从养老床位数量来看，2023年全国为老年人提供住宿的养老服务床位为517.22万张，而辽宁能够提供的床位仅19.81万张，而江苏为45.81万张、湖北为 29.48 万张、安徽为 32.20 万张，辽宁与这些省份相比存在较大差距。从每千老年人口养老床位数来看，全国平均数为 27.7 张，辽宁省为 21.0 张，低于全国平均水平，江苏为 35.6 张、湖北为 36.9 张、安徽为 30.0 张，均高于辽宁（见表 2）。

表 2　2023 年全国与部分省份养老床位数

单位：万张，张

地区	养老床位	每千老年人口养老床位数
全国	517.22	27.7
辽宁	19.81	21.0
吉林	14.55	25.7
黑龙江	18.08	25.4
江苏	45.81	35.6
湖北	29.48	36.9
安徽	32.20	30.0

资料来源：《2024 年中国统计年鉴》。

三　完善养老服务体系建设的对策建议

（一）着重发展居家和社区养老服务

居家和社区养老服务是养老服务的发展方向，要重点发展居家和社区养老服务，发挥政府的主导作用，把主要精力放在居家和社区养老服务上，在规划、政策、资金等方面加强顶层设计，促进居家和社区养老服务发展。通过新媒体、传统媒体加大宣传力度，形成养老爱老孝老的传统氛围，增强全社会养老文化共识。要不断地完善居家和社区养老服务多元化供给格局，政府、社会、企业和个人都应该成为居家和社区养老服务的供给方，采取公建民营、民办公助等方式加快居家和社区养老服务软硬件的发展。鼓励社会组织和企业建设一批高端养老社区，激发市场活力和民间资本潜力，培育和打

造一批品牌化、连锁化、规模化的养老服务企业和社会组织。提高居家和社区养老服务的供给质量，除了日间照料、康复护理、配餐送餐、短期托养等一系列服务，还应该积极提供心理层面的服务，同时鼓励支持社会力量建立医养结合型居家养老服务中心，将失能半失能及空巢老人纳入医疗和养老的服务保障范围，推动医养结合深度发展。

（二）补齐农村养老服务发展短板

农村养老服务始终是养老服务发展的弱项或是短板，要充分发挥各级政府的积极作用，逐步打破城乡二元壁垒，补齐农村养老服务短板。在乡村振兴、新农村建设和合村并居背景下，在财政预算内优先投资农村养老服务发展，统筹做好农村养老服务设施和农村幸福院的建设，允许其将剩余床位向社会老人开放，开展助餐、助浴、健身休闲娱乐等多样化服务。采取多种方式举办农村幸福院和养老院，鼓励农村自治组织、社会组织、志愿团体或企业、个人等发展互助式养老服务。落实农村空巢及留守老人定期探访制度，要关爱农村老年人，保护农村老年人，全面建立上门探视制度，在精神慰藉、生活照料、帮扶救助、安全保护上让农村老年人感受到社会大家庭的温暖。

（三）强化养老服务兜底保障作用

一是落实特困人员救助养老服务政策。落实 2021 年民政部修订的《特困人员认定办法》，将符合条件的特困人员纳入政策保障范围，同时保障特困人员生活救助，特别是城乡特困人员救助保障准备与城乡低保保障标准挂钩，同步增长，相辅相成。二是加强农村养老服务设施改造。按照国家标准，每个县（市）都要有一所失能半失能照护型服务机构，要维修改造条件不好的养老服务机构，提升农村特困人员集中照护能力，同时强化农村区域性养老服务中心建设。三是推进适老化改造。按照国家的文件精神，以年度为单位对分散供养特困人员家庭实施居家适老化改造。

（四）加大养老服务信息化建设力度

探索推进"互联网+养老"新模式，运用人工智能、物联网、云计算、大数据等信息化手段加快推进养老服务发展，加快网络信息平台建设，整合线上线下资源，更好地为老年人提供便捷服务，主要包括远程医疗、紧急救助、代买物品等服务。推进科技产品适老化研发，改变老年人思想认识，提高老年人对智能产品的接受程度，通过社区志愿服务向老年人传授智能产品和服务的使用方法，使老年人能够熟练地使用智能产品和服务，享受新产品带来的"数字红利"。

（五）加强养老服务人才队伍建设

重点打造专业护理人员队伍。制订能力培训计划，扩大培训对象，将有意愿从事养老服务的人员纳入培训范围，对符合条件的从业者给予职业培训补贴。落实养老服务人员的补贴政策，居家社区养老服务从业者同等享受养老机构服务人员的补贴，对入职养老服务机构的老年服务与管理类专业毕业生给予一次性奖励。提高社会地位和薪酬工资待遇，严格落实各项社会保险制度，调动各类养老服务专业人才入职养老领域的积极性。同时，通过组织各种职业技能大赛以及开展优秀护理员评选活动，提高养老服务专业人才的社会地位。通过宣传养老护理员先进事迹，提高全社会的认可度。支持和鼓励现有高等院校、职业技术学校增设养老服务专业和课程，建立人才培训基地。培育社会公益慈善组织，扶持为老服务志愿组织。

（六）完善公立养老机构入住评估制度

公办养老机构首先解决的是生活困难和低收入老年人养老问题，必须设置入住条件，让经济困难的老年人能够入住，满足养老服务需求。公办养老机构入住评估制度应遵守国家最低生活保障线，按照收入等级，做到"保基本、补不足"，保证公共财政使用的公正性。同时对老年人身体条件进行评估，根据评估结果确定享受服务的等级。同时提升公办养老机构综合监管

水平，抓好欺老虐老、非法集资、保健品虚假宣传等各方面的风险排查与隐患整治，对养老机构进行等级评定，提升养老机构管理水平。

参考文献

姜丽美：《城乡融合发展背景下农村养老难题破解路径》，《华北水利水电大学学报》（社会科学版）2024年第2期。

刘慧君、李志彬：《医养结合服务的有效模式及其实现机制研究》，《西北人口》2024年第2期。

苏炜杰：《论居家养老服务中的政府担保责任》，《南开学报》（哲学社会科学版）2024年第2期。

程明梅、杨华磊：《中国城镇失能老年人口规模及养老服务需求预测》，《北京社会科学》2024年第3期。

赵瞳：《医养结合养老服务模式分析、制约因素及实践路径》，《决策科学》2024年第1期。

陈友华：《我国养老服务的定位、问题与思考》，《社会科学辑刊》2024年第5期。

张歌：《养老服务体系与银发经济的耦合逻辑与路径构建》，《中州学刊》2024年第10期。

王志鑫：《养老服务综合监管制度的逻辑框架、现实困境及优化路径》，《地方治理研究》2024年第4期。

陈芳婷：《社区居家养老服务国际比较及启示》，《合作经济与科技》2024年第22期。

B.15
辽宁省收入分配现状、问题及对策研究[*]

闫琳琳　张 媛[**]

摘　要： 党的二十届三中全会进一步强调了全面深化改革和推进中国式现代化的战略部署，为我国收入分配制度的改革与发展提供了新的指导原则和政策方向。辽宁省城乡居民收入水平持续逐年提高，城乡收入差距逐年缩小，但仍与全国平均水平存在一定差距。在数字化带来的新形势下，新质生产力与生产要素的变化为辽宁收入分配制度的深化改革带来新的挑战，当前，应着力完善数字经济现代化市场体系，缩小收入差距，从三次收入分配入手，全面构建收入分配新格局，促进人民共同富裕和全省经济高质量发展。

关键词： 收入分配　数字化　共同富裕

党的二十大报告指出，"着力促进全体人民共同富裕，坚决防止两极分化"。缩小收入差距乃至缩小贫富差距是促进共同富裕的题中应有之义，事关中国式现代化建设全局。收入分配作为社会经济发展的核心议题，关乎全体劳动者的切身利益，是社会和谐与进步的重要标志。自改革开放伊始，我国便将收入分配制度的改革置于战略高度，以此为调整社会利益关系、激发经济活力的重要手段。收入分配制度的改革已成为我国社会经济体制改革的

---

* 本文为辽宁省社会科学规划基金项目"总体安全观视域下辽宁劳动力供给风险识别与应对策略研究"（项目编号：L23BSH009）的阶段性研究成果。

** 闫琳琳，辽宁社会科学院研究员，主要研究方向为人口与社会保障、社会政策；张媛，辽宁社会科学院副研究员，主要研究方向为社会保障、社会政策。

关键环节。当前，收入分配格局的合理性、收入差距的扩大趋势以及社会分配的公正性，构成了收入分配问题的核心内容。这些问题的背后，是收入分配体制机制不足以及地区间生产力发展不平衡的体现。本文通过对辽宁省城镇居民人均可支配收入、农村居民人均可支配收入等关键指标的研究探讨辽宁省城乡居民收入分配的现状，并分析其背后的原因和今后面临的新挑战，进一步提出有针对性的政策建议，以期为辽宁省乃至全国的经济发展和社会进步提供有益的启示和借鉴。

一　辽宁省收入分配现状分析

辽宁省不断优化收入分配制度，全省居民收入实现稳步增长，与经济增长基本同步，城乡收入差距逐年缩小，收入分配结构不断优化，为尽快实现共同富裕奠定了良好基础。但地区间、行业间以及不同群体间还存在一定收入差距。

2024 年前三个季度，辽宁省居民人均可支配收入累计 29998 元，同比增长 4.9%，与全国同期增长率（4.9%，扣除价格因素，下同）持平；城镇居民人均可支配收入累计 35862 元，同比增长 4.6%，比全国同期增长率（4.2%）高 0.4 个百分点；农村居民人均可支配收入累计 17786 元，同比增长了 5.9%，比全国同期增长率（6.3%）低 0.4 个百分点。

（一）城乡居民可支配收入不断增长

用城镇居民人均可支配收入和农村居民人均可支配收入来分别衡量城镇和农村居民的收入水平。2019~2023 年，辽宁省城镇居民人均可支配收入和农村居民人均可支配收入都在逐年上升，表明城乡居民的生活水平在不断提高。2019 年城镇居民人均可支配收入为 39777 元，农村居民人均可支配收入为 16108 元。到 2023 年，城镇居民人均可支配收入为 45896 元，农村居民人均可支配收入为 21483 元（见图 1）。

就增长率来看，2023 年辽宁省城镇居民人均可支配收入和农村居民人

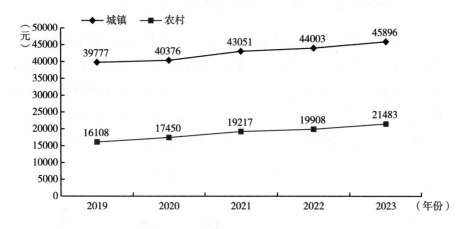

图1　2019~2023年辽宁省城乡居民人均可支配收入

资料来源：根据历年《辽宁统计年鉴》相关数据获得。

均可支配收入比上一年分别增长4.3%和7.9%。总体来看，2020~2022年居民收入增速呈现阶段性放缓，2023年全省城乡居民人均可支配收入的增长势头正在逐渐恢复（见图2）。

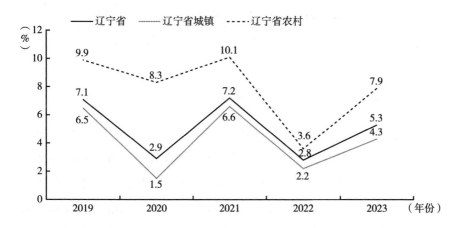

图2　2019~2023年辽宁省城乡居民人均可支配收入增长率

资料来源：根据历年《辽宁统计年鉴》相关数据获得。

（二）城乡居民收入水平与全国平均水平存在差距

2023年辽宁省城镇居民的人均可支配收入为45896元，全国城镇居民人均可支配收入为51821元，辽宁省略低于全国平均水平。同时，全国农村居民人均可支配收入为21691元，辽宁省农村居民人均可支配收入为21483元，也略低于全国平均水平。这表明辽宁省城乡居民收入水平与全国平均水平存在一定差距，需要进一步推动经济发展，着力提高居民收入水平（见图3）。

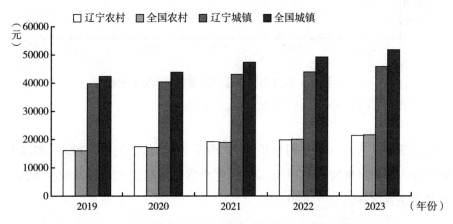

图3 2019~2023年全国与辽宁省城乡居民人均可支配收入

资料来源：根据历年《中国统计年鉴》《辽宁统计年鉴》相关数据获得。

（三）城乡居民收入差距逐年缩小

就城乡居民收入差距而言，2019年辽宁省城乡收入比为2.47，2023年辽宁省城乡收入比为2.14，辽宁省城乡收入差距正在逐年缩小（见图4）。2023年，辽宁省城镇居民人均可支配收入和农村居民人均可支配收入比上一年分别增长了4.3%和7.9%，这说明农村居民的收入增长速度超过城镇居民。辽宁省收入分配制度改革正在稳步深入推进。随着农村产业结构优化调整，政府加大了对农村地区的扶持力度，增强了农村经济社会发展活力，城乡收入差距缩小，全省社会经济正持续均衡发展。

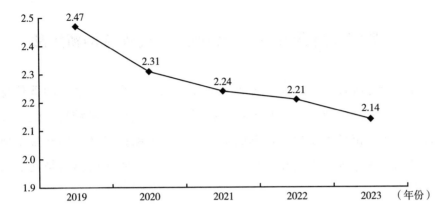

图4 2019~2023年辽宁省城乡居民收入比

（四）各市居民人均可支配收入存在差异

2023年城镇居民人均可支配收入排名榜单中，大连、沈阳分别以53689元和53650元的高收入领跑，而朝阳、铁岭等城市则相对较低（见图5）。受增长极化趋势驱动，沈阳、大连集聚了全省大部分人才和创新要素，发展水平和收入显著高于其他地区，相应的居民收入水平较高，从而在一定程度上拉高了省域收入基尼系数。

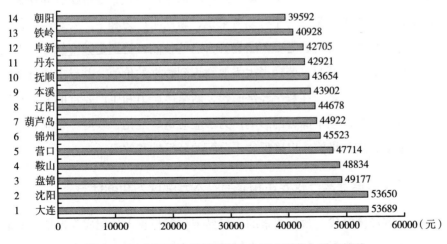

图5 2023年辽宁省城镇居民人均可支配收入排名榜单

二 数字经济背景下辽宁省收入分配面临的新挑战

在数字经济背景下，辽宁省收入分配面临一系列新挑战。随着信息技术的飞速发展和数字化转型的深入推进，辽宁省的经济结构、生产方式以及劳动力市场都发生了深刻的变化。辽宁省保持经济平稳健康发展面临新的挑战，进一步提高人民生活水平，推进共同富裕仍然是其长期任务与方向。

（一）新质生产力与生产要素的变化带来新形势

在数字经济时代，新质生产力和生产要素的变化对辽宁省的收入分配产生了深远的影响。随着人工智能和数字化技术的广泛应用，传统的生产方式发生了根本性的变化。数据的价值在于提供洞察力，帮助企业更好地理解市场需求，优化生产过程，提高产品和服务的质量。然而，这也可能导致收入差距的扩大，因为那些能够有效利用这些新要素的企业和个人将获得更高的收入。为了应对这些变化，政府需要调整相关政策，以确保收入分配的公平性。例如，加强数据产权的保护，确保数据要素能够公平地参与收入分配；提供培训和再教育机会，帮助劳动者适应新的生产方式；通过税收和社会保障政策，缩小收入差距。对于劳动者来说，新质生产力和生产要素的变化既是挑战也是机遇。劳动者需要不断提升自己的技能，特别是数字技能，以适应新的生产方式。同时，劳动者也需要意识到数据的价值，并寻求通过数据创造收入机会。总之，在数字经济时代，新质生产力和生产要素的变化对辽宁省的收入分配产生了深远的影响。为了应对这些变化，政府、企业和个人都需要采取相应的措施，以确保收入分配的公平性和效率。

（二）数据要素产权界定和参与收入分配成为新的任务

在数字经济时代，数据要素的产权界定和参与收入分配成为迫切需要解决的问题。数据作为一种新的生产要素，与传统的劳动、资本和技术要素一样，对生产过程和经济增长做出了重要贡献。然而，由于数据要素的产权界定尚不明晰，其参与收入分配的机制尚未建立，这限制了数据要素潜力的充分发挥。为了实现数据要素的产权界定和参与收入分配，政府需要采取一系列措施。建立数据要素交易平台，促进数据资源的流通和交易；加强数据安全和隐私保护，确保数据交易和利用的合法性和安全性；提供数据相关的教育和培训，提高劳动者的数据技能和就业竞争力；推动企业和社会各界认识到数据的价值，促进数据资源的开发和利用。总之，加快数据要素的产权界定，让数据要素参与收入分配，是数字经济时代的一项重要任务。这不仅可以充分发挥数据要素的潜力，提高生产效率，还可以提升收入分配的公平性，使经济发展成果更多惠及全体人民。政府、企业和社会各界应共同努力，推动数据要素产权界定的进程，实现数据要素的有效利用和公平分配。

（三）构建数字经济现代市场体系成为新的宏观调控方向

长期以来，政府一直通过加强对收入分配制度的宏观调控，促进效率与公平之间的平衡，通过税收、社会保障和转移支付等手段对市场进行干预，同时发挥三次收入分配的作用，确保经济发展成果更多惠及全体人民群众。数字经济时代，政府应深化社会主义市场经济体制改革，推动数字经济创造出新的就业需求。政府应支持数字化相关企业创造新的劳动力需求，同时确保企业数字化转型提高劳动报酬占比。通过构建数字经济现代市场体系，制定规范的平台使用、数据算法等制度规则。推动数字平台反垄断监管常态化，确保数字相关行业规范有序健康发展。

三　推进辽宁省收入分配制度改革的对策建议

缩小收入分配差距，显然是一个长期渐进的过程。辽宁的收入分配制度改革，应着眼于三次收入分配的制度构建和政策引导。在初次分配中，完善要素市场体系，促进生产要素在群体和城乡之间的自由流动，实施就业优

先，形成合理的工资增长机制；在再分配中，着力提高直接税占比，改革社保缴费制度，加大税收的调节力度；在第三次分配中，建立完善全民参与的慈善公益事业发展模式。

（一）完善要素市场体系，发挥劳动力市场调节收入分配差距的作用

要素市场改革是发挥初次分配作用最重要的部分，必须消除限制和障碍，实现劳动力自由流动。我国的劳动力市场存在群体分割和城乡分割的现象，只有建立畅通公正的劳动力流动市场，保障知识、技术、劳动、管理、土地、资本、数据等生产要素按照市场贡献参与分配，才能提高劳动力市场的配置效率。要实施就业优先政策，以辽宁的乡村振兴为依托和着力点，提升生产要素在城乡之间的流动性，使城乡良性互动。采取积极的引导措施，引导城市资本向乡村合理流动，鼓励高校和科研院所向乡村转移技术和知识，从而促进技术流动和科研成果的产业化。促进城乡公共服务均等化，给予乡村地区更多的资源倾斜和技术知识扶持，提高乡村地区整体医疗水平和教育水平，让统一的公共服务标准惠及城乡百姓。推动农业产业化经营和合作社建设，提高农业生产效率和经济效益，加大农业科技人才培养和农村科技成果转化力度，切实为乡村振兴赋能。除此之外，还要在企业内部形成合理的工资增长机制，完善劳动力供需双方的工资协商机制。破除国有资本的垄断，让民间资本和小资本拥有同等的发展机会。

（二）调节税收结构和改革社保缴费制度，加大税收对收入分配的调节力度

我国的税收结构长期以来存在占比不均衡的问题，因此在调节收入差距方面起到的作用十分微弱。应在保证企业和个人税负至少保持基本不变的情况下，加大税收对收入的调节力度。在适当时机出台房产税、遗产税等直接税，提升税收的调节作用。另外，我国的养老保险、医疗保险等社会保险，因与工资收入、工作性质等紧密结合，存在收入高的人承担的税率反倒不高的问题，要改革社保缴费制度，使收入高的群体缴费高，收入低的群体缴费低，缩小贫富差距。

（三）完善法律制度体系，培育慈善事业的发展环境

第三次收入分配的参与主体是全体社会成员，改革的重点在于培育慈善事业的发展环境，提高公益慈善的专业化程度。进一步健全法律法规制度，构建激励社会捐赠的政策环境。提高富裕人群财富代际转移的成本，鼓励他们通过建立基金会或者慈善机构的方式来管理财富。政府应加大资金和配套服务支持力度，做好向社会力量购买服务的制度化和规范化建设，如健全统一的公共服务购买评估平台，形成公正、稳定、透明、规范的运行流程和监督机制，促进公益慈善事业的高质量发展。构建高效、合理的慈善组织运行监督机构，实施有效的监督考核机制，培育高素质的工作人员。辽宁省素有"乐善辽宁"的慈善品牌，应进一步通过新媒体开展公益慈善宣传，弘扬公益慈善精神，提高社会大众的慈善意识，培育乐善好施的社会风尚。鼓励先富群体积极参与公益事业，以多元化方式回馈社会，引导普通大众共同参与公益事业，形成人人参与公益慈善事业的新文化氛围。

（四）加快推进"扩中""提低"改革

着力实施居民收入和中等收入群体"双倍增"计划，多渠道增加城乡居民收入，争取在跨过城乡收入倍差、区域极差拐点之后，尽早跨越基尼系数的"库兹涅茨拐点"，并在此基础上缩小财富差距，尽早跨越财富基尼系数拐点。聚焦产业工人、技术工人、科研人员、中小企业主和个体工商户、高校毕业生、进城农民工等重点群体，构建高质量就业创业体系、共富型大社保体系和现代化财税体系。一是加大技能培训和教育投入力度，提高劳动者的技能水平和就业竞争力；二是完善社会保障体系，提高社会保障水平，减轻居民的生活压力；三是优化税收体系，减轻中低收入群体的税负，提高其可支配收入；四是加大对小微企业和个体工商户的支持力度，促进其发展

壮大，增加就业机会；五是加强公共服务的均等化，提高公共服务的质量和效率，让全体居民共享发展成果。通过以上措施的实施，辽宁省有望实现居民收入和中等收入群体的"双倍增"，提高收入分配的公平性和效率，实现社会经济的长期稳定与繁荣。

（五）推动以县城为重要载体的新型城镇化

县城作为城乡融合发展的关键支撑，其城镇化建设将得到加快推动，以促进县城产业配套设施提质增效、市政公用设施提档升级、公共服务设施提标扩面、环境基础设施提级扩能。这将进一步增强县城承载和带动乡村振兴的能力。应建立符合实际的农业转移人口市民化财政土地政策；稳健发展房地产市场，支持刚性和改善性住房需求，加大保障性租赁住房供给，并探索长租房市场建设。

（六）探索规范财富积累机制

着力建立完善推动共同富裕的体制机制和政策框架，重点在创新驱动高质量发展、收入分配结构优化等方面加大改革力度，健全体现社会公平的收入和财富分配、公共服务优质共享、省域一体化发展等体制机制，先富带后富。争取国家各部委支持政策和改革授权，推动共富型财税体制机制、投融资模式机制、就业和收入分配制度、农村集体收益分配机制等的改革创新，进一步完善省级以下转移支付制度，加快经济发展和山区跨越式高质量发展。深化统计体系改革，创新完善统计调查方式，着力构建"精准画像+全面覆盖"基础数据库，为精准施策提供支撑。探索合理调节过高收入的政策，清理规范不正当竞争形成的不合理收入，坚决取缔权钱交易、内幕交易、财务造假、偷税漏税等非法收入，进一步研究制定合理的初次和再次收入分配政策，规范财富积累增长。率先探索对房产、奢侈品等高价值商品持有征税或增税试点，推动完善赠予税、慈善捐赠税收减免政策。健全第三次分配机制，鼓励公益慈善，积极打造"市场有效、政府有为、社会有善"的全国收入分配制度改革试验区，促进社会公平正义。

（七）重视新情况、新问题对收入分配的影响

加强数字经济的法律法规建设，制定和完善与数字经济相关的法律法规，促进数字技能培训和教育。政府应加大对数字技能培训的投入，提供更多的教育资源，帮助劳动者提升数字技能，增强其在数字经济时代的就业竞争力和收入潜力。支持创新创业和小微企业发展，政府可以通过税收优惠、财政补贴等方式，鼓励创新创业，支持小微企业的发展，促进就业机会的增加，为劳动者提供更多的收入来源。加强反垄断监管，推动数字经济的公平竞争，促进数字经济的公平竞争，保护劳动者和小微企业的利益。加强数据安全和隐私保护，加强对数字平台数据管理和使用的监管，保护劳动者的个人信息和隐私权益。

参考文献

赵文、张芳汀：《数字经济的城乡收入分配效应研究》，《山东财经大学学报》2024年第 5 期。

张来明、李建伟：《促进共同富裕的内涵、战略目标与政策措施》，《改革》2021 年第 9 期。

王林辉、胡晟明、董直庆：《人工智能技术会诱致劳动收入不平等吗——模型推演与分类评估》，《中国工业经济》2020 年第 4 期。

B.16
辽宁品牌建设现状、问题与对策研究

王焯 石芳芳*

摘　要：　2023年，辽宁将品牌建设工作作为高质量发展的重要抓手，在企业品牌、行业品牌、区域品牌培育方面取得了突出成效，但是在品牌整合发力、品牌主体责任意识、品牌宣传推广力度等方面还存在提升空间。建议辽宁通过加强顶层设计、提升服务效能、讲好品牌故事、建立组织保障等举措构建大品牌建设格局，提高市场主体的品牌溢价能力，全面提升辽宁品牌建设效能。

关键词：　自主品牌　品牌评价　高质量发展

品牌是高质量发展的重要象征，加强品牌建设是满足人民美好生活需要的重要途径。2023年，辽宁积极深入贯彻《质量强国建设纲要》《辽宁省质量强省建设纲要》《辽宁全面振兴新突破三年行动方案（2023—2025年）》《国家发展改革委等部门关于新时代推进品牌建设的指导意见》，通过品牌价值评价、企业质量品牌跟踪服务、"品牌辽宁"栏目、企业品牌风采线上展示等工作，激发企业品牌建设积极性，加大重点品牌宣传推介力度，加快推进品牌强省建设，进一步提升辽宁品牌的知名度、贡献率和影响力，全面塑造辽宁品牌新形象。

---

* 王焯，辽宁社会科学院社会学所副所长、研究员，主要研究方向为文化人类学；石芳芳，东北财经大学萨里学院副院长、教授，主要研究方向为管理学。

一 辽宁品牌建设现状

2023 年，辽宁出台了《新时代推进辽宁品牌建设三年行动方案（2023—2025 年）》，围绕重点区域、重点产业、重点企业，加强培育打造一批品质卓越、特色鲜明的品牌领军企业和一大批"辽字号"品牌，宣传辽宁品牌文化、讲好辽宁品牌故事，构建多元主体参与的大品牌建设工作格局，在企业品牌、行业品牌和区域品牌建设三方面取得了可喜成效。

（一）企业品牌建设

1. 企业品牌价值评价参与度高[①]

截至 2023 年底，辽宁已连续 8 年开展品牌价值评价工作，累计为 1182 个辽宁品牌提供公益性品牌评价服务。2023 年，进入最终测算环节的企业品牌共 199 家。其中，82 家企业连续两年参评，比重达 41.2%。评价结果显示，81 个企业品牌价值较上年有所提升，平均增幅达到 14%。企业品牌价值评价结果总和达 1457.28 亿元，平均值为 7.32 亿元。参与品牌价值评价的企业涉及机械设备制造、能源化工、食品加工制造、冶金材料等行业，覆盖第一、第二、第三产业（见表 1）。

表 1 2023 年辽宁省品牌价值评价参评企业行业情况

单位：家，亿元

行业	品牌总数	品牌价值平均值
机械设备制造	61	4.39
能源化工	32	14.02
食品加工制造	29	10.39
冶金材料	17	7.27

---

① 资料来源：辽宁省市场监督管理局。

续表

行业	品牌总数	品牌价值平均值
农业	13	2.83
汽车及配件	10	4.53
生物医药	9	12.53
纺织服装鞋帽	8	1.42
酒水饮料	5	6.19
轻工	4	2.32
餐饮业	3	0.95
零售业	2	27.48
金融业	1	4.77
其他	5	1.41
合计	199	7.32

2. 知识产权保护成效卓有成效

2023 年，辽宁新增商标注册申请 11.1 万件，有效注册商标 6.4 万件（见图 1）。全省商标侵权行政案件立案 392 件，结案 390 件；地理标志和官方标志行政执法案件立案 18 件，结案 18 件。开展商标品牌指导站建设，印发《辽宁省商标品牌指导站建设指南（试行）》。组织各地积极探索建立各具特色的商标品牌指导站，面向企业、产业和基层加强商标品牌建设的指导和服务。

2023 年，辽宁全年新增专利授权 67632 件，有效专利总量为 351973 件，同比增长 16.1%。每万人口高价值发明专利拥有量为 7.05 件，同比增长 26.1%，低于全国 11.8 件的水平。在第二十四届中国专利奖评选中，辽宁荣获专利金奖 1 项、外观设计金奖 1 项、专利银奖 1 项、专利优秀奖 15 项、外观设计优秀奖 2 项（见表 2）。辽宁省知识产权局荣获优秀组织奖。

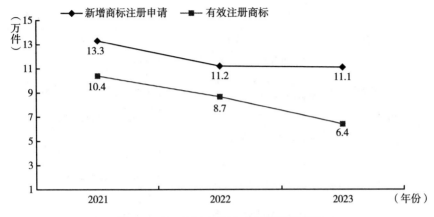

图1 2021～2023年辽宁省商标注册情况

资料来源：《辽宁省质量状况白皮书（2023年）》。

表2 第二十四届中国专利奖辽宁获奖项目名单

序号	专利号	专利名称	专利权人
第二十四届中国专利金奖获奖项目（1项）			
1	ZL201310516269.0	三酮类化合物及其制备方法和应用	山东先达农化股份有限公司、辽宁先达农业科学有限公司
第二十四届中国外观设计金奖获奖项目（1项）			
1	ZL201930435428.2	电子计算机断层扫描仪	东软医疗系统股份有限公司
第二十四届中国专利银奖获奖项目（1项）			
1	ZL201711206673.2	一种使用常规刀柄的自动换刀超声波电主轴	大连理工大学
第二十四届中国专利优秀奖获奖项目（15项）			
1	ZL201310337450.5	一种网箱对水流影响的模拟方法	大连理工大学
2	ZL201410758716.8	一种基于惰性气氛的钛合金自耗电极凝壳熔炼铸造工艺	沈阳铸造研究所有限公司
3	ZL201510757717.5	多功能自爬式起吊可延伸工作平台	沈阳建筑大学
4	ZL201511002685.4	集成型电液调节装置	沈阳东北电力调节技术有限公司
5	ZL201610105051.X	一种正压烘炉优化控制方法	中冶焦耐自动化有限公司
6	ZL201710033884.4	双能CT扫描图像重建方法及装置	东软医疗系统股份有限公司
7	ZL201710895974.4	一种钠冷快堆用奥氏体不锈钢光焊丝及其应用	中国科学院金属研究所

序号	专利号	专利名称	专利权人
第二十四届中国专利优秀奖获奖项目（15项）			
8	ZL201710987920.0	一种碳纤维增强 PEEK 复合材料型材的 LFT-D 模压成型方法	大连疆宇新材料科技有限公司
9	ZL201711044193.0	大型风洞压缩机机壳加工方法	沈阳透平机械股份有限公司
10	ZL201810968890.3	内燃机车主辅传动系统及内燃机车	中车大连机车车辆有限公司
11	ZL201811114677.2	双面打印的方法和系统	沈阳飞行船数码喷印设备有限公司
12	ZL201811626625.3	一种多参数油液综合检测装置及其制作方法	大连海事大学、广州华沃检测技术有限公司
13	ZL201910638102.9	输油管道漏点的定位方法及装置	辽宁石油化工大学、广州华沃检测技术有限公司、沈阳贝海瀛科技有限公司
14	ZL201910903030.6	适用于磁悬浮球形电机的分数阶 PID 滑模观测器设计方法	东北大学
15	ZL202010099070.2	一种粉料干压成型装置及方法	青岛理工大学、沈阳宏扬精密陶瓷有限责任公司
第二十四届中国外观设计优秀奖获奖项目（2项）			
1	ZL201830180867.9	分子筛制氧机	沈阳爱尔泰医疗科技有限公司
2	ZL202030017036.7	矿用滤尘送风式防尘口罩	沈阳煤炭科学研究所有限公司、煤科集团沈阳研究院有限公司

资料来源：《辽宁省质量状况白皮书（2023 年）》。

（二）行业品牌建设

1. 农业品牌

2023 年，辽宁加快推动畜牧业转型升级，双汇生猪、宏发肉鸡、韩伟蛋鸡等一批大项目建成投产，畜禽规模养殖率达到 71%，同比提高 2 个百分点。大力发展海洋渔业，新建辽宁省绥中海域品复国家级海洋牧场、辽宁省盘锦辽东湾海域盛源国家级海洋牧场等 4 个国家级海洋牧场示范区；在大连、丹东等地启动了深远海大型养殖平台建设，建成全国最大的专业南极捕捞加工船。全年蔬菜水果产量同比增长 4.5%，肉产量同比增长 6.2%，水产品产量同比增长 3.9%，有力保障了老百姓"菜篮子"的有效供给。[①] 2023 年，辽宁共培育 6 个农产品区域公用品牌，分别是营口市大石桥大红袍李子、抚顺市抚顺单片黑木耳、丹东市凤城蚕蛹、朝阳市北票荆条蜜、沈阳市康平花生、本溪市连山关刺五加。

2. 装备制造业品牌

2023 年，辽宁在数字化、绿色制造品牌方面取得了比较突出的建设成效。截至 2023 年底，辽宁累计开通 5G 基站超 11 万个；上线标识解析二级节点 39 个，居全国第 3 位；沈阳、大连入选国家首批中小企业数字化转型试点城市，数量居全国首位；培育省级工业互联网平台 87 个、省级 5G 工厂 40 个、国家级 5G 工厂 8 个。鞍山等 5 个城市被列入国家千兆城市，东北首个超大规模 RedCap 商用部署在辽宁完成，10 个项目入选新一代信息技术与制造业融合发展示范项目。[②] 2024 年 5 月，辽宁省工业和信息化厅发布《关于公开征求〈辽宁省绿色制造梯度培育及管理实施细则（征求意见稿）〉意见的通告》，用于辽宁省内组织开展的绿色工厂、绿色工业园区、绿色供应链管理企业的梯度培育创建和动态管理，截至 2024 年 6 月，辽宁共创建省级绿色制造单位 131 家（种/个），包括绿色工厂 118 家、绿色设计产品 12 种、绿色供应链管理企业 1 个；15 家企业入选国家级绿色工厂，总数达到 46 家（见表 3）。

表 3　辽宁省创建国家级绿色工厂名单

序号	企业（园区）名称	地区
1	中车沈阳机车车辆有限公司	沈阳市
2	沈阳大清宝泉矿泉水饮品制品有限公司	沈阳市
3	沈阳科创化学品有限公司	沈阳市
4	沈阳李尔金杯汽车系统有限公司	沈阳市

---

① 资料来源：辽宁省农业农村厅网站。

② 《"老家底"新起来 "新产业"壮起来》，《辽宁日报》2024 年 2 月 29 日。

续表

序号	企业(园区)名称	地区
5	沈阳伊利乳品有限责任公司	沈阳市
6	浦项(辽宁)汽车配件制造有限公司	沈阳市
7	沈阳李尔汽车系统有限公司	沈阳市
8	华安钢宝利高新汽车板加工(沈阳)有限公司	沈阳市
9	沈阳远大压缩机有限公司	沈阳市
10	沈阳凌云瓦达沙夫汽车工业技术有限公司	沈阳市
11	沈阳旺旺食品有限公司	沈阳市
12	辽宁裕通石化机械仪表有限公司	沈阳市
13	大连第一互感器有限责任公司	大连市
14	冰山冷热科技股份有限公司	大连市
15	大连中集特种物流装备有限公司	大连市
16	大连北方互感器集团有限公司	大连市
17	大连第二互感器集团有限公司	大连市
18	中石化催化剂大连有限公司	大连市
19	中粮麦芽(大连)有限公司	大连市
20	大众汽车自动变速器(大连)有限公司	大连市
21	大连石岛工业有限公司	大连市
22	斯凯孚(大连)轴承与精密技术产品有限公司	大连市
23	大连爱德摩设备制造有限公司	大连市
24	中车大连电力牵引研发中心有限公司	大连市
25	东风汽车有限公司东风日产大连分公司	大连市
26	大连创新零部件制造公司	大连市
27	正大能源材料(大连)有限公司	大连市
28	维达纸业(辽宁)有限公司	鞍山市
29	丹佛斯(鞍山)控制阀有限公司	鞍山市
30	鞍山钢峰风机有限责任公司	鞍山市
31	鞍山发蓝股份公司	鞍山市
32	辽宁东和新材料股份有限公司	鞍山市
33	辽宁沈车铸业有限公司	鞍山市
34	鞍山科顺建筑材料有限公司	鞍山市
35	亚世光电(集团)股份有限公司	鞍山市
36	抚顺东联安信化学有限公司	抚顺市
37	辽宁嘉顺科技有限公司	营口市
38	辽宁奥镁有限公司	营口市

序号	企业(园区)名称	地区
39	无限极(营口)有限公司	营口市
40	营创三征(营口)精细化工有限公司	营口市
41	辽宁联通管业有限公司	阜新市
42	华洲重工股份有限公司	阜新市
43	航天长峰朝阳电源有限公司	朝阳市
44	盘锦金田塑业有限公司	盘锦市
45	丰海(盘锦)水稻生物科技有限公司	盘锦市
46	辽宁丽天新材料有限公司	葫芦岛市

3.旅游业品牌

2023年，辽宁省制定下发《辽宁省文化和旅游厅关于做好2023年全省文明旅游工作的通知》，全面部署文明旅游工作。定期发出文明旅游提示，增强游客文明旅游自觉性。指导沈阳故宫博物院、大连金石滩景区成功获评第二批国家级文明旅游示范单位，评定辽宁省图书馆等30家单位为2023年省级文明旅游示范单位。

新增国家级休闲街区1个（沈阳红梅文创园旅游休闲街区）、国家工业旅游示范基地3个（沈阳市沈飞航空博览园、大连市冰山慧谷工业旅游区、抚顺市抚顺煤矿博物馆）、智慧旅游沉浸式体验新空间试点项目1个（大连EX机器人未来科技馆）、中国特色旅游商品大赛金奖1项（南塔禽香·沈阳鸡架烧烤味）。新增省级旅游度假区2家（沈阳财湖低空旅游度假区和凌源热水汤温泉旅游度假区）、省级乡村旅游重点镇（乡）6家、省级乡村旅游重点村37家、省级滑雪旅游度假地3家（大连安波旅游度假区、营口何家沟滑雪场、阜新黄家沟旅游度假区）、省级旅游休闲街区4家（沈阳市大东区时代文仓城市公园、大连市中山区悠见南山文化旅游休闲街区、大连市西岗区俄罗斯风情街、鞍山市铁东区东宾特色休闲文化街区）、省级全域旅游示范区5家（沈阳市浑南区、沈阳市法库县、大连市金普新区、丹东市东港市、抚顺市新宾县）、省级工业旅游示范基地5家（辽宁千山酒文化工

业旅游基地、沈阳铁路陈列馆、辽宁参中堂健康产业股份有限公司、辽宁华原葡萄酒庄有限公司、丹东满药园）、省级智慧旅游景区14家、辽宁省中医药健康旅游基地6家。

（三）区域品牌建设

1.新增1项国家地理标志保护产品

地理标志保护产品是区域品牌的一项政府评价工作，对挖掘、培育区域范围内的自然或人文产品具有重要的价值，也有利于带动上下游相关产业的发展。2023年，辽宁持续深入挖掘区域优质特色产品，向国家知识产权局报送"阜新高粱""北镇葡萄""岫岩滑子蘑"等地理标志产品保护申请材料，其中"北镇葡萄"成功获批地理标志产品保护，成为辽宁省近5年来唯一新增的国家地理标志保护产品，实现了机构改革以来地理标志保护产品数量的零的突破。截至2023底，全省地理标志保护产品总量90个。

2."辽宁优品"推动区域品牌高质量发展

2023年，辽宁制发《加快"辽宁优品"品牌建设实施方案（2023—2025年)》，通过多项举措着力构建和完善"辽宁优品"标准体系、认证体系、质量创新体系、监督管理体系、品牌服务体系，建立"高标准+严认证+强监管+优服务+可追溯"的工作机制。截至2024年11月，辽宁共有大米、酸菜、干海参、纯生啤酒、白啤酒、辽砚等8个品牌集群，13个"辽宁优品"产品、服务以点带面，推动区域高质量发展。

3.各地区品牌建设工作取得突出成效

2023年，辽宁各地区积极统筹加强品牌建设，以培育政府质量奖、推广卓越绩效管理模式等为抓手持续打造质量标杆，全力争创辽宁省质量品牌提升示范区，全方位推进品牌价值提升，着力营造良好品牌发展环境。鞍山市印发省内首个关于品牌创建的市级规范性文件《"鞍山精品"品牌评价及认定管理办法》，开展首批"鞍山精品"认定工作。抚顺市组织125家企业参与《抚顺市自主品牌推选活动》，壮大自主优秀品牌，提升抚顺品牌知名度。铁岭市探索开展"知名企业、知名品牌、知名企业家""最具影响力铁岭品牌"评选推介活动等。

二 辽宁品牌建设存在的问题

虽然目前辽宁省的品牌建设已初具成效，企业品牌、产业品牌、区域品牌体系初步形成，但是在品牌整合发力、品牌主体责任意识、品牌宣传推广力度等方面还存在一定的提升空间。

（一）政府对品牌培育"各美其美"，缺少建设合力，集聚效能发挥受限

目前辽宁品牌评选、认定工作呈现多部门相对独立的发展状态，"一县一品""国家地理标志保护产品""辽宁名牌"①"辽宁省工业高质量发展推荐产品目录""专精特新""国家优质工程""辽宁老字号""辽宁礼物""品牌辽宁"等，归口农业、市场监管、工信、住建、商务、广电等不同部门，品牌发展合力较弱，品牌含金量缩水。有些社会机构，还与政府的品牌认定工作"打擦边球"，开展品牌评选工作，出现市场乱象，对政府品牌评价的公信力产生了较大影响。

（二）企业对品牌建设主体意识不强，专业人才短缺，管理成熟度不高

2024年3月至4月对全省各类企业开展的"辽宁省企业质量管理状况"调查结果②显示，企业在品牌管理方面还存在一些提升空间，如七成多的企

---

① 该项评定工作虽然已经取消，但企业和社会影响力犹存。
② 参见2024年辽宁省市场监督管理局印发的《辽宁省质量状况白皮书（2023年）》中的《辽宁省企业质量管理状况问卷调查》。该问卷调查内容包括企业基本信息、质量管理情况、产品或服务与品牌管理、管理方法与工具改进，以及质量管理面临的问题与需求等多个方面。该调查共回收有效问卷3758份，企业抽样覆盖辽宁省14个地级市及沈抚改革创新示范区，涉及农业、制造业、服务业领域39个国民经济行业大类。

业近几年没有参与过品牌价值评价；22.18%的企业参与过至少一次企业品牌价值评价。54.42%的企业在品牌推广方面没有或零星开展了一些活动；仅有7.37%的企业形成品牌管理体系并有效运行，企业品牌管理处于行业领导地位或标杆水平。企业在知识产权保护、公共关系管理方面的投入占比相对较低，分别为3.41%、1.73%。究其原因，主要是企业在品牌建设方面的能动性还存在不足，认为品牌推广成本相对较高，对品牌管理的系统化建设思路也缺乏科学规范的理解与研究。

（三）社会对品牌宣传推广力度不足，形象不突出，品牌溢价能力较弱

目前省域品牌宣传和推广工作主要包括辽宁电视台"品牌辽宁"栏目、辽宁省商务厅"辽宁礼物"、辽宁省市场监管局组织开展的"辽宁优品"认证等，虽然效果良好，但是未凝聚强大合力，未构建出类似于"好品山东""浙江制造""江苏精品"等代表区域的品牌产品、服务，自主品牌建设力度还需要加大，品牌故事还需要讲深讲透，"辽宁制造"的品牌溢价能力与品牌资源优势的匹配度还有较大的提升空间。

三　加强辽宁品牌建设的建议

构建大品牌建设格局必须坚持政府引导、社会共建，坚持以市场为导向，以企业为主体，坚持质量为先、创新驱动。

（一）加强顶层设计，从政府层面引领辽宁品牌整合发力

一是加强组织领导。参照山东省品牌建设经验，在质量强省领导小组的基础上组建辽宁省质量强省及品牌建设推进工作领导小组，办公室设在省市场监督管理局质量发展处，形成主管部门牵头、小组成员部门配合的品牌管理和联动工作机制，明确分工，落实责任，凝聚合力。同时，建议整合各部门品牌评定工作，纳入"品牌辽宁"（也可用"辽宁制造"或其他名称，但

需注册）管理体系，同时设计制定"品牌辽宁"评定标准，分制造业、农业、服务业、区域四大类进行精准培育与评价。

二是持续深入研究。一方面，发挥科研院所和高校力量，研究制定《辽宁省品牌建设"十五五"规划》，确定品牌发展战略，定目标、做方案、教方法、提品质，建议将品牌工作定位为产业赋能和促进消费的主要牵引力。另一方面，开展区域品牌价值专项提升行动，根据《区域品牌培育与建设指南》和《区域品牌价值评价 产业集聚区》两项推荐性国家标准要求，联合标准主要制定单位（中国质量认证中心、中国品牌建设促进会等）和省内品牌研究专业机构（辽宁社会科学院）、社会组织（辽宁省品促会）等成立"辽宁省区域品牌价值评价与提升专项研究"课题小组，针对品牌补链强链、品牌价值提升、品牌管理系统化建设等问题，开展摸底调查、拟写对策建议、实施专项培训与辅导等精准帮扶行动，做到监管与服务并行，自创与助他并进。

（二）提升服务效能，从市场层面增强企业品牌主体责任意识

一是开展培训宣讲。据问卷调查结果，分别有 43.11% 和 42.04% 的企业亟须政府在质量技术基础、质量管理水平方面提供培训或交流，28.47% 的企业希望政府在品牌建设方面提供培训，26.80% 的企业期待获得质量政策解读。因此，建议组织"品牌三专"（专家、专题、专业）主题宣讲和培训活动，鼓励企业负责人学习品牌先进工作经验和国际国内领先成果，加大品牌人才培训力度，增强企业品牌工作主体责任意识，鼓励并引领更多企业导入先进、系统的品牌管理模式、工具及方法，提升企业品牌管理系统水平。

二是发挥标杆示范作用。扩大"辽宁优品"评选范围和数量，发挥卓越质量示范基地效能，对评选出的标杆组织强化品牌引领和示范效应。开展"品牌辽宁"中国行、"品牌辽宁""走出去"等系列推介活动，加大宣传和推广辽宁品牌的工作力度，引导并产生品牌叠加效应。重点加强辽宁自主品牌、小微企业和个体工商户品牌培育工作，增强自主品牌技术实力、产品

优势和综合影响力，做好延链、补链、强链。

三是增强风险意识。引导区域品牌、企业品牌关注"品牌株连""柠檬市场""羊群效应""马太效应"等品牌风险和危机问题，建好品牌知识产权"商标护城河"，建立完善"自媒体"时代的品牌应急公关制度，尽快建立品牌风险防控机制。

（三）讲好品牌故事，从宣传推广层面营造重视品牌建设的良好氛围

一是构建品牌 IP。对标"好客山东""好品山东"等标杆省市品牌打造经验，从历史、文化、社会、经济等价值层面挖掘、提炼和树立辽宁品牌形象，构建特色品牌形象 IP 系统，培育"品牌辽宁"（或辽宁制造）优质品牌集群，开展整体化宣传推广活动。

二是弘扬品牌文化。加大力度挖掘辽宁品牌文化，讲好辽宁品牌故事，展现好辽宁品牌特色风貌，做优做强"品牌辽宁"宣传栏目，鼓励一批体现辽宁优秀品牌文化、富有辽宁特色的原创影视、文学、演艺作品"创出来""走出去"，出版类似于《荣耀与征程——辽宁品牌 70 年》《匠心百年——品牌鞍山振兴之路》等全方位展示省市、行业品牌成果的专题书籍。

（四）建立组织保障，从人才、资金层面推动品牌建设可持续发展

一是为全省品牌建设工作提供必要的人才支撑。参照华侨大学国际品牌研究院模式，委托辽宁社会科学院成立"辽宁品牌研究院"，开展品牌价值评价等系列研究工作。持续开展"质量品牌进校园"活动，联合高校、职业院校开展品牌特色课程，邀请品牌专家、质量专家等授课，培养更多的品牌人才。发挥首席质量官带动效能，可参照山东省做法，开展"首席质量官典型遴选活动"，并给予一定的人才政策保障。

二是撬动社会资本共建辽宁品牌。一方面，充分发挥辽宁省产业（创业）投资引导基金拉动效应，鼓励辽宁省企业强化品牌建设。另一方面，制定出台有助于民营企业参与品牌尤其是区域品牌、公共服务品牌建设的配

套政策机制，撬动社会资本、民营资本等更多资源共同助力辽宁品牌发展进程。

参考文献

辽宁省市场监督管理局：《辽宁省质量状况白皮书（2023 年）》，2024 年 9 月。

辽宁省人民政府知识产权办公会议办公室：《2023 年辽宁省知识产权发展与保护状况》，2024。

国家市场监督管理总局：《质量强国建设纲要学习读本》，人民出版社，2023。

B.17
辽宁人口高质量发展问题研究

王晓凌*

摘　要：　人口发展情况影响国家和各省（区、市）的经济社会发展趋势，是关系中华民族伟大复兴、辽宁全面振兴的大事。近年来，辽宁人口发展方面成绩突出，政策体系不断完善、优生优育水平大幅提高、教育质效稳步提升、人才集聚效应显现，但仍然存在生育率偏低、人口老龄化压力较大等问题。因此，辽宁需要把握人口发展规律，在提高育龄妇女生育水平和积极应对老龄化等方面持续发力，助推辽宁人口高质量发展。

关键词：　高质量发展　人才集聚　生育水平　老龄化

党的二十大报告提出，中国式现代化是人口规模巨大的现代化[①]，第二十届中央财经委员会第一次会议指出以人口高质量发展支撑中国式现代化[②]。辽宁人口能否高质量发展，关系到辽宁是否能够打好打赢新时代"辽沈战役"并实现辽宁全面振兴。近年来，辽宁省委、省政府高度重视人口发展工作，有针对性地出台了一系列政策文件，实施了多项措施办法，辽宁人口发展态势持续向好。

---

*　王晓凌，管理学博士，辽宁社会科学院《社会科学辑刊》编辑部管理学版责任编辑，助理研究员，主要研究方向为农业经济理论与政策、人口学。
① 习近平：《高举中国特色社会主义伟大旗帜　为全面建设社会主义现代化国家而团结奋斗——在中国共产党第二十次全国代表大会上的报告》，人民出版社，2022。
② 《加快建设以实体经济为支撑的现代化产业体系　以人口高质量发展支撑中国式现代化》，《人民日报》2023 年 5 月 6 日。

一 辽宁人口发展方面取得的主要成绩

（一）政策体系不断完善

1. 生育支持政策体系持续优化

辽宁省委、省政府高度重视人口发展问题，加速构建优化生育支持政策体系，成立了优化生育政策促进人口长期均衡发展工作领导小组，印发了《贯彻〈中共中央 国务院关于优化生育政策促进人口长期均衡发展的决定〉实施方案》《关于进一步完善和落实积极生育支持措施的实施意见》等一系列政策文件。辽宁将完善生育支持政策体系纳入省政府工作报告和《辽宁全面振兴新突破三年行动方案（2023—2025年）》进行考核；将"推动建立普惠托育服务体系"等生育支持内容纳入《辽宁省人口与计划生育条例》。

2. 养老服务政策体系不断健全

辽宁省发展改革委等10部门联合印发《辽宁省基本公共服务标准（2023年版）》，其中有5项涉及养老基本公共服务标准；省人民政府办公厅印发《辽宁省推进基本养老服务体系建设实施方案》，制定发布了20项基本养老服务清单；省卫生健康委员会印发的《辽宁省贯彻落实"十四五"健康老龄化规划实施方案》明确了到2025年健康老龄化工作的总体目标、主要任务和保障措施；省人大修订《辽宁省老年人权益保障条例》；等等。辽宁养老服务政策体系日趋健全，老龄化应对能力显著提高。

3. 人才工作制度框架迭代升级

近年来，辽宁相继印发了《关于深化人才发展体制机制改革的实施意见》《辽宁省人才服务全面振兴三年行动计划》《深入实施"兴辽英才计划"加快推进新时代人才强省建设若干政策措施》等政策文件，对人才发展的制度框架进行了升级。2022年，辽宁省委印发的《辽宁省"十四五"人才发展规划》对全省人才工作进行了统筹规划，明确了158项重点任务，为新时代人才强省战略的实施绘制了"辽宁路线图"。

（二）优生优育服务水平大幅提高

1. 育龄妇女总和生育率大幅提高

辽宁省委、省政府坚决贯彻落实党中央决策部署，根据辽宁实际情况，提出与人口总量、人口结构与经济社会发展水平相适应的配套政策。在一系列政策的支持下，2020年辽宁育龄妇女总和生育水平较2010年有了大幅提高，从2010年的0.74提高到2020年的0.92，总和生育率提高了近1/4。①

2. 省、市、县级政府办妇幼保健机构实现全覆盖

辽宁省委、省政府既重视生育数量，又关注生育质量，不断强化妇幼健康服务体系建设，实现省、市、县级政府办妇幼保健机构全覆盖。截至2024年10月，辽宁省共设置115家妇幼保健机构，建成88家危重孕产妇救治中心和78家危重新生儿救治中心，实现各级救治中心应设尽设。统计数据显示，辽宁省孕产妇死亡率由2021年的12.4/10万降至2022年的8.8/10万，婴儿死亡率由2021年的3.0‰降至2022年的2.7‰，主要健康指标持续向好。② 另外，辽宁省上线"云上妇幼"远程医疗平台，实现了省、市、县三级妇幼保健机构及危重孕产妇、危重新生儿救治中心的互联互通。

3. 省、市级产前诊断机构基本实现全覆盖

辽宁省高度重视出生缺陷综合防治工作，实现省、市级产前诊断机构基本全覆盖。重视妇幼健康服务，免费孕前优生健康检查、增补叶酸预防神经管缺陷、新生儿疾病筛查和适龄妇女"两癌"筛查等妇幼健康服务工作扎实推进。

（三）教育质效稳步提升

1. 人均受教育程度居全国前列

第七次全国人口普查（以下简称"七普"）数据显示，2020年辽宁15

---

① 资料来源：第七次全国人口普查数据。
② 王敏娜：《我省全面加强妇幼保健服务体系建设形成省市县三级危重孕产妇和危重新生儿救治网络》，《辽宁日报》2023年12月21日。

岁及以上人口平均受教育年限为 10.34 年，居全国第 6 位。每 10 万人中拥有大学学历（大专及以上）的人数占比为 18.22%，新增学位 5.4 万个。根据 2022 年全国人口变动情况抽样调查数据，辽宁文盲人口占 15 岁及以上人口的比重为 1.49%，仅高于北京（0.84%）。辽宁地区接受教育的性别差异较小，抽样调查中女性文盲占 15 岁及以上人口的比重仅高于北京。[①] 这两个数据反映了辽宁人口受教育程度的指标均优于全国平均水平。

2. 基础教育提质增效

辽宁省大力推动学前教育普及普惠安全优质发展。辽宁省教育厅数据显示，2022 年普惠性幼儿园覆盖率为 88.8%，比上年提高 1.8 个百分点；2023 年普惠性幼儿园覆盖率达到 89.9%，较 2022 年提升 1.1 个百分点。2022 年小学毛入学率为 98.4%，小学毕业生升学率为 99.7%，比上年提高 0.2 个百分点。中学阶段毛入学率为 99.4%，比上年提高 1.3 个百分点。高中阶段毛入学率为 94.9%；高中阶段学校多样化发展，优质特色高中占比达到 56.7%，比上年增加 6.5 个百分点。

3. "双一流"建设成效显著

截至 2023 年底，辽宁省高校共有 9 个学科进入并稳定在 ESI 全球前 1‰，26 个学科进入 A 段，较 2022 年增加 11 个学科。其中，大连理工大学的"化学工程与技术"、东北大学的"控制科学与工程"进入全国顶尖学科行列，实现辽宁省顶尖学科零的突破。辽宁省高校 12 项教学成果入选高等教育（研究生）国家级教学成果奖，入选数量居全国前列。大连理工大学获批国家卓越工程师学院，辽宁省内高校重组、新建全国重点实验室 6 个，获批教育部重点实验室 5 个、教育部医药基础研究创新中心 1 个。辽宁省高校新增院士 2 人、省级及以上高层次人才 151 人。举办首届"辽宁校企协同科技创新伙伴行动"系列活动，高校转化科技成果 7638 项，转化合同金额达 40.26 亿元。[②]

---

① 资料来源：国家统计局网站。
② 资料来源：辽宁省教育厅。

（四）人才集聚效应显现

1. 人才总量大幅提升

辽宁始终坚持把人才工作摆在突出重要的位置。2023年，更是把"实施人才强省战略"作为全面振兴新突破三年行动的重点任务之一全力推进，并且取得了显著成效。人才资源总量从2021年的680万人增长到2023年的766.7万人。其中，辽宁高技能人才总量由2021年的122.3万人增长到2023年的141.1万人。人才集聚能力明显增强，呈现"孔雀辽宁飞"的新气象。[①]

2. 引才留才工作成效显著

辽宁深入推进"兴辽英才计划"，创新引才方式，完善人才评价体系，累计为2318名高层次人才、190个高水平创新创业团队、122个引才聚才平台提供经费支持。自实施"兴辽英才计划"以来，辽宁省委、省政府已累计投入人才专项资金16.79亿元，真金白银给予"兴辽英才计划"支持奖励。同时，辽宁多措并举优化人才发展环境，积极落实高层次人才住房保障、医疗服务等生活待遇。辽宁扎实推进高校大学生就业工作，出台了支持大学生创新创业15条措施、20项政策，中央教育工作领导小组秘书组在《教育工作情况》中编发了辽宁的经验做法。深入开展"手拉手"以才引才、百万学子留辽来辽等专项行动。2023年，辽宁省共全职引进国内外高级职称和博士人才4387人，同比增长77%；40.1万名高校毕业生留辽、来辽创新创业，超千名"双一流"高校选调生选择辽宁。[②]

二　辽宁人口发展中存在的问题

（一）生育率低于全国平均水平

辽宁育龄妇女总和生育率较低，并且低于全国平均水平。"七普"数据

---

① 《新时代辽宁人才振兴大会绘制强省战略"路线图"》，《辽宁日报》2024年5月28日。
② 《新时代辽宁人才振兴大会绘制强省战略"路线图"》，《辽宁日报》2024年5月28日。

显示，2020 年辽宁育龄妇女总和生育率为 0.92，低于全国平均水平（1.3），更低于更替水平（2.1）。具体来看，辽宁峰值生育年龄推迟，生育时间从集中转变为离散，生育模式的变化导致生育水平下降。2011~2019 年辽宁人口出生率波动下降，2020 年开始下降较快（见图 1）。

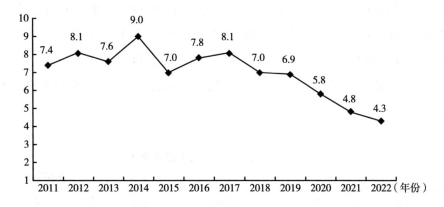

图 1　2011~2022 年辽宁人口出生率

资料来源：辽宁省统计局。

辽宁的生育率水平低是有一部分历史原因的。新中国成立后，由于国家发展战略需要，辽宁成为重要的工业基地，全国大批人才被调入辽宁。因此，20 世纪 70 年代末辽宁经济发展水平、工业化水平和城镇化水平均处于全国领先地位。一个地区经济发展水平[①]、城镇化水平[②]、人口受教育程度越高[③]，生育意愿就越低。因此，在未实行严格控制的生育政策时，辽宁育龄妇女的总和生育率便低于全国平均水平。人口的生育意愿一旦下降就很难提升，进而形成一种惯性，这也是目前辽宁二孩、三孩政策执行效果尚不明显的主要原因。

[①] 侯佳伟等：《中国人口生育意愿变迁：1980—2011》，《中国社会科学》2014 年第 4 期。

[②] 姚从容、吴帆、李建民：《我国城乡居民生育意愿调查研究综述：2000—2008》，《人口学刊》2010 年第 2 期。

[③] 杨雪燕等：《2006—2016 年西北五省区育龄妇女生育水平和新时期生育意愿研究》，《人口学刊》2021 年第 1 期；朱州、赵国昌：《高等教育与中国女性生育数量》，《人口学刊》2022 年第 1 期。

（二）老龄化挑战较大

2000 年、2010 年和 2020 年三次全国人口普查数据显示，辽宁 65 岁及以上老年人口占总人口的比重持续提高。2000 年，辽宁 65 岁及以上老年人口占比为 7.88%；2010 年，占比提高到 10.31%，较 2000 年上升了2.43 个百分点；2020 年占比达到 17.42%，较 10 年前上升了 7.11 个百分点。国家统计局数据显示，2022 年辽宁 65 岁及以上老年人口占比达到20.02%，超过辽宁总人口的 1/5，占比高于东北其他两省和全国平均水平（见表 1）。

表 1　东北三省及全国 65 岁及以上老年人占比

单位：%

年份	辽宁	吉林	黑龙江	全国
2000	7. 88	5. 85	5. 42	6. 96
2010	10. 31	8. 38	8. 32	8. 87
2020	17. 42	15. 61	15. 61	13. 50
2022	20. 02	17. 75	17. 82	14. 88

资料来源：全国人口普查数据、《中国统计年鉴 2023》。

（三）劳动力存在老化问题

国家统计局数据显示，2000 年、2010 年和 2020 年，辽宁劳动年龄人口占比分别为 74.44%、78.27% 和 71.46%。2022 年，劳动年龄人口占比下降到 70% 以下，高于全国平均水平 1.41 个百分点，但与全国平均水平的差距有所缩小。15~64 岁人口被定义为劳动年龄人口，年龄跨度较大，要进一步分析劳动力情况，需要将劳动力按年龄进行分组。按 5 岁一组，可将劳动年龄人口分为 10 组。从"七普"数据看，15~44 岁（6 个 5 岁组）劳动年龄人口占比为 35.90%；45~64 岁（4 个 5 岁组）劳动年龄人口占比为35.54%。通过分组数据分析发现，尽管辽宁劳动年龄人口占比较高，但超过 1/3 的劳动力年龄区间位于 45~64 岁，劳动力趋于老化。从分城乡数据看，辽宁城镇 15~44 岁、45~64 岁劳动力人口占比分别为 39.29%、33.53%；辽宁农村 15~44 岁、45~64 岁劳动力人口占比分别为 27.16%、40.83%（见表 2）。

表 2　2020 年辽宁城镇、乡村五岁年龄组人口占比

单位：%

年龄组	人口比重	人口比重(城镇)	人口比重(乡村)
劳动年龄	71.46	72.80	67.99
15~19 岁	3.96	4.24	3.23
20~24 岁	4.34	4.67	3.50
25~29 岁	5.25	5.73	4.03
30~34 岁	8.06	9.10	5.36
35~39 岁	6.96	7.85	4.66
40~44 岁	7.33	7.70	6.38
45~49 岁	8.40	8.29	8.71
50~54 岁	9.35	8.58	11.36
55~59 岁	9.49	8.93	10.96
60~64 岁	8.30	7.73	9.80

资料来源：第七次全国人口普查数据。

三　推动人口高质量发展的对策建议

（一）发展银发经济，大力开发老年人力资源

发展全链条老龄产业和产业集群，发展老年人实物消费、服务消费和新型消费等养老产业，鼓励企业从老年用户需求出发，提供适老化服务操作程序，提高老年人生活便利度。辽宁的医学院校应深化学科改革，聚焦普惠性养老服务需求做好人才培养工作。支持医学院校、康复中心和养老机构建立合作机制，促进"医康护养"融合发展。

强化"老有所为"制度保障，积极开发老年人力资源，创造适合老年人的多样化、个性化就业岗位。搭建老年人再就业服务平台，建立老年人才信息库，合理匹配老龄人才与社会需求，发挥其参与经济社会事业的主动性和积极作用。尤其要利用好低龄老年人才，对于知识密集型低龄老年人才，引导其在教育、医疗、金融、信息技术等领域发挥作用。需要注意的是，要防止顾此失彼，避免低龄老龄人才对青年人才的挤出。要发挥老年大学的积极作用，将老年大学的部分授课内容与老龄人才再就业、辽宁发展需要结合起来，也可根据需要设置专门课程，支持老龄人才在经济社会发展中展现最美"夕阳红"。

（二）加大力度提高育龄妇女生育水平

1. 构建全生命周期生育和养育支持和服务政策体系

当前，辽宁育龄妇女生育意愿普遍偏低，生育率持续下降，辽宁乃至全国二孩、三孩生育政策实施效果都不显著。生育鼓励政策并没有完全解除育龄妇女的后顾之忧，因此需要"对症下药"，应加大力度解决育龄妇女的难点和痛点问题，让育龄妇女及其家庭能高质量生育、养育、教育后代。需要进一步加大对育龄妇女的生育支持政策力度。建立健全包括生育支持、婴幼儿养育和照料等全方位、高质量的多孩生育养育配套政策体系，将着力点更多放在持续性鼓励政策上。一是减轻多孩家庭的经济负担。研究发放多孩家庭育儿津贴，给予多孩家庭买房和所得税政策优惠，研究将3岁以内婴幼儿门诊就医花费纳入医保范围。二是完善育儿服务体系。加强普惠育幼服务体系建设，支持用人单位办托、社区嵌入式托育、家庭托育点等多种模式发展。① 确保公立幼儿园、小学和中学的数量和质量，确保多孩家庭的孩子能够顺利入园、接受教育。在社区内增设儿童游乐设施和亲子活动场所，降低育儿家庭陪伴成本。在公共场所，如企事业单位、公园、商场、动车

---

① 《中国共产党第二十届中央委员会第三次全体会议公报》，中国政府网，2024年7月18日，https：//www.gov.cn/yaowen/liebiao/202407/content_ 6963409.htm。

站和飞机场等设立母婴室，为哺乳期的母亲提供便利。三是保障女性就业权益。支持雇主为哺乳期妇女提供弹性工作时间安排以及必要的便利条件，对雇用生育后重新就业妇女的私营企业，按人数划分档次给予税收减免。根据女性需求，提供返岗就业相关培训，帮助其重新就业。

2. 合理配置公共服务资源

合理规划配置儿童照料、学前教育等资源，探索公立幼儿园设立 0～3 岁婴幼儿照护班，小学开展托管服务。鼓励和引导社会力量兴办月子中心、普惠性托儿所和幼儿园等服务机构。构建月嫂和育儿嫂培养体系，推动政府、机构、社区和家庭形成婴幼儿照护合力。在大型公共场所和旅游景区等设置母婴室或婴儿护理台、提供免费或廉租婴儿车，在地铁、火车上设置母婴车厢。

（三）加大育才、引才、留才力度

经济社会发展水平是影响人才集聚的重要因素。要确保人才引得进、留得下，必须有经济基础作为保障。因此，辽宁应高水平对外开放，加大经济发展力度，以产业高质量发展带动高质量就业以及增加就业岗位，夯实引进人才的基础。一是支持高校、科研院所与辽宁企业建立长期合作关系，有针对性地培养人才，实现毕业生和企业双赢。二是留住本土高校和科研院所毕业生、吸引省外高校和科研院所毕业生双管齐下，定期统计本土高校和科研院所毕业生情况，根据在辽工作安家的毕业生数量和质量，研究给予本土高校和科研院所政策倾斜，对在辽宁就业率、安家率高的生源省份提高招生比例。三是加大国内外人才的引进力度，公平地对待国内外人才，建立人才创新创业中心，为创新成果转化提供绿色通道，将辽宁打造成人才大省。完善不同层次人才国内外出行、住房、落户、子女入园入学、就医、配偶安置、长期居留等配套措施。制定完善的成果奖励制度、创新成果评价方式方法，给予创新人才及时、公平、合理的奖励，加强中长期评价、后评价和成果回溯，真正做到人才引得来、留得住、出成果。四是针对农业劳动力老化问题，制订青年农民培养计划，支持其扎根

农村，服务"三农"；发展职业教育，培养应用型农业技术人才，不断地为农业农村发展注入新鲜血液。

参考文献

习近平：《高举中国特色社会主义伟大旗帜　为全面建设社会主义现代化国家而团结奋斗——在中国共产党第二十次全国代表大会上的报告》，人民出版社，2022。

《加快建设以实体经济为支撑的现代化产业体系　以人口高质量发展支撑中国式现代化》，《人民日报》2023年5月6日。

王敏娜：《我省全面加强妇幼保健服务体系建设形成省市县三级危重孕产妇和危重新生儿救治网络》，《辽宁日报》2023年12月21日。

《新时代辽宁人才振兴大会绘制强省战略"路线图"》，《辽宁日报》2024年5月28日。

侯佳伟等：《中国人口生育意愿变迁：1980—2011》，《中国社会科学》2014年第4期。

姚从容、吴帆、李建民：《我国城乡居民生育意愿调查研究综述：2000—2008》，《人口学刊》2010年第2期。

杨雪燕等：《2006—2016年西北五省区育龄妇女生育水平和新时期生育意愿研究》，《人口学刊》2021年第1期。

朱州、赵国昌：《高等教育与中国女性生育数量》，《人口学刊》2022年第1期。

《中国共产党第二十届中央委员会第三次全体会议公报》，中国政府网，2024年7月18日，https：//www.gov.cn/yaowen/liebiao/202407/content_6963409.htm。

B.18
辽宁生态文明建设发展报告

江 楠*

摘 要： "十四五"以来，辽宁坚持"绿水青山就是金山银山"的发展理念，着力推进生态文明建设，取得了令人瞩目的成就，但仍存在环境质量改善不稳固、资源利用效率亟待提升、农村人居环境建设不均衡、环保制度体系不完善等问题。本文从生态环境治理与修复、产业结构与能源效能、农村生态文明建设、生态环境保护的制度建设等方面提出相应的对策建议。

关键词： 辽宁 生态文明建设 生态环境治理

"十四五"以来，辽宁生态文明建设稳步推进，在生态环境建设、能源结构调整、农村生态文明建设以及生态文明的制度建设方面有所突破。生态文明建设是一个长期过程，不能一蹴而就。辽宁作为老工业基地，生态基础相对薄弱，生态文明建设任务艰巨，在生态治理、能源结构转型、农村生态环境治理以及生态文明制度建设等方面任重道远。

一 辽宁生态文明建设现状

2023 年辽宁在生态文明建设方面取得了令人满意的成果，生态环境建设成效显著、能源结构调整取得进展、农村生态文明建设顺利推进、生态文明制度建设逐步完善。

---

* 江楠，辽宁社会科学院哲学研究所副研究员，主要研究方向为生态管理。

（一）生态环境建设成效显著

生态环境建设是生态文明建设最直观的一个环节，生态环境逐步好转是生态文明建设的主要目标。2024年辽宁在推进"绿满辽宁"工程和蓝天、碧水、净土保卫战的工作上取得了显著成效，生态环境得到了极大改善。

1."绿满辽宁"工程

"绿满辽宁"是辽宁省一项重要的生态文明建设项目，开始于2022年，涉及辽河流域（浑太水系）山水林田湖草沙一体化修复、绿色矿山建设、历史遗留矿山治理、辽西北防风治沙固土等六大类19个项目，总投资155.6亿元。2023年完成投资47.07亿元，完成修复治理面积3199.45平方公里。2024年完成辽河流域（浑太水系）山水林田湖草沙一体化保护和修复工程、阜新百里矿区历史遗留废弃矿山生态修复示范工程，全年计划完成建设任务1772.67平方公里。

矿山修复方面，辽宁省制定了《辽宁省绿色矿山建设三年行动方案（2022—2024年）》和《辽宁省绿色矿山管理办法》用以指导矿山修复工作。2024年，朝阳凌河流域历史遗留废弃矿山生态修复示范工程项目通过2024年历史遗留废弃矿山生态修复示范工程项目竞争性评审，选取1093个历史遗留废弃矿山图斑，共计841座废弃矿山，分3年完成。

草原湿地生态治理方面，辽宁2024年计划完成草原生态修复20万亩。对轻度退化草原采取围栏封育措施休养生息；对中度退化草原，采取培肥地力、改善水土等措施促进草原原生植被恢复；对重度退化草原，通过免耕补播、人工种草等方式提高植被覆盖率。

2.蓝天、碧水、净土保卫战

2023年，辽宁积极落实《空气质量持续改善行动计划》，开展重污染天气联防联控，城市空气质量得到改善和优化，全省6项污染物浓度全面达标。细颗粒物达到二级标准，年均浓度32微克/米³；可吸入颗粒物达到二级标准，年均浓度58微克/米³；二氧化硫达到一级标准，年均浓度12微克/米³；二氧化氮达到一级标准，年均浓度26微克/米³；一氧化碳达到一级标准，日均第 95 百分位数浓度 1.4 毫克/米³；臭氧达到二级标准，日最大 8 小时第 90 百分位数浓度 150 微克/米³。

2023 年，全省空气质量优良天数比例为 84.3%，丹东、本溪超过 90%。由沙尘天气导致的超标天数比例为 2.9%；以细颗粒物、可吸入颗粒物、臭氧为首要污染物的超标天数分别占总超标天数的 39.2%、18.9%、42.0%。

辽宁深化水环境治理工作，对辽河、大凌河和鸭绿江实施重点区域检测，确保重点河段水质保达标。开展饮用水源地保护风险排查，重点治理水库水质。

2023 年，辽宁全省水质状况良好。150 个国家考核断面中，Ⅰ～Ⅲ类水质断面比例为 85.3%；Ⅳ类水质比例为 14.0%；Ⅴ类水质比例为 0.7%；无劣Ⅴ类水质断面（见图 1）。

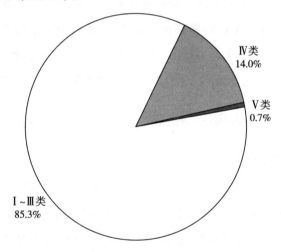

图 1　2023 年辽宁省国家考核断面水质状况

辽河流域监测的 79 个水质断面中，Ⅰ～Ⅲ类占 74.7%，Ⅳ类占 24.1%，Ⅴ类占 1.3%。凌河流域监测的 23 个水质断面中，Ⅰ～Ⅲ类占 95.7%，Ⅳ类占 4.3%。鸭绿江流域监测的 17 个水质断面均为Ⅰ～Ⅱ类水质。

辽宁全省 56 个县级及以上城市集中式饮用水水源地水质整体保持良好，水质达标率为 100%。其中，25 个地表水水源地水质均符合或优于《地表水

环境质量标准》Ⅲ类标准；31个地下水水源地水质均符合或优于《地下水质量标准》Ⅲ类标准。

辽宁有17座大型水库，2023年11座水库达到Ⅱ类水质，分别是碧流河、大伙房、观音阁、铁甲、水丰、石门、柴河、清河、白石、宫山咀、乌金塘；5座水库达到Ⅲ类水质，分别是桓仁、锦凌、闹德海、汤河、阎王鼻子；1座水库达到Ⅳ类水质，是覆窝水库。

辽宁深入开展净土保卫战，有效管控耕地和建设用地污染风险，完成228个重点建设用地污染状况调查和43个地块污染管控。加强土壤污染管控，对8个县区的耕地进行土壤重金属成因判别，开展农用地污染源头治理工作，科学有序地推广受污染耕地安全利用。开展建设用地土壤环境的常态化监管，对省内54个关闭搬迁企业地块污染实施管控。开展农村生活生态环境整治，完成471个村环境整治，对23条农村黑臭水体实施治理，农村生活污水治理率为33.9%。开展"无废城市"建设，重点推进沈阳、大连、盘锦等7个国家"无废城市"和10个省级"无废城市"的建设项目。

（二）能源结构调整取得进展

1.着力发展清洁能源

"十四五"期间，辽宁着力推进清洁能源的发展，2023年在核电、风电、光伏、抽水蓄能、新型储能等重点领域全年投资近1000亿元。"十四五"期间单体投资最大的清洁能源项目之一是辽宁徐大堡核电站，核电站建成后，每年可提供近540亿千瓦时的清洁能源。辽宁风电资源丰富，参照大型化、智能化和高可靠性的发展方向，风电装机容量持续增长，着眼于储能技术研发，提升风电并网消纳能力。辽宁省发展改革委发布全省分布式光伏接入电网承载力评估结果，积极推动光伏产业发展。截至2024年上半年，辽宁光伏发电累计并网容量为1106.8万千瓦，户用光伏累计并网容量为313.3万千瓦。清洁能源的广泛应用，推进了电网电源的多元化发展，也提升了电网运行的安全性和稳定性。

2. 促进能源产业优化升级

能源产业优化升级主要包括技术升级和设备更新。辽宁拥有丰富的矿产资源，以煤炭行业为例，当前煤炭行业的技术升级主要是清洁煤技术和高效燃煤技术升级，这些技术领域的升级提高了煤炭的利用效率，也减少了污染物的排放。2024 年 6 月辽宁出台《辽宁省推动大规模设备更新和消费品以旧换新实施方案》，按照"两新"方案的要求，能源领域加快了设备更新的速度，提高了效率。

辽宁积极推动传统产业向绿色发展转型，走节能环保的高质量发展道路。2023 年辽宁在重点钢铁企业进行超低排放改造，累计完成 571 个项目。在石油化工领域进行挥发性有机物治理工作，累计削减挥发性有机物 2.5吨。在沈阳、大连发展环保产业，启动沈阳经济技术开发区、大皇姑区节能环保产业集聚区建设。推进生态环境导向的开发（EOD）项目，大连市石灰石矿生态修复与产业融合发展等 5 个项目进入国家项目库，总投资 132 亿元，拉动传统产业绿色转型。

（三）农村生态文明建设顺利推进

2024 年辽宁农村生态文明建设有序进行，农村人居环境得到了极大的改善，农民的生态意识逐渐提升，生态农业逐步推广。

1. 农村生态环境整治

"十四五"以来，辽宁加大力度建设美丽乡村，农村生态环境整治工作取得了很大成效。辽宁通过开展"擦亮辽宁、净迎来客""乡村美迎国庆""庆丰收净家园"等主题活动，打造宜居宜业的乡村，使农村的生态环境面貌一新。辽宁制定了《全省农村生活垃圾收运处置设施布局规划》，将农村生活垃圾的棘手问题划分重点落实到地。按照文件要求，辽宁每个行政村设置 1 名专职人员负责生活垃圾处理的指导和宣讲工作，启动建设 2 个偏远村镇生活垃圾分散式焚烧处理试点县，重点推进补齐 3 类收运处置设施短板，新增城乡环卫一体化试行县 4 个，创建 5 个农村生活垃圾分类和资源化利用示范县。大连市将工作重点放在污水、粪污、垃圾、黑臭水体的处理上；朝

阳市将工作重点放在基础设施的配套与完善上，新配备垃圾桶1899个、垃圾清运车84辆、垃圾中转站24个、垃圾终端处置设施7个，清理农村生活垃圾25.7万吨。此外，辽宁各地市积极探索农村生活垃圾治理模式。盘山县是全国"农村生活垃圾分类和资源化利用示范县"，采用"农户源头分类+村保洁员上门收集+保洁员二次分拣+企业专业化处理"的分类处置模式；新宾县采用"户分类、户处理、少出院、村收集、乡运转、县处理、零填埋"的垃圾处理模式。

2. 生态农业

"十四五"期间，辽宁积极发展生态农业，重视农业面源污染防治和黑土地保护与利用，积极促进农业发展的良性循环。辽宁对于农业面源污染的防控成果显著，主要农作物化肥农药使用率高于40%，畜禽粪污资源化利用率高于78%，秸秆综合利用率高于90%，废旧农膜回收率达92.2%，全省实现连续7年的农药化肥使用量负增长。此外，辽宁采取多种措施保护黑土地，2024年黑土地保护性耕地面积达到1350亩，在17个县区设立80个县级保护性耕作基地和183个乡级保护性耕作基地，促进土地资源的修复与利用，助力生态农业的可持续发展。

（四）生态文明制度建设逐步完善

1. 生态文明法治体系建设

生态文明法治体系建设是生态文明建设的制度保障，在保护生态环境、促进生态系统修复、打击违法行为、规范经济活动等诸多方面起到至关重要的作用。

辽宁根据自身的环境、能源和发展的需要，制定出台一系列地方性法规和文件，涉及煤矿安全生产、河流保护区、石油勘探、环境保护、生态系统修复等多个领域。辽宁省生态环境厅和辽宁省科学技术厅共同印发了《辽宁省生态环境科普基地管理办法》；沈阳市制定《沈阳市城市绿化条例》；丹东市制定《丹东鸭绿江口湿地国家级自然保护区管理条例》；等等。辽宁设立"生态文明活动月"，在每年5月通过多种方式、多样活动宣传绿色生活方式。在生态保护补偿方面，按照"谁破坏谁修复，谁受益谁补偿"的原则，将生态效益与经济效益、社会效益结合起来，规范经济行为中产生的环保责任，尽量减少对生态环境的破坏，对破坏生态环境的行为进行及时纠正，对被破坏的生态资源进行科学修复，实现生态资源的可持续利用。

2.公众参与机制建设

公众参与机制是生态文明建设中至关重要的一个环节，只有调动全社会参与生态环境保护的积极性，使其自觉规范自身行为、积极参与社会监督，才能在全社会形成合力，推动生态文明建设。

生态文明建设需要全社会参与，这不仅是政府的职责，也是企业和社会组织自身发展的需要，更与每一位公民的切身利益息息相关。辽宁通过社会宣教和学校教育两个途径宣传生态文明建设。利用互联网和新媒体等网络平台鼓励公民积极投身生态文明的各个环节，鼓励大众广泛参与、重视群众监督、及时公告生态问题，通过举办知识竞赛和环保展览宣传生态环境知识，制作高质量的短片和视频在公共场所播放，提升公众的生态责任感，激发公众参与生态文明建设的积极性。在系统教育方面，将生态文明相关的课程纳入中小学教育体系，鼓励广大学生积极参与环保活动，践行绿色生活方式。另外，社会组织也是不可忽视的力量，鼓励社会组织建立环保志愿者队伍，提升社会监督效能。

二 辽宁生态文明建设突出问题

（一）环境质量改善不稳固

全省环境质量改善尚不稳固。2023年年初以来，受气象条件、沙尘传输等的影响，环境空气质量出现波动，空气质量优良天数比例有所下降，细颗粒物和臭氧浓度同比有所上升。个别国考地表水河流断面存在超标问题，个别断面个别月份出现劣V类水质。污染防治从"坚决打好"到"深入打好"，污染防治触及的矛盾问题层次更深、领域更广、要求更高。作为全国

重化工业基地，辽宁减污与降碳、细颗粒物和臭氧、水环境治理与水生态保护、新污染物治理与传统污染物防治等工作相互交织，问题更加复杂，难度和挑战前所未有。部分地区环境基础设施仍需完善，城镇生活污水收集和生活垃圾焚烧处理能力有待提高。部分区域仍存在管网混错接、漏接、老旧管网破损等问题，个别地区仍有生活污水直排，农业面源污染和垃圾倾倒问题尚未得到有效解决。

（二）资源利用效率亟待提升

辽宁是中国重要的工业基地，产业结构以重工业为主，能源消耗量大，污染物排放强度高。钢铁、石化、装备制造等传统产业占比较大，新兴产业发展相对滞后，产业结构调整任务艰巨。这种重型化的产业结构给资源环境带来了巨大压力，资源短缺、环境污染等问题日益突出。

辽宁在资源利用方面存在效率不高、浪费现象严重的问题。水、土地、能源等资源的开发利用方式较为粗放，资源综合利用率低。例如，工业用水重复利用率不高，农业灌溉用水浪费严重；土地资源利用效率低下，闲置土地较多；能源消费结构不合理，煤炭等传统能源占比过高，新能源和可再生能源开发利用不足。

（三）农村人居环境建设不均衡

辽宁各地农村生态环境整治的效果差距比较大，盘锦、营口等农村集体经济较好的地区，农村人居环境建设受到重视，效果也更好；抚顺、阜新等资源型城市农村人居环境建设相对滞后。

在农业生产方面，化肥、农药超标使用的情况比较普遍，化学残留严重影响生态环境；秸秆焚烧、地膜滥用带来的问题也比较突出，造成比较严重的大气污染；农村家畜养殖往往不能及时处理禽畜养殖的废物，产生大量垃圾；农村生态基础设施普遍不足，还有相当一部分生活污水处理设备、生活垃圾处理场所受资金和天气限制不能有效地投入使用。因此，美丽乡村建设有待加强。

（四）环保制度体系不完善

辽宁省在环境监管方面存在能力不足、执法力度不足的问题。环境监测设备和技术相对落后，难以满足环境监管的需要。环境执法队伍建设有待加强，执法人员数量不足，业务水平有待提高。此外，部分企业存在违法排污现象，环境违法成本低，打击环境违法行为的力度不够。

虽然辽宁省公众的环保意识不断提高，但仍有部分公众对环保问题认识不足，缺乏环保行动的自觉性。在日常生活中，浪费资源、破坏环境的行为时有发生。此外，公众参与环保的渠道不够畅通，参与度不高。

三 辽宁生态文明建设的对策建议

（一）坚持"两山"理论，推进生态环境治理与修复

加强矿山生态修复。加大对矿山生态环境的治理力度，推进矿山地质环境恢复治理和土地复垦。加强矿山生态修复技术的研究和应用，提高矿山生态修复效果。建立矿山生态修复长效机制，确保矿山生态环境得到持续改善。

推进水土流失治理。采取工程措施、生物措施和农业措施相结合的方式，加强水土流失综合治理。加强水土保持监督管理，严格控制生产建设项目造成的水土流失。加大水土保持投入力度，提高水土流失治理水平。

加强湿地保护与恢复。建立健全湿地保护制度，加强湿地保护管理。加大湿地生态修复力度，恢复湿地生态功能。开展湿地保护宣传教育，提高公众湿地保护意识。

（二）优化产业结构，提高能源效能

1. 传统产业与新兴产业

辽宁是老工业基地，重工业在国民经济中占比较高。煤炭、钢铁、石油

化工、装备制造等传统产业对生态环境造成的污染较重，生态压力较大，生态环境修复难度也比较大。因此，传统产业寻求新的发展方向，走环境友好型的发展战略是当务之急。加大传统产业的技术改造力度，提高产业技术水平和产品附加值。推广应用节能环保技术和设备，降低能源消耗和污染物排放。鼓励企业兼并重组，提高产业集中度，实现规模化、集约化发展。

大力发展新兴产业。积极培育和发展节能环保、新能源、新材料、生物医药等新兴产业，提高新兴产业在经济中的比重。在政策上，积极支持新兴产业，通过行政手段、财政手段引导资金、人才、生产要素向新兴产业集聚，加大科研投入，帮助新兴产业技术创新平台建设，提高自主创新能力。

2. 资源管理与能源消费结构

加强土地资源规划管理，优化土地利用结构和布局，提高利用效率。一方面，严格管控建设用地的规模和用途，盘活闲置土地，减少土地闲置存量。另一方面，加大水土流失的防治力度，减缓和缩小土地退化的速度和规模，将土地生态保护和修复工作落实到位。

加强水资源管理。辽宁水资源相对匮乏且分布不均，加强对水资源的利用效率尤为重要。一方面，通过技术改造，推广使用先进的节水设备，提升水资源的重复利用率，尤其是在农业灌溉领域，此项技术可极大地提升水资源的效能。另一方面，保护水资源。辽宁境内的辽河、大凌河等河流曾遭受严重的污染，经过治理，目前河流水质好、水库蓄水量充沛，这些宝贵的水资源是社会生产和人民生活的基础保障，必须采取严格的措施加以保护。

调整能源消费结构。逐步降低煤炭等污染严重的资源在能源消费中的占比，提升清洁能源的使用占比。推广清洁能源的产品和技术，拓展清洁能源的使用领域，引领经济发展走上循环经济的道路。

（三）重视农村生态文明建设

1. 农村生态环境整治

建设美丽乡村是我国农村生态文明建设的重要目标，农村生态环境治理是美丽乡村建设的重要工程，不仅需要财政支持，还需要多元主体共同发力，采取协商、共治手段持续改善农村人居环境。

培养农民环保意识、改善农村生态文明建设现状，必须在文化层面灌输新思想、改变旧观念。在宣传教育的手段、方式和内容形式上寻求创新，扩大宣传范围，提升宣传效果，以内容创新激发农民学习生态环保知识的积极性，让生态环保意识入脑入心。

2. 优先发展生态农业

调整农村产业结构，突出绿色经济和绿色产业，形成态势良好的生态农业，实现农业经济效益和农业生态效益的双赢。要因地制宜地选择农作物和经济作物，养护耕地活力，合理利用畜牧业产生的禽畜粪便，将农业与畜牧业结合起来，实现循环发展。在农业生产过程中节约使用水资源，在农业生产中综合考虑各种因素，采取最节约的灌溉方式，使水资源可以循环利用。在农作物的种植过程中严格控制农药、化肥等的使用，尽量降低化学物质和地膜塑料对土地资源的污染，维护耕地生态安全。

（四）逐步完善生态环境保护的制度建设

1. 建立生态补偿机制

生态补偿机制通常按照"谁破坏谁修复、谁受益谁补偿"的原则向排污企业或个人征收修复生态环境的费用。生态补偿机制一般由政府牵头，多部门共同组建，同时吸纳环保社会组织和环保人士的参与，共同研究制定适合本地区生态环境现状的生态补偿制度，充分发挥市场调节作用，采取多种补偿方式，对遭受破坏的生态环境进行修复和养护。这是一项非常繁杂的工作，需要根据不同时期的发展情况调整实施方案和执行力度。

2. 提升执法监管能力

第一，培养高素质的执法人员。加强执法队伍建设，既要注重提升现有执法人员的执法能力和执法素养，又要引进吸纳储备相关的人才，作为现有执法队伍的补充和后备力量。第二，建立各部门的联动机制。环境执法往往涉及公安、审计、司法等多个部门创建多部门联合工作机制、形成执法合力有利于提升执法效率。第三，加大社会监管力度。鼓励社会力量和公民积极

投身环保事业。广泛开展环保宣传教育活动，提高公众对环保的认识。利用电视、广播、报纸、网络等媒体，宣传环保法律法规、政策措施和环保知识。及时公开环保信息，保障民众的知情权，开辟公众参与的通道，积极迅速地处理群众举报。第四，搭建生态监测网络，提升环境监测能力。加大环境监测设备和技术投入，提高环境监测自动化、信息化水平。完善环境监测网络，加强对大气、水、土壤等环境要素的监测。加强环境监测数据质量管理，确保监测数据真实、准确、可靠。

参考文献

白雪：《内蒙古生态文明建设问题研究》，内蒙古民族大学硕士学位论文，2022。

穆蓉蓉：《山西生态文明建设路径研究》，太原理工大学硕士学位论文，2022。

韩鹏举：《辽宁省海洋生态修复工作管理探索与实践》，《辽宁自然资源》2024 年第2 期。

雪松强、吴子杰：《辽宁省绿色矿山建设现状及思考》，《辽宁自然资源》2024 年第3 期。

张彩虹、李彤煜：《构建与完善辽宁省生态补偿机制研究》，《辽宁工业大学学报》（社会科学版）2017 年第6 期。

刘艳秀：《还山复水，绿满辽宁——辽宁省自然资源厅生态文明建设工作综述》，《辽宁自然资源》2023 年第4 期。

孙祎媒：《辽宁生态农业建设问题及对策研究》，渤海大学硕士学位论文，2019。

徐彬：《东北三省生态文明时空格局与演变趋势研究》，哈尔滨师范大学硕士学位论文，2017。

赵成：《改革开放以来中国生态文明制度建设的政治与立法实践》，《哈尔滨工业大学学报》（社会科学版）2022 年第3 期。

B.19
辽宁非物质文化遗产保护的现状、问题与对策研究

李阳 尹忠华*

摘 要： 非物质文化遗产作为中华优秀传统文化的重要组成部分，承载着历史的记忆、民族的智慧和文化的传承。本文通过梳理2024年辽宁非物质文化遗产的保护现状，进一步剖析其在传承发展过程中面临的体制机制不畅、基础设施建设滞后、人才队伍基础薄弱、创新研发能力不足等问题，进而从完善顶层设计、加速阵地建设、加强人才培养、提升保护的多样性、加速推进创意研发等方面，提出切实可行的对策和建议。

关键词： 非物质文化遗产 保护与传承 辽宁实践

辽宁历史悠久、源远流长，多民族文化和移民文化等交融共生、特征显著，非物质文化遗产（以下简称"非遗"）资源丰富、异彩纷呈。保护传承好非遗对于深入挖掘辽宁厚重历史文脉、文化底蕴，生动展示辽河文明的发展脉络、灿烂成就，推进辽宁文化强省建设具有重要意义。2024年，辽宁聚焦"打好全面振兴新突破三年行动攻坚之年攻坚之战"的目标，以高度的文化自觉肩负起新时代的文化使命，统筹推进非遗融入旅游、非遗助力振兴发展、非遗促进对外交流等各项工作，在提升辽宁非遗系统性保护水平的同时，不断发挥着非遗接地气、鼓士气、聚人气、强底气的积极作用。下

---

* 李阳，辽宁省文化遗产保护中心（辽宁省非物质文化遗产保护中心）副研究馆员，主要研究方向为非遗传承与传播；尹忠华，辽宁省文化遗产保护中心（辽宁省非物质文化遗产保护中心）副主任、研究馆员，主要研究方向为非遗保护与传承。

一步，如何全面落实"传统文化创造性转化、创新性发展"的总体要求，深入挖掘传统文化的当代价值，合理开发利用非遗资源，促进非遗更好地融入当代、融入生活，并最终实现其在新时代的传承、振兴和发展，为助力实现辽宁全面振兴新突破提供精神力量，值得深入研究和思考。

一 辽宁非遗保护现状

在辽宁，非遗保护工作得到省委、省政府的高度重视和社会各界的广泛关注。在坚强有力的政策保障下，辽宁全省联动，层层递进，四级名录体系建设日益完善，公益性非遗活动广泛开展，数字化保护、调查研究、成果出版、对外交流等基础性保护工作扎实推进，非遗保护的生动局面得到持续巩固和发展。

（一）聚焦新形势，非遗体验设施建设初见成效

中共中央办公厅、国务院办公厅印发的《关于进一步加强非物质文化遗产保护工作的意见》提出"完善非物质文化遗产体验设施，鼓励有条件的地区设立地方非遗馆，完善非遗展览展示场所管理制度体系"等要求，辽宁结合本省的实际情况，加快推进非遗体验设施建设工作。截至2021年9月，辽宁已经建成抚顺琥珀雕刻博物馆、锦州满族民间刺绣、北京评书展示馆，并已落成对外开放；建立了非遗馆88个、传承体验中心72个、传承所483个，命名了30个非遗传承基地，非遗基础设施建设加快推进。[1] 随着非遗保护工作的不断深入，推进非遗体验设施建设、让非遗融入现代生活的呼声越来越高。2023年7月，辽宁省文化和旅游厅、辽宁省人力资源社会保障厅、辽宁省乡村振兴局共同组织开展了辽宁省非遗工坊评定工作。按照相关工作要求，在各地推荐申报的基础上，经评审和公示，确定包括沈阳

---

① 《省政协十二届五次会议〈建议新建辽宁非物质文化遗产展示馆〉（第0118号提案）的答复》，辽宁省文化和旅游厅网站，2022年9月9日，https：//whly. ln. gov. cn/whly/zfxxgk/fdzdgknr/jyta/szxta/szxsejwchy2022n/20220909141 91637989/index. shtml。

胡魁章制笔工艺、大连贝雕、岫岩玉雕、传统木版年画、琥珀雕刻在内的17个非遗工坊为辽宁首批省级非遗工坊。① 同年8月，省发展改革委印发了《关于开展文化传承发展"专精特新"工程项目储备的通知》。辽宁从推动非遗保护事业高质量发展的角度，提出在已建成开放的文馨苑基础上改建非遗馆的方案，并完成《辽宁省非遗馆建设项目可行性研究报告》编制工作。至2024年1月，辽宁省非遗馆建设项目已通过国家发展改革委专家组评审，被列入文化传承发展"专精特新"工程项目储备库。

（二）落实新要求，传承人抢救性记录工程稳步推进

非遗蕴藏着民族精神的基因，而作为其核心技艺承载者、传递者的传承人，则是非遗得以赓续传承的关键。根据辽宁省文化遗产保护中心相关统计，辽宁共认定四批省级非遗代表性传承人337人，其中50余人已经去世，占传承人总数的近1/6，非遗保护面临"人亡艺绝"的危险。针对这一情况，辽宁全面开展国家级、省级非遗代表性传承人抢救性记录工作②，运用数字多媒体等现代信息技术手段，对年龄较大、技艺水平较高的非遗传承人进行影像记录，通过口述史、项目实践、教学传承、综述片等影像，全面、真实、系统地记录重点非遗项目、重点传承人所承载的核心技艺、智慧经验和文化记忆，从而为中华文脉的赓续传承留存永久性影视文献。随着非遗传承人抢救性记录工作的持续推进，辽宁又将目标对准传承人记录工作的成果转化、研究和传播上，进一步深化工作实践。2024年，辽宁选取国家级非

---

① 《辽宁省文化和旅游厅等3部门关于公布辽宁省非遗工坊名单的通知》，辽宁省文化和旅游厅网站，2023年7月14日，https：//whly. ln. gov. cn/whly/zwgk/tzgg/20230714142630113387/index. shtml。

② "国家级非遗传承人抢救性记录工程"是文化部（现为文化和旅游部）在2015年启动的一项重点非遗保护工作。辽宁于2016年启动抢救性记录工作，并结合工作需要，组建专家组、指派实施单位、筛选合作公司，初步形成了省厅统筹指导、省中心全面牵头实施、专家提供学术支撑、公司保障技术服务的工作格局，建立并完善了权责清晰、流程规范、分工明确的工作体系，确保了抢救性记录工作在辽宁的有序开展和有效推进。自2016年以来，辽宁共有46名国家级非遗传承人获得文化和旅游部立项，完成24个项目成果全部通过国家验收，并有6项成果被评为"全国优秀"。2022年，辽宁又启动实施省级非遗传承人记录工作。

遗传承人项目实践中的优秀作品积极申报国家艺术基金项目，其中北京评书传承人刘兰芳的作品《帕米尔雄鹰》获得国家艺术基金舞台创作（小剧目）资助项目，这也是继北京评书艺术人才培养、评书作品《钟院士，百姓心中的一座山》之后，辽宁非遗第三次获得国家艺术基金支持。与此同时，辽宁还以传承人口述史、非遗影像记录为研究对象，持续深入开展理论研究，目前《数字人文视域下的非物质文化遗产代表性传承人口述史研究》已经顺利通过辽宁省社会科学界联合会研究课题结项。

（三）结合新需求，公益性非遗活动辐射全省

随着保护工作的持续深入和文旅融合发展，非遗活动的形式也更加丰富多彩，技艺展示、专场展演、互动体验、研学、公开课等多元化的非遗活动屡见不鲜。2024年，辽宁省精神文明建设办公室与辽宁省公共文化服务中心首次合作推出了"文明实践我行动"——辽宁公共文化服务"六进"活动，非遗活动作为重要的服务内容之一，成为基层单位和群众的首选项，根据省公共文化服务中心反馈的信息，非遗"点单"量达90余场次。为了实现精准服务、活动共联，辽宁省文化遗产保护中心（辽宁省非物质文化遗产保护中心）积极发挥职能优势，将公益性非遗活动与辽宁公共文化服务"六进"活动紧密结合，策划推出非遗"六进"系列活动30场次，通过讲座、辅导、展演的方式，让非遗"六进"活动辐射全省14市的25个县区。在丰富活动内涵的同时，辽宁进一步巩固壮大非遗活动基础，在春节、劳动节、雷锋纪念日、五四青年节等传统节日和重要纪念日等时间节点，继续开展"我们的中国梦——文化进万家""多彩非遗 美好生活""青春之约·草原欢歌""清远华夏声"等主题性非遗展示和专场展演活动，进一步促进非遗融入当代、融入生活。同时，注重发挥"1+1>2"的合作优势，积极与辽宁省图书馆、辽宁省旅游教育中心、丹东市文化旅游和广播电视局等单位联合，推出"辽图讲坛·非遗讲座"、非遗研学、非遗惠民等活动，延伸非遗活动"触角"，提升非遗活动的影响力。辽宁省文化遗产保护中心（辽宁省非物质文化遗产保护中心）年度工作总结数据显示，2024年以来，累计

开展各类公益性非遗活动 87 场，惠民 370 万人次，新华网、《辽宁日报》等中央和省内主流媒体累计报道 35 条（篇）。

（四）对标新任务，非遗数字化保护持续深入

《中华人民共和国非物质文化遗产法》第十三条规定："文化主管部门应该全面了解非物质文化遗产有关情况，建立非物质文化遗产档案及相关数据库。"数字化保护是法定职责。近两年来，结合"数字辽宁"建设的工作部署，辽宁不断加大非遗数字化保护力度，努力探索非遗与数字技术的结合，让数字化作用于非遗保护、传承、体验、交流、传播的各个环节，从而让非遗更好地融入现代生活。一方面，推进数字化宣传平台建设工作，先后申请注册辽宁省非物质文化遗产保护中心微信公众号、建立非遗活动交流群、设计制作抢票小程序，开通官方微博、申请网络直播账号，对大型非遗活动进行网络直播，融通多媒体宣传渠道，进一步宣传展示辽宁文化遗产保护的生动实践，不断扩大传统文化传承传播的覆盖面和影响力。另一方面，启动"辽宁省云上非遗馆"和索贝非遗数据库媒资管理系统（MICH V1.0）建设工作，全面加强非遗数字资源管理。2024 年，辽宁首次以"辽宁省云上非遗馆"为依托，在"文化和自然遗产日"期间开辟"非遗云展览"专题，通过设立摄影、视频两个版块，集中展示全省的非遗资源。"非遗云展览"活动一经上线，吸引广大网友上传身边的非遗人、非遗事等摄影和短视频作品近百条，成功迈出了辽宁非遗数字化一站式服务的第一步。

（五）不负新使命，辽宁非遗在经贸和对外交流活动中担当主角

辽宁非遗参与对外交流和经贸活动由来已久，从最初的 2008 年北京奥运会辽宁"剪纸小屋"、2010 年的上海世博会，到 2014 年在非洲塞舌尔"维多利亚国际嘉年华"首次为中国捧回最受观众喜爱的汤姆鲍尔斯黄金奖杯，再到 2024 年两度赴俄罗斯举办辽宁非遗展，16 年间，辽宁非遗足迹遍及韩国、塞舌尔、毛里求斯、墨西哥、博茨瓦纳、津巴布韦、马达加斯加、新西兰等十余个国家和地区。2024 年初，辽宁应俄罗斯联邦

国家文化研究所国立学术马林斯基剧院普利莫尔斯基滨海分院邀请，组织琥珀雕刻、沈阳李氏糖人制作技艺、大连贝雕、锦州面塑、指画艺术、李氏民间掐褶纸 6 个具有浓郁辽宁地域文化特色的非遗项目及其传承人，随同辽宁芭蕾舞团前往俄罗斯符拉迪沃斯托克进行交流展示，第二次以"非遗+芭蕾"的文化组合形式亮相国际舞台。① 6 月初，辽宁省委副书记、省长李乐成率辽宁省友好经贸代表团访问白俄罗斯和俄罗斯，辽宁 21 项国家级、省级和市级非遗代表性项目的 30 名传承人随团出访，以非遗的方式向国际友人展示了辽宁优秀传统文化的魅力风采和创新活力。辽宁非遗先后在辽宁省与日本富山县缔结友好省县关系 40 周年、辽宁夏季消费季暨"国潮臻品馆"辽宁项目启动仪式等活动中承担展示任务，精彩的技艺展示、沉浸式的体验互动，诠释了"山海有情　天辽地宁"的深厚文化底蕴，受到各方赞誉与好评。

二　辽宁非遗保护面临的困难与问题

在持续深入推进非遗保护工作的当下，非遗保护理念已经深入人心，加之各类非遗展示、展演、互动、体验等活动的广泛开展，使得非遗与百姓生活越来越紧密。然而，受体制机制、认知程度、地区发展差异等主客观因素的影响，辽宁非遗也显现出一些不足和短板。

（一）非遗保护工作效能尚有提升空间

现有的以各级政府为主导的保护架构已经建立，但职能交叉、权责不清等问题的存在影响和制约了实际保护工作中组织架构优势的发挥。从全国的共性层面来看，各省（自治区、直辖市）多已设立非遗处、省级非遗保护中心，按照组织架构的层级，非遗处是政府行政主管部门，负责非遗保护的

---

① 《辽宁非遗再度惊艳亮相俄罗斯符拉迪沃斯托克》，辽宁文化遗产保护中心微信公众号，2024 年 2 月 23 日。

管理、指导等工作；省级非遗保护中心是行业专门机构，主要在上级行政主管部门的领导下，从事培训、研究、规划等非遗保护的具体业务工作。但是在实际工作中，非遗保护工作的职能划分并不明确，导致非遗保护的效用大打折扣。从辽宁的个性情况来讲，在推进事业单位机构改革的过程中，机构、人员也面临着不同程度的调整，专门从事非遗保护工作的各级保护机构、保护单位出现了职能弱化的情况，致使非遗展示展演活动、非遗调查调研、项目保护与传承等基础性保护工作的开展和推进面临一定的困难，这也影响和制约了非遗保护工作的整体推进。

（二）非遗基础设施建设亟须加强

提供固定的场所和空间以促进非遗的展示和传承，是法律框架下各级政府应履行的责任。据不完全统计，福建、浙江、广东、安徽、陕西、河南、贵州、海南、江西、江苏、湖南、山东、四川、山西等10余个省份的38个较大城市（含副省级、省会城市）中27个城市建有文化遗产展示馆（展示中心）或非遗博览园。相较来说，辽宁非遗保护的基础设施建设远远落后于全国平均水平。目前，辽宁只有锦州、岫岩等市县建立了小规模的非遗展示馆，全省层面还没有规模化、综合性的非遗展示、传习、展览的专门场馆。非遗基础性设施、场地的严重不足致使多年搜集的濒危且珍贵的资料、民俗物件等非遗实物作品无法得到良好且有效的保存，必要的公益性非遗活动无法进行常态化开展，珍贵的传统文化资源仍散落于各地，"活态"的非遗价值难以得到有效的提升和利用。

（三）非遗人才队伍有待培育壮大

非遗区别于物质文化遗产的最大特点，即它以"人"为载体的活态性，因此"人"也成为非遗保护、存续和传承的关键和重中之重。然而在实际的保护过程中，辽宁非遗人才队伍基础薄弱的问题依然十分严峻，主要表现在三个方面。一是传承人梯队建设难。受农村青年外出求学、务工等因素影响，农村地区的年轻人较少甚至空心化等现象在一定程度上存在，加之传统

的非遗项目入门难、出徒慢，难以带来较高的经济收入，导致非遗传承后继乏人现象较为突出。二是从事非遗保护、管理工作的专业人才匮乏。各级非遗保护的专业机构体系不健全，人员配备少、学历低、任务量重、专业素质结构不合理、流动性大，保护队伍存在极大的不稳定性。三是非遗人才培养缺乏有效途径。非遗专业学科建设相对滞后，非遗从业人员多以岗位培训的方式学习专业知识和技能，兼具技术性、学术性和实践性的非遗专业人才储备不足。

（四）非遗传承传播形式还需丰富和拓展

通过非遗展示展演活动普及非遗保护理念、加强非遗宣传，在非遗保护工作开展的初期，是比较直接且行之有效的传承传播手段之一，各级各类非遗活动广泛开展，一度成为人民群众普遍受益的文化内容。然而，经过近20年的保护实践，新时期的非遗传承与传播依旧没有走出展示展演的单一模式。以辽宁为例，目前非遗进校园、进社区、进景区、进商场等展示、互动、展演活动，仍是最主要的传承传播方式。"一走一过"的活动形式，可能在短时间内引起受众的兴趣，但这种兴趣是有时效性的，难以起到培养传承群体的作用。另外，非遗的地域性特征显著，年复一年的"重复性"展示内容，也容易引发大众的审美疲劳，因此还需要在具体的传承传播实践中，不断丰富和拓展活动的形式和内容，以此来巩固和扩大非遗的受众群体。

（五）非遗创新研发存在较大的进步空间

近年来，国家通过实施"传统工艺振兴工程"、提出"见人见物见生活"理念、推出"非遗传承人群研修研习计划"，大力推进非遗创意研发工作。在政策的支持和指导下，一些经济相对发达的省份以非遗为核心的文创形成了从设计、量产、包装，再到营销、销售的完整产业链。相比较来说，辽宁非遗在长期的保护实践中，虽然一直在探索创新和发展，但尚未形成品牌和规模，还停留在小范围、以传承人个体投入为主的"试水"阶段，个别项目诸如李氏民间掐褶纸、琥珀雕刻、松花石砚制作技艺等，在非遗创意衍生品研发和销售方面小有收获，然而由于缺乏长期而稳定的社会资本注入和专业团队的指导，创新能力有限，创意不足，产品品类单一，无法量产，且没有销售平台，很难形成产业化。

三　提升辽宁非遗系统性保护水平的对策建议

非遗保护是一项综合性、系统性工作，针对当前辽宁非遗保护存在的问题，本文从完善顶层设计、加速阵地建设、加强人才培养、提升保护的多样性、加速推进创意研发等方面提出对策建议，以促进辽宁非遗的保护、传承和发展。

（一）完善顶层设计，形成非遗保护的辽宁方案

准确把握新时代非遗保护的重大意义，以《中华人民共和国非物质文化遗产法》《辽宁省非物质文化遗产条例》为准绳，不断完善非遗保护的相关政策，同时结合各地区的实际情况，进一步明晰非遗保护管理机构、专业机构的职责，完善权责明确、配置合理、保障有力、运转顺畅的全省非遗保护组织体系，形成自上而下、各司其职的非遗保护网。一方面，可以充实各级非遗保护中心在调查研究、指导培训、数字化建设等相关保护工作组织实施方面的职能，使非遗保护工作力量与其承担的职责和任务相适应；另一方面，从政府角度给予各级非遗保护中心参与保护规划制定、评审标准草拟、名录申报评审、项目资金预算审核、基层保护工作指导等必要的工作授权，确保各级非遗保护中心在行业主管部门的监督管理下，有序有力推进非遗保护体系化建设相关工作。

（二）筹建省级非遗馆，打造传统文化新阵地

全面贯彻落实传统文化"创造性转化、创新性发展"的要求，将省级非遗馆建设纳入国民经济和社会发展总体规划，并综合辽宁经济社会发展水

平、文化特色、产业发展等情况，筹划非遗馆选址建设工作，打造形成集传承、体验、教育、培训、旅游等功能于一体的传承体验中心和城市文化客厅，使非遗馆成为继图书馆、博物馆、文化馆老牌"三馆"之后，传承传播中华优秀传统文化、弘扬社会主义核心价值观的全新阵地，通过常态化的非遗活态展示和沉浸式的传统文化互动体验，展示好辽宁风貌，传递好辽宁声音，讲述好中国故事、辽宁故事。在此基础上，结合辽宁全面振兴新突破三年行动的有利契机，将非遗馆作为提升"文化软实力"、培育"新字号"文化品牌的重要抓手，嵌入文化事业、文旅产业发展之中，逐步打造形成文化、旅游融合发展的产业集群，不断释放传统文化的活力与魅力，为辽宁实现振兴发展积蓄新动能。

（三）加强人才培养，夯实非遗保护根基

人才建设是非遗保护工作的重要任务。2021年印发的《关于进一步加强非物质文化遗产保护工作的意见》明确指出："实施全国非物质文化遗产人才队伍能力提升工程。将非物质文化遗产保护纳入有关干部教育培训内容。完善非物质文化遗产保护专业技术职称评审制度。"辽宁作为教育大省，拥有大量优质的高等教育资源，可以充分利用省内的高校，结合重点的非遗项目、特色的非遗项目，探索开设非遗相关专业，并利用好高校和研究机构的力量，从源头上培养高层次非遗人才。在此基础上，不断完善非遗人才的保障机制。一方面，针对传承人队伍建设，可以通过政府主导的方式开办传承培训班、举行集体拜师仪式、支持传承人"走出去"参加非遗研修研培活动等，加大非遗技艺传承力度；另一方面，针对保护管理人才队伍建设，积极出台非遗人才相关的激励政策，如在职称评审、岗位晋级、职务晋升等方面向专业素质高、业务能力强的优秀非遗保护工作者倾斜，最大限度地培育人才。

（四）立足大文化视角，提升辽宁非遗保护的多样性

改变以往单一的、即兴式的非遗活动模式，以"非遗+"为纽带，策划开展"非遗+文物"的创意展览、"非遗+剧场"的常态化展演、"非遗+互

联网"的云展示、"非遗+教育"的技艺培训、"非遗+互联网"的在线直播等实践活动，积极探索非遗融合发展的可能性与可行性，让传统的非遗以一种全新的、更适应时代发展需求的姿态，回归大众视野，融入日常生活，展现全新的生命活力。在持续组织非遗活动的基础上，不断加强非遗的挖掘、整理和研究工作，通过启动实施成系统、成专题的非遗调查调研和课题研究，有计划地推进非遗系列图书、非遗专著、非遗理论研究成果的编撰、辑录和出版等工作，为宣传和弘扬中华优秀传统文化提供重要载体，从而深化非遗当代价值的阐释与传播。

（五）借力文旅融合，加速非遗创意与研发进程

2024 年 4 月 15 日，辽宁省文化和旅游厅印发了《关于推进非物质文化遗产与旅游深度融合发展的实施方案》，以七项重点任务推进非遗与旅游在更广范围、更深层次、更高水平上实现融合。其中，"丰富非遗旅游产品供给"的任务目标，不仅表明了非遗创意与研发的广阔前景和巨大的市场潜力，也为非遗长久而有效地融入文旅发展、嵌入文旅市场找到了可行的途径。一是进一步细化、优化扶持政策，如设立专项资金、组建专家团队等，对非遗传承人开展创意研发活动给予保障；二是积极整合优势资源，发挥行业专家、文化企业、非遗传承人等多方力量，让非遗资源与市场需求、现代审美实现有机结合；三是筛选有一定研发基础和能力的非遗项目进行试点，从设计、研发、作品包装等方面进行探索和尝试，待形成成熟的作品后再逐步推广，进而借助市场的杠杆作用，撬动非遗的创意研发。

参考文献

王笑梅：《我省出台实施方案　推动"非遗+旅游"融合发展》，《辽宁日报》2024年 4 月 16 日。

杨红:《"非遗传播"在"非遗扶贫"中的作用分析》,《公共艺术》2020年第5期。

张璐、宋培娟:《论非遗传承与保护面临的机遇与挑战》,《参花》2024年第18期。

崔剑生:《非遗融入高校育人体系的作用机理与推进路径》,《辽宁高职学报》2024年第6期。

陈佳航:《非遗元素与文创产品设计的融合创新》,《美术教育研究》2024年第11期。

乡村振兴篇

B.20
辽宁农业社会化服务发展分析与对策建议

李志国*

摘　要： 农业社会化服务是发展现代化大农业的重要支撑和推手，本质上，农业社会化服务是农业与生产性服务业的广泛结合，是形成农业新质生产力的重要路径。目前，辽宁农业社会化服务重点在生产环节，未来应拓展到农业各环节、全链条。加强农业社会化服务，辽宁需要努力在提高认识、生产托管提质升级、提升主体协同性、探索增量空间、强化要素支持等方面寻求进展和突破，助力打造现代化大农业发展先行地。

关键词： 农业社会化服务　现代化大农业　农业新质生产力

2023年11月，辽宁省委十三届六次全会提出打造辽宁新时代"六地"，

---

* 李志国，辽宁社会科学院农村发展研究所研究员，主要研究方向为乡村振兴、县域经济。

其中在农业方面提出打造"现代化大农业发展先行地",现代化大农业成为辽宁农业的重要发展方向,而农业社会化服务将有力助推辽宁现代化大农业发展。农业社会化服务是生产性服务业与农业的有机结合,是发展现代化大农业的必然要求。

一 发展现代化大农业需要加强农业社会化服务

通常而言,现代化大农业是广泛应用现代技术、生产社会化程度较高、产业融合度较高、效益较高的农业生产方式。辽宁具备发展现代化大农业的良好基础和广阔前景,农业社会化服务将会更好地把基础转为优势,把前景变成现实。

(一)社会化服务是维护粮食安全的重要保障

辽宁作为全国13个粮食主产省之一,承担着保障国家粮食安全的重要使命,2023年全省粮食产量达2563.4万吨,创历史新高。[①] 当然,与全国其他地区一样,辽宁也面临着"未来谁来种地""谁来保障国家粮食安全"的问题。目前的答案倾向于新型职业农民、新型农业经营主体、农业社会化服务主体等。其中,各类农业社会化服务主体在耕、种、防、收等环节为小农户提供专业化生产服务,能够有效避免耕地弃耕抛荒,提高粮食单产,保障粮食安全。新型职业农民、新型农业经营主体、农业社会化服务主体具有很大程度的交叉,大量农业社会化服务由前两类主体提供。

(二)社会化服务是实现农业规模化生产的重要途径

规模化生产是现代化大农业的要求之一,而社会化服务是实现农业规模化生产的重要方式。社会化服务可以使农户保留较大自主经营权,并且仅需支付相应服务费,有望获得更多的生产经营收益,因此,越来越受到农户的

---

① 《辽宁省2023年国民经济和社会发展统计公报》。

认可与欢迎。2021 年，辽宁省共有耕地 7452 万亩，除国有耕地外，集体耕地流转比例约为 35%，剩余耕地都由小农户经营[①]，小农户仍是农村土地经营的主力。随着农村青壮年劳动力不断流出，很多小农户独立开展农业生产的难度加大，土地托管等农业社会化服务帮他们解决了这一难题。据辽宁省农业农村厅统计，2023 年，全省签订托管服务合同面积 1245 万亩次，各服务环节按比例折算后实施总面积为 508 万亩。社会化服务提升了全省农业生产机械化、专业化、标准化、集约化水平，有助于小农户与现代大农业有机衔接。

（三）社会化服务有助于形成农业新质生产力

发展新质生产力是农业提升生产效率和综合收益的根本途径，是实现农业高质量发展的内在要求。发展农业新质生产力，主要依靠农业先进适用技术研发和成果转化推广，而社会化服务是推广农业科技、应用农业机械的重要渠道。辽宁省在农业科技推广服务过程中做了很多工作。在推广优良品种方面，组织遴选出适宜省内不同区域种植的粮油类农作物优良品种 70 个，制定玉米、水稻、大豆、花生等 8 个主要粮油作物生产技术指导意见并予以推广；在农机社会化服务方面，2023 年秋季至 2024 年夏季，全省共组织检修农机具 40.1 万台（套），培训机手、修理工 8.8 万人。[②] 加强和拓展以农业科技应用为主导的社会化服务，能够大幅提高农业的生产能力和产出效益。

（四）社会化服务有助于农业高质量发展

农业社会化服务有助于保护土地资源，提高农民收入，延长农业产业链。在保护土地资源方面，农业社会化服务可以更有效率地推进实施深耕深松、施用有机肥、统防统治、秸秆还田等生产方式。2024 年辽宁省预计实

---

① 李越：《149.3 万农户有了"田管家"》，《辽宁日报》2021 年 9 月 10 日。
② 胡海林、王晓波、徐鑫：《挑起"金扁担"为国谋"粮"策》，《辽宁日报》2024 年 9 月 2 日。

施黑土体保护性耕作任务面积 1350 万亩[①]，是 2023 年的 2.7 倍，实施保护性耕作作业的农机合作社、农机户、家庭农场等社会化服务主体为主要补助对象。在提高农民收入方面，社会化服务通过集中采购农业生产资料、改善灌溉等生产条件，以及集中连片开展农机作业等方式，可以有效降低农业生产成本、提高农业效率及收益，进而增加农民收入。在延长农业产业链方面，社会化服务将会使农业与服务业的联系更密切，有效增强农业与食品工业的连接，实现涉农产业升级，推动第一、第二、第三产业有机融合。

二 辽宁农业社会化服务的成效

自 2017 年中央开始安排农业生产社会化服务财政专项，尤其是 2021 年农业农村部发布《关于加快发展农业社会化服务的指导意见》以来，全国包括辽宁省农业社会化服务进入快速发展阶段。全省有关部门和各地区执行国家相关部署，学习借鉴各地经验，在农业社会化服务领域已有诸多探索和实践，并且取得了很多成效。

（一）政策扶持农业社会化服务

辽宁省连续多年发布《辽宁省农业生产社会化服务项目实施方案》，推动以生产托管为主的农业社会化服务发展，引导小农户接受托管等社会化服务，推进农业生产机械化、规模化、集约化发展，提升农业综合效益和竞争力。各农业市县也依据自身情况制定相关实施方案，引领和带动本地区农业生产社会化服务工作。辽宁省还针对全省农业科技推广服务体系建设实际发布了《辽宁省关于加强农业科技社会化服务体系建设的若干措施》。

（二）培育农业社会化服务主体

2023 年，全国有各类农业服务组织超过 107 万个，服务小农户 9100 多

万户，服务面积超过 19.7 亿亩次。[①] 2023 年初，辽宁省有农业社会化服务组织 3 万余个，从业人员达 13.6 万人，为 160 余万户小农户提供服务，年营业收入约 30 亿元，年服务面积超过 6000 万亩次，服务规模居全国第11 位。[②]

（三）农业生产托管服务方兴未艾

农业生产托管是当前农业社会化服务的主要形式，且已形成单环节托管、多环节托管、关键环节综合托管和全程托管等多种托管模式。2020 年，全国农业生产托管服务面积超 16 亿亩次，其中粮食作物服务面积超 9 亿亩次，服务小农户 7000 多万户。[③] 2020 年，辽宁省有农业生产托管服务组织1.4 万个，服务小农户 149.3 万户，累计服务面积达 5941.2 万亩，分别比2019 年增长 26.3%、23.7%、29.0%。[④] 全省农业生产托管服务主体、服务面积快速增长，服务主体日趋多元化，托管模式日益多样化，服务技术更加专业化，服务装备更加机械化。托管模式由以全程托管为主向全程、单环节、多环节托管并存转变，出现了"菜单式""保姆式"等多样化可选择托管模式。服务机制由初始的"服务组织+小农户"逐步扩充为"村集体+服务组织+小农户""订单+服务组织+小农户""金融机构+服务组织+小农户"等多种联结机制。托管服务领域也由主要面向粮油等大田作物，逐步拓展到水果、蔬菜等经济作物和设施农业领域。

（四）推动农业社会化服务提质升级

2022 年，辽宁成立农业社会化服务发展战略联盟，联盟共有 76 个发起成员，覆盖全省 14 个市 39 个县（市、区），包括家庭农场、农民合作

---

① 《新型农业经营主体保持良好发展势头》，农业农村部网站，2023 年 12 月 19 日，https://www.moa.gov.cn/ztzl/2023fzcj/202312/t20231219_6442993.htm。

② 《全省农业社会化服务组织已达 3 万余个》，《辽宁日报》2023 年 2 月 22 日。

③ 《截至 2020 年底，全国农业社会化服务组织数量超 90 万个》，《人民日报》2021 年 2 月 8 日。

④ 李越：《149.3 万农户有了"田管家"》，《辽宁日报》2021 年 9 月 10 日。

社、专业服务企业、服务中心、农资供销企业、金融机构、科研院所等。联盟汇集各类要素开展专业服务，在服务组织与政府部门之间发挥沟通与协调作用，促进有关主体与农资供销、科研院所、农技服务、农业担保、金融保险等方面深度合作，推动服务主体间融合发展，形成良好的行业秩序。

（五）相关系统、行业不断加强农业社会化服务

科技、供销、农垦等系统和行业在推进农业社会化服务发展进程中，也发挥着重要作用。比如，辽宁省农业科学院、沈阳农业大学等驻沈阳高校和科研院所依据乡镇村科技需求，精准选派 50 个科技特派团开展农业科技社会化服务，累计带动农民增收超 6600 万元，培训新型职业农民 311 位，培训农民 12700 多人次，带动农户 16800 户，引进 260 个新品种，推广 245 个新技术新产品，示范推广服务面积 50 万亩。

三　发展农业社会化服务存在的问题

辽宁农业社会化服务取得了一定进展，但是与社会化服务本身的要求以及农业高质量发展和发展现代化大农业的目标相比仍存在较大差距，未来有不少短板需要弥补，还有很大的发展空间。

（一）对发展农业社会化服务的认识尚需加深

通过对辽宁农业社会化服务实践的考察，可以发现政策制定和执行者、社会化服务各类供需方以及公众等社会化服务相关主体对社会化服务的认识还不够全面深入，对农业社会化服务的重要作用、涵盖领域、主要任务、发展前景等都需要加深认识。由于认识的不足，一些地方的农业社会化服务处于自发状态，或停留在农业生产托管，对其提供的相关支持较少，流入的资源非常有限，社会化服务难以成为农业和涉农产业发展的有效推力。

（二）农业生产托管服务水平参差不齐

一是服务主体服务能力或专业性有待提高。多数服务组织规模偏小，装备和技术水平不高，服务领域窄，难以提供全方位、"保姆式"的高质量服务。二是服务规范性有待加强。由于农业生产类型多样，托管服务发展模式和服务方式也多种多样，服务过程中容易遇到各种各样的问题，如果服务组织专业性不足，就很难提供标准化、规范化的服务。三是行业政策规范需要完善。很多小农户与农业托管组织间难以通过合同相互制约，可能造成服务纠纷，影响托管服务进一步发展。

（三）社会化服务主体间协同性不足

农业社会化服务主体的多元化以及农业和涉农产业链的复杂性决定了单个主体不可能服务整个产业链，各类社会化服务主体需要密切配合、相互协同，才可能把所服务的农业和涉农产业做大做强。目前社会化服务主体间缺乏信息互通、资源共享、协调联动的协同机制，这也是辽宁农业和涉农产业链不大不强、涉农产业升级缓慢、一二三产融合度不高等问题的重要原因。

（四）农业社会化服务领域仍较狭隘

辽宁农业社会化服务主要集中在生产环节，对生产前和生产后的关注度较低。如果社会化服务资源纷纷涌入生产环节，不向前后两端寻求更高附加值，长期发展必然形成行业"内卷"，不仅会造成生产环节服务结构性过剩，而且会出现与农户争利的局面。因此，必须把拓展农业社会化服务领域提上日程，避免未来出现失衡情况。

（五）农业社会化服务支撑要素偏弱

农业社会化服务支撑要素不足主要体现在政策、资金、人才等方面。政策方面，目前的扶持政策主要集中在农业生产托管服务方面，并且是具备一定规模的托管服务组织才可能获得政策性扶持，对农业社会化服务其他方面

及弱小托管服务组织的政策扶持力度不足。资金方面，存在农业生产经营周期与信贷周期相冲突、农业金融服务和农业保险结合不够等问题，可能会影响社会化服务组织收取服务费。人才方面，基层的专业人才短缺，培养和引进人才需要付出较高成本，严重制约服务组织发展壮大。

四　拓展农业社会化服务路径的建议

（一）提高对农业社会化服务的认识

提高认识是推动发展的前提和基础，要提高对农业社会化服务重要作用、涵盖领域、主要任务、发展前景等方面的认识。在重要作用方面，应充分理解农业社会化服务是发展现代化大农业的必然要求，是实现规模化经营的重要方式，是各类农业主体衔接现代农业的重要渠道；能够提供更专业的生产服务，是维护粮食安全的重要保障；能够提高农产品附加值，延伸涉农产业链；能够助推涉农产业升级，助力农业与其他产业融合发展；有助于保护资源环境，提高农村居民收入，实现农业高质量发展。在涵盖领域方面，要充分认识到农业社会化服务可以深入农业的方方面面，可以延伸到各类涉农产业，在农业领域包括但不限于农业生产服务、农业信息服务、农村金融服务、农产品物流服务、农业培训服务、农业科技服务，在涉农产业领域触及各个环节、各个方面。在主要任务方面，包括但不限于推动各类服务主体共同发展，在农业生产各环节拓展服务，创新服务机制服务模式，推进资源整合，建设农业全产业链，提升农业生产科技水平，通过强化行业指导提升服务水平等内容。在发展前景方面，农业社会化服务更加多元化、多层次、多类型，在体现自身价值过程中实现行业快速发展，展现出丰富的多样性。

（二）推动农业生产托管提质升级

推动农业生产托管提质升级，应该在政策、标准、规范等方面予以规制。一要加大政策支持力度。各级财政应加大对农业生产托管组织的支持力度，采取政府购买服务、以奖代补、先服务后补助等方式，根据托管服务面积、服务效果等对服务组织进行补助。同时，引导有意愿、有需求的小农户在农业生产关键环节或全程接受农业生产托管服务，让小农户间接享受财政政策的支持。二要探索建立托管服务标准。针对接受托管农户对服务达不到预期或约定效果的担心，农业和相关管理部门应鼓励服务组织、协会、联盟建立统一的托管服务标准，服务双方按照标准服务和付费。三要规范行业健康发展。开展农业托管服务的主体类型多样、素质参差不齐，需进一步加强行业管理，应着力摸清各类服务主体基本情况，根据现实情况分类制定规范化管理制度，对服务行为和服务价格予以监督和指导，使服务双方利益都能得到保障。

（三）提升农业社会化服务主体协同性

提升农业社会化服务各类主体协同性是一项非常复杂的系统工程，同时也是实现以社会化服务推动农业和涉农产业做大做强的"必修课"。一要加强顶层设计和协调。由农业农村部门牵头，组织政府公共服务机构、专业服务公司、供销合作社专业化服务组织、服务型家庭农场、服务型农民合作社、农村集体经济组织、农业科技示范园区、专业技术协会、农业院校和科研机构、农业保险机构等主体或其代表，商讨确定各类主体在农业社会化服务中的地位和作用，明确各方责任，进而构建农业社会化服务协同发展体系或架构。二要推动各类服务主体建立信息互通、资源共享、协调联动的协同机制。鼓励各类主体建立合作机制，组建服务联盟，实现信息和资源的实时分享。由市场监管部门或农业农村部门牵头，行业联盟配合，为各类社会化服务主体制定明晰的服务网络架构，明确具体服务流程、服务对象、服务内容和收费标准，推动农业社会化服务标准化、规范化发展。

（四）探索农业社会化服务增量空间

农业社会化服务属于生产性服务业范畴，要立足于拓展涉农产业链，着眼于推动一二三产融合、城乡融合，探索农业社会化服务的发展空间。一要

拓展农业生产全领域、全过程社会化服务空间。着力推动社会化服务范围从粮食作物向经济作物拓展、从种植业向养殖业等领域推进,提升社会化服务对农业全产业链及农林牧渔各产业的支撑作用。推进农业社会化服务从产中向产前、产后等环节延伸,在农产品贮藏、加工、物流、营销等方面,构建具有竞争力的农业产后社会化服务。二要拓展涉农产业链社会化服务空间。在延伸涉农产业链过程中,充分发挥社会化服务功能,在研发、生产、加工、储运、销售、品牌、消费、体验、服务等环节发挥作用,做强产业链,拓展农业附加值,提高相关产业竞争力。

(五)强化农业社会化服务要素支持

应持续增强农业社会化服务的要素支持,在政策、资金、信息、人才等方面重点扶持。一要加强政策支持。政府应加强对农业社会化服务的引导,制定相关政策,提高政策的针对性、有效性,加大资金支持力度,推动搭建服务平台。二要加强资金支持。建立并优化社会资本参与农业社会化服务的机制,采取专项发展基金、政府采购或金融产品创新等方式,加大专项资金支持力度。三要加强信息支持。建立农业生产大数据,为农户和社会化服务组织提供科学指导,提高生产与服务的精准性;建立农产品溯源系统,提高消费者对农产品的信任度,为品牌农业发展提供保障。四要加强人才支持。开展农业社会化服务相关培训,依法保护相关从业者劳动权益。

参考文献

李越:《149.3万农户有了"田管家"》,《辽宁日报》2021年9月10日。

闫虹瑾:《吉林省吹响乡村振兴"集结号"》,《吉林日报》2019年7月31日。

崔佳、刘梦丹、张艺开:《黑龙江着力发展新型农业经营主体和社会化服务》,《人民日报》2023年3月23日。

高强:《以农业社会化服务助推农业强国建设》,《中国农民合作社》2023年第3期。

王周宾：《突出粮食生产专业化服务，牢牢守住国家粮食安全》，《农村经营管理》2022 年第 3 期。

张研等：《黑龙江省农业社会化服务体系发展问题及对策研究》，《农业经济》2023 年第 1 期。

胡海林、王晓波、徐鑫：《挑起"金扁担"为国谋"粮"策》，《辽宁日报》2024 年 9 月 2 日。

B.21
辽宁农业基础设施长效管护研究及建议

范忠宏*

摘　要：　作为全国粮食主产省之一，辽宁持续加大农业基础设施投入，农业农村基础设施建设步伐不断加快，但在农业基础设施管护方面仍存在一些短板和薄弱环节。辽宁可通过建立农业基础设施的有效供给机制、管护责任机制、监督检查机制、"专业指导"机制和资金保障机制，构建农业基础设施的常态化长效管护机制，提高农业基础设施使用效率，从而提高辽宁农业发展的竞争力。

关键词：　农业基础设施　高标准农田　长效管护机制

农业基础设施是指保证农业生产全过程顺利进行的各种具有公共服务职能的设施，包括农田水利、农业土地整理、农业科技推广、农业气象服务和农产品加工储藏等多个方面。这些农业基础设施是建设农业强省、推进乡村全面振兴的重要物质基础，能够保障粮食安全，从而保证农民增收，在推动农业农村经济和社会持续稳定发展中发挥着重要作用。农业基础设施是保障农业生产、抗击自然风险的"拦洪坝"。科学规划、因地制宜并且长期有效的农业基础设施可以打破农业生产周期规律，把自然风险化解在萌芽阶段，把损失降低到最低水平，改变农业生产"靠天吃饭"的局面。2024年中央一号文件针对农业基础设施建设提出了一系列具体措施："坚持质量第一，优先把东北黑土地区、平原地区、具备水利灌溉条件地区的耕地建成高标准

---
* 范忠宏，辽宁社会科学院农村发展研究所副研究员，主要研究方向为农业产业经济学。

农田，适当提高中央和省级投资补助水平，取消各地对产粮大县资金配套要求，强化高标准农田建设全过程监管，确保建一块、成一块。鼓励农村集体经济组织、新型农业经营主体、农户等直接参与高标准农田建设管护。分区分类开展盐碱耕地治理改良，'以种适地'同'以地适种'相结合，支持盐碱地综合利用试点。推进重点水源、灌区、蓄滞洪区建设和现代化改造，实施水库除险加固和中小河流治理、中小型水库建设等工程。加强小型农田水利设施建设和管护。加快推进受灾地区灾后恢复重建。加强气象灾害短期预警和中长期趋势研判，健全农业防灾减灾救灾长效机制。"① 因此，构建辽宁农业基础设施长效管护机制，保障辽宁的农业现代化顺利发展十分必要。

一　辽宁农业基础设施建设现状

近年来，辽宁持续加大对农业基础设施建设的投入，农业基础设施建设步伐不断加快，生产生活条件逐步改善。

（一）对农业基础设施建设重要性的认识不断增强

中共辽宁省委、辽宁省人民政府认真学习《中共中央、国务院关于学习运用"千村示范、万村整治"工程经验有力有效推进乡村全面振兴的意见》精神，提出了关于学习运用"千村示范、万村整治"工程经验有力有效推进乡村全面振兴的实施意见，提出打造现代化大农业发展先行地，强化农田水利基础设施建设。《辽宁省国民经济和社会发展第十四个五年规划和二〇三五年远景目标纲要》明确提出要"加快实现农业农村现代化"，将农业农村现代化发展作为辽宁省"十四五"时期的重要任务。省政府印发了《辽宁省"十四五"农业农村现代化规划》，提出加强耕地保护和质量建设、推进农田水利设施建设、加强农业科技支撑、大力发展现代种业、提高农机

---

① 《中共中央　国务院关于学习运用"千村示范、万村整治"工程经验有力有效推进乡村全面振兴的意见》，中国政府网，2024 年 2 月 3 日，https://www.gov.cn/zhengce/202402/content_ 6929934. htm。

装备现代化水平、推动现代农业数字化赋能等重点任务，进一步加强农业基础设施建设，提高农业质量效益和竞争力。

辽宁省级财政2022年、2023年连续两年安排5000万元建后管护奖补资金，其中安排新民市300万元，用于高标准农田自然损毁设施设备修复。支持沈阳市开展了"高标准农田工程设施损毁工程险"试点，相关经验在全国进行推广。①

（二）因地制宜开展农业基础设施建设

辽宁依据"东西南北中"各地的资源禀赋特点，因地制宜地推进示范农田建设。辽东地区的粮食生态保护区以其独特的"八山一水一分田"地形特征而著称，该区域致力于打造绿色生态农田的典范。通过重点推进土壤改良和生态沟渠等建设项目，旨在构建一个集耕地质量保护与提升、防洪减灾以及生态涵养功能于一体的示范性农田。辽西地区面临水资源短缺的挑战，作为粮食生产的重要区域，该地区必须依靠节水技术来提高农业效率，合理利用有限的水资源。为此，辽西地区推广滴灌和微灌等节水灌溉技术，致力于建设田间设施完善、灌溉系统可靠、节水效果显著的示范农田，打造区域农业发展的样板。辽中地区属中温带半湿润大陆性气候，境内有丰富的水资源，辽河、浑河、蒲河、绕阳河4条河流穿境而过，因此全面完善沟渠、路网、林网、电网等配套设施，打造规模化经营水平和耕种收综合机械化率"双高"的样板示范田。辽南地区的农田基础设施较为完善，具备推广精准灌溉、智能施肥等先进技术的良好条件。该区域致力于建设特色化、精品化的高标准农田，打造集智能化监测、高效生产、精准管理于一体的现代化示范田，为农业高质量发展提供样板，通过引入智能化控制系统，实现农田管理的精细化和科学化，进一步提升农业生产效率与资源利用率，推动农业向绿色、高效、可持续方向迈进。

---

① 《省十四届人大一次会议〈关于加强农田水利设施建设管护工作的建议〉（1432号）答复》，辽宁省水利厅网站，2023年7月5日，https：//slt. ln. gov. cn/slt/zwgk/zfxxgk/fdzdgknr/jyta/srddbjy/2023/20230705155582376095/index. shtml。

（三）高标准农田建设取得新进展

为推进全省的高标准农田建设，辽宁率先出台了《辽宁省高标准农田建设规划（2021—2030 年）》，考虑逐步加大全省高标准农田建设亩均投资。2023 年辽宁省新建和改造高标准农田 296 万亩，高标准农田已占全省永久基本农田面积的 57%。[①] 辽宁 2024 年全面启动"率先将永久基本农田全部建成高标准农田"行动，集中力量打造高标准农田高水平建设示范省，重点建设高标准农田示范区。2024 年重点在沈阳、抚顺、盘锦、阜新、朝阳开展 6 个省级特色示范样板区建设，全省高标准农田高水平建设示范项目亩均投入 3000 元以上，核心样板示范区亩均投入不低于 5000 元，计划到 2026 年建成 150 万亩示范项目，到 2032 年将把永久基本农田全部建成高标准农田。[②]

（四）积极加快大中型灌区建设

随着农业现代化步伐不断加快，灌区工程作为保障粮食生产的重要基础设施，其重要性日益凸显。推动水利基础设施提档升级，开展灌区续建配套与节水改造工程项目建设及现代化改造，能有效地提升水安全保障能力，并稳定和提高粮食生产水平。截至 2023 年底，辽宁耕地灌溉面积达 2581.83 万亩，占全省耕地面积的 33.4%。全省共有大中型灌区 68 座，设计灌溉面积 898.76 万亩，耕地灌溉面积 780.65 万亩，其中，大型灌区、中型灌区分别为 11 座和 57 座，耕地灌溉面积分别达 558.52 万亩和 222.13 万亩。[③] 2024 年，辽宁省计划实施大中型灌区新建及现代化改造项目共 27 个，年度计划投资 27.04 亿元，截至 3 月 31 日，25 座大中型灌区

[①] 《我省大力推进高标准农田高水平示范建设——到 2032 年永久基本农田全部实现"高标准"》，《辽宁日报》2024 年 7 月 8 日。

[②] 《我省大力推进高标准农田高水平示范建设——到 2032 年永久基本农田全部实现"高标准"》，《辽宁日报》2024 年 7 月 8 日。

[③] 《我省今年计划新建和改造 27 座大中型灌区可新增粮食产能 1.13 亿公斤》，《辽宁日报》2024 年 3 月 23 日。

新建及现代化改造项目新增完成概算投资 3.28 亿元，超额完成计划投资 1.72 亿元。① 辽宁省重视灌区建设及现代化改造，近年来增大了对其的投资力度。2021~2023 年，辽宁省的东港、凌海、营口和灯塔四座大型灌区的改造工程被纳入国家"十四五"规划的重点项目，计划改造面积达 188.4 万亩。截至 2023 年底，这些灌区的改造任务已全面完成，所有批复的建设内容均已落实，提前两年实现了"十四五"规划的目标。

（五）智慧农业基础设施建设不断加强

2024 年中央一号文件提出要把农业建成现代化大产业。现代农业是在现代工业和现代科学技术基础上发展起来的农业，是发展新质生产力的重要领域。辽宁以现代科学技术为支撑发展农业新质生产力，把新技术、新要素、新动能注入农业发展，推进以智慧农业为特征的农业新型基础设施建设。2023 年，辽宁新建 139 个覆盖旱田、水田、林果设施的农业气象综合观测站，有效补齐了综合农情气象观测短板，实现了粮食主产县智慧农业气象观测站的全覆盖。② 辽宁省气象局利用气象科技支撑智慧农业发展，采用分辨率达 16 米的分布式遥感提取技术初步覆盖全省三大主粮作物种植带，实现综合遥感对农情的快速评估。辽宁通过无人机航拍等先进技术，对重点区域的大宗粮食作物生长状况及干旱、涝渍、风灾倒伏、病虫害等农业气象灾害进行全面监测。这一举措不仅体现了辽宁在智慧农业气象领域的技术实力，也为全省粮食安全生产提供了有力保障。

二 辽宁农业基础设施管护存在的问题

当前，辽宁省持续加大农业基础设施投入，农业基础设施建设步伐不断

---

① 《我省大中型灌区新建及现代化改造项目一季度"开门红"》，辽宁省水利厅网站，2024 年 4 月 2 日，https://slt.ln.gov.cn/slt/zxpd/gzdt/2024040214532252828/index.shtml。

② 《蓄力全面振兴新突破 省部合作推动辽宁气象高质量发展》，中国气象报社，2024 年 1 月 17 日。

加快，农民生产生活条件逐步改善。但在农业基础设施管护方面还存在一些短板和薄弱环节。在农业基础设施建设完成后，如何科学管理与维护农业基础设施，确保其高效运行并延长使用寿命，使其能够长期为农业和农业生产者提供支持，是一个值得深入探讨的重要课题。

（一）需求供给不平衡

依据地形特征、气候、土壤等农业生产的自然因素，辽宁规划五个特色农业片区：中部平原精品农业片区、辽北粮油和畜牧业片区、辽西畜牧和设施农业片区、辽东林业和特色农业片区、沿海果蔬水产农业带。其中，辽西北地区地处内陆，大部分是丘陵山地，平原面积较少，特殊的地理条件和地形结构使得相应的农业基础设施建设难度较大，成本费用较高。

在农业发展的进程中，辽宁将资源重点投向"示范村"和新型农业经营主体，或为提高基础设施建设速度和效率重点建设某个项目，拉大了村庄之间、小农户与新型农业经营主体之间农业基础设施供给上的差距。政府提供的农业基础设施与农民或农业生产的实际需求不匹配，建设项目认同度低，使用效率低下。

（二）管护主体责任有欠缺

农业基础设施的项目建设一般由国家投入资金，验收竣工后工程产权多移交村委会负责管理，受益人为分散农户，导致管护主体不清、责任不明，不能确定农业基础设施的日常维护由谁来做、出现问题由谁来管。农业基础设施管护未明确划定主体，或明确了管护主体没有明晰具体责任，将严重影响农业基础设施有效运转和使用期限。

（三）存在重建轻管现象

辽宁作为全国粮食主产省之一，通过加强耕地保护和农业基础设施建设等措施，持续提升辽宁农业质量效益和竞争力。2024年辽宁启动"率先将永久基本农田全部建成高标准农田"行动，全力打造国家高标准农田高水

平建设示范省，每市至少建设 1 个 5000 亩左右示范区，重点建设 6 个省级特色示范样板区，设立高标准农田建设和改造资金专户。① 辽宁农业基础设施建设的积极性很高，建设项目推进顺利，但建成后有些农业基础设施处于"农民管不了、集体管不好、政府管不到"的"三不管"境地。农业基础设施后期管护工作容易出现虎头蛇尾现象，管护责任、移交手续等工作经常停留在纸面上，缺乏对各项工程设施的经常性检查维护，缺少对履行管护协议情况的有效监督。

（四）管护专业性不足

农业基础设施的维护和修理，需严格按照技术标准，由专业人员完成。专业技术人员稀缺、业务水平参差不齐、设施设备滞后等是辽宁农业基础设施长效管护中存在的技术性问题，一些地区没有针对农业基础设施制定完善的管护标准，也没有相应匹配专业管护队伍。乡镇农业站的专业技术人员数量与技术不足以支持农业基础设施的长效管护和对村委会管护情况的指导与督查。

（五）管护经费落实难

辽宁农业基础设施的管护资金主要依赖于政府。中央财政并未设立专项管护资金，例如在高标准农田建设项目中，资金通常以一次性拨付的形式投入。项目完成后，按照财权与事权相统一的原则，相关资产将移交至对应村庄，后续的管护责任则由地方承担，中央财政不再提供资金支持。各级财政也缺乏专项管护经费，县、乡财政管护资金配套难以到位，乡镇政府经费主要用于行政开支，大部分村集体经济基础还较为薄弱，新型农业经营主体及社会资本参与后续管护十分有限，大部分农户也没有出钱意愿。社会组织和市场主体的参与不足，竞争机制不足，导致资金供给的质量和效率低下。农业基础设施的建后管护经费落实难，影响项目长期使用效率。

---

① 《"聚力'八大攻坚'打好打赢攻坚之年攻坚之战"主题系列新闻发布会（第四场）》，辽宁省人民政府网站，2024 年 3 月 15 日，https：//www.ln.gov.cn/web/spzb/2024nxwfbh/20240315141939 66375/index.shtml。

三 辽宁农业基础设施长效管护对策建议

（一）保障农业基础设施供给

建立兼顾公平和效率的农业基础设施供给机制，保障农业基础设施供给水平持续提升。农业基础设施供给是一个公共资源合理配置的问题，其目标是以最少的投入建成既定数量的农业基础设施，同时兼顾基础设施供给的公平性。通过创新农业生产经营方式提升农业基础设施供给能力，解决处理好农业基础设施供给中出现的利益分配问题。把农业基础设施的供给导向转向需求导向，关注农户、产业组织以及乡村产业发展的需求，确保提供的农业基础设施符合地方农业生产实际需求，并能被有效使用。考虑农业生产过程中出现的升级需求，结合农业科技发展，紧扣市场需求，建设农业数字基础设施、农产品仓储保鲜冷链物流设施、充电基础设施等新型基础设施。

（二）推广多种有效管护模式

积极探索和总结推广有效管护模式，根据农业基础设施的类型对其进行分类施策，将管护责任分解，鼓励多部门参与管护。根据农业基础设施运行的收益情况，公益性基础设施必须由地方政府和村级组织担负起管护责任；有经营收益的农业基础设施则可以由运营部门管护或委托第三方管护。

按照"谁受益、谁管护，谁使用、谁管护"的原则，建立受益主体自主化管护的管护责任机制，明确管护主体，落实管护责任到位。国家发展改革委、财政部印发的《关于深化农村公共基础设施管护体制改革的指导意见》提出，"县级政府是农村公共基础设施管护的责任主体，乡镇政府履行属地管理职责"，"村级组织对所属公共基础设施承担管护责任"。因此，成立县、乡、村三级管护机构，充分发挥各职能部门及村级组织的管护作用。鼓励各地区根据本地实际，因地制宜地以清单形式明确农业基础设施管护主体及管护责任，明确管护范围、内容、标准，建立明晰的管护责任制度，并

公示制度。县级农业部门需强化监督与指导职能，乡镇应履行属地管理职责，村集体则需承担起管护的主要责任，组建专业管护团队并指定专人负责，推行网格化管理模式，逐级落实监管职责，确保责任到位。同时，培养村民参与管护的意识，引导农民参与项目管护。村民委员会可委托村民、农民专业合作社等代管公共基础设施，户属设施由农户承担管护责任。可采用"门前三包"、党员责任区、文明户评选、积分制等方式，引导农民积极参与管护。[①]

（三）建立监督检查机制

坚持"质量第一、量质并举"的工作导向，重点关注关键环节，把农业基础设施的工程质量纳入重点监督范畴，强化全过程闭环检查，强化日常监督，将长效管护农业基础设施坚持始终。强化农业基础设施建设的全流程管理，实施从项目启动到竣工的全周期闭环监督，明确建设优先级，严格落实属地工程质量管理责任，严格把控项目筛选、招标、材料选用、施工过程和验收等关键环节的质量标准。多措并举加强建后管护，落实建后管护措施，明确管护主体、管护责任和标准、保障措施。开展常态化监督检查，开展排查、分类整改、工程质量常态化随机抽测，发现的问题立即整改，并严肃追责问责。引导地方政府重视管护工作，建立建设与管护并重的考核机制，把农业基础设施管护成效作为实施乡村振兴战略考核的重要内容，研究制定管护考核评价奖惩实施办法。

（四）建立"专业指导"机制

建立机构协作专业化管护的"专业指导"机制。地方政府应完善相关支持政策，鼓励各类企业、专业机构从事农业基础设施运营管护。鼓励运营企业与村级组织开展管护合作，聘用村民参与管护。从"专业"的角度分类对待农业基础设施管护，对于正在建设的农业基础设施项目或在保修期内的项目，由施工单位负责管护；对于技术要求相对较低的农田设施，如沟

---

① 资料来源：《农民参与乡村建设指南（试行）》。

渠、机耕道路等，鼓励农村集体经济组织设立公益性岗位或组建专门管护团队负责日常维护工作；对于专业技术要求高的设施，配优配强专业技术人员，加强技术人员培训，确保技术人员熟知设施设备的性能、操作规范和养护技术，提高管护质效。指导各地积极推行专业管理与群众管理相结合的管理体系，鼓励并引导受益村集体、农民合作组织和个人参与农业基础设施管护。

（五）优化资金保障机制

建立多元化筹措资金的经费保障机制。在政府投入稳定增长的基础上，引导社会资本参与，多渠道筹集资金，确保农业基础设施长期正常运行维护。完善使用者付费制度，逐步完善农村准经营性、经营性基础设施收费制度，以经营收益弥补建设和运营成本。建立专项管护资金账户，对新投资建设的农业基础设施工程项目资金按一定比例提取资金用于后期专项管护。建立农业基础设施管护引导性奖补资金，并将建后管护落实情况纳入绩效评价范围；允许将农业基础设施项目建设结余资金用于建后管护。引导探索农业基础设施建设工程保险，将保险公司引入农业基础设施建设项目工程监理，保险公司通过风险评估和管理，提升农业基础设施建设项目工程质量，促进农业基础设施的安全和可持续发展。鼓励商业保险机构为农业基础设施设计自然灾害保险产品，降低自然灾害导致的农业基础设施损毁成本。

参考文献

《我省大力推进高标准农田高水平示范建设——到 2032 年永久基本农田全部实现"高标准"》，《辽宁日报》2024 年 7 月 8 日。

李媛：《新发展阶段我国农业农村现代化基础设施体系之构建》，《求是学刊》2024 年第 2 期。

杨娱、秦国伟、于法稳：《系统论视角下农村基础设施与公共服务发展研究》，《生态经济》2024 年第 5 期。

林珊、于法稳：《和美乡村建设长效管护机制体系的构建及实施路径》，载魏后凯、

杜志雄主编《中国农村发展报告（2023）》，中国社会科学出版社，2023。

王利敏、孙静、许崇娟：《耕地质量保护与提升的经济补偿演化博弈分析——基于新型农业经营主体视角》，《土地问题研究》2024年第1期。

梁健：《数字基础设施、乡村产业多元化发展与中国式农业农村现代化》，《统计与决策》2024年第11期。

B.22
辽宁实施黑土地保护工程的
现状及对策研究[*]

侯荣娜[**]

摘　要： 保护好黑土地这个"耕地中的大熊猫"不仅事关国家粮食安全，而且对维护国家生态安全、实现农业的可持续发展目标具有重要意义。近年来，辽宁黑土地保护氛围逐步形成，全面加强了耕地保护领域立法；黑土地政策支持力度不断加大，黑土地保护利用取得积极成效；黑土地保护工程的实施以及高标准农田建设不断推进，粮食生产稳定性提升。但同时还存在黑土地保护的科技支撑服务能力不足、自然资源限制以及土地流转困难、高标准农田建设融资难、高标准农田管护水平有待提高的问题。基于此，提出以下建议：加强政策协同，全面构建黑土地保护制度体系；因地制宜、分类施策，积极加大高标准农田建设力度；加大对黑土地保护的财政支持力度，探索多元化黑土地保护的投融资路径；强化黑土地保护科技支撑，探索黑土地保护的技术模式；建立高标准农田质量监管长效机制，提高管护能力五个方面提出了科学可行的对策建议。

关键词： 黑土地保护　高标准农田　粮食安全

2020 年 7 月，习近平总书记视察吉林时强调："采取有效措施切实把黑

---

* 本文为 2024 年度辽宁省经济社会发展研究课题项目"辽宁实施黑土地保护工程，加快高标准农田建设的对策研究"（项目编号：2024lslybkt-019）的阶段性成果。

** 侯荣娜，辽宁社会科学院农村发展研究所研究员，主要研究方向为农村经济。

土地这个'耕地中的大熊猫'保护好、利用好，使之永远造福人民。"[1] 东北平原是世界三大黑土区之一，辽宁地处东北平原南部，2800万亩的黑土地构成辽宁稳定粮食生产能力的重要基石，也使辽宁成为保障国家粮食安全的重要粮食产区。2021年，农业农村部、国家发展改革委、财政部、水利部、科技部、中国科学院、国家林草局七部门联合印发《国家黑土地保护工程实施方案（2021—2025年）》，该方案明确，"十四五"期间将完成1亿亩黑土地保护利用任务，黑土耕地质量明显提升，土壤有机质含量平均提高10%以上。根据农业农村部划定的范围，辽宁黑土耕地保护利用重点县包括新民市、辽中区等17个县（市、区）。因此，有效保护和利用辽宁的黑土地资源是保证辽宁粮食产量和质量、保障我国粮食安全的重要基础，对推动辽宁农业强省建设具有重要的作用。

一　辽宁实施黑土地保护工程现状

近年来，辽宁全面落实保障国家粮食安全的政治责任，实施黑土地保护工程取得了显著成效。

（一）黑土地保护氛围逐步形成，全面加强了耕地保护领域立法

辽宁省先后制定印发《辽宁省黑土地保护规划（2021—2030年）》《辽宁省黑土地保护实施方案（2021—2025年）》，提出未来5年全省黑土区耕地质量提高0.5个等级的奋斗目标，明确了11个方面的重点任务和具体措施。2022年，辽宁省组织编制了《辽宁省东北黑土地保护利用技术方案》，充分发挥科研优势，以辽宁平原粮食主产区为重点，通过秸秆还田、施用有机肥、深松深翻等技术配套，集成旱地、水田黑土地厚沃耕层培育技术模式，并建立政府主导、主体参与、包片指导、示范引领、效果评价的推

---

[1] 《习近平在吉林考察：坚持新发展理念深入实施东北振兴战略 加快推动新时代吉林全面振兴全方位振兴》，中国政府网，2020年7月24日，https：//www.gov.cn/xinwen/2020-07/24/content_5529791.htm。

广机制，初步形成了效果明显、可复制、能落地的黑土地保护与利用"辽河模式"。2024年，辽宁省农业农村厅、辽宁省财政厅印发《辽宁省2024年黑土地保护性耕作实施方案》，该方案明确指出辽宁要实施黑土地保护性耕作面积达1350万亩，同时鼓励各地在计划任务面积的基础上增加实施面积，加大示范推广力度，不断扩大辐射带动面积。

（二）黑土地政策支持力度不断加大，黑土地保护利用取得积极成效

2015~2022年，辽宁为实施黑土地保护工程，共落实中央财政和省财政资金达10.8亿元，[①]用以解决"土变瘦了、土变硬了、土变薄了"等黑土地存在的问题，累计治理黑土地退化面积890万亩。此外，辽宁大力推广应用秸秆还田技术，全面提高耕地土壤的有机质含量，为实现黑土地土壤培肥地力奠定了坚实基础。截至2023年，辽宁已在各地累计建立核心示范区17个，建设黑土地耕地质量监测点273个，累计实施黑土地保护利用近1500万亩次，[②]辽宁推动黑土地保护利用取得积极成效。

（三）黑土地保护工程的实施以及高标准农田建设不断推进，粮食生产稳定性提升

近年来，随着辽宁黑土地保护工程的实施以及高标准农田建设的不断推进，辽宁粮食生产稳定性提升。《朝阳市2023年国民经济和社会发展统计公报》显示，朝阳市全年新建和改造提升高标准农田面积2.96万公顷，新增高效节水灌溉面积0.62万公顷。《2024年阜新市人民政府工作报告》显示，2023年阜新市新建、改造高标准农田33.5万亩。彰武县玉米单产提升工程20.6万亩，项目区亩均增产680斤。《2023年铁岭市国民经济

---

① 《省十四届人大一次会议关于做好秸秆还田工作的建议（第1411097号）答复》，辽宁省农业农村厅网站，2023年10月31日，https://nync.ln.gov.cn/nync/zfxxgk/fdzdgknr/jyta/srddbjy/sssjrdychy2023n/20231031116103054956/index.shtml。
② 《我省累计实施黑土地保护利用近1500万亩次》，《辽宁日报》2023年10月28日。

和社会发展统计公报》显示，2023年铁岭市通过高标准农田建设实现粮食产量416.0万吨，比上年增加28.8万吨，增产7.4%。黑土地保护工程的实施极大地改善了辽宁农业生产条件，有力地促进了辽宁粮食增产、农业增效、农民增收。

二 辽宁实施黑土地保护工程过程中存在的问题

（一）黑土地保护的科技支撑服务能力存在不足

目前，辽宁黑土地工程稳定推进，但是科技支撑方面还存在不足。一是缺乏区域性数据交流平台，存在黑土地保护环境承载力相关技术研究不足以及保护边界认识不清等问题。二是缺乏针对不同类型、不同区域、可复制、可推广的黑土保护利用技术集成。大部分基层农机部门难以开展土壤改良、地力培肥、保护性耕作等技术服务。三是缺少科技攻关目标的顶层设计。相关技术研究侧重于秸秆的管理、土壤有机肥的使用规定等，缺乏黑土地修复与保护相关的技术性研发。

（二）自然资源限制以及土地流转困难，制约高标准建设整体推进

辽宁自然资源要素结构大体呈现"六山一水三分田"的基本格局，内部地形起伏相对较大。2021年《辽宁省第三次全国国土调查主要数据公报》数据显示，辽宁省共有耕地518.21万公顷（7773.22万亩）。其中，水田65.01万公顷（975.15万亩），占12.55%；水浇地19.49万公顷（292.44万亩），占3.76%；旱地433.71万公顷（6505.64万亩），占83.69%。辽宁的旱地以坡耕地为主，坡耕地具有土地硬石化、沙化、容重增加、通透性变差的趋势，这种特殊的地理条件和地形结构导致高标准农田建设施工难度较大，项目实施进程拉长，实施成本增加。此外，辽宁的坡耕地仍然以个体农户经营为主，经营呈细碎、零散状态，土地流转较为困难，因此在开展高标准农田建设过程中调动个体农户参与的积极性面临挑战。

（三）高标准农田建设融资难，地方财政压力较大

当前，我国高标准农田建设资金投入主体仍然是中央财政和地方财政，高标准农田建设面临融资难的问题。根据相关统计，高标准农田亩均投入需达到 4000~5000 元。如果是地形地貌复杂的区域，资金投入还要更多。因此，对于辽宁一些地方财政困难的产粮大县而言，建设配套资金筹措较为困难，配套资金到位难度较大，从而造成地方政府财政压力过大。当前转变以中央财政和地方财政为主体的投资模式，构建涵盖相关企业、农户和合作经济组织等的多元化投资机制迫在眉睫。

（四）高标准农田管护水平有待提高，管护长效机制尚未建立

目前辽宁高标准农田管护水平还有待提高，管护长效机制尚未建立，存在农田建设项目工程管护主体责任不强，管护经费筹措、分担机制不健全，明确工程所有权人、确定管护主体、落实管护责任不实的现象。乡镇以及村民虽然是项目工程的受益者和使用者，但大多数乡镇财政窘迫以及村集体经济较为薄弱，无力承担对工程项目的管护和维护，进而影响高标准农田生产潜能的发挥以及黑土地的长期效益。

三 辽宁实施黑土地保护工程面临的机遇与挑战

（一）辽宁实施黑土地保护工程面临的机遇

1. 实施黑土地保护工程有利于辽宁粮食综合产能的提升

我国的黑土地主要分布在辽宁、吉林、黑龙江和内蒙古东部四盟市等地区，是世界三大黑土区之一，已成为我国粮食生产的"稳压器"和"压舱石"。据统计，东北黑土区耕地面积约 1853 万公顷，其中辽宁有 187 万公顷黑土地。[①] 保护黑土地耕地资源，是辽宁落实国家粮食安全战略的重要举

---

① 资料来源：第二次全国土地调查数据和县域耕地质量调查数据。

措，也是辽宁粮食综合产能提升的重大机遇。

2.实施黑土地保护工程有利于全面推进辽宁农业强省建设

实施黑土地保护工程是辽宁落实国家领导人批示的重要内容。党的十八大以来，党中央高度重视黑土地保护工作，实施了一系列加强耕地保护、保障国家粮食安全的政策措施，将黑土地保护工程提升为国家战略。因此，实施国家黑土地保护工程，抓好农田建设，提升耕地质量是全面推进辽宁农业强省的重要举措，也是夯实辽宁农业根基的根本要求。

3.实施黑土地保护工程有利于辽宁生态环境质量的改善

黑土地是生态系统的重要组成部分，加强黑土地的生态修复，实施黑土地保护工程，是生态文明建设的重要举措，对于保障国家生态安全具有重要战略意义。黑土地保护工程通过实施黑土地保护规划与管理，推进耕地土壤污染防治，科学减量施用化肥、农药、农膜，实施防护林网、坡耕地改造、侵蚀沟治理，加强对农民的土地利用管理培训，提高农民的土地利用意识和技能等一系列的措施，有效地降低了对土地的耗损，有利于辽宁生态环境质量的改善。

（二）辽宁实施黑土地保护工程面临的挑战

在过去的几十年里，辽宁黑土地保护利用取得了一定的成就，但也面临着挑战。一是辽宁水资源分布不均严重制约粮食生产潜力的发挥。辽宁整体地势北高南低，山地、丘陵分列于东西两侧，向中部平原下降。辽宁各地年平均降水量分布基本由东向西逐渐减少，西北部地区的阜新、康平县和昌图县干旱发生最频繁，其中阜新市阜蒙县干旱发生频率最高，为89.3%[①]。干旱缺水已成为制约辽宁粮食综合产能提高的重要因素。二是黑土地保护性耕作技术在基层推广面临挑战。辽宁于2024年出台了《辽宁省2024年黑土地保护性耕作实施方案通知》，免耕、少耕等保护性耕作技术近年来在辽宁一些地区已得到积极推广，但是受基层农民对保护性新技术的接受程度低以及

---

① 李猛：《辽宁省干旱发生频率分析及旱灾成因研究》，《吉林水利》2024年第6期。

保护性耕作的实施成本高等因素影响，保护性耕作技术在基层推广还存在一定难度。

四　辽宁实施黑土地保护工程的对策建议

（一）加强政策协同，全面构建黑土地保护制度体系

构建黑土地保护制度体系，是探索加强辽宁黑土地保护的治本之策。一是执行最严格的耕地保护制度，建立辽宁黑土地保护考核机制，落实地方政府的黑土地保护责任。二是探索设立辽宁黑土地保护奖补政策，激励地方政府及农户的参与热情。鼓励地方政府积极整合多方资源，探索设立黑土地保护引导性基金，为农民开展黑土地地力保护、轮作休耕等给予补贴。同时，积极吸纳社会资本参与黑土地保护事业。三是积极探索"高标准农田建设+黑土地保护利用"的技术模式，在辽宁黑土地保护区深入开展耕地保护与质量提升行动，落实有机肥提质增效措施，积极推广"轮作休耕"等耕作新模式。

（二）因地制宜、分类施策，积极加大高标准农田建设力度

辽宁各市区应遵循因地制宜、分类施策原则，在遵循国家《高标准农田建设通则》的基础上，广纳建议，深入调研，全面考量辽宁地表与地下水资源、土质状况、地形特点、田间道路与灌溉排水系统建设等多方面因素，强调土壤肥力的稳固与提升，细化具体建造规范，拟定实施细节，科学划分不同建设区域，有针对性地规划各类高标准农田建设工程，依据地域特色灵活配置工程布局与组合策略，确保各区域、各类型的高标准农田建设协调与统一。同时，需灵活运用地方特色，积极探究"高标准农田建设+"新技术模式。此外，在辽宁中低产田地区，亟须大力开展土地整治和土壤改良，加强农田水利基础设施建设。

（三）加大对黑土地保护的财政支持力度，探索多元化黑土地保护的投融资路径

一是建议省以下财政成立有关黑土地保护的专项基金，专门用于黑土地保护。在此基础上，针对保护性耕作的不同实践模式，比如秸秆还田、有机肥料施用、轮作与休耕模式，分别设立补助政策。同时大力实行粮食目标价格保险政策，有效保障农户的核心种植利益。二是积极探索多元化的黑土地保护投融资路径，引导社会各界资本踊跃参与黑土地保护项目，从而形成资金保障。通过促成保险公司、担保机构及农业金融机构的合作，为执行黑土地保护的农户提供贷款保险服务，拓宽其融资途径，并对合作的金融及担保机构实施适度税收减免，实现共赢。三是高标准农田建设作为黑土地保护工程的关键组成部分，在新一轮高标准农田建设计划投资额度估算中，需科学设定每亩投资基准，并依据中央财政补助额度的增长趋势，持续加大对辽宁省高标准农田建设的扶持力度。

（四）强化黑土地保护科技支撑，探索黑土地保护的技术模式

整合辽宁省内的科研机构与农业技术推广部门的资源，开展协同攻关，集成一系列技术应用方案。创新服务体系，激发科研人员的能动性，激励技术推广人员深入乡村、农户及田间地头，提供面对面的技术咨询服务。系统性地开展黑土地保护技术的教育培训，着重提升农民在科学施肥和耕地养护方面的技能。根据地域特性，因地制宜推行黑土地保护性耕作新模式，大力推进辽宁休耕、免耕以及秸秆还田等黑土地保护性耕作技术在基层推广。在技术层面，大力提高针对秸秆覆盖还田、玉米与大豆间作复合种植模式等方向的科技成果的实际应用效能和转化效率，从而提炼出既符合辽宁省情又高效简便的黑土地保护技术模型与体系。

（五）建立高标准农田质量监管长效机制，提高管护能力

"三分建，七分管"，辽宁亟须全面建立健全高标准农田质量监管长效机制，从而进一步完善高标准农田管护制度。在管护措施上，严格落实"县区负总责、乡镇为主体、村级落实"的建后管护机制，明确管护范围，落实主体责任，严格管护标准，引入创新维护模式，加大监管评估力度。在管护经费上，建议地方财政部门从高标准农田建设项目资金中提取1.5%～2%的资金作为高标准农田建设管护资金，把高标准农田项目建设的结余资金作为重要补充，确保后期管护主体和管护责任落实到位，从而充分保障工程效益。此外，还要鼓励有条件的地区利用数字技术，推动农田建设、生产、管护相融合，配套辽宁耕地质量综合监测点，对工程建后管护和农田利用状况进行持续监测。

参考文献

崔佳慧：《吉林省黑土地保护利用工作现状及发展对策》，《现代农业科技》2021年第14期。

姜巍、王宇：《吉林省实施国家黑土地保护工程问题研究》，《财金观察》2021年第2期。

李刚：《吉林省保障国家粮食安全与黑土地保护利用协同推进的路径研究》，《行政与法》2022年第8期。

汪景宽等：《东北黑土地区耕地质量现状与面临的机遇和挑战》，《土壤通报》2021年3月29日。

B.23
辽宁乡村产业振兴发展现状、
问题与对策研究

马琳　潘敏*

摘　要：　乡村产业是推动乡村振兴和农业农村现代化的关键。产业兴旺是乡村振兴的经济基础，是实现乡村振兴的重中之重。本文从粮油生产、"菜篮子"供给、畜牧业和渔业发展、农产品加工、三产融合发展等方面对辽宁乡村产业发展现状进行梳理，发现辽宁乡村产业发展存在产业发展不平衡、基础设施落后、产业链条短、三产融合不充分、科技支撑不足等问题。基于此，提出以下对策建议：完善产业发展规划，做强优势特色产业；加强农业基础设施建设，保障乡村产业稳定发展；大力发展农产品加工业，培育精深加工龙头企业；拓展农业多种功能，促进乡村三产融合；推动科技与乡村产业融合，加强农村科技人才建设。

关键词：　乡村产业　基础设施建设　农产品加工

　　乡村产业是指在农村地区发展起来的各种经济活动，包括农业、农村工业、农村服务业等。乡村产业以农业为基础，以农民的劳动力和资源为支撑，以农村一二三产融合发展为路径，以满足农村居民的生活需求和提高农民收入为目标。随着我国农村改革的推进和乡村振兴战略的实施，乡村产业发展越来越受重视。习近平总书记2024年9月11日在甘肃省天水市麦积区

---

* 马琳，辽宁社会科学院农村发展研究所助理研究员，主要研究方向为农村经济；潘敏，辽宁大学经济学院副教授，研究方向为数量经济学。

南山花牛苹果基地考察时指出："乡村振兴要靠产业，各地要各展其长，走适合自己的振兴道路。"① 辽宁乡村产业体系建设是否合理，关系到乡村产业的发展和农业现代化的实现。产业振兴是乡村全面发展的战略基点，唯有深化产业体系升级，才能破解农业收益薄弱、农民增收渠道不畅及乡村基建服务滞后等核心矛盾，让农村成为安居乐业的和美家园。

一 辽宁乡村产业发展现状

（一）粮油生产能力日益增强

2021 年以来，辽宁省玉米、水稻等粮食播种面积稳定在 5300 万亩以上，产量稳定在 490 亿斤以上（见图 1）。辽宁地处世界三大黄金玉米带（中国东北玉米带、美国玉米带、乌克兰玉米带）之一的中国东北玉米带，常年玉米种植面积为 4000 万亩左右，产量稳定在 360 亿斤左右，生产规模居全国第 7 位。辽宁是全国粳稻主产区，优质水稻种植比例达到 75%，水稻常年种植面积达 750 万亩以上，产量稳定在 85 亿斤左右。辽宁处于优质花生生产"黄金带"，花生常年种植面积在 400 万亩以上，产量 90 万吨左右，居全国第 4 位。辽宁花生以不含黄曲霉毒素而享誉国内外，已成为东北地区最大的花生集散地和全国高端出口型花生生产基地。2023 年，全省粮食播种面积达到 5367.6 万亩，高出国家下达任务 64.6 万亩；粮食总产量达到 512.7 亿斤，创历史新高。②

全面提升耕地质量，2023 年辽宁新建和改造高标准农田面积 296 万亩，高标准农田占全省永久基本农田面积比例达到 57%，居东北地区首位。持续加强黑土地保护，分类实施黑土地保护工程 1000 万亩，完成保护性耕作

---

① 《习近平：乡村振兴要靠产业，各地要各展其长》，新华网，2024 年 9 月 12 日，https：//www.news.cn/politics/leaders/20240912/049fa180c3044bf39989ec59946ff896/c.html。

② 《聚焦 2023 "成绩单" 辽宁农业全面发力》，辽宁省人民政府网站，2024 年 1 月 23 日，https：//www.ln.gov.cn/web/ywdt/tjdt/20240123311224648103/。

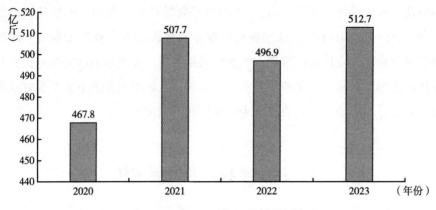

图1　2020～2023年辽宁粮食产量

资料来源：《2023年辽宁省统计年鉴》《辽宁省2023年国民经济和社会发展统计公报》。

面积1288万亩，超额完成国家任务22.7%。① 全力提升单产水平，亩均单产955.1斤/亩，较2022年亩均增产25斤，居全国粮食主产省第2位。推介优质高产品种72个，推广配套集成技术27项，在喀左、彰武实施玉米单产提升工程40万亩，有效落实各项防灾减灾举措，开展玉米、大豆"一喷多促"作业1970余万亩，涌现出一批"吨粮田"。②

（二）"菜篮子"供给能力显著提升

辽宁省蔬菜种植面积490万亩，产量2000万吨左右，果园面积520万亩，产量890万吨左右，水果综合生产水平居全国北方落叶果树产区第6位。辽宁地处全国日光温室生产核心优势区，是全国重要的设施农业生产基地，设施蔬菜面积居全国前列。培育了新民西瓜、大连樱桃、庄河蓝莓、东港草莓、北镇葡萄、凌源花卉、北票番茄、凌源黄瓜、盘锦碱地柿子等一批

---

① 《聚焦2023"成绩单"辽宁农业全面发力》，辽宁省人民政府网站，2024年1月23日，https：//www.ln.gov.cn/web/ywdt/tjdt/20240123112246648103/。

② 《农业更强　农村更美　农民更富——2023年辽宁省经济运行情况系列新闻发布会》，农业农村部网站，2024年2月4日，http：//www.moa.gov.cn/xw/qg/202402/t20240204_ 6447060.htm。

优质特色产品。北镇葡萄、鞍山南果梨、大连大樱桃、盘锦大米、新民小梁山西瓜、铁岭榛子6个特色农产品优势区先后被认定为中国特色农产品优势区。辽宁是全国主要种球繁育和鲜切花生产基地，其凌源百合占全国百合市场份额的1/4。鞍山君子兰、凌源百合、丹东杜鹃、辽中玫瑰等花卉为地理标志产品。辽宁是全国重要的道地药材产区之一，辽细辛、辽五味、龙胆草、石柱参等道地药材产量稳居全国首位，拥有清原龙胆、新宾辽细辛、本溪辽五味、宽甸石柱参等地理标志中药材产品。

（三）畜牧业和渔业发展迅速

2022年，辽宁肉、蛋、奶产量分别为446.2万吨、315.8万吨、135.1万吨；蔬菜产量为2055.4万吨；水果产量达到650.2万吨；全省水产养殖面积为86.95万公顷，水产品总产量达到489.2万吨。2023年，辽宁通过新建和改造提升设施棚室推进畜牧业转型升级，畜禽规模养殖率达到71%，同比提高2个百分点。[①] 辽宁绒山羊、辽育白牛、黑山褐壳鸡蛋、北镇间山鸡蛋、营口蚕蛹鸡蛋、大洼肉鸭、台安肉鸭、北票荆条蜜、本溪蜂蜜、兴城蜂蜜、辽西驴11个畜产品获得了国家农产品地理标志登记保护。作为生猪生产大省，2022年以来辽宁生猪产能实现了迅速扩张和产业转型升级，牧原、温氏、新希望、正邦、伟嘉、大北农、扬翔、双汇等国内龙头企业均在辽宁投资建设生猪全产业链项目。2023年，猪肉总产量249.1万吨，同比增长2.7%；牛肉产量32.0万吨，同比下降0.9%；羊肉产量6.8万吨，同比增长1.9%；禽肉产量184.0万吨，同比增长13.1%。禽蛋产量311.8万吨，同比下降1.3%。生牛奶产量135.4万吨，同比增长0.5%。家禽出栏109965.0万只，同比增长13.1%；生猪出栏2970.5万头，同比增长2.6%。年末生猪存栏1337.2万头，同比下降5.5%。[②]

---

① 《农业更强　农村更美　农民更富——2023年辽宁省经济运行情况系列新闻发布会》，农业农村部网站，2024年2月4日，http://www.moa.gov.cn/xw/qg/202402/t20240204_6447060.htm。
② 《辽宁省2023年国民经济和社会发展统计公报》。

辽宁大力发展海洋渔业，启动建设深远海大型养殖设施装备，实现零的突破。辽宁渔业资源丰富，水产养殖面积 1280 万亩，2023 年水产品产量（不含远洋捕捞）490.6 万吨，同比增长 3.9%。其中，海洋捕捞 49.5 万吨，同比增长 7.3%；海水养殖 356.5 万吨，同比增长 5.1%；淡水捕捞 3.4 万吨，同比增长 0.8%；淡水养殖 81.1 万吨，同比下降 2.4%。[①] 辽宁刺参、海蜇、蛤、扇贝等优势特色品种在全国占有重要地位，水产品出口占辽宁省大宗农产品出口额的 60%左右。刺参是辽宁渔业优势产业之一，以高品质主导全国海参市场，在全国三大主产区中居第 2 位。辽宁河蟹养殖在全国起步较早，在全国五大主产区中居第 4 位。辽宁海蜇在全国三大主产区中位居第 1 位，占全国总养殖量的 84%。营口地区是全省海蜇加工主要区域和全国海蜇贸易集散中心，加工产品出口到 33 个国家和地区。蛤仔类养殖规模和产量居全国第 1 位，占全国总产量的 35%。

（四）农产品加工水平不断提高

辽宁农产品加工项目大幅增加，2023 年投资 500 万元以上农产品加工项目 588 个，较上年同期增加 145 个，其中亿元以上项目 224 个。[②] 辽宁现有省级农产品加工集聚区 39 个。省级及以上农业产业化重点龙头企业 753 家，其中国家级 76 家。禾丰牧业、韩伟集团、华美畜禽、辽渔集团、千喜鹤、双汇、中粮、益海嘉里、光合蟹业、正业花生、桃李面包等重点龙头企业引领农业产业发展。2024 年上半年，粮油加工业规上营收超 750 亿元，规上企业数量增加 40 家以上；畜禽加工业规上营收超 450 亿元；肉蛋奶产量 451 万吨，同比增长 1%；水产品产量 246 万吨，同比增长 5.1%。辽宁落实农产品深加工补助政策，对农产品加工企业新增生产性固定资产贷款给予

---

① 《辽宁省 2023 年国民经济和社会发展统计公报》。

② 《聚焦 2023 "成绩单" 辽宁农业全面发力》，辽宁省人民政府网站，2024 年 1 月 23 日，https：//www.ln.gov.cn/web/ywdt/tjdt/20240123112246648103/。

贴息,支持 67 家农产品加工企业技改扩能,撬动社会资本投资约 30 亿元。[①]

(五)三产融合发展成果显著

辽宁省白羽肉鸡、小粒花生、良种奶牛、大豆、稻米 5 个产业集群入选国家级优势特色产业集群,培育省级产业集群 9 个。入选国家级现代农业产业园 7 个,培育省级现代农业产业园 39 个。2023 年,辽宁 23 条线路入选全国乡村旅游精品线路,休闲农业和乡村旅游接待游客 5355 万人次,同比增长 43%,营业收入 115 亿元,同比增长 47%。入选全国"一村一品"示范村镇达 103 家,国家级农业产业强镇达 42 个。农产品品牌建设成果显著。2023 年新培育省级区域公用品牌 6 个、知名农产品品牌 30 个,累计分别达 70 个和 379 个。[②] 2024 年辽宁再添 38 个"国字号"农产品品牌。由农业农村部农产品质量安全中心发布的 2024 年第二批全国名特优新农产品、特质农品名录中,辽宁共有 36 个名特优新农产品、2 个特质农品上榜。新增入选的桓仁山参、盘锦水飞蓟籽油填补了辽宁名特优新农产品中药材类的空白。全省创建省级智慧农业应用基地 20 个,农产品网上零售额同比增长 10%。沈阳农业大学获批国家数字农业创新分中心,凤城市、义县获批全国数字农业创新应用基地。

二 辽宁乡村产业发展中存在的问题

(一)乡村产业发展不平衡,产业结构需进一步优化

传统农作物种植在农业生产中的比例长期处于高位,导致第一产业在农

[①] 《前五月辽宁第一产业增加值同比增长 4.5%》,央广网,2024 年 6 月 15 日,https://www.cnr.cn/ln/gstjln/20240615/t20240615_ 526746922. shtml。

[②] 《聚焦 2023 "成绩单" 辽宁农业全面发力》,辽宁省人民政府网站,2024 年 1 月 23 日,https://www.ln.gov.cn/web/ywdt/tjdt/20240123112246481103/。

村经济总量中占据较大份额。与之配套的加工转化、仓储物流等中后端环节发展相对薄弱，产业链延伸不足。区域间产业布局同质化现象突出，未能充分结合地域资源禀赋构建差异化发展格局。农业多功能属性开发利用存在短板，生态资源的经济转化路径尚未有效打通，乡村旅游、数字农业等新兴领域培育滞后。辽宁的农作物种植结构仍以传统低附加值品种为主导，市场议价能力受限；畜牧产业内部呈现结构性失衡，畜禽养殖集中于生猪、肉鸡等常规品类，而牛、羊等草食性牲畜及乳制品生产规模亟待扩大。值得注意的是，生产经营主体对市场供需变化的响应机制尚不健全，缺乏基于消费趋势预判的主动调整能力。

（二）农业基础设施落后，抗御灾害能力偏低

农业基础设施建设仍存在不足，耕地质量偏低区域占比较高，田间配套工程系统性不强，部分水利设施因运维滞后，排涝抗旱功能弱化，机电设备存在效能衰减现象，设施完好率难以保障。设施农业部分温室大棚因空间布局不科学，光热资源利用率不足，加之材料老化引发的结构安全隐患，造成设施整体产能释放不足。这些现实问题严重制约着土地全要素生产率的提升，亟须建立覆盖设施建设、管护升级、技术迭代的全周期管理机制。抗御灾害能力不高，2024 年 7~8 月，辽宁省平均降水量为 381.1 毫米，为 1951 年以来历史同期最大降水量。其中 7 月 23 日至 28 日连续发生强降雨，达到特强等级，全省平均降水量达 192.8 毫米，为常年同期的 6.4 倍。[①] 受多轮强降雨影响，全省涝区农田积水面积达到 509.6 万亩，这些受灾农田主要集中在受涝的 10 个市 32 个县（市、区），受影响的作物主要为水稻、玉米等。在丹东市元宝区，铁岭市西丰县、昌图县，朝阳市喀左县等地，受灾人口达到 327 人，其中农作物受灾面积达到 46.23 公顷，直接经济损失超 56.5 万元。[②]

---

① 胡海林：《辽宁省近 510 万亩积水农田排涝进展已过九成累计排出积水 22.1 亿立方米》，《辽宁日报》2024 年 8 月 12 日。

② 韦昊岩：《辽宁本轮降雨致部分地区发生洪涝 300 余人受灾》，央视新闻客户端，2024 年 7 月 9 日。

（三）农业产业链条较短，农产品加工业发展滞后

辽宁作为我国重要的农产品生产基地，在产业价值转化方面仍面临结构性问题。其一，农产品资源开发呈现"前端集中、后端分散"的特征，原料型及粗加工产品占据主导地位，深层次开发不足导致产业价值链爬升受阻。以大宗粮油作物为例，其生物活性物质（如功能性蛋白、膳食纤维等）的提取利用尚未形成产业化规模；特色林果资源中的植物营养素开发也未突破技术转化瓶颈。其二，畜牧产业链存在明显的"中间凹陷"现象，虽前端养殖规模优势突出，但后端屠宰加工环节外流严重，本地高附加值产品（如精细分割品、预制食品、生物制品）的市场占有率不足。2023年农产品加工业增加值比上年增长3.6%，占规模以上工业增加值的比重为8.1%，但与省内装备制造业、石化工业和冶金工业相比，排名依然靠后。

（四）三产融合不充分，产业优势和品牌价值不强

农村三产融合程度不深，乡村产业带动能力不强。农产品增值环节仍停留在初级加工阶段，未能形成"研产储销"全周期联动的价值创造体系。特色产业集群培育呈现"梯度落差"，虽然具备优质资源禀赋，但在国家现代农业产业园区创建序列中，具有示范效应的标杆项目明显不足，2023年农业农村部公布的40个国家级优势特色产业集群中，辽宁仅1个产业集群上榜。品牌价值转化呈现"双重失衡"——既缺乏具有较高品牌价值的农业龙头企业，又缺乏有效的品牌培育、推广、保护及管控措施。部分区域公用品牌因授权使用标准模糊、产品品质参差，难以突破地域性消费市场的局限。更为关键的是，农业经营主体尚未建立完整的品牌资产运营体系，从价值定位到文化赋能的系统化建设存在明显短板，使得优质资源难以转化为可持续的竞争优势。

（五）产业发展缺乏技术支撑，农业科技成果转化率偏低

辽宁各类经营主体虽然发展较快，但农村地区科技资源分散，科技资源

无法整合集中支持农业发展，难以覆盖全产业链需求。农业科研院所虽然具备基础研究积累和农产品加工科研实力，但与农业经营主体之间缺乏产学研用的有效衔接，导致田间实验室的阶段性成果难以转化为规模化生产力。农业科技推广体系尚未突破"最后一公里"瓶颈，新型种养技术的普及率偏低，难以支撑农业全要素生产。经营主体层面，中小型企业普遍存在"技术贫血症"，即便是设立研发部门的大型企业，也多在工艺改良层面徘徊，技术创新能力有限，难以构建具有市场前瞻性的产品研发矩阵。

三 辽宁乡村产业发展的对策建议

（一）完善产业发展规划，做强优势特色产业

编制乡村全产业链协同发展规划，科学统筹全省农业区域生产力配置与农产品品类体系优化，推动农村产业融合与效能提升。根据辽宁省自然地理格局和国土空间特征，构建中部辽河平原现代化农业区、辽西旱作节水高效农业区、辽东优势特色产业区、辽南沿海精品农业区、辽北优质粮油生产区五大种植业区域，有效保障粮食和重要农产品供给。打造粮油、畜禽、水产、果蔬、精饲料五大产业链。健全乡村特色产业体系，大力培育农业产业强镇、创建"一村一品"示范村镇、重点建设优势特色产业集群，确立区域主导产业，形成"一村一品、一镇一业、一县一特、一业一群"的乡村产业格局。推动农村由卖原字号向卖制成品转变；以"龙头企业+"推动全产业链融合发展、以"农业+"推动多业态融合发展、以"智能+"推动数字化融合发展，加快构建高质高效的乡村产业体系。

（二）加强农业基础设施建设，保障乡村产业稳定发展

强化农业基础设施建设是提升农业防灾减灾救灾能力与水平的基本路径和重要手段。一方面，要重点推进农业用水设施的更新改造，如安装智能节水浇灌设备、升级老旧抽水站、建设小型发电供水工程。同时做好用水设施

的日常维护和保养，让水利系统能长期稳定地发挥效益，确保每一滴水都能有效滋润农田。另一方面，要同步推进高标准农田建设，给每块高标准农田建电子档案，记录从选址、施工到验收全程的关键数据，确保农田位置精准、土壤类型清楚、土地归属清晰。针对东北珍贵的黑土区，定期检测土壤"健康指标"，制定个性化施肥方案，采用生物防治等绿色手段对付病虫害。大力推广科学养地三件套——定制营养肥、秸秆粉碎回田、农家肥替代化肥，让耕地越种越肥。叠加工程农艺措施，集成推广综合治理技术模式，合理布设耕地质量监测站点。加强农产品冷链物流设施建设，保障农产品的新鲜度，降低农产品损耗和物流成本。

（三）大力发展农产品加工业，培育精深加工龙头企业

围绕粮食油料、水产海鲜、饲料加工、新鲜果蔬、肉蛋奶制品五大领域，抓好农副产品加工升级。让养殖场和加工厂紧密合作，延伸产业链条，多开发附加值高的深加工产品。加快打造省级特色农业产业集群，集中力量培育农产品精深加工龙头企业，打造具有地域特色的农产品加工企业品牌。支持龙头企业建立研发实验室，用智能化设备提升产品品质，将高新技术与农产品有机融合，挖掘农产品自身的营养价值，开发农产品的多种利用价值。最大化地提高农产品的附加值和加工转化率。通过行业协会把先进加工技术推广到全省，让更多农产品穿上"品牌外衣"走进超市货架，既有效增加农民收入，也满足消费者对高品质农产品的需求。

（四）拓展农业多种功能，促进乡村三产融合

辽宁在推进乡村经济多元化发展过程中，需充分整合地理条件、耕作传统、山水资源及文化底蕴等特色要素，重点开发兼具生产与体验功能的复合型项目。打造以农耕文化为核心的田园体验基地，提供蔬果采摘与美食工坊等互动项目；开设农耕研学课堂、民俗手作工坊及温泉疗养中心；建设主题化庄园聚落，如在滨海区域发展渔家生活体验区、于山林地带构建生态旅居聚落，并制定标准化管理方案提升民宿服务质量。建立"一村一主题"发

展机制，避免同质化竞争。通过"农业+"模式延伸产业链条，将传统生产场景转化为亲子研学、摄影写生、养生度假等消费场景。通过促进养殖、种植与加工环节的衔接，构建集生产示范、科普教育、休闲消费于一体的联动发展体系，实现土地资源的多重价值释放。

（五）推动科技与乡村产业融合，加强农村科技人才建设

统筹协调全省农业科研力量，建立公共属性与市场机制互补的科技服务网络。重点打通实验室成果到田间应用的转化通道，培育专业化的技术推广服务机构，激发农户应用新技术的主动性，促进传统耕作方式与现代生产体系的衔接。引导家庭农场、合作社等经营主体联合科研单位搭建产学研协作平台，针对产业瓶颈问题开展共性技术研发，形成可持续的技术供给模式。在人才培育方面实施分层培养计划：一方面强化高层次科研团队建设，重点支持农业生物技术、智能装备等领域的创新攻关；另一方面构建基层实用人才培育体系，通过建立科技服务驿站、开设田间课堂等方式，对返乡创业者、新型农业经营者等群体开展数字技术应用、绿色生产管理等专题培训。同步完善科技特派员工作机制，组织专业技术人员定点对接生产需求，构建常态化技术指导服务体系。

参考文献

赖晓璐、朱琳、王枫：《乡村振兴战略背景下辽宁农村产业发展策略探讨》，《农业经济》2024年第2期。

许海英：《辽宁省乡村产业发展面临的困境及解决对策》，《乡村科技》2020年第28期。

范鸿凯：《辽宁省农产品加工业发展现状及对策》，《农业科技与装备》2023年第3期。

朱琳：《乡村振兴背景下辽宁省现代农业产业发展研究》，《农业经济》2023年第7期。

B.24
辽宁乡村旅游发展现状及对策研究

董丽娟[*]

摘　要： 乡村旅游是乡村产业的重要业态，发展乡村旅游是推动农业产业升级和乡村新产业、新业态发展的重要抓手。2024年辽宁省乡村旅游发展在取得一系列亮眼成绩的同时，也面临着资源开发不够充分、部分地区缺乏统一规划、品牌意识淡薄、产业融合广度和深度不足、基础设施需进一步完善等问题。辽宁省推动乡村旅游高质量发展，可从以下几方面着手：创新产品开发，增强业态融合；强化顶层设计，完善政策扶持；加大宣传力度，打造特色品牌；优化发展环境，提升服务品质；强化人才支撑，加强规范管理。

关键词： 乡村旅游　休闲农业　文旅融合

党的十八大以来，党中央和国务院将乡村旅游纳入"三农"工作和乡村振兴战略总体布局，历年中央一号文件对乡村旅游发展作出了一系列论述和指示。党的二十大报告从产业振兴与乡村特色产业发展的角度，提出"加快建设农业强国，扎实推动乡村产业、人才、文化、生态、组织振兴"[①]，为各地乡村旅游的发展提供了宏观的战略方向和政策支持。乡村拥有丰富的文化资源，如乡土文化、民俗风情、传统手工艺等，这些都是乡村

---

[*] 董丽娟，辽宁社会科学院农村发展研究所副研究员，主要研究方向为农村文化、乡村旅游。

[①] 《习近平：高举中国特色社会主义伟大旗帜　为全面建设社会主义现代化国家而团结奋斗——在中国共产党第二十次全国代表大会上的报告》，求是网，2022年10月25日，http://www.qstheory.cn/yaowen/2022-10/25/c_1129079926.htm。

旅游的重要吸引力所在。"坚持以文塑旅、以旅彰文，推进文化和旅游深度融合发展"①，这一论述为乡村旅游的发展指明了方向，即要深入挖掘乡村文化内涵，将文化元素融入乡村旅游的产品设计、景观打造等各个环节，提升乡村旅游的品质和文化附加值，通过乡村旅游的发展促进乡村文化的传承和创新。党的二十届三中全会提出，要"优化文化服务和文化产品供给机制""培育乡村新产业新业态"，②从文化体制改革和满足人民群众对田园风光、乡土文化等美好生活的需求，推动农业产业升级和乡村新产业、新业态发展的角度，赋予乡村旅游发展更大的使命。文化和旅游部联合有关部门出台了一系列政策规划和务实举措，推动新时代乡村旅游发展步入快车道。

一 辽宁乡村旅游发展现状

2023 年以来，辽宁省深入贯彻落实党和国家关于文旅融合发展的重要指示精神，锚定全面振兴新突破三年行动目标任务，精准把握文旅产业发展新趋势、新特点、新机遇，积极探索、持续推进乡村旅游业转型升级，大力拓展农业多种功能，通过模式创新、产品升级、举办活动、打造品牌、服务优化，培育了一批生态美、生产美、生活美的乡村旅游目的地，乡村旅游发展取得了一系列亮眼的成绩，呈现良好的发展态势。数据显示，2023 年辽宁省休闲农业和乡村旅游接待量达 5355 万人次，同比增加 42.7%；营业收入实现 115 亿元，同比增加 47%。③ 全年共推荐 52 条全国休闲农业和乡村旅游精品景点线路，新增 2 个全国休闲农业和乡村旅游重点县；新推荐 8 个中国美丽休闲乡村，总数达到 66 个。

---

① 《习近平：高举中国特色社会主义伟大旗帜　为全面建设社会主义现代化国家而团结奋斗——在中国共产党第二十次全国代表大会上的报告》，求是网，2022 年 10 月 25 日，http：//www.qstheory.cn/yaowen/2022-10/25/c_ 1129079926.htm。
② 《中共中央关于进一步全面深化改革　推进中国式现代化的决定》，人民出版社，2024。
③ 《关于对省政协十三届二次会议关于打造旅游消费新引擎绘就辽宁乡村振兴新图鉴的建议（第 13020152 号）提案的答复》，辽宁省农业农村厅网站，2024 年 12 月 10 日，https：//nync.ln.gov.cn/nync/zfxxgk/fdzdgknr/jyta/szxta/szxssjechy2024n/2024121009321533814/index.shtml。

（一）依托丰富的特色资源，加速差异化发展

一是特色村镇众多。辽宁拥有众多具有农、牧、林、渔特色的乡村旅游重点村镇，如阜新市的佛寺村、黄家沟村、大德村，本溪市的解放村等，这些村镇凭借自身独特的自然景观、历史文化或产业特色，吸引了大量游客。二是自然风光优美，沟域文化旅游兴起。辽宁拥有丰富的沟域地貌资源，沟域文化旅游成为新的经济增长点。例如，本溪市南芬区西部的解放村，依托境内的大峡谷喀斯特地貌，发展成为集休闲、游乐、探险、体育、健身、养生等于一体的山乡休闲旅游度假区。随着乡村旅游的发展，越来越多具有独特沟域资源的乡村开始挖掘自身潜力，打造特色旅游产品，沟域文化旅游的发展速度不断加快。① 三是文化底蕴深厚。辽宁具有满族、蒙古族等民族文化，以及红山文化等历史文化资源。例如大鹿岛村依托甲午海战主战场等历史遗址、传统民俗文化，不定期开展爱国主义教育和民俗文化体验活动。四是滨海文化旅游带不断完善。辽宁省临黄海、渤海，海岸线长达 2000 多公里，滨海大道将原本零散的景点景区串联起来，形成了独具魅力的辽宁滨海文化旅游带。

（二）加强专项规划引领，政策支持优化发展

2018 年，辽宁省出台《辽宁省促进乡村旅游发展提质升级实施方案》，完善乡村旅游发展环境，激发投资活力，编制全省乡村旅游专项规划，加强乡村旅游资源的统一开发、统一营销、统一管理。同时，立足当地资源优势，指导各乡镇编制乡村旅游点发展规划等专项规划，对乡村旅游进行合理布局。2023 年，《辽宁省支持文旅产业高质量发展若干政策措施》正式发布，出台 24 项政策措施，推动文旅产业高质量发展。制定相关方案，如《辽宁省支持乡村旅游重点村建设方案》提出，支持建设 100 个乡村旅游重点村，明确"到 2025 年乡村旅游重点村接待人次年均增长 10% 左右，重点村年旅游收入平均达到 200 万元以上"的建设目标，并在提升乡村环境品

① 《辽宁乡村文化旅游好风光》，《中国文化报》2023 年 8 月 30 日。

质、完善设施配套、创新运营模式、培育旅游市场主体等方面提出具体要求和措施。辽宁省积极整合旅游发展专项资金、新农村建设专项资金、农民再就业培训资金等各类专项资金，支持乡村旅游基础设施建设和项目开发，扶持乡村旅游发展。在审批手续方面，工商、卫生、环保等多部门降低办证门槛、简化办证手续，优化乡村旅游发展环境。

（三）加强品牌宣传推广，推动精品化发展

近年来，辽宁通过创建乡村旅游提升村和重点村、培育乡村旅游运营主体、推出乡村旅游新场景等方式，积极培育和树立乡村旅游品牌，涌现了一批知名的乡村旅游目的地和品牌项目。例如，发布 100 个乡村旅游新场景，涵盖和美自然、人文地标、网红打卡、智慧乡村、绿色生态体验、非物质文化遗产体验、乡村美食、乡村集市、乡村美宿以及乡村营地十个类别。凤城大梨树生态旅游观光、沈北新区稻梦空间、大连金州新区紫云花汐、鞍山老院子等品牌在省内外具有较高的品牌影响力和市场竞争力，吸引了大量游客前来参观游览。通过举办"2024 辽宁乡村文化旅游季"等系列推广活动，利用各种媒体平台和渠道，加强对乡村旅游品牌的宣传推广。以节庆活动为载体，全面展示和推介辽宁乡村旅游特色品牌，推动农文旅融合发展，为辽宁乡村旅游的发展带来了更多的机遇，对于提升辽宁乡村旅游的知名度和美誉度具有重要意义。

（四）不断丰富乡村旅游产品，推动多业态融合发展

辽宁省积极推动乡村旅游和文化、农业、手工业、体育活动、医疗康养等多种产业深度融合，深入开发"乡村旅游+文化""乡村旅游+农业""乡村旅游+手工业""乡村旅游+体育运动""乡村旅游+医疗康养"等多种产品，打造具有文化内涵的乡村旅游节庆活动，发展休闲农业、特色民宿、乡村研学旅行、乡村康养旅游等新业态，推出农事体验、手工艺制作、中医康养等特色旅游项目。如盘锦市以稻米、河蟹等特色农业产业为基础，结合辽河口文化、稻作文化、知青文化等，打造乡村休闲精品，实现了农业与旅游业的深度融合。2023 印发的《辽宁乡村旅游线路手册》公布了"最美旅游

重点村打卡游""乡村旅游精准扶贫游""春节赏花摄影游""夏季赶海避暑游""秋季赏枫徒步游""冬季冰雪温泉游""民俗文化体验游""山行海宿　浪漫风景之旅"等 18 条精品旅游线路，① 贯穿辽宁省 14 个市的 174 个旅游目的地，并将沿途的美食、文创产品大量收入其中。2024 年 2 月，文化和旅游部推出"游购乡村，欢聚过年"全国乡村旅游精品线路 68 条，打造乡村文旅消费新场景，辽宁"白雪红踪　民俗风情"之旅、"欢歌达旦　雪泉民俗"之旅 2 条线路入选，涉及 3 个城市 5 个点位。2024 年辽宁省暑期县域文化和旅游消费季主场活动发布了 4 条乡村精品旅游线路，包括"蝉鸣暑气盛，滨海避暑忙""古迹润长城　浩瀚撰长歌""闹市藏古建　遗韵抚人心""文脉越千年　民族融合情"，② 涵盖了辽宁省内多个具有特色的乡村景点，为游客提供了丰富的夏日乡村旅游选择。2024 年 9 月 11 日，农业农村部乡村产业司在辽宁盘锦大洼区举办 2024 中国美丽乡村休闲旅游行（秋季）推介活动，盘锦市大洼区盘锦乡村休闲观光之旅的 5 个精品景点荣耀上榜。

（五）持续改善基础设施，"听劝"提质发展

辽宁省各地加强了交通基础设施建设和维护，改善乡村旅游景区的道路交通条件，扩大了公共交通的覆盖范围，方便游客前往。完善了乡村旅游景区的配套设施，加强乡村旅游区域医疗卫生、标识标牌、冲水厕所、停车场等公共服务设施建设，提高旅游公共服务设施的标准化水平，提升游客的旅游体验。改善住宿、餐饮等条件，涌现出一批高品质乡村民宿，提升了游客的住宿体验，推出了具有地方特色的乡村美食，提高了餐饮服务水平。通过引进先进的管理模式和服务理念，加强对乡村旅游从业人员的培训，提高了服务意识和服务水平。一些乡村旅游景区秉承着"游客至上　服务第一"的理念，把游客"当 qie"，以无微不至的细心服务、竭尽所能的精心服务、尽心尽力的耐心服务，全方位满足游客需求，使游客的满意度不断提高。

---

① 《辽宁乡村文化旅游好风光》，《中国文化报》2023 年 8 月 30 日。
② 《我省发布四条县域（乡村）精品旅游线路》，《辽宁日报》2024 年 8 月 18 日。

二 辽宁乡村旅游发展面临的主要问题

（一）资源开发不够充分，文创产品开发有待深入

辽宁拥有丰富的乡村旅游资源，如革命历史文化遗迹和自然风光，但由于历史原因和投资不足，一些资源的开发利用还停留在较低的水平。很多历史遗迹未得到有效的保护和利用，自然风光也未得到充分的开发，从而影响了乡村旅游的吸引力和竞争力。缺少有影响力的文化品牌和乡村旅游观光名片，有特色的"文化观光游"产品不足。很多乡村旅游项目在文化内涵挖掘和特色打造上不够深入，难以形成独特的吸引力。目前辽宁省乡村旅游发展多重视"土特产"资源的应用，而忽略了优质文创产品的开发。例如，岫玉、紫砂、玛瑙、辽砚、满绣、剪纸等传统技艺蕴含着深厚的文化底蕴，但一些地区在文旅产品挖掘上做得不够，只是简单地展示文化元素，缺乏对文化内涵的深入解读和体验设计，游客在商品蕴含的审美、情感、个性、品位、价值观等内在价值方面体验不足，难以激发消费热情。

（二）部分地区缺乏统一规划，同质化竞争严重

部分地区乡村旅游项目缺乏统一、合理、科学的规划，导致地区间乡村旅游发展存在各自为政、盲目跟风、重复和无序建设等问题，既浪费了资源，又难以形成品牌合力。有的乡村在开发旅游项目时没有充分考虑当地的自然地理条件、资源环境禀赋以及市场需求，导致项目建成后与当地实际情况不符，难以实现可持续发展。很多乡村旅游项目缺乏创新，产品形式大同小异，多以农家乐、果蔬采摘、垂钓等为主，缺乏特色和差异化。无论是旅游项目、景观设计，还是餐饮、住宿服务，都存在相互模仿的现象，难以满足游客多样化、个性化的需求。

（三）品牌意识淡薄，宣传推广力度不够

首先，部分乡村旅游经营者对乡村旅游品牌建设的重要性认识不够，没

有从长远角度进行系统的品牌规划，品牌定位和发展方向不明确，导致乡村旅游品牌知名度不高。其次，品牌形象不突出。例如，一些乡村旅游产品在宣传推广时，缺乏便于游客识别和记忆、具有辽宁地域特色的品牌标识和宣传口号。再次，品牌宣传力度不够。对微信、微博、抖音等新媒体平台利用不足，没有突出自身的特色和优势，缺乏创新性和有针对性的宣传，难以吸引到更多的游客，品牌知名度不高。最后，一些乡村旅游品牌建设缺乏统一的标准和规范，导致品牌质量参差不齐。如在民宿的管理方面，没有明确的服务标准和质量评价体系，游客在选择民宿时缺乏参考依据。一些乡村旅游品牌在建立后，缺乏有效的维护和管理，导致品牌形象和品牌竞争力受损。

（四）产业融合广度和深度不足

辽宁乡村旅游资源丰富，旅游业态多元，但各种资源整合的优势还未得到充分的发挥，农文旅融合的广度和深度不够，还处于初级阶段。例如，乡村旅游与农业的融合仅停留在简单的农产品销售、农事体验、风景观光、推销美食、农村纪念馆和博物馆参观等传统项目层面，产业链条短，相关的文化产业发展速度较慢，与文化、教育、体育等产业的融合效果有待提升，在创新旅游产品和业态方面也亟须做足文章。辽宁省对中国重要农业文化遗产的挖掘和利用还处于缓慢起步阶段，相较于浙江等省份农业文化遗产旅游实践，辽宁省农业文化遗产的价值还有很大的释放空间。

（五）基础设施需进一步完善，整体服务水平有待提高

部分乡村地区虽实现村村通公路，但道路排水、路灯、绿化等附属设施不够健全。例如，一些乡村道路在雨天容易积水，影响游客通行；夜晚缺乏足够的照明设施，给游客出行带来不便。休闲配套设施不足，有的乡村旅游景区缺少停车场等配套设施，或者停车场规模较小，无法满足旅游高峰期的停车需求，导致游客停车困难，降低了旅游体验。乡村旅游景区的旅游服务水平整体较低，导游服务不到位，景区管理混乱。例如，导游对景点的讲解不专业、不深入，不能让游客充分了解当地的文化和历史。由于乡村远离城

市的特殊区位等因素，其对高校创意人才、专业人才的吸引力不足，乡村旅游从业人员素质参差不齐，服务意识和服务技能不足，难以满足游客日益多样化的需求。此外，乡村旅游领域内熟悉农业、旅游和文化产业特点，懂经营、善创新的复合型人才严重短缺。

三　辽宁省乡村旅游发展的对策建议

（一）创新产品开发，增强业态融合

深入挖掘乡村的历史文化、民俗文化、农耕文化等，将乡土文化元素植入乡村旅游开发，提升乡村旅游产品品质。通过开展乡村旅游创客活动，开发富有创意的乡村旅游文创产品，引领乡村旅游二次消费。打造具有地方特色的乡村旅游文化品牌，如举办乡村文化节、民俗节庆活动等，增强乡村旅游的吸引力和文化底蕴。加大乡村旅游与农业、林业、文化、康养、教育、体育等产业的融合力度，发展休闲农业和乡村旅游新业态，突出乡村旅游产品的多样性、差异性，避免淡旺季落差和季节留白。例如，依托自然风光打造精品旅游线路；依托古村落打造风情民宿、客栈以及时尚创意产品和活动；开发特色农事体验、森林康养、文化研学等旅游产品。推进乡村旅游数字化建设，提升智慧化水平，利用互联网、大数据、人工智能等技术，推动重点村镇上线百度地图，打造乡村全景展示沉浸式"云旅游"，协同高德地图推出辽宁"乡村四时好风光"精品线路专属导航地图，为游客提供更加便捷、智能的旅游服务。

（二）强化顶层设计，完善政策扶持

科学编制乡村旅游发展规划，综合考虑地域区位、功能定位、发展水平等因素，确定各区域乡村旅游产业的发展目标和重点，形成合理的乡村空间格局、产业结构、生产方式和生活方式，避免盲目跟风和重复建设。加强相关规划间的有效衔接和统一管理，确保乡村旅游规划与土地利用规划、城乡建设规划等相互协调。围绕国家和地方已颁布的有关旅游改革发展、投资消费、旅游用地等的扶持政策，加强与相关部门的沟通协作，对乡村旅游发展给予倾斜支持，如在税收、土地、金融等方面提供优惠政策。统筹整合各类扶贫资金，加大对乡村旅游基础设施和公共服务设施建设重点项目的扶持力度，提高乡村旅游的可进入性和接待能力。积极引导各类社会资本投资乡村旅游，推动农家乐的产业化发展和提质升级，同时鼓励采用专业合作社、企业主导型、产业集聚型等产业发展模式，实施品牌化、专业化、企业化经营。

（三）加大宣传力度，打造特色品牌

整合各类宣传资源，通过多种渠道和方式，如电视、报纸、网络、社交媒体平台等，加强对辽宁乡村旅游的宣传推介，提高辽宁乡村旅游的知名度和美誉度。培育乡村旅游品牌，打造一批具有影响力的乡村旅游重点村、特色小镇、精品民宿等，树立辽宁乡村旅游的良好形象。加强区域合作与联合营销，与周边省市开展乡村旅游合作，共同打造跨区域的乡村旅游线路和产品，实现资源共享、客源互送。农业文化遗产是古人以勤劳和智慧留下的农耕文化课堂，是赋予游客丰富文化体验的旅游资源。要加强对农业文化遗产资源的系统梳理，寻找其中蕴含的文化差异和文化内涵，以"特色"吸引关注、以"共情"激发认同，深度挖掘相关农业文化遗产蕴含的农耕文化内涵，促进遗产地居民增收致富，带动遗产地经济发展、提升遗产地品牌价值。围绕"高质量"做文章，构建乡村文旅融合产业链。如在传统文化观光游的基础上，深度开发农耕体验游，大力开发鞍山南果梨、宽甸柱参、桓仁京租稻、阜蒙旱作小米等相关旅游产品。牢固树立"绿水青山就是金山银山"的理念，在乡村旅游发展过程中，加强对生态环境的保护，避免因旅游开发而对乡村生态环境造成破坏。推广生态旅游模式，引导游客文明旅游，共同保护乡村的生态环境。

（四）优化发展环境，提升服务品质

继续加强基础设施建设。加大对乡村道路、停车场、给排水、供电、通

信、卫生等基础设施的建设和改造力度，改善乡村旅游的基础条件，提高游客的舒适度和满意度。完善休闲配套设施，如建设游客服务中心、休息亭、观景台、标识标牌等，为游客提供便利的服务。从省级层面出台相关法律法规，如"乡村旅游开办申请条例""乡村旅游地规划与建设管理条例"等，规范乡村旅游的发展。发挥行业协会的作用，在已有的标准体系下，进一步完善乡村旅游服务管理及相关评定标准，围绕餐饮、住宿、卫生等重点环节和内容，制定统一的服务标准，用标准化管理推动乡村旅游品质化建设和品牌化发展。加强对乡村旅游从业人员的培训，提高其服务意识和服务技能，培养一批专业的乡村旅游管理和服务人才。

（五）强化人才支撑，加强规范管理

制定优惠政策吸引人才下乡，发挥省内各协会在农村乡土实用型人才培养方面的优势，鼓励农村务工青年、返乡大学生等在乡村旅游示范村等开展技能培训。对在农村设立的技能型应用培训学校，给予综合性政策支持，完善政府购买培训成果的机制。对创业的返乡农民工、返乡大学生，给予资金等方面的支持，鼓励他们参与乡村旅游发展。建立健全乡村旅游的监督管理机制，加强对乡村旅游企业和从业人员的监管，规范市场秩序，打击不正当竞争行为。完善乡村旅游投诉处理机制，及时处理游客的投诉和建议，维护游客的合法权益。

参考文献

何崴：《为乡村而设计：中国民宿》，辽宁科学技术出版社，2020。

郑辽吉：《乡村生态体验旅游开发研究：以丹东为例》，经济科学出版社，2010。

许建：《乡村旅游促进乡村振兴研究》，经济管理出版社，2018。

吴庆功：《辽宁旅游文化史》，辽宁大学出版社，2009。

孟秋莉：《优质乡村旅游助推幸福生活的实现路径研究》，中国社会科学出版社，2021。

王昆欣：《乡村旅游新业态研究》，浙江大学出版社，2019。

专题篇 🔂

B.25

辽宁省县域经济发展报告[*]

县域经济课题组[**]

摘　要： 县域经济是国民经济的重要组成部分，县域经济发展直接影响乡村全面振兴和城乡融合发展的进程。近年来，辽宁县域经济发展面临瓶颈，成为辽宁经济发展的短板之一。虽然近几年辽宁县域经济对全省经济的支撑作用不断增强，在乡村特色产业、工业强县行动、综合承载能力、产业园区建设方面取得了一定成效，但依然存在发展基础薄弱、基础设施建设需进一步加强、财政对经济发展支撑力较弱、园区集聚带动作用不强、发展体制机制不完善等现实问题。辽宁要从进一步优化县域产业结构、完善县域发展创新体制机制、加快县域产业园区转型升级、大力促进县域服务业发展、提高县域新型城镇化水平等方面发力，推动县域经济高质量发展。

[*] 本文为 2023 年度沈阳市社会科学立项课题（项目编号：sysk2023-JD-63）的阶段性成果。

[**] 县域经济课题组成员包括王仕刚、王丹、姜金龙、李志国、侯荣娜、范忠宏、董丽娟、于彬、马琳、王岩峰、张涵。报告主要执笔人为王仕刚、王丹、姜金龙。王仕刚，辽宁社会科学院农村发展研究所助理研究员，主要研究方向为农村经济；王丹，辽宁社会科学院农村发展研究所研究员，主要研究方向为农村经济、区域经济；姜金龙，辽宁省农业农村发展服务中心农艺师，主要研究方向为农村经济、农业技术推广。

关键词： 县域经济　工业强县　城乡融合

县域经济是国民经济的重要组成部分，县域经济发展直接影响乡村全面振兴和城乡融合发展的进程。辽宁现有 41 个县（市），县域面积约为 12.3 万平方公里，约占全省面积的 83%。近年来，辽宁县域经济发展面临瓶颈，成为辽宁经济发展的短板之一，奋力开创县域经济高质量发展新局面是辽宁实现全面振兴新突破的重要任务之一，以更高站位、更大格局、更宽视野来谋划和推动县域经济高质量发展，打造支撑辽宁全面振兴新突破新的增长极，为谱写中国式现代化辽宁篇章提供坚实支撑，成为辽宁省委、省政府重点推动的工作内容。①

一　辽宁省县域经济发展现状分析

辽宁立足县域特色资源优势，不断加强改革创新引领，增强特色产业支撑，加大重大项目建设力度，促进城乡融合发展，积极探索县域经济实现高质量发展新路径，取得了明显的成效。

（一）县域经济对全省经济的支撑作用不断增强

2023 年，全省 41 个县（市）地区生产总值完成 8140.1 亿元，占全省地区生产总值（30209.4 亿元）的 26.9%，占比较上年提高 0.2 个百分点。一般公共预算收入完成 538.8 亿元，比上年增长 11%，增速比全省平均水平高 1.9 个百分点，有 20 个县（市）增速高于全省平均水平；固定资产投资增速为 14.2%，高于全省平均水平 10 个百分点；社会消费品零售总额完成 2069.3 亿元，比上年增长 8.9%，增速比全省平均水平高 0.1 个百分点。②

---

① 《突出特色强企兴业　发挥优势强县富民　奋力开创县域经济高质量发展新局面，全省县域经济高质量发展大会召开》，《辽宁日报》2024 年 7 月 6 日。
② 资料来源：辽宁省统计局。

从以上数据来看，县域经济正在积极恢复增长，对全省经济的支撑作用不断增强。

（二）县域乡村特色产业发展正在积极推进

为了进一步发挥县域资源优势，辽宁立足农业强省建设，大力推进县域乡村特色产业发展，形成了一批具有优势的乡村特色产业，如东港的草莓，瓦房店的樱桃，绥中、瓦房店、盖州的苹果，盖州、北镇、瓦房店、灯塔的葡萄，岫岩、海城、灯塔、新宾的食用菌，大石桥的水稻，建平的杂粮和辽西驴，新民的设施蔬菜，盖州、本溪、岫岩、凤城、宽甸、新宾的绒山羊，西丰的梅花鹿，庄河、长海、凌海、兴城、瓦房店的海参，东港、庄河的蛤仔，宽甸、桓仁、新宾、清原的人参，凌源、海城的花卉，铁岭县的榛子等。

（三）工业强县行动强力推进取得新进展

2022年，辽宁出台《关于加快县域经济高质量发展的意见》，大力推进县域经济发展，尤其是大力开展工业强县行动，每年遴选5个工业强县（市），给予每个县（市）1000万元的资金奖励，用于工业强县（市）建设。支持一批产业基础好、创新能力强、发展潜力大的县（市），提升其制造业比重，推动县域工业稳增长。2023年辽宁开展了首次工业强县（市）评选工作，经综合评选，大连瓦房店市、鞍山海城市、营口大石桥市、辽阳市辽阳县、铁岭市铁岭县进入前5名，成为辽宁省首批工业强县（市）。[1]根据工信部中国信息通信研究院发布的《中国县域工业经济发展报告（2023年）》，在2023年"中国工业百强县"榜单中，瓦房店市居工业百强县第57位，比2022年前进3位，是东北地区唯一上榜县（市）。[2]从赛

---

[1] 《关于2023年度辽宁省工业强县（市）评选结果的通报》，辽宁省工业和信息化厅，2023年12月28日。

[2] 《中国县域工业经济发展报告（2023）》，中国信息通信研究院网站，2023年12月8日，http://www.caict.ac.cn/english/research/whitepapers/202312/P020231213488078897942.pdf。

迪方略县域经济研究中心发布的 2024 年中国县域经济百强榜单来看，辽宁省有 3 个市上榜，即瓦房店市、海城市、庄河市，分别排在第 58、92、94 位，辽宁县域经济上榜总体情况较 2023 年实现了扩容进位。① 此外，辽宁积极建设现代优势产业集群，截至 2023 年累计打造县域省级以上"专精特新"企业 372 家、专精特新"小巨人"企业 116 家、数字化车间 65 个、智能工厂 25 个、绿色工厂 130 个，东港、绥中、法库、海城 4 个县（市）入围第二批国家创新型县（市）建设名单。目前全省正在形成县域工业创优争先的良好氛围，县域工业发展正在积极推进。

（四）县域综合承载能力不断提升

县域基础设施建设不断完善。2023 年，实施县城燃气、供水、供热、排水老旧管网改造工程，更新改造县城老旧管网 1284 公里，27 个县（市）实施了老旧小区更新改造。县域基本公共服务水平不断提高。进一步加强基层医疗卫生能力建设，本溪县等 14 个县（市）加强紧密型县域医共体建设，开展 31 个县级妇幼保健机构特色专科建设，建强 94 所乡镇卫生院和 2382 所村卫生室。加大基础教育建设力度，落实农村地区规模较小学校公用经费补助政策，覆盖 1273 所学校，惠及 35889 名农村学生。增强就业养老保障能力，实施农民工就业服务质量提升行动，实现农村劳动力转移就业 115.4 万人，完成 109 所县域特困供养设施维修改造。②

（五）县域产业园区建设不断加强

2023 年，辽宁依托 4 个万亿级产业基地和 22 个重点产业集群建设，围绕通用航空、汽车及零部件、新能源装备、轴承等具有比较优势的产业，积极打造县域特色产业集聚区，支持长海、新宾、清原、抚顺、绥中设立省级以上经济开发区，安排省级专项资金支持全省 11 个县（市）园区基础设施

---

①　赛迪方略县域经济研究中心：《2024 中国县域经济高质量发展研究》，2024 年 7 月 31 日。
②　《2024 年辽宁省政府工作报告》，《辽宁日报》2024 年 1 月 28 日。

312

建设和改造升级，大连长兴岛经济技术开发区生物医药产业园等 5 个县域园区成为辽宁省特色产业园区。积极推进 25 家农产品加工集聚区基础设施建设，推进特色农产品向产地加工、精深加工方向发展。[①]

二 辽宁县域经济发展存在的主要问题

当前辽宁县域经济发展取得了一定的成效，但与先进省份相比，辽宁县域经济发展依然存在一些问题和短板，要实现县域经济高质量发展目标任务依然艰巨。

（一）县域经济发展基础依然薄弱

一是县域经济总量偏小。从辽宁 2023 年县域生产总值来看，占全省生产总值的 26.9%，与发达省份县域经济发展情况相比总量偏小。辽宁县域经济也曾占半壁江山，但最近几年仅占 1/4 左右。2023 年辽宁县域生产总值仅为江苏的 1/6。赛迪方略县域经济研究中心发布的 2024 年中国县域经济百强榜单中，瓦房店市、海城市、庄河市分别排在第 58 位、第 92 位、第 94 位，与 2020 年相比，只有瓦房店市排名上升了 13 位，其他 2 市均后移了 5 位。[②] 二是产业基础需要进一步加强。2023 年县域三次产业之比为 24.9∶30.6∶44.5，"一产大、二产小、三产弱"的结构问题比较突出。"一产大"说明辽宁县域经济高度依赖传统农业，而传统农业抗风险能力较弱，受自然灾害和市场风险影响较大，一旦遭受风险冲击，整个县域经济都将面临严峻考验。辽宁农产品加工业发展水平不高，尤其是农产品精深加工不足，导致附加值不高，其中农产品加工产值与农产品总产值的比值为 2∶1，低于全国水平（2.5∶1）。"二产小"说明县域工业经济发展较弱。近几年县域第二产业比重呈下降趋势，2023 年只有瓦房店市入选全国工业百强县。从进

---

① 《2024 年辽宁省政府工作报告》，《辽宁日报》2024 年 1 月 28 日。
② 赛迪方略县域经济研究中心：《2024 中国县域经济高质量发展研究》，2024 年 7 月 31 日。

入全国百强县榜单的县域来看，发达的工业经济支撑是县域经济发展的核心动力。"三产弱"说明县域服务业发展滞后。辽宁县域和乡村物流体系、市场体系、配套服务设施建设还需进一步加强。

（二）县域基础设施建设需进一步加强

近年来辽宁县域基础设施建设得到了明显加强，但是与城市地区相比仍有不小的差距。从县域基础设施建设来看，很多县（市）道路交通、排水、供暖、燃气等基础设施老化现象严重，一些老旧小区硬件设施需要更新改造。还有一些县（市）生活垃圾未完全实现无害化处理，污水排放不达标，养殖废弃物也未全部资源化利用。基础设施建设不完善，县域产业发展就没有基础，在吸引投资和新产业发展方面就缺乏竞争力。从商业服务设施建设来看，现代化、智能化水平不高。县域现代物流业发展普遍存在规模小、冷链物流短缺、机制不健全等问题。传统的市场体系已经不能满足城镇居民的消费需求。从城镇化发展来看，县域基本公共服务设施也面临有效供给不足的困境。与大城市相比，县域的公共服务水平相对偏低，居民养老服务设施相对陈旧，公办和普惠性托育服务设施明显不足，不能满足人们就近养老、就近医疗、就近入托的需要。公共服务水平偏低，不仅难以留住优秀人才，也导致优秀人才对于到县域地区发展存在顾忌，一些青年人才为了让孩子有更好的受教育条件和让父母有更好的医疗资源，选择放弃在县域地区发展。

（三）县域财政对经济发展支撑力较弱

从课题组到县域调研的情况来看，很多县（市）面临财政资金问题。辽宁县域财政自给率水平与发达省份县域相比偏低，但县域的刚性支出却逐年增加，很多县（市）在全力保障"三保"支出外，还面临着债务还本付息、历史欠款等问题，在交通、生态环保、教育、医疗等方面的支出压力也不断加大。目前财政支持县域经济发展主要依托专项资金，从2023年的情况来看，全省支持县域经济发展的财政专项资金80%左右为国家专项资金。县级财政保障能力不强导致县域自我发展能力明显不足，利用财政政策调控县域经济发展的能力也极为有限，县域经济发展和城镇化建设面临自身"无米下锅"的困境。

（四）县域产业园区集聚带动作用不强

一是园区市场化程度不高。县域产业园区大多保持原有的行政推进模式，服务能力不强，园区在运营、产业招商等方面市场化管理水平不高。部分县域园区未实行独立核算，工作人员任免不灵活，没有土地、规划立项自主决定权。二是园区产业集聚带动作用较弱。园区内产业集聚度不高，产业协同发展不够，企业大都是各自为战，缺乏专业化分工协作机制。县域经开区中仅大连长兴岛经开区工业总产值突破千亿元，其余均在 500 亿元以下，54.5%的经开区不足百亿元。约一半的农产品加工集聚区主营业务收入不足20 亿元，仅铁岭县集聚区突破百亿元。三是园区基础设施建设需要进一步加强。一些园区的道路、电力、通信、给排水等基础设施老化严重，一些园区"七通一平"尚未完全实现。

（五）县域经济发展的体制机制不完善

县域经济实现产业转型升级发展，要有资金、技术和人才的支撑。辽宁县域经济实现高质量发展还面临一系列体制机制问题。一是县域金融市场发育不成熟。由于县域缺乏高新技术企业，大多数是中小企业，企业融资能力较弱，融资渠道有限。很多县域金融机构业务范围较窄，规模较小。二是创新机制不完善。2023 年辽宁 41 个县（市）财政科技支出占地方一般公共预算支出的比重仅为 0.79%，明显低于全国平均水平（3.94%）。县域技术创新能力和研发能力薄弱，缺少科技创新平台，县级财政对科技创新的支持力度也较小，难以支撑科技转型的大量投入。县域传统企业较多，研发意愿和能力不强，研发投入很少，多数县域企业研发投入往往不足企业销售收入的1%，甚至没有研发投入。当前的县域创新机制不足以为县域的产业和经济社会发展提供支持。三是人才引育机制不健全。当前辽宁县域人口流失严重，在大城市的虹吸效应下，县域高技能人才明显不足。大量农村青壮年劳动力

离乡进城务工，现代化大农业发展所需的高素质农民不断减少，同时县域地区普遍缺乏吸引和留住高级管理人才、技术人才的能力，缺乏引进人才、培养人才的体制机制和政策支持。四是市场机制不健全。辽宁县域对产业发展的支持政策较少或具体政策不明确，与大城市相比市场机制不够健全，导致县域资源分配效率偏低，高新技术产业难以快速成长。

三　促进辽宁县域经济高质量发展的对策建议

县域经济是国民经济发展的缩影，充分认识县域经济高质量发展的重大意义，立足创新、协调、绿色、开放、共享的新发展理念，因地制宜地发展和壮大辽宁县域经济，加快形成新的经济增长点，对于新时期推进辽宁城乡融合和区域协调发展、实现全面振兴新突破和乡村全面振兴具有深刻的现实意义。

（一）进一步优化县域产业结构

从现有的全国百强县评价指标体系来看，GDP 和财政收入是核心指标。要进一步优化辽宁县域产业结构，基于各县域自身优势，因地制宜地规划产业布局，大力发展具有地方特色的优势产业，形成具有竞争力的主导产业，构建结构合理的产业体系，形成新经济增长点，提升县域经济的核心竞争力。一是立足县域优势条件因地制宜谋发展。对于那些地处城市郊区的县域考虑利用区位优势，积极融入城市圈的发展，承接城市的产业和功能转移，成为城市圈体系的一部分，在区域一体化发展中推动县域经济增长。对于农业大县，要把县域经济发展重点放在保障国家粮食安全上。同时要积极推进农村一二三产融合发展，总结农业与旅游、文化、康养等产业融合发展的实践经验，以现代化的大农业带动县域经济发展。二是大力发展农业特色产业。紧紧围绕农业优势资源禀赋、现有的产业发展基础和国内外市场需求，实现规模化经营，将农业特色产业作为产业集群的中心产业，进一步实现企业分工与协作，健全产业链条，把产业链的主体留在县域，培育板块经济，为县域经济发展奠定产业基础。加强县域农产品加工集聚区建设，引进龙头企业，提升农产品加工率，提高农产品附加值。三是充分挖掘县域经济中的绿色生态价值。要以"绿水青山就是金山银山"的理念大力发展乡村旅游、绿色有机农业。大力发展县域文旅产业，充分挖掘县域自然资源和文化遗产，把自然资源、特色文化和区位特点结合起来走差异化道路，打造具有代表性的文旅项目，形成以文化引领的县域经济发展体系，实现一二三产融合发展。四是加快数字经济与县域经济的融合，拓展县域经济发展的广度和深度。用数字经济赋能县域传统产业，促进现有产业智能化、网络化转型。通过物联网、大数据、人工智能等技术的应用加快县域传统产业对接产品和要素市场，将传统意义上的劣势转变为优势。

（二）完善县域发展创新体制机制

一是建立较为完善的创新体系。要积极开展以科技创新为核心的全面创新，推动创新资源要素向县域集聚，改变县域创新体系较为零散的现状。同时进一步加强基层农业技术推广体系建设，促进新技术积极为农业生产性发展服务。二是加强创新创业载体平台建设。依托现有的科技园区及辽宁高等院校和科研院所等积极发展创新创业网络体系，建设低成本、便利化、全要素、开放式的创业载体。设立县域创新科技专项基金，建立校企协同创新平台，共建实验室和新型研发机构，推动科技成果落地转化。三是依托本地资源优势，加速传统产业升级与新兴产业培育。在智能制造、生物科技、新能源技术、新材料研发等领域积极开展创新创造开发，打造一批战略性新兴产业集群，建立县域经济发展的工业经济支撑点。四是实施更加积极的创新创业激励和人才吸引政策。构建吸引科技人才、专业技术人才、高校毕业生等创新人才到县域创业就业的激励机制，把县域打造成为高科技人才创新创业基地。可以借鉴其他省份"订单式"培养农科生的成功经验，实行"入学有编、毕业有岗、免收学费"的政策，培养一批扎根县域基层的高素质专业人才。五是加强现代信息技术的应用。要运用大数据、物联网、云计算等现代信息技术提升创新资源的协

同能力，推动省内工业云和工业大数据平台向县域企业开放平台入口、数据信息、计算能力等资源，促进县域主动承接城市创新资源外溢，加强县域创新和城市创新的良性互动。

（三）加快县域产业园区转型升级

一是明确园区产业定位。立足县域的资源禀赋及区位条件，进一步强化产业园区功能，加快培育优势产业，围绕省内22个产业集群建设，大力培育相关有综合竞争优势的产业集群。进一步促进县域产业园区要素集聚、创新赋能、平台服务，吸引龙头企业落户园区。例如，农业特产县要引进现代种养、绿色农产品生产和农产品精深加工企业，生态县要引进文旅融合、农业休闲、健康养老等相关的新业态企业。二是加强产业园区基础设施建设。加大资金投入，进一步完善园区的供水、供电、交通等基础设施，以及仓储物流、法律、金融等生产性服务设施，在硬件建设和软件建设方面不断提高园区产业承载力。三是优化县域产业园区的体制机制。进一步完善"管委会+公司"的经营管理模式，加强政策引导，吸引各类市场主体参与园区管理。积极探索创新改革，把行政审批、公共服务等事项纳入园区管理。积极梳理园区企业在生产经营管理特别是强链补链方面的现实需求，及时按照"一企一政策"解决，尽快形成高效的管理体制和运行机制。

（四）大力促进县域服务业发展

随着城乡居民收入稳步增加，县域消费升级仍有较大空间。要充分发挥消费对经济发展的基础性作用，高度重视县域消费市场潜力。一是健全县域物流体系。加快完善县、乡、村三级物流体系，推动产地仓商家物流仓储发展，积极推进村级寄递物流综合服务站建设，逐步实现快递网点所有行政村的全覆盖，推动城乡生产与消费有效对接。推动县域数字化转型升级，整合物流资源，建立现代化的物流配送联通体系。加强快递、物流、流通等主体的市场化合作，增强统仓共配能力。二是加强农产品市场建设。大力发展订单农业、直播带货等新业态，打造智慧农产品批发市场、智慧农贸市场等新商业模式，实现农产品产销紧密衔接，提高流通效率，降低流通损耗，畅通供需循环、城乡循环。积极引导电商企业、农产品流通企业、家庭农场、农民合作社以订单农业、产销一体、股权合作等多种模式实现精准对接。三是完善县域服务业发展体系。积极吸引大城市服务要素向县域扩散和集聚，改造传统的县域服务业发展模式，激发新要素活力，大力推动一二三产融合发展，挖掘县域消费潜力，以消费拉动经济增长。

（五）加快提高县城新型城镇化水平

一是积极构建农民工市民化的政策支持。面对县域人口大量流失的普遍困境，要吸引农村劳动力向县城和周边乡镇转移，人口的增加必然带来城乡要素的双向流动，实现资源优化配置与城乡融合发展，为县域经济发展创造要素集聚条件。二是强化县域经济发展的人才支撑。人才是先进科技融入县域产业发展的基础，要想方设法吸引和留住人才，让人才为县域经济的高质量发展服务。县域要加大人才队伍建设力度，为愿意在县域发展的人才制定优惠政策，如税收减免、住房补贴、子女教育等，增强他们在县域发展的意愿。还要与高等院校、职业学校等机构合作，建立起长期稳定的人才培养模式，不断提升县域人才的技能水平。三是进一步提升县域公共服务水平。不断加大要素保障和政策扶持力度，提升公共设施和服务能力，推进公共服务、环境卫生、市政公用、产业配套等设施提级扩能，增强县域综合承载能力，创造县域宜居宜业的良好环境。四是构建多渠道的投融资机制。充分发挥市场在资源配置中的决定性作用，更好发挥政府作用，积极发挥财政性资金作用，引导金融资本和社会资本投入新型城镇化建设，缓解县域基层政府财力困境。五是改善县域的营商环境。要充分认识营商环境对县域经济发展的重要性，积极通过简化行政程序、提高服务效率、维护公平竞争、加强法治保障、创新体制机制等措施，提升县域综合服务能力和治理能力，创造良好的营商环境，形成良好的社会风气，激发县域市场活力。

参考文献

杜志雄：《发展县域经济形成新的增长点》，《中国党政干部论坛》2024年第5期。

《辽宁聚焦八项重点任务加快推进农业强省建设》，辽宁省农业农村厅官网，2024年3月7日。

辽宁省人民政府发展研究中心课题组等：《强优势　补短板　促转型　全力推进县域经济提质增效》，《辽宁经济》2018年第9期。

梁启东主编《辽宁经济社会发展报告（2022）》，社会科学文献出版社，2023。

李翔：《辽宁省县域经济发展状况浅析》，《统计与管理》2021年第8期。

B.26
辽宁民营经济发展现状及对策研究

刘佳杰*

摘　要： 民营经济作为国民经济的重要组成部分，关系国民经济发展的活力与潜力，是经济高质量发展的坚实基础。2024年上半年，辽宁民营经济延续回升向好态势，多项指标恢复好转。辽宁各级政府促进民营经济发展举措落地见效，下半年辽宁民营经济有望呈现总体平稳、稳中有进的发展态势。辽宁要持续优化营商环境，激发民间资本投资活力，推进民营企业数字化转型，持续增强市场主体活力，汇聚合力推进民营经济高质量发展。

关键词： 民营经济　民营企业　新型工业化

民营经济是我国社会主义市场经济的重要组成部分，民营经济高质量发展是实现辽宁全面振兴、全方位振兴的重要力量。为贯彻落实习近平总书记关于东北、辽宁全面振兴重要讲话和重要指示批示精神，深入学习贯彻党的二十届三中全会精神，辽宁持续实施全面振兴新突破三年行动，把民营经济作为辽宁振兴发展的重要力量，赋能民营经济发展新质生产力。2024年以来，辽宁民营经济恢复向好因素持续积累，继续呈现稳步向好的基本态势，民营企业蓄势发展新质生产力，成为辽宁振兴发展的重要支撑。要继续提振民营经济发展信心，挖掘民营经济高质量发展的强大动力源，抓住发展新质生产力的宝贵机遇，推动辽宁全面振兴取得新突破。

---

* 刘佳杰，辽宁社会科学院经济研究所研究员，主要研究方向为区域经济、服务经济、产业转型升级理论与政策。

一　辽宁民营经济运行态势分析

2024年以来，辽宁省委、省政府持续认真落实党中央关于促进民营经济发展的政策措施，着力提升民营经济的质量和效益，不断激发民营经济发展活力，振兴发展力量不断壮大。

（一）民营经济市场主体总量持续攀升

截至2024年6月末，辽宁民营经济经营主体累计502.4万户，同比增长6.9%，占经营主体总量的96.1%。[①]其中，私营企业共计119.4万户，同比增长5.1%；个体工商户383万户，同比增长7.4%。新设民营经济经营主体36.6万户，占新设经营主体的98.2%，其中，新设私营企业7.8万户、个体工商户28.8万户。

分地区看，沈阳市、大连市经营主体区域集聚明显，首位效应持续增强。沈阳市民营经济经营主体128.16万户，同比增长12.3%；大连市民营经济经营主体94.66万户，同比增长16.1%，占经营主体总量的95%以上。营口市民营经济经营主体29.9万户，占经营主体总量的97.0%，其中民营企业6.5户、个体工商户23.4万户。辽阳市民营经济经营主体15.3万户，同比增长38.4%。辽宁民营经济经营主体不断丰富，其数量稳步增长直接反映了全省经营主体保持良好发展韧性，区域内市场经济发展潜力持续增强。

（二）民营企业经济效益持续改善

2024年，辽宁民营企业持续贯彻各级政府决策部署，持续做好结构调整"三篇大文章"，加快发展新质生产力，稳住工业经济的基本盘。2024年上半年，辽宁规模以上私营企业工业增加值累计增长7.4%（见图1），增速

---

① 《让民营经济"繁花"绽放——辽宁省政协多措并举助力民营经济高质量发展》，《人民政协报》2024年11月9日。

高于全省规模以上工业增加值4.1个百分点，高于全国规模以上私营企业工业增加值1.7个百分点，对地方经济贡献日益突出，是辽宁经济增长新突破的重要引擎。从活跃度看，有进出口实绩的民营企业11378家，同比增加5.4%，占所有企业总数的84.8%，占比高于上年同期1.3个百分点。

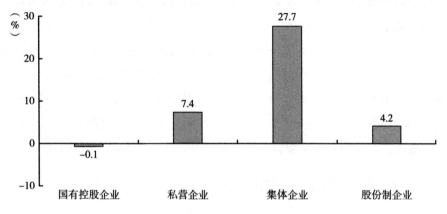

图1　2024年上半年辽宁各类企业工业增加值同比增速

资料来源：辽宁省统计局网站。

2024年，辽宁聚焦新型工业化，全力以赴保开工、抓进度，以"基点管理"推动项目建设，加快民营经济工业提质升级。恒力重工产业园二期、本溪市龙新矿业有限公司思山岭铁矿等项目取得实质性积极进展，有力推动辽宁民营制造企业向高端迈进。

（三）民营企业创新发展能力持续提升

截至2024年上半年，辽宁国家制造业单项冠军已达38家[①]，构成辽宁经济未来持续增长的重要力量。新增创新型中小企业240户，总数达到3927户，创新型中小企业数量持续增加为塑造发展新优势积蓄动能。全省新增专精特新中小企业283家，总数达到2465家，高新技术企业申报1836家，同比增长31%，企业创新根基不断夯实。新增"雏鹰""瞪羚""独角兽"企业

---

① 《我省再添283家省级专精特新企业》，《辽宁日报》2024年7月22日。

359 家，其中"雏鹰"企业 303 家，"瞪羚"企业 55 家，"独角兽"企业 1 家，已完成年度指标总量的 51.3%，持续形成高质量发展的规模效应。

分地区看，沈阳市现有国家级专精特新"小巨人"企业 82 家，沈北新区聚集了全市 1/5 的"专精特新"中小企业。中科云控、泰帝机电、默森科技等科技型企业深耕工业基础领域，在物联网、新材料、信息技术等细分领域形成了竞争优势，具备一定的话语权。大连市 116 家企业入围 2024 年度第一批辽宁省创新型中小企业名单。融科储能专注特定储能技术细分市场，"全钒液流电池"填补该领域技术空白。新型储能装机带动产业链上下游进一步拓展，实现大连"独角兽"企业零的突破。鞍山市共计 114 家省级"专精特新"中小企业，新入围的 12 家企业创新发展颇具韧劲，福瑞达、星火、质旋等企业在细分领域排名靠前，国内市场占有率不断提高。

（四）民营经济社会贡献愈发突出

2024 年上半年，辽宁民营经济实现税收收入 1101.7 亿元，同比增长 3.1%，增幅超过全省税收平均水平 4.4 个百分点，收入规模占全省税收收入的 50.7%，占比提高 2.2 个百分点，① 可见民营经济对辽宁经济社会发展做出了积极的税收贡献。2024 年上半年，辽宁城镇土地使用税和契税增长最快，同比分别增长 11.4%、151.6%；房地产相关税种拉动作用较强，反映全省房地产市场较为平稳。辽宁民营企业所得税、国内消费税收入规模较大，分别为 183.5 亿元、131.4 亿元，企业所得税在税收总额中的地位逐步提高，制造业的利润率逐步提升。

二 辽宁民营经济发展存在的问题

（一）市场预期偏弱，民间投资意愿不强

受复杂严峻的国内外形势以及市场有效需求不足的影响，截至 2024 年

---

① 资料来源：根据辽宁省工商联相关数据搜集整理。

上半年，辽宁民间投资下降 4.6%，降幅同比收窄 10.3 个百分点，民间投资意愿不强、信心不足。特别是民营企业投资意愿始终不高，全省民间投资涨幅比第一季度扩大 3.7 个百分点，增速比全国低 4.7 个百分点，连续 28 个月出现下滑态势。根据 2024 年 6 月在辽西发放的民营企业调查问卷结果，民营企业对 2024 年经济形势持较为乐观态度的仅占比 54.12%，对经济形势持较为悲观态度的占比 26.80%；大部分企业对未来几年国内经济形势持谨慎态度，认为可能是一般或不太好（39.18% 的企业认为一般，20.1% 的企业认为不太好，4.12% 的企业认为非常不好）；对"是否考虑扩大生产或投资"持观望态度的占比 31.44%，不考虑扩大生产或投资的占比 24.23%，计划扩大生产或投资的仅占比 29.38%。

（二）市场主体活跃度不高，优势企业竞争力有待提升

企业活跃度是衡量区域竞争优势的重要指标之一。2023 年底，辽宁企业活跃度为 66.7%，低于全国平均水平 3 个百分点[①]；而同期安徽企业活跃度为 69.1%，广西企业活跃度为 72.0%，比较来看，辽宁各类经营主体的总体活力明显不足。根据辽宁经营主体大数据分析监测平台数据，截至 2024 年 5 月，辽宁新登记经营主体 30.8 万户，但从发展趋势看，部分县市区民营企业经营困难或宣告倒闭或停工停产，停工注销企业数量不断增加，市场活跃度在全省排名较为落后，优势民营企业资产规模、营业收入、纳税均与先进地区相差较大，经济增长动力减弱，培育壮大民营经济发展任重道远。

（三）民营企业科技创新面临诸多困境

2024 年全国民营企业百强排名显示，逾八成的百强民企集中在东部发达地区，其中浙江百强民营企业数量占全国的 1/5，宁德时代新能源科技股份有限公司等新能源企业排名上升尤为明显。而辽宁仅中升集团控股有限公

---

① 资料来源：辽宁省工商联。

司上榜，排名第39。目前，辽宁民营企业仍多集中于冶金、石化、装备制造等传统行业，创新链与产业链融合不够紧密，科研院所与企业衔接不够紧密，核心技术创新不足，对外依存度高，信息滞后、分配不均导致"墙里开花墙外香"，辽宁本省专利转化率低。从资源配置上看，部分民营企业依然面临融资难、融资贵的问题，市场影响力有限，在参与市场竞争过程中难以获得优质资源。虽然致力核心竞争力培养，但配套项目均以传统产业为主，无法形成数字化生产示范效应，缺乏培育新模式、新动能的土壤。

（四）民营企业技术转型升级资金缺口依然较大

资金瓶颈问题是辽宁民营企业升级转型中最难以克服的问题。特别是制造业企业在向智能制造升级转型过程中，高精度、高效率的检测设备、物联网和大数据技术、培育"双跨"平台需要投入大量的资金，一般的民营企业无法承担数据整合推进缓慢，数字化就无法变成核心生产推动力。

三 影响辽宁民营经济发展的内外因素

（一）不利因素分析

根据2024年7月国际货币基金组织发布的《全球经济展望》，全球经济发展依然迟缓。地缘政治冲突加剧、世界经济低增长伴随高通胀等各类因素导致世界经济复苏进程艰难曲折。放眼全球，潜在风险挑战不容低估，世界经济恢复及稳定尚待时日。从国内看，受经济下行压力影响，国内消费、投资均低于预期，利润增长压力较大。成本上涨、行业内卷导致营收、利润下滑明显。同时，辽宁部分民营企业深受账款拖欠困扰，特别是在地方政府财政吃紧的情况下，企业扩张受到制约。

（二）有利因素分析

2024年，我国经济保持稳健增长之势，仍是全球经济稳定复苏的重要支撑力量。经济全球化趋势下，各国经济紧密相连，发达经济体通胀压力总体缓解及国内出口企业积极参与经济再全球化过程会对我国市场复苏产生积极外部影响。辽宁促进民营经济发展的政策措施持续加码，发展环境持续优化，以透明可预期的政策环境为民营企业营造了公平包容的生产经营环境。从供给端看，辽宁民营企业生产经营活动基本稳健，调研数据显示部分龙头企业利润增速已高于营业收入增速，企业盈利能力明显提升；制造业高端化、智能化转型态势明显，新质生产力正在加快形成。扣除房地产因素，2024 年上半年辽宁民间投资增长 3.8%；第一季度辽宁制造业民间投资同比增长 13.3%，占全省民间投资总量的 35%。供需两端新优势的发展壮大向外界传递了辽宁制造业发展的强大信心。

四 促进辽宁民营经济高质量发展的对策建议

（一）优化营商环境，继续提升服务水平

优化顶层设计。完善相关法律法规，提升行政审批制度改革的权威性，进一步明确"权、责、监管"主体的目标任务和责任分工，持续深化重点领域改革。以群众需求为导向、以效能提升为重点，结合全国统一大市场建设，让各类企业公平竞争，一视同仁。构建亲清新型政商关系，倾听民营企业家诉求，打破各种"玻璃门""弹簧门"，破除市场隐性壁垒，为企业家创造更加公开、公平、公正的市场环境。继续推进政务服务数字化转型，理清政务服务底数，对各级各类数据进行五级梳理，依托职能部门职能，重塑事项清单，提升政务服务效能。

持续优化服务提升"满意度"。加强政府服务资源的网络支撑供给，强化多部门业务协同，公开业务程序，共享数据信息，简化业务流程，强化线上线下联动，提高窗口即办效率。加强市场改革、政务改革、法治改革三者之间的协调配合，优化办理事项，减少申请材料，降低填报要求，真正落实"一件事一次办"。提升涉企服务质量，优化行政资源配置，建设现代智慧

"政务综合体"，形成整体合力。强化信息系统运用升级，推行线上申报并联审批。建立"好差评"制度，倒逼业务审批单位提高服务质效。

（二）激发民间资本投资活力，健全投资保障机制

夯实民间投资根基。加大创新公共服务在平台、资金、项目上向"专精特新"企业倾斜的力度，培育公平竞争的投资建造市场，力促相关领域民间投资回稳向好。规范公共投资决策机制，引导民间资本通过 PPP 等机制参与项目建设运营。鼓励民间资本参与盘活存量资产，支持民间资本参与辽宁"两重"项目建设，鼓励有实力的民营企业投资建设从而发挥示范带动效应。鼓励民间资本坚持市场化导向，大力发展数字化生产性服务业，持续提升核心竞争力，助力中小企业数字化转型，积极培育新业态、新模式。

增强小额民间资本集聚效应。充分挖掘政府投资基金"导"和"撬"的核心功能，探索投贷联动机制，创新参股投资、融资担保和跟进投资等政府投资基金方式。发挥国家融资担保基金的主导作用，锚定"支小支农"的政策性定位，鼓励银行与政府性融资担保机构紧密合作，发挥准公共产品属性，为企业增加低成本资金供给，真正发挥服务实体经济效能。

（三）推进民营企业数字化转型，促进民营经济提质增效

加快传统产业改造升级，建设"数字辽宁、智造强省"，加快传统制造业数字化、网络化、智能化及绿色化改造，促进数字经济和实体经济深度融合。构建企业数字化转型人才培养体系，鼓励企业根据实际需求与各类学校共创协同创新平台、研发中心。培育壮大省级工业互联网平台，通过强化政策引领和统筹组织，以"头雁效应"激发"群雁活力"，推动数字经济与实体经济深度融合。强化标杆引领，推动数字技术在民营企业的广泛应用，支持链主企业和行业龙头率先进行数字化改造，持续培育智能工厂和数字化车间，推动制造业数字化转型发展走深向实。

（四）持续增强市场主体活力，完善梯度培育机制

要增强经济发展的底气和韧性。持续落实存量政策，千方百计培育好辽宁市场主体；加力推出增量政策，激发辽宁经营主体的内生动力和市场活力。以要素保障吸引更多市场主体落户，依托"辽宁市场主体登记全程电子化平台"按类甄别，发挥政府作用，完善信用体系，精准破解民营企业各类难题。强化企业纾困帮扶快速响应机制，积极化解融资问题，降低市场主体的体制性成本。持续推动优质中小企业梯度培育。挖掘惠企政策空间，保障持续为企业纾困。优化企业梯度培育制度，龙头企业培育重点由高额企业补贴转向引导"以大带小"，快速壮大优质中小企业矩阵，推进科技成果转化。打通辽宁民营企业融资的堵点和卡点，推动政府性融资担保、再担保机构发挥更大作用，助推中小企业走专精特新道路。与中国人民银行协商优化"辽信通"数据共享和分类征信机制，增强金融机构信贷数据应用信心，全方位满足"专精特新"中小企业的融资需求。

参考文献

李青：《始终坚持"两个毫不动摇"推动民营经济高质量发展》，《人民政协报》2024年8月13日。

任晓猛等：《新时代推进民营经济高质量发展：问题、思路与举措》，《管理世界》2022年第8期。

许英杰：《持续优化发展环境　激发民营经济活力》，《前线》2024年第7期。

郝阳、陈柳钦：《促进民营经济高质量发展》，《企业改革与发展》2024年第8期。

全国工商联经济服务部：《2023中国民营企业500强调研分析报告》，2023。

B.27
辽宁省海洋产业转型升级研究

刘 洋 秦郅益 姜瑞春*

摘 要: 发展海洋经济是辽宁全面振兴的"蓝色引擎"。海洋产业转型升级是建设现代海洋产业体系的核心。党的二十届三中全会明确提出,完善促进海洋经济发展体制机制。"十四五"以来,辽宁省海洋产业提质增效、创新能力持续提高、顶层设计更加科学,但在产业发展中还存在一些海洋产业规模较小且竞争力不强、海洋科技创新能力较弱、港口服务能力较弱、运行监测机制不够健全的问题。辽宁省推进海洋产业转型升级,促进海洋经济高质量发展,建议采取以下措施:提质延链,提高海洋产业竞争力;加大政策支持力度,建立海洋经济监测机制;加强创新平台建设,促进成果转化;强化基础设施建设,提高港口服务能力;搭建交流平台,推动区域合作;维护海洋生态平衡,坚持绿色可持续发展。

关键词: 海洋产业 海洋经济 转型升级

2013年8月,习近平总书记在辽宁考察时强调:"海洋事业关系民族生存发展状态,关系国家兴衰安危。要顺应建设海洋强国的需要,加快培育海洋工程制造业这一战略性新兴产业,不断提高海洋开发能力,使海洋经济成为新的增长点。"[1] 习近平总书记在推动新时代东北全面振兴座谈会上进一

---

* 刘洋,辽宁社会科学院产业经济研究所助理研究员,主要研究方向为产业经济;秦郅益,沈阳城市建设学院管理学院教师,主要研究方向为产业经济;姜瑞春,辽宁社会科学院产业经济研究所所长、研究员,主要研究方向为区域经济、产业经济。

[1] 《习近平:深入实施创新驱动发展战略 为振兴老工业基地增添原动力》,人民网—中国共产党新闻网,2013年9月2日,http://cpc.people.com.cn/n/2013/0902/c64094-22768582.html。

步强调，要大力发展海洋经济。目前，山东、广东、上海、福建、浙江等省份海洋经济建设已经取得了良好成效。中共辽宁省委十三届六次全会作出了建设海洋经济强省的战略部署，发展海洋经济成为实现辽宁全面振兴新突破的重要抓手。实现辽宁全面振兴新突破，既要统筹"陆上辽宁"建设新突破，也要统筹"海上辽宁"建设新突破，既要统筹省域内发展新突破，也要统筹域外开放新突破。发展海洋经济是辽宁实现海陆互济、陆海统筹发展的有效途径，是辽宁优化产业结构布局和实现新旧动能转换的重要抓手。

一　辽宁省海洋产业发展现状

"十四五"以来，辽宁省坚持陆海统筹、高位谋划，以海洋科技创新为引领，以现代化海洋产业体系建设和涉海企业培育为抓手，统筹推进海洋生态保护和产业发展。2023年，辽宁海洋产业生产总值4905.2亿元，同比增长5.4%，占全省地区生产总值的16.2%，海洋三次产业之比为8.4∶36.3∶55.3。[①]

（一）海洋产业提质增效

1.海洋传统产业改造升级

（1）海洋渔业

截至2023年底，全省累计创建国家级海洋牧场示范区38个，示范面积2.8万公顷，居全国第2位。[②] 辽宁省主导培育并经国家审定11个水产新品种。大连（辽渔）国家远洋渔业基地项目通过中期评估，全国最大专业南极捕捞加工船启航赴南极海域生产作业。

（2）船舶及海工装备制造业

2023年，全省船舶与海工装备制造业实现造船完工381.8万载重吨、

---

① 《同比增长4.3%，2023年北海区实现海洋生产总值30487.5亿元》，观海新闻网，2024年7月10日，https://www.guanhai.com.cn/p/328680.html。

② 《辽宁省农业农村厅助力现代渔业实现高质量发展》，中国日报网，2023年8月18日，https://ln.chinadaily.com.cn/a/202308/18/WS64df2f4da3109d7585e49cfe.html。

新接船舶订单978.9万载重吨，分别居全国第3位、第2位，实现营业收入397.7亿元。① 中国船舶大连造船为挪威北极光公司建造的全球首制7500立方米液态二氧化碳运输船1号船于2024年1月完成柴油试航任务，该船由大连造船自主设计建造，拥有完全自主知识产权，是全球首艘专业服务于海洋碳捕集和碳封存产业的大型船舶。②

（3）海洋化工业

化工园区建设和管理水平全面提升，31个已认定化工园区安全风险等级全部达到C级以上，全部启动智慧平台建设。恒力新材料聚酯科技产业园项目产能陆续释放，2024年上半年实现产值68亿元。华锦阿美精细化工及原料工程项目进展顺利，32套装置已经开工31套。③

2. 海洋新兴产业加快发展

海洋药物和生物制品方面，开发出利用海星、牡蛎等生产的"伤科接骨片""海洋胃药"，利用海藻、鱼类、虾、牡蛎等生产的"岩藻黄素"、"虾青素"、维生素及鱼肝油等产品。治疗阿兹海默症的新药"甘露寡糖二酸（GV-971）"顺利完成临床3期试验，新药扩产扩能项目建成。海洋电力方面，庄河Ⅲ号30万千瓦海上风电项目实现全容量并网发电，成为东北地区首个规模化并网海上风电场。海水淡化与综合利用方面，完成长海县獐子岛、海洋岛海水淡化工程建设，设计日产水规模分别为1000立方米和800立方米。全省建成正在运行的海水淡化工程12个，日产淡化水16.1万吨。

3. 海洋服务产业提质增效

（1）海洋交通运输业

截至2023年底，辽宁港口共拥有运营港区20个、生产性泊位440个，其中万吨级以上泊位261个，设计年通过能力7.7亿吨。④ 大连港集装箱班

① 《海工重器挺进"深蓝"》，《辽宁日报》2024年08月17日。
② 《全球首制7500立方米液态二氧化碳运输船在大连完成柴油试航任务》，中国新闻网，2024年8月30日，https://www.chinanews.com.cn/cj/2024/08-30/10277410.shtml。
③ 《华锦阿美项目总体工程进度完成率超过60%》，《辽宁日报》2025年4月8日。
④ 《打造振兴发展"蓝色引擎"——辽宁推动海洋经济高质量发展综述》，《辽宁日报》2024年8月14日。

轮航线达到 101 条，实现《区域全面经济伙伴关系协定》（RCEP）成员国核心港口全覆盖。①

（2）海洋旅游业

全省滨海旅游 A 级景区共 45 家，滨海旅游省级度假区 13 家，具有一定规模的滨海旅游景点 26 处，天然海滨浴场 72 处。大连金石滩快乐海岸项目入围"中国服务"创意案例。2023 年，大连市完成老虎滩、星海湾游艇码头升级工作，开通航线 20 余条，大小游船 133 艘投入运营。

（3）涉海金融服务业

平安财险积极介入海上领域的船舶险业务，太保财险推出海参养殖气温指数保险，人保、太保、大地三家机构在大连设立航运保险中心，营口融生农商银行推出"渔船贷"用于渔船维修、改造、建造。

（二）创新能力持续提高

1. 研发取得新突破

2023 年，大连海洋领域科技项目共立项 32 项，新增海洋领域科技型企业 122 家。实施"揭榜挂帅"项目 2 项，重点研发计划 5 项，科技创新基金 8 项。②

2. 创新基础更加夯实

辽宁现有涉及海洋经济相关领域的本科高校 22 所，与服务海洋经济发展密切的相关博士点 12 个、硕士点 39 个，涉及海洋经济领域的省级现代产业学院 7 个，与海洋经济相关的科研平台 145 个。同时，还拥有涉海全国（国家）重点实验室 6 个、省重点实验室和技术创新中心 58 个，在高技术船舶、渔业新品种、谱系化水下机器人等领域涌现出一批高水平科技成果。③

① 《高水平开放向纵深发展，港口口岸枢纽地位升级》，《大连日报》2024 年 9 月 18 日。
② 《激活"蓝色引擎" 释放"蓝色潜力"——辽宁大连立足区位和资源优势大力发展海洋经济》，《光明日报》2024 年 8 月 29 日。
③ 《打造振兴发展"蓝色引擎"——辽宁推动海洋经济高质量发展综述》，《辽宁日报》2024 年 8 月 14 日。

（三）顶层设计更加科学

1. 理顺体制机制

2024年3月，为深入贯彻党中央关于发展海洋经济的决策部署，加快建设海洋强省，辽宁省委成立海洋经济发展委员会，负责统筹全省海洋经济发展工作，研究部署重点任务，协调推动解决重大问题。同时，在省自然资源厅加挂辽宁省海洋局牌子，负责海洋资源管理、海洋经济统计等工作。沿海各市也相继成立海洋与渔业局。

2. 科学研制政策

"十四五"以来，辽宁省陆续出台多个政策文件。2021年，国务院印发《关于辽宁沿海经济带高质量发展规划的批复》（国函〔2021〕91号）。2022年，辽宁省政府印发《辽宁省"十四五"海洋经济发展规划》。2024年，为推动辽宁海洋经济发展迈上新台阶，先后印发《关于推动新时代海洋经济高质量发展的意见》《辽宁省海洋经济发展三年行动方案》，着力解决海洋经济发展的短板弱项，明确具体工作举措，狠抓工作落实。

二 辽宁省海洋产业发展存在的问题

（一）一些海洋产业规模较小、竞争力不强

1. 海上风电与沿海先进省份相比存在差距

截至2023年末，全省海上风电总装机规模达到105万千瓦，全部位于大连庄河海域，居全国第4位，前3位分别为江苏（1183万千瓦）、广东（1000万千瓦）和山东（472万千瓦）。

2. 船舶与海工装备制造业在中高端产品研发、产业配套、军民融合等方面存在不足

首先，中高端产品研发设计能力不足，基础设计基本使用欧美设计，

先进的设计、管理基础软件仍依靠进口。其次，产业配套能力需进一步提高。省内配套企业产品多处于中低端水平，通信导航设备、超大型曲轴毛坯产品还需要进口。最后，军民融合发展水平有待提升。受军民品标准、军工资质等因素影响，民用新材料、新技术、新工艺很难在军用舰船项目中推广，军用技术的溢出效应也未能在地方船舶企业中充分释放。

3. 海洋药物与生物制品产业在产业规模、创新能力等方面存在不足

首先，产业规模较小。海洋药物与生物制品业研发周期较长、投产过程较复杂，导致发展进程缓慢，同其他海洋经济产业或生物医药产业相比规模仍然较小，目前以中小企业为主，多为初创期和成长期企业，缺少资本规模大、市场竞争力强的大型企业。其次，科技创新能力不足，创新政策环境也无法满足日益增长的创新需求。现阶段，我国市场上极少部分新药取得了自主知识产权，而大多数药物是仿制药，我国医药产业在国际上尚处于低端水平。企业自主创新意识不足，很难形成自己的独特品牌，致使行业同质化严重，呈现低端化发展态势。

4. 水产品养殖、加工业竞争力不强

一是海洋设施养殖现代化程度不足。辽宁仍以传统设施养殖为主，新型深水网箱养殖仅占全国的0.8%。二是水产品新品种培育能力不强。辽宁主导选育并通过国家认定的水产新品种11个，仅占全国的3.9%，而山东、广东、江苏选育的新品种分别达到了72个、39个和21个。三是水产品加工发展不足。鱼油制品、保健品、海洋药物等精深加工品占加工品总量的6%，精深加工产品比重低。四是水产品品牌影响力不强。缺乏具有影响力的区域公共品牌，品牌多而乱，市场竞争力不强。五是深远海空间利用不充分。受技术条件限制，辽宁黄海北部、长山群岛南部以及葫芦岛部分海域目前尚未开发利用。

5. 旅游产业竞争力低

一是海洋旅游规划引领、政策支持不足。海洋旅游顶层设计不够，部门和各市条块分割、协同乏力。部分地区空间布局无序，旅游重大项目和品牌

建设规划预留空间不够甚至没有，现有的高品质景区公共设施不完善，用地用海边界不清晰，在旅游公共服务、安全防护、项目开发等方面缺少必要的财政资金保障，旅游综合体建设受到制约或掣肘。二是滨海旅游特色品牌缺乏、产品业态初级。辽宁滨海旅游特色品牌建设滞后，旅游度假区建设水平低端粗放，缺乏核心竞争力。

（二）海洋科技创新能力较弱

1. 海洋科技创新平台能级偏低

辽宁海洋科技创新综合实力位于全国中游，根据《国家海洋创新指数报告2021》，在11个沿海省（自治区、直辖市）中，2019年辽宁区域海洋创新指数居第6位。辽宁海洋领域23项技术处于领跑水平，84项技术处于并跑水平，其他106项技术处于跟跑水平。在深远海、极地、海洋能源、海洋药物、海洋碳汇等新兴领域缺乏前瞻性布局，海洋重大科技基础设施建设尚未实现零的突破。

2. 海洋关键核心技术亟待突破

海洋渔业方面，良种覆盖率低，品种退化问题较为严重，标准化、规模化、绿色化、智能化养殖模式尚未形成，高附加值海产品深加工技术有待提升；船舶与海工装备方面，前瞻性技术储备不足，数字化造船设计及管理基础软件以国外引进为主，薄膜型LNG围护系统等造船核心专利技术被西方国家垄断；深海技术与装备方面，潜水器搭载的探测核心传感器仍主要依赖进口，无法满足深海高精度环境观测与资源探测需求。

3. 海洋高层次人才相对稀缺

从事涉海研究相关人员开展研究项目总量不多，如在全省自然科学基金项目中，近5年从事涉海研究人员开展的研究项目占项目总量的0.75%；从事涉海研究高层次人才的数量偏少，近5年涉海领域入选"兴辽英才"创新、创业领军人才的数量仅占总人数的2.57%。

（三）港口服务能力较弱

1. 港口枢纽竞争能力不强

大连港吞吐量在全国沿海港口的排名已从 2017 年的第 7 位下滑至 2023 年的第 16 位。大连港在东北腹地设置的服务节点大幅缩减。自港口整合后，原大连、营口两港共有 13 个内陆干港，现仅存沈阳、通辽 2 个正常运营，集聚社会货源能力不足。

2. 港口功能布局仍需优化

首先，辽宁的港口布局仍存在优化空间，港口布局是在港口整合前制定的，六大港口分属不同的管理主体，存在统筹协调不足的问题。其次，各市港口总体规划也需要重新修订，除大连港和盘锦港总体规划分别在 2023 年和 2018 年颁布实施外，其余各港总体规划颁布实施时间均在 2010 年以前。

3. 基础设施配置不够协调

原油、粮食码头生产能力总体富余，矿石码头生产能力紧张，季节性高峰存在压船压港情况。渤海湾内水域情况复杂导致可选划锚地紧张，锚地短板制约了大型化泊位通过能力，当前海域内锚地数量不足，盘锦港、绥中港无自有锚地，与营口港、锦州港共用。现有锚地容量总体偏小，与当前吞吐量和船舶大型化趋势不匹配。

4. "港大航小"问题较为突出

2018~2023 年，全省船队规模由 1100 万载重吨下降至 118 万载重吨，船队运能仅占全省港口吞吐量的 6%，难以与辽宁港口群发展适配。浙江、福建等省份陆续出台多项吸引航运企业和船舶落户的资金支持政策，而辽宁长期缺少相关引导政策，除导致船队发展缓慢外，清洁能源船舶发展已明显落后于先进省份。

（四）运行监测机制不够健全

一是海洋经济运行监测数据共享机制尚未建立。目前，在收集海洋经济

数据时，只能由自然资源部门向各涉海部门（单位）获取数据，存在数据收集困难、时效性差、统计口径不一致、数据来源不稳定等问题，无法支撑季度、月度等高频动态数据统计工作。二是海洋经济运行监测与评估技术支撑薄弱。现阶段，各市县各级自然资源部门中海洋经济统计核算与分析工作专职人员较少，专业技术人才更是严重不足。

三　促进辽宁省海洋产业转型升级的政策建议

（一）提质延链，提高海洋产业竞争力

1.改造提升传统海洋产业

一是做优海洋渔业。发展深水网箱、桁架类网箱等新兴深远海设施渔业，探索发展养殖工船。提高以南极磷虾为核心的远洋渔业规模化程度和现代化装备水平。提升辽东刺参、大连鲍鱼、丹东黄蚬、营口海蜇等特色产品品牌价值。推进建设海珍品种质资源库，扩大海参、海胆、藻类等海珍品生态养殖规模，打造以长山群岛为集聚区的海洋牧场示范区。推进水产品仓储、冷链物流和加工基地建设，打造海洋食品加工集聚区。

二是做长海洋石化业。发挥石化产业传统优势，依托大连长兴岛（西中岛）石化产业基地、辽东湾世界级石化及精细化工产业带、营口国家海洋精细化工基地，集约高效发展临海绿色石化产业，发展高技术含量、高附加值化工及精细化工产品，面向辽宁全域，拓展石化产业链长度、丰度、广度、深度。

三是做大海洋高端装备制造业。主动靠前服务船舶海工企业，配合其顺利完成手持订单和承接新订单，鼓励省内有造船资质的企业积极抢抓省内外委托加工订单，充分利用船市红利期实现发展壮大。壮大无人智能船舶、水下智能设备、深水探测等新型海洋装备。

四是做精海洋旅游业。深度开发海洋特色资源、历史文化遗产，探索海上运动、深海远海、邮轮游艇等新型旅游项目，改善公共服务设施和环境，

打造具有品牌竞争力的海洋旅游产业聚集区。借鉴天津经验，购买退役军民用舰船，在沿海地区建设特色海洋主题公园，开设海洋主题博物馆，创造海洋旅游增长点。

五是做大海洋交通运输业。与山东、江苏、浙江等省港口加强合作，共同拓展国际货运航线。打造绿色燃料加注中心，推动东北亚国际航运中心建设。

2. 培育壮大海洋新兴产业和未来产业

一是做精海洋药物和生物制品业。鼓励海洋水产品加工和生物制药企业联合开发海洋生物制品，发展海洋生物制药、现代中药、功能保健食品、生物基因制品等产业，重点开发南极磷虾油、海藻深加工、虾青素等新型海洋生物制品。

二是做强海洋电力业。依托中国科学院大连化物所，建设涉海氢能产业应用示范区。科学开发海上风光资源，发展"海上风电+海水制氢""海上光伏+海水制氢"等清洁能源综合利用模式，实现清洁能源即发即用。推进核电站建设，开发更多分散式核能利用模式。探索开发潮汐能、波浪能、洋流能等海洋能源。

三是做大海水淡化和综合利用业。扩大海水淡化利用规模，以实现沿海工业园区和有居民海岛淡水稳定供应为重点，探索市政用水补充机制。引导临海企业使用海水作为工业冷却水，推动海水冷却技术在沿海石化、化工、冶金、核电等高用水行业的规模化应用，探索冷却水养殖等冷能利用模式。

四是做优海洋数字产业。加快建设海洋领域新型基础设施，建设海洋大数据平台，以"智慧海洋"为核心，开发海域海岛资源保护、海洋观测、污染监管、智慧养殖、海洋能源智能勘探、能源开采远程操控、智能管输、海上救援、船舶自主航行、智慧观光、海洋旅游景区巡查、紧急救援等领域的应用场景。

五是做强现代临港服务业。充分发挥自贸试验区、上合示范区等开放平台制度创新功能优势，大力发展船舶融资租赁、债券融资、供应链金融等航运金融新业态和进口商品展示、海事服务、船舶供应、海员休闲服务、邮轮旅游等近港型航运服务业，为港口城市发展注入新活力。

3. 推进多业融合发展

一是依托海洋牧场，探索"造田+造厂+造景"融合发展新模式。将"智能网箱+人工鱼礁"的立体化养殖与海上风光能源开发利用、海水淡化利用等行业相结合，提升能源资源利用效率；结合5G通信、大数据等先进技术设备，以及科普教育、餐饮住宿、休闲垂钓、海上运动等多种消费场景，打造海洋一二三产高度融合的新型现代化海洋牧场。

二是深度开发全省海洋工业文化，开发研学式、体验式旅游产品，探索"海洋工业+海洋旅游业"发展新模式。围绕耐腐蚀钢材制造、船舶及海工装备制造、深水探测器及水下机器人研制、海洋能源开发利用、海洋生物制品精深加工等领域，组织参观工厂、实验室，设计实战模拟表演、海洋生物制品鉴赏等娱乐模式，拓展旅游产品内涵，提升游客参与意愿。

（二）加大政策支持力度，建立海洋经济监测机制

一是加大海洋经济政策支持力度。借鉴山东、江苏等地做法，发挥政府引导作用，设立海洋强省建设投资基金，加大对涉海企业和项目的支持力度；围绕海洋产业发展、海洋人才招引、重点涉海企业培育、海洋重大项目建设等领域，从财税金融、技术创新、对外合作等方面，出台具体支持政策，完善政策清单，形成叠加效应。加强各级干部海洋专题培训，提高专业素养和能力水平。

二是健全海洋经济监测与评估体系。建立全省海洋经济数据共享机制，形成制度性文件，构建省、市、县三级海洋经济统计协作机制。借鉴山东做法，搭建海洋经济运行监测与评估智慧管理平台，实现全省海洋经济数据统一管理，及时开展季度、年度数据测算，形成海洋经济统计公报、发展报告等成果。

（三）加强创新平台建设，促进成果转化

1. 打造国家海洋重大科技创新平台

依托大连理工大学、大连海洋大学等涉海高校，打造海岸和近岸工程、

水路交通控制等国家级涉海平台。建设深海工程科技创新实验基地。实施省级大科学计划，围绕高技术船舶、高端海工装备、海洋用金属材料、水下机器人、海洋药物及生物制品、渔业品种选育和健康养殖、远洋捕捞、海洋生物资源开发、智慧海洋、海水淡化等领域，开展基础研究和交叉研究；围绕深海载运、海洋观测、海洋极地、海洋能源、海洋碳汇等领域，适度超前开展前瞻性、颠覆性技术开发。

2.建强省级海洋科技创新平台

推动中国科学院、辽宁省、大连市三方共建海洋大科学中心，主动对接崂山国家实验室、中国科学院海洋研究所、南海海洋研究所、深海科学与工程研究所、中国海洋大学、上海交通大学等外省市海洋科研院所和高校。

3.促进科技成果在本地转化

创新海洋科技成果产业化应用激励机制，以科研资助、股权投资、首台（套）保费补贴等方式，支持海洋科技成果在省内转化。加强知识产权保护，健全职务科技成果产权制度，深化涉海科技成果使用权、处置权和收益权改革。

4.引育汇聚海洋人才

面向全球引育一批战略科学家和中青年海洋科技创新骨干，打造海洋领域人才队伍。支持符合条件的高校建设海洋领域现代产业学院和未来技术研究院，鼓励职业院校开设海洋专业，鼓励企业参与高等学校、中等职业学校人才培养。

（四）强化基础设施建设，提高港口服务能力

1.提升港口基础设施能级

推进葫芦岛港绥中港区、营口港仙人岛港区、丹东港大东港区码头项目建设和太平湾、普湾、皮口、双岛湾等新开发港区航道、防波堤等公共基础设施建设，提高盘锦荣兴、锦州笔架山、葫芦岛柳条沟等成熟港区进港航道等级。优化盘锦、锦州、葫芦岛等港口液体散货、干散货运输系统结构，支持建设大型专业化码头。

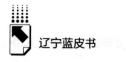
2. 推进港航一体化发展

推动大型航运央企新建或新购船舶在辽落户，不断提升船舶运力水平。优化港口基础设施与疏港交通体系，加快智慧绿色港口建设，推进智慧港口信息基础设施建设，推进陆域交通体系与港航运输无缝对接。

3. 加快东北海陆大通道建设

加速《"三省一区"综合交通运输战略合作框架协议》落实，打造"三省一区"全链条、一体化综合交通运输体系。加快智慧绿色港口建设，推进智慧港口信息基础设施建设，实施港口码头智能化升级改造工程。

4. 布局港口绿色船燃保障体系

积极争取国家支持东北地区开展绿色船燃生产制造、储运、加注、标准认证等工作，推动港口液化天然气、甲醇等绿色船燃加注服务体系建设。谋划东北亚绿色船燃加注中心、绿色船燃港口转运基地和绿色船燃商品交易物流服务平台建设。

5. 推动港产城融合发展

加强港口总体规划与国土空间规划衔接，优先保障港口及临港产业发展空间。优化港产城空间布局，扩大港产城融合辐射圈，完善港口大物流体系，加快港区物流基础设施建设，强化与内陆腹地交通连接，提高物流效率。

（五）搭建交流平台，推动区域合作

1. 搭建供需对接平台

在大连夏季达沃斯论坛、全球工业互联网大会、辽宁国际投资贸易洽谈会、大连服装节、兴城泳装节等现有展会平台中，开设海洋经济专项展览，同期举办海洋经济专题论坛。以辽宁省船舶工业行业协会、辽宁省造船工程学会、辽商总会及各行业协会学会、各地商会等社会组织为载体，加强与沿海省市沟通交流，举办高层论坛、企业家沙龙等活动，为省内企业创造展示交流机会。

2. 推动区域协同合作

深入开展与环渤海、长江经济带、粤港澳大湾区等重点区域战略合作，加强在海洋先进制造、海洋现代服务、海洋金融创新等领域互动互补。支持大连市与烟台市实施"双城联动"发展。加强与日、韩在高端和特种船舶制造、深水绿色养殖和智慧海洋建设等领域的合作。加强与俄罗斯远东地区在基础设施、陆海联运、经贸投资及渔业资源开发等领域的合作。

（六）维护海洋生态平衡，坚持绿色可持续发展

1. 推动海洋生态与海洋产业协同发展

坚持"谁保护、谁受益，谁污染、谁付费"的原则，健全海洋生态补偿政策。对海洋油气、海洋化工、海洋交通运输等高耗能产业实施节能减排改造。推广海洋装备再制造，鼓励和支持企业延伸再制造链条，培育专业化产品研发应用和认证服务企业。加强废弃物资源综合利用，完善循环产业链条。

2. 打造近零碳示范区

鼓励港口机械、运输车辆开展电气化改造，探索利用氢能等清洁能源替代传统能源，减少污染排放。扩大海带、裙带菜、牡蛎等经济固碳品种养殖规模，增强渔业碳汇功能。借鉴潍坊市在沿海盐碱地套种"柽柳+肉苁蓉"的生态修复模式，探索海洋生态价值转化新模式；借鉴宁波北仑区在小微园区（工业集聚区）建设"绿岛"园区的经验，建设各类共享设施，推动园区内企业废水、废气、固废集中处置。

3. 加强海洋生态保护修复

坚持陆海统筹、河海兼顾，整体谋划陆域与海洋空间生态保护和修复，管控涉氮重点行业，完善城镇污水收集管网，提升农村生活垃圾和污水治理水平，加强海水养殖综合治理，提升渔港污染防治水平。完善海洋自然保护地、海洋生态保护红线制度，统筹实施沿海防护林、河口、岸滩、海湾、湿地、海岛等保护修复工程，加强典型生态系统和海洋生物多样性保护。

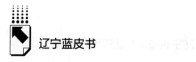

4. 集约节约利用海洋资源

建设海洋资源基础信息平台，实行动态监管开发利用，开展海域使用后评估研究。落实海洋渔业资源总量管理制度，严格执行伏季休渔制度，开展限额捕捞和海域轮作试点。探索生态产品价值实现新路径，形成更具影响力的区域生态品牌。

参考文献

侯永丽、单良：《辽宁沿海经济带海洋产业结构及竞争力评价研究》，《海洋开发与管理》2022年第1期。

张文晖、王海陆：《辽宁海洋经济发展脉络与对策分析》，《环渤海经济瞭望》2021年第2期。

陈国华等：《新型经济全球化背景下江苏省海洋产业转型升级研究》，《江苏海洋大学学报》（人文社会科学版）2020年第1期。

焦习燕、孙慧：《新旧动能转换背景下山东省海洋产业发展现状及对策研究》，《投资与创业》2021年第5期。

刘永红：《海洋产业高质量发展战略研究：以山东省为例》，《山东行政学院学报》2020年第5期。

B.28
辽宁企业数字化、智能化转型升级对策研究[*]

王璐宁[**]

摘　要： 辽宁高度重视和支持企业数字化、智能化转型，在"智改数转"上成效显著，数字基础设施支撑有力，标杆引领作用显著增强，支撑服务体系不断健全，产业融合发展生态持续优化。但同时，辽宁也面临转型升级的支撑产业规模偏小、关键技术创新能力不足、中小企业转型升级缓慢等问题。下一步，还应从提升关键软件供给能力，推动工业电子商务普及，加快数字技术创新供给，支持中小企业数字化、智能化转型，加快数字化、智能化专业人才培养等方面加快推进企业数字化、智能化转型。

关键词： 数字化　智能化　制造强省

加快建设数字辽宁、智造强省，以智能制造为主攻方向，以工业互联网为主要支撑，推动企业数字化、智能化转型，是辽宁一项常抓不懈的重要任务。应当准确把握辽宁企业数字化、智能化转型的阶段现状，认真分析和解决面临的问题，为持续促进实体经济和数字经济深度融合、加快培育新质生产力提供思路和对策。

---

[*] 本文是 2022 年度辽宁省社会科学规划基金一般项目"智造强省视角下辽宁智能制造向系统化高端化升级的路径研究"（项目编号：L22BJY054）的阶段性研究成果。

[**] 王璐宁，辽宁社会科学院产业经济研究所副研究员，主要研究方向为产业经济。

一　辽宁企业数字化、智能化转型升级的现状

辽宁认真落实建设数字中国战略部署，在企业"智改数转"上取得显著成效，数字技术基础支撑和服务体系不断健全，示范引领作用日益加强，产业融合发展环境日益优化。

（一）技术融合应用深化推广

新一代信息技术在企业研发设计、生产制造、经营管理、运维服务等关键业务环节，得到广泛融合应用。2023 年，辽宁获评全国首批制造业数字化转型贯标试点省份，省内 1973 家企业参加两化融合评估诊断，820 家企业参加智能制造能力成熟度评估，遴选确定两化融合贯标试点企业 594 家。① 2023 年，沈阳市、大连市成功入选国家第一批中小企业数字化转型试点城市，辽宁入选城市数量与浙江、福建并列全国首位。

（二）企业数字化、智能化创新能力持续增强

辽宁企业发挥创新主体和主导作用，不断提升数字化、智能化技术创新能力和优化产业布局，助力新技术迭代升级和产业快速增长。重点企业面向 5G、工业互联网、人工智能、区块链等领域开展原始创新和集成创新，布局前沿技术研究，积极参与制定关键技术标准。将关键核心技术形成专利、软件著作权等知识产权，加强知识产权创造、保护、协同与运用。企业与科研院所、高校广泛开展合作对接，通过需求索引，深度融合产业链上下游资源，强化联合研发、资源共享等合作机制，促进校企合作及人才培养。

重点企业在数字化、智能化创新平台建设和创新能力提升方面取得显著成果。2023 年，沈阳人工智能计算中心、大连人工智能计算中心被科技部批准建设为国家新一代人工智能公共算力开放创新平台，辽宁成为唯一获批

---

① 《我省企业数字化转型加速提质扩面》，《辽宁日报》2024 年 1 月 21 日。

2 个平台的省份。大连人工智能计算中心由大连德泰控股有限公司投资建设运营，计算中心算力使用率已超 90%，为 200 余家高校、科研机构和企业提供算力服务，与觅视科技等重点企业开展关键核心技术攻关，推进新一代人工智能技术在智能制造、智慧港航、智慧医疗等九大领域开拓应用场景，打造了一系列标杆案例。[①]

（三）工业互联网平台体系支撑作用明显

工业互联网是支撑企业数字化、智能化转型升级的重要基础。辽宁开展了省级工业互联网平台遴选工作，重点围绕平台资源管理水平、核心技术水平、赋能成效、社会贡献度、可持续发展能力 5 个维度对工业互联网平台的能力进行评价，旨在促进跨行业跨领域工业互联网平台提升创新能力和赋能水平。2023 年，全省新增重点培育省级工业互联网平台 24 个，[②] 全省累计达到 87 个，平台服务工业企业超过 6 万家。[③] 全省新增上线运营工业互联网标识解析二级节点 6 个、"星火·链网"骨干节点 2 个，全省二级节点达39 个，骨干节点达 3 个，[④] 全省工业互联网二级解析节点接入企业突破 1万个。[⑤]

（四）企业转型服务能力显著提升

辽宁面向企业数字化、网络化、智能化转型需求，大力培育系统解决方案提供商，组织开展促进数字经济和实体经济深度融合、工业互联网一体化进园区以及百城千园行等系列活动，加速优质解决方案的应用推广，带动中小企业开展数字化转型升级。2023 年，辽宁建立了首批工业互联网及智能制造服务商资源池，建立了制造业数字化应用场景数据库，组织本地区工业

---

① 《"蓝色粮仓"迎来"数据红利"》，《辽宁日报》2023 年 8 月 11 日。
② 《我省企业数字化转型加速提质扩面》，《辽宁日报》2024 年 1 月 21 日。
③ 《聚焦振兴主战场　打好工业翻身仗》，《辽宁日报》2024 年 1 月 25 日。
④ 《我省企业数字化转型加速提质扩面》，《辽宁日报》2024 年 1 月 21 日。
⑤ 《聚焦振兴主战场　打好工业翻身仗》，《辽宁日报》2024 年 1 月 25 日。

互联网、智能制造等服务商针对企业填报的应用场景，研究技术方案和进行对接交流，打造供需精准对接、各方协同共赢的良好生态。

东软集团股份有限公司主要为能源、金融、民航、文化传媒、智能制造等众多领域的大型企业客户提供上云上平台、系统解决方案、人工智能集成、虚拟现实和数字孪生集成等服务，助力企业实现人力、财务、资产、数据、安全、平台等全面数字化转型。中国移动通信集团辽宁有限公司主要提供标识解析、网络改造升级、上云上平台、软件和信息技术、数字化装备集成、虚拟现实和数字孪生集成等服务。辽宁省工业互联网发展研究中心主要提供上云上平台、软件和信息技术、"两化"融合评估、智能制造能力成熟度评估等服务。

（五）示范型骨干企业引领作用日益加强

在支持企业数字化、智能化改造过程中，辽宁培育了一批融合应用领军骨干企业，按照"应用场景—数字化车间—智能工厂—典型标杆"的发展路径开展应用示范，引领行业整体转型升级。2023 年，全省共新增省级数字化车间 120 个、智能工厂 65 个，全省累计数字化车间达 222 个、智能工厂达 115 个。省级 5G 工厂达 40 个，重点推动中航沈飞民用飞机等 20 个 5G 工厂、沈阳中德产业园等 15 个产业园区开展"5G+工业互联网"融合应用先导区建设。新增省级数字化转型标杆示范企业 23 个，全省累计达 53 个。[①]

（六）政策支持力度不断加大

辽宁高度重视、引导、鼓励企业数字化、智能化转型，先后出台多项支持政策并设立专项资金。发布《辽宁省制造业数字化赋能行动方案》《辽宁省数字化车间、智能工厂规范条件（暂行）》《辽宁省工业互联网创新发展三年行动计划（2021—2023 年）》《辽宁省工业互联网产业集群发展培育

---

① 《我省企业数字化转型加速提质扩面》，《辽宁日报》2024 年 1 月 21 日。

方案》等政策文件，鼓励企业加快"智改数转"步伐，提升企业核心竞争力。出台了《辽宁省数字化转型贯标试点工作方案》，开展数字化转型相关标准的宣贯培训活动，推动企业数字化转型成熟度或工业互联网平台贯标试点建设，并推动贯标服务机构发展。制定《数字辽宁发展规划（2.0版）》《辽宁省加快数字经济核心产业发展的若干措施》等规划政策，指引制造业、农业和服务业数字化、智能化加速转变。设立"数字辽宁、智造强省"专项资金，支持企业开展数字化、智能化改造项目。

二 辽宁企业数字化、智能化转型升级存在的问题

在企业数字化、智能化转型升级取得阶段性成果的同时，还应看到辽宁企业整体数字化、智能化水平仍与建设"数字辽宁、智造强省"的发展要求有一定差距，应及时总结分析辽宁企业数字化、智能化转型实践中存在的问题。

（一）转型升级的支撑产业规模偏小

互联网和相关服务、软件和信息技术服务是企业数字化、智能化转型升级的支撑产业。2024年，辽宁互联网业务收入排在河北、安徽等省之后；[①]辽宁软件业务收入排在湖北、重庆等省市之后。[②]可见，辽宁信息传输、软件和信息技术服务业发展规模与先进省份相比仍有一定差距，企业亟须培育壮大。

（二）关键技术创新能力不足

当前，辽宁智能制造领域的关键技术及核心基础部件仍依赖进口，比如

---

① 《2024年互联网和相关服务业运行平稳》，工业和信息化部网站，2025年1月26日，https：//www. miit. gov. cn/gxsj/tjfx/hlw/art/2025/art_ e745b288fa3a4cb6b40cf05dee1ebe76. html。

② 《2024年软件业运行良好》，工业和信息化部网站，2025年1月26日，https：//www. miit. gov. cn/gxsj/tjfx/rjy/art/2025/art_ 7565395dd0be48c6962639256f23e5f9. html。

关键工业软件、底层操作系统、嵌入式芯片、开发工具等高端技术领域基本被国外垄断。智能制造关键共性技术突破乏力，尤其是工业互联网数据集成技术、智能化建模和仿真关键技术、多目标协同优化关键技术等方面"卡脖子"问题还比较突出。创新能力仍然比较薄弱，尚未形成产学研用高度协同的技术创新体制机制。

（三）中小企业转型升级缓慢

辽宁中小企业在面对数字化转型时，大多数企业"不会转、不想转、不敢转"，影响数字化转型的整体推进。数字化转型需要系统性投入，投入周期相对较长，短期内很难见到成效。因此，在短期效果不明显的情况下，很多企业对数字化转型的投入意愿开始动摇。特别是化工、建材、冶金等传统行业，近几年受经营环境不确定性影响较大，在产出减缓、全球供应链不稳定以及控制成本等压力下，企业减少了数字化转型的投入。企业上云可能面临重要数据和核心机密泄露的风险，目前服务商在安全服务能力上参差不齐，存在数据备份机制不健全、密钥管理策略不完善以及业务安全风控能力不足等问题，容易引致用户数据泄露。因此，即使上云了，企业也不愿意把核心数据放在云端，而是把一些不太重要的边缘数据和业务放在云端。

三 促进辽宁企业数字化、智能化转型升级对策建议

党的二十届三中全会提出，完善促进产业数字化政策体系，加快新一代信息技术全方位全链条普及应用，辽宁应以此为指导，在不断解决问题中持续深入推进企业数字化、智能化转型。

（一）提升关键软件供给能力

辽宁应着力提升基础软件、工业软件、新兴领域软件等关键软件技术创新和供给能力。加快推动以大模型为代表的人工智能赋能产业发展，培育软

件和信息技术服务业产业发展新优势。强化算力支撑能力，推进重点新型数据中心建设，推动算力赋能制造业数字化转型，培育一批关键算法产品。加快发展关键软件，推动建设工控领域操作系统制造业创新中心，鼓励产业链龙头企业和工业软件企业合作建设中试验证平台，加快工业软件应用迭代。发展壮大骨干企业，支持软件企业"专精特新"发展，加大高成长性重点企业发展政策支持和资源保障力度，积极引进培育一批全国知名的软件企业。优化产业发展生态，加大财税支持力度，落实软件企业税收优惠政策。

（二）推动工业电子商务普及

针对解决短板问题，辽宁应加快电子商务工业平台体系和系统解决方案推广应用，推动平台建立产品全生命周期服务的供应链精准服务体系；支持产业链上下游企业基于电子商务平台加快资源整合与数据共享，打造产业链协同共赢生态体系。加强融合应用场景建设，围绕石化化工、钢铁、电力、装备制造等行业，加快数字孪生、智能控制、虚拟仿真等技术在智能工厂和智慧供应链管理中的应用；支持服务业链主企业牵头开展智慧园区、智能工厂、智慧供应链等新场景建设。

（三）加快数字技术创新供给

加强关键技术攻关，提高自主创新能力，加速科技成果产业化，突破制约行业数字化转型的在线检测技术、复杂生产过程智能控制技术、供应链全局优化控制技术等关键共性技术。加快建设一批数字技术创新平台，聚焦重点领域，积极争取与全球顶级科研机构及人才团队开展合作。充分发挥企业技术创新主体作用，支持企业建设高水平的、具有行业影响力的企业技术中心，引导企业加大研发投入力度。支持和引导辽宁科研机构、高校、企业等主体积极参与国家数字技术领域"卡脖子"技术攻关、大科学工程、大科学装置建设以及国际国内标准制定等重大战略项目。政府可通过专项资金、贷款贴息、引导基金、保费补贴和创业风险投资等多种方式支持数字化制造关键技术研发、示范应用和产业化。

（四）支持中小企业数字化、智能化转型

鼓励中小企业从开展数字化评估、推进管理数字化、开展业务数字化、融入数字化生态、优化数字化实践等方面开展转型，充分激发中小企业自身转型动能，科学高效开展数字化转型。运用专项资金对中小企业上云上平台改造给予资助，对优质云服务平台商助力中小企业上云上平台给予资助。鼓励云服务平台商为中小微企业提供云服务产品优惠、知识技能培训、上云诊断咨询等公益性服务。加大知识产权保护力度，保护中小微企业数据安全；对于企业云端数据被泄露，应该追究有关企业的责任，并赔偿相应损失。

（五）加快数字化、智能化专业人才培养

加强省内数字化、智能化人才需求调研，与时俱进调整高等院校数字技术相关专业教学内容，加强数字技术与各基础专业知识融合。结合辽宁学科基础优势和未来产业需求，培育建设一批优势特色学科和专业。在职业院校新增一批数字领域新专业。深化产学研融合，支持高校、科研院所与企业联合培养数字技术与各基础专业复合型人才。推动企业深度参与数字化、智能化相关专业高校课程设置、教学设计和实训课程开发。充分发挥行业协会、培训机构、咨询公司等第三方组织对在职人员数字技能复合型人才培训的作用，扩展社会培训范围。

参考文献

郭秀慧：《算力赋能数字辽宁建设的对策研究》，《辽宁经济》2024年第1期。
孙大卫：《我省成为全国首批数字化转型贯标试点省份》，《辽宁日报》2023年9月16日。
孙大卫：《聚焦主战场 打好翻身仗》，《辽宁日报》2023年7月28日。
刘欣怡：《被认定为省级企业技术中心格力钛创新实力获认可》，《机电商报》2022年6月13日。

徐强、刘欣：《以数字化转型促进实体经济高质量发展》《法治日报》2022 年 11 月 18 日。

《东软集团发布新的主数据管理平台产品》，《中国信息界》2022 年第 3 期。

齐旭：《国家级"双跨"工业互联网平台新增 23 家》，《中国电子报》2023 年 8 月 8 日。

赵丹丹、徐新山、肖玲：《奇瑞"海行云"项目入选国家级"双跨"平台》，《芜湖日报》2023 年 8 月 9 日。

B.29
"双碳"目标下辽宁企业绿色转型路径研究

郑古蕊　李效筠*

摘　要：　以"双碳"目标引领工业企业绿色转型，是实现人与自然和谐共生的必然选择，是中国式现代化的内在要求。近年来，辽宁着力构建绿色产业体系，大力实施绿色制造工程，工业企业绿色转型取得显著成效，但仍存在企业绿色转型主观意愿不强、绿色转型动力不足、技术创新水平不高、市场机制不健全等问题，为此本文提出了提高企业绿色转型意识、深化企业数智融合发展、加强人才培养和技术创新、充分发挥市场机制作用等建议，旨在为辽宁企业绿色转型提供可借鉴的思路。

关键词：　绿色化　转型升级　低碳发展

工业是碳排放的主要来源之一，绿色化是我国工业发展的重要方向，工业企业绿色转型对我国高质量发展具有重要意义。2024年8月11日，中共中央、国务院发布《关于加快经济社会发展全面绿色转型的意见》，对企业绿色转型提出了明确要求。近年来，辽宁在推进产业体系绿色化发展上持续发力，紧扣产业结构高端化、能源消费低碳化、资源利用循环化、生产过程清洁化、制造流程数字化、产品供给绿色化六方面转型目标，大力实施绿色制造工程，全力推进绿色制造体系建设，稳妥推进工业企业领域实现碳达峰。

＊ 郑古蕊，辽宁社会科学院产业经济研究所研究员，主要研究方向为环境经济；李效筠，辽宁社会科学院产业经济研究所研究员，主要研究方向为生态经济。

一 辽宁企业绿色化转型升级情况

（一）企业绿色制造能力持续增强

2023 年，辽宁积极推动实施绿色制造企业培育工程，创建省级绿色制造单位 131 家（种），包括绿色工厂 118 家（见图 1）、绿色设计产品 12 种（见图 2）、绿色供应链管理企业 1 家。累计创建省级绿色制造单位 575 家，企业的"绿"意识持续增强。

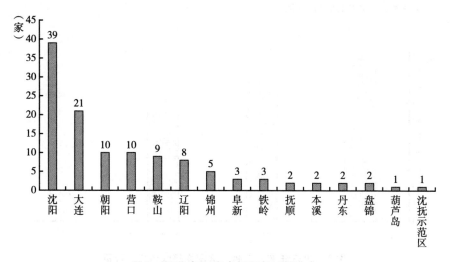

图 1　2023 年辽宁省级绿色工厂分布

资料来源：辽宁省工业和信息化厅。

为推动制造业绿色化发展，加快构建绿色制造和服务体系，工业和信息化部于 2024 年 1 月公布了 2023 年度绿色制造名单，辽宁共有 48 家单位上榜，其中 46 家企业荣获绿色工厂称号，年度创建绿色工厂数量位列东北三省一区之首（见图 3、图 4）；2 个经济技术开发区荣获国家级绿色工业园区称号。这些企业在资源利用、排放控制、能源消耗等方面做出了卓越贡献，成为辽宁积极践行"双碳"目标、构建工业绿色制造体系的重要力量。

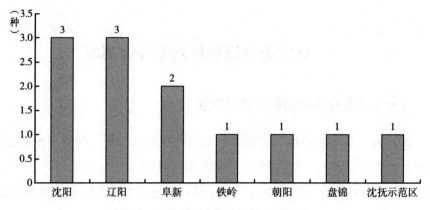

图2　2023年辽宁绿色设计产品分布

资料来源：辽宁省工业和信息化厅。

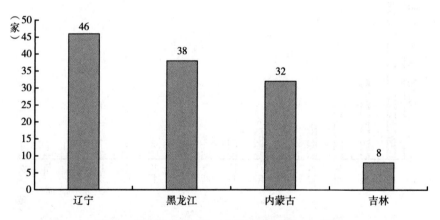

图3　2023年东北三省一区国家级绿色工厂数量

资料来源：根据工业和信息化部网站数据整理。

（二）重点行业企业绿色转型升级步伐加快

在国家"双碳"目标指引下，推动钢铁产业绿色化转型，是钢铁行业高质量发展的内在要求。辽宁积极推动传统制造业改造升级，支持推进钢铁等重点企业超低排放改造。截至2023年底，24家重点钢铁企业重点改造项目累计完成537个，累计投资259亿元。

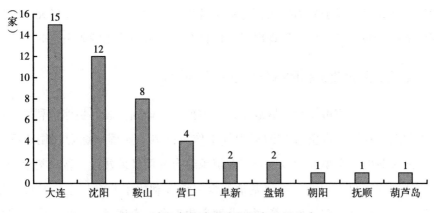

图4 2023年辽宁国家级绿色工厂分布

资料来源：根据工业和信息化部网站数据整理。

随着能源结构的调整和清洁利用技术的完善，传统工业对"绿电"的需求量正在逐步扩大，绿电替代成为未来主要的发展趋势。辽宁不断深化电力市场化改革，在全国率先启动绿电交易，省内明确绿电交易优先组织，提升具备交易资质的企业新能源装机容量增长252%，2021年以来累计成交量67.92亿千瓦时，居全国第4位。2024年1月，国家能源局公示的新型储能试点示范项目名单中，辽宁有两家企业的新型储能项目入选（见表1）。

表1 辽宁国家新型储能试点示范项目

序号	示范项目名称	依托工程项目	项目业主单位
1	辽宁省昌图县200MW/400MWh钠离子电池储能示范项目	国家电投辽宁铁岭200MW/400MWh共享储能电站项目	辽宁清电盛储新能源有限公司
2	辽宁省沈阳市于洪区200MW/800MWh混合储能示范项目	于洪区百万级公共储能中心项目	沈阳融合宏雅新能源有限责任公司

资料来源：国家能源局网站。

辽宁绿色矿山建设三年行动实施以来，全省矿业企业加快绿色转型升级步伐，2023年提前超额完成任务，新增省级绿色矿山企业107家。至此，全省已建成绿色矿山企业308家，总量居全国前列，是2019年的8倍多。

2022~2023年，辽宁矿山投入创建资金分别为11.9亿元、13.2亿元，分别同比增长75%、10.9%，涌现出了一批具有示范引领作用的矿山企业。

（三）企业资源利用循环化水平不断提升

辽宁坚持实施可持续发展战略，大力推进工业固体废弃物综合利用、再生资源循环利用、水资源节约利用等工作。打造工业固废综合利用支撑体系，加快鞍山、本溪、营口国家工业资源综合利用基地建设，鞍山基地冶金渣综合利用率80%以上，本溪基地粉煤灰综合利用率99%以上。发展再生资源产业，建设废钢等再生资源产业数字化平台，实现过程溯源、供应链金融、碳显碳减等功能，废钢平台累计交易额超23亿元，发放绿色贷款超5亿元。

截至2023年底，辽宁共有50家废钢铁加工利用企业进入工业和信息化部《废钢铁加工行业准入条件》企业名单、3家废旧轮胎综合利用企业进入《轮胎翻新行业准入条件》和《废轮胎综合利用行业准入条件》企业名单，3家废塑料综合利用企业进入《废塑料综合利用行业规范条件》企业名单。

（四）工业领域能效水效优势凸显

工业领域是节能降碳的重点领域，推进工业能效提升，是完整、准确、全面贯彻新发展理念，实现高质量发展的内在要求，是降低工业领域碳排放、实现碳达峰碳中和目标的重要途径。2023年印发了《辽宁省工业领域碳达峰实施方案》，提出了工业碳达峰工作目标、重点任务，明确了路线图、时间表和实施路径。始终坚持节能优先，把节能提效作为最直接、最有效、最经济的降碳举措，强化节能降碳目标导向，推进终端用能电气化、低碳化，持续提升工业和信息化领域能效水平，推动工业节能从局部单体向全流程系统节能转变。"十四五"时期以来，辽宁规上工业单位增加值能耗累计下降10.1%，炼油、乙烯等领域优于标杆水平产能比例超50%。工业领域节能降碳有序推进，重点行业能效水平持续提升。推行绿色设计，强化全生命周期理念，推动特变电工沈阳变压器等 2 家企业获评国家工业产品绿色设计示范企业（见表 2），推广应用 600 余个绿色创新产品。

表 2　辽宁国家工业产品绿色设计示范企业（第五批）

序号	企业名称	细分行业（产品）
1	特变电工沈阳变压器集团有限公司	输变电设备
2	中信钛业股份有限公司	钛白粉

资料来源：工业和信息化部网站。

2023 年，辽宁省工业和信息化厅、省发展和改革委员会、省水利厅、省市场监督管理局等部门联合印发了《关于发布 2023 年省级节水标杆企业的通知》，朝阳市鞍钢集团朝阳钢铁有限公司、抚顺特殊钢股份有限公司、辽宁新都黄金有限责任公司等 6 家企业获评省级节水型企业标杆，至此辽宁共评选了 3 个批次 10 家省级节水标杆企业（见表 3）。

表 3　辽宁省级节水标杆企业

序号	企业名称	入选年份
1	沈鼓集团股份有限公司	2023
2	抚顺特殊钢股份有限公司	2023
3	中信钛业股份有限公司	2023
4	鞍钢集团朝阳钢铁有限公司	2023
5	辽宁新都黄金有限责任公司	2023
6	北方华锦化学工业股份有限公司炼化分公司	2023
7	鞍钢股份有限公司	2022
8	本钢板材股份有限公司	2022
9	中国航发沈阳黎明航空发动机有限责任公司	2022
10	鞍钢股份有限公司鲅鱼圈钢铁分公司	2020

资料来源：辽宁省工业和信息化厅。

2023年，辽宁继续加快环保装备产业发展，辽宁博仕科技股份有限公司入选第五批环保装备制造行业（污水治理）规范条件企业名单，主营业务领域为水体治理设备制造。至此，辽宁累计推动8家企业入选国家环保装备制造行业规范条件企业（见表4）。

表4　符合国家环保装备制造行业规范条件企业（辽宁）

序号	企业名称	行业名称	主营业务领域
1	辽宁博仕科技股份有限公司	污水治理（第五批）	水体治理设备制造
2	大连欧科膜技术工程有限公司	大气治理（第二批）	VOCs处理用膜组件装备制造
3	抚顺天成环保科技有限公司	大气治理（第六批）	除尘装备制造
4	辽宁一诺环境产业集团有限公司	污水治理（第三批）	城镇生活污水处理设备制造
5	大连广泰源环保科技有限公司	污水治理（第二批）	垃圾渗滤液处理设备制造
6	辽宁华孚环境工程有限公司	污水治理（第一批）	工程企业
7	碧菲分离膜(大连)有限公司	污水治理（第一批）	装备企业
8	辽宁毕托巴科技股份有限公司	环境监测仪器（第三批）	在线环境监测仪器制造

资料来源：工业和信息化部网站。

二　辽宁企业绿色化转型存在的问题

（一）企业绿色转型主观意愿不强

企业绿色转型的主观意愿不强，尤其是传统中小企业面临"不敢转"的难题。一是在市场竞争日益激烈的环境下，传统中小企业更多地关注自身的生存发展，环保意识不强，企业管理者对绿色低碳发展理念的认识和理解还停留在较低水平，依然存在粗放式发展和落后的生产观念，忽略了企业绿色文化的建设。二是企业绿色化转型缺乏有效的外部激励。中国银行辽宁省分行、兴业银行沈阳分行、盛京银行等金融机构通过绿色信贷等业务促进绿色低碳发展，但由于绿色低碳项目额度有限、绿色项目认定困难等因素，很多传统中小企业未充分参与到绿色金融业务中，未能有效受益于绿色投融资体系。

（二）企业绿色转型动力不足

企业绿色转型的有效开展，离不开高度的绿色意识和切实的转型行动。辽宁省统计局数据显示，2024 年 1~6 月全省规模以上工业企业实现利润总额 586.6 亿元，同比下降 11.9%。在 40 个大类行业中，21 个行业利润总额同比增加，17 个行业减少，2 个行业持平。其中，医药制造业同比增长 4.8%，计算机、通信和其他电子设备制造业同比下降 25.6%，汽车制造业同比下降 16.3%。绿色制造方面的研发投入具有投入高、周期长、见效慢的特点，而利润率的下降，导致大多数企业绿色转型受到了成本制约。企业的绿色低碳转型需要从原材料采购、产品设计、生产制造、包装运输、流通消费、服务保障等各个环节进行严格管控，极大地增加了企业成本，对于一些规模较小、抗风险能力较差的小企业来说，绿色低碳升级改造难度较大。

（三）企业绿色转型技术创新水平不高

绿色转型技术创新水平不高，导致了企业低效率、高消耗、高排放的存在，其本质在于不少企业在绿色转型的技术创新方面存在根基薄弱的问题。多数工业企业在经济规模和技术能力方面达不到绿色转型技术创新要求，研发投入严重不足，在绿色低碳产品的研发、绿色低碳技术的推广、供应链的转型升级等方面的研究能力不足。整个工业制造的产业链运行效率不高、先进技术交流共享率低，无法有效推动工业企业绿色转型技术创新能力建设。同时，缺乏相应的专业技术支撑，数字化人才短缺，相关配套激励政策尚未建立健全，导致企业出现"转型难""转不动"等问题。

（四）绿色低碳转型的市场机制不健全

碳排放市场与碳税是两种重要的市场化机制。碳排放量的精准测量是保持碳排放市场平稳运行的关键因素。辽宁省碳排放权交易市场仍处于初步建设阶段，受技术和人力资源等方面的限制，中小企业碳排放量难以得

到精准测量，因此目前辽宁乃至全国碳排放市场参与主体仅限于大型电力企业，中小企业无法参与碳排放市场。碳税是企业排放二氧化碳所要支付的费用，征收碳税有利于提高资源的利用效率，加大清洁能源投资力度，引导公众践行绿色低碳生活方式，且碳税比碳排放市场应用范围更加广泛，日本、新加坡、挪威、瑞典等国家已陆续开征碳税以应对气候变化，并取得了良好效果，我国尚未开展碳税的征收，对企业二氧化碳排放没有形成足够的约束。

三 辽宁企业绿色转型对策建议

（一）提高企业绿色转型意识

进一步加大宣传引导力度，多渠道、多角度传播绿色低碳发展理念，为绿色生产生活方式的普及营造良好的舆论氛围，引导企业增强环境保护意识，积极履行生态文明建设的社会责任。充分发挥行业协会的桥梁和纽带作用，支持行业协会制定行业自律标准和达标排放规范指南，积极开展绿色发展评价，通过行业监管等手段促进企业节能减排，推动绿色技术创新。将绿色理念融入企业文化，组织开展重点企业绿色发展教育培训，推广成功转型的企业案例，增强企业转型升级的信心和动力。加强绿色低碳政策宣传，引导企业及时了解相关惠企政策，充分享受政策红利。

（二）深化企业数智融合发展

绿色技术创新是推动企业绿色低碳转型的迫切需要和基础保障。《辽宁省科技支撑碳达峰碳中和实施方案（2023—2030年）》要求，"加快人工智能、软件、工业互联网等产业集群技术创新与工业行业绿色低碳技术融合发展"。围绕"双碳"发展目标，鼓励企业将数字经济与传统制造业融合，将"制造业"转化为"智能制造业"，提升企业绿色低碳生产水平。在"双碳"目标的大背景下，企业需要依靠数智技术，达到促进企业技术提升、绿色低碳发展、有效节能减排的目的。建立健全数字化平台，加快实现数据资源开放共享和开发利用，培育数字化服务供应商，为中小企业提供便捷、有效、优质的数字化解决方案，促进中小企业业务上云。强化数据智能基础能力建设，鼓励企业开展数据全生命周期管理，部署 AI 技术深度应用。加强技术与业务的双向融合创新，拓展企业数字化、信息化技术在管理层面的应用，促进管理方式从粗放式向精细化转变。

（三）加强人才培养和技术创新

从政策层面来说，要扩大环境保护专业人才的培养规模，企业可建立符合生态环保职业特点的考核评价体系，积极引进高层次环保专业人才。从企业层面来说，未来企业需积极寻找适用自身的绿色低碳技术，而非过度依赖森林碳汇等碳抵消手段来实现转型升级。企业应制定符合本企业实际的节能降碳短期和中长期目标，提高技术创新能力水平，构建绿色低碳发展格局，将数字化、网络化、智能化与企业绿色减碳技术创新要素相结合，深入推动和创新节能、零碳、负碳等新技术的发展。重点高耗能企业应增加"绿电"消费量，加强绿证对产品碳足迹管理的支撑保障。

（四）充分发挥市场机制作用

在"双碳"目标下，推动产业结构升级，要充分发挥政府市场机制的作用。"双碳"是一项政策引导下的战略目标，要求顶层设计的明确和相关制度的完善，政府要有力地指导市场发挥作用，加速产业结构升级。但同时，也必须以市场为导向，充分发挥各市场主体的优势，例如通过碳排放交易市场，引导企业节能变革，使相关产业逐渐实现碳排放量合理化；通过碳税机制，刺激技术创新，倒逼企业寻找绿色转型路径；通过丰富绿色金融产品，为绿色项目提供低成本融资等。但完全依赖市场不足以应对系统性环境风险，需要形成市场机制、政府规制、社会监督"三位一体"的协同体系。

参考文献

王展祥、叶宇平：《"双碳"目标引领工业企业绿色转型发展的内在机理与实现路径》，《企业经济》2022 年第 12 期。

朱晓慧：《"双碳"目标下传统能源企业转型路径探究》，《区域治理》2023 年第 10 期。

丁正卿、胡拥军：《"双碳"背景下中小企业绿色低碳转型发展的问题诊断与对策建议》，《中国经贸导刊》2022 年第 4 期。

B.30
辽宁推进文体旅融合发展对策研究

胡 今*

摘 要: 辽宁省推进文体旅融合发展的政策措施不断细化,文体旅相关产业发展增速不断加快,文体旅基础设施不断完善,积极打造具有辽宁工业文化特色的工业旅游景区,对外协同发展的空间不断拓展,各地市文体旅产业融合发展步伐加快。未来几年,我国持续推进更高水平的对外开放为文体旅融合发展提供更广阔的空间,辽宁文体旅产业数字化发展趋势将不断增强,冰雪文旅发展提速。但辽宁文体旅融合发展仍存在一些亟待解决的问题,如文体旅市场主体建设有待强化、支撑文体旅融合发展的基础设施及软环境建设有待进一步完善、赛事水平及组织管理能力有待提升、辽宁省文体旅相关社团管理有待完善等。辽宁省应通过不断创新友城合作机制为文体旅融合发展拓展对外空间、学习借鉴其他地区文体旅融合发展的经验、注重发挥现代信息技术在文体旅深度融合发展中的作用、完善推进文体旅融合发展的规划、加强文体旅行业协会建设及相关社团的互动工作、打造高水平赛事及国内外闻名遐迩的职业体育俱乐部、进一步强化文体旅基础设施建设,以推动文体旅融合发展。

关键词: 文体旅融合 产业数字化 冰雪文旅

近年来,辽宁省不断强化推进辽宁文体旅融合发展的政策措施,各地市积极探索推进文体旅融合发展的实践探索,在各个方面都取得了显著成效,

---

* 胡今,辽宁社会科学院城市发展研究所助理研究员,主要研究方向为产业经济。

积累了大量宝贵经验，为辽宁进一步推进文体旅融合发展打下了坚实的基础。

一 辽宁文体旅融合发展现状

（一）辽宁推进文体旅融合发展的政策措施不断细化

辽宁省围绕文体旅融合发展，先后出台《辽宁省"十四五"文化和旅游发展规划》《辽宁省"十四五"非物质文化遗产保护规划》《辽宁省旅行社"引客入辽"奖励资金实施办法》《辽宁省文化和旅游系统优化营商环境提升服务质量若干措施》《辽宁省文旅产业高质量发展行动方案（2023—2025年）》等一系列政策措施。特别在2024年，辽宁省出台了《辽宁省打造高品质文体旅融合发展示范地指导意见》，提出要从全面加强党的建设、提高艺术创作生产演出水平、健全现代公共文化服务体系、强化文化遗产保护利用、促进文体旅高质量融合、打造文体旅融合发展目的地、释放文体旅活动效应、培育文体旅品牌、优化文体旅服务环境9个方面积极推进辽宁文体旅融合发展。

（二）文体旅相关产业发展增速不断加快

辽宁省文化和旅游厅公布数据显示，2024年，辽宁省旅游收入达6325.2亿元，同比增长25.9%；辽宁省共接待游客65219.7万人次，同比增长28.1%。文体旅融合发展的速度不断加快。2023年，辽宁省文旅企业项目投资增长迅猛，旅游投资累计237.9亿元，同比增长56%。截至2023年底，辽宁有各类博物馆65个；全省备案博物馆累计接待观众2574.86万人次，较2022年增长179.2%。2023年，辽宁省共举办各类营业性演出活动3689场，其中，演唱会、音乐节等大型演出活动152场，对省内多领域消费增长带动明显。2023年，辽宁男篮成功夺取第4次CBA联赛总冠军，成功举办辽宁省第十四届运动会和申办第十五届全国冬运会，实施"三大球"振兴计划。大力发展冰雪产业，在 2023~2024 雪季，辽宁全省组织开展近 200 场次大型冰雪赛事活动。开展"跑遍辽宁""骑行辽宁""寻迹辽宁"系列赛事活动，"跟着赛事去旅行，跟着旅行去参赛"成为一种时尚。

（三）文体旅基础设施不断完善

辽宁全省现有旅游资源 3.5 万余处，文化资源 99 万余处，有国家 A 级旅游景区 577 家，其中 5A 级景区 6 家。截至 2023 年底，辽宁有旅行社 1854 家，星级饭店 252 家，其中五星级饭店 22 家、四星级饭店 55 家。截至 2023 年底，辽宁省共有体育场地 88481 个，面积达 11266.62 万平方米。辽宁省全民健身场地设施实现了城乡 100%全覆盖，经常参加体育锻炼的人数超过 46.5%。

（四）打造具有辽宁工业文化特色的工业游景区

辽宁充分挖掘特色工业厂区及工业遗址遗迹，用工业文化激发工业旅游新活力。2022 年和 2023 年，辽宁省文化和旅游厅分两批公布了中国工业博物馆、鞍钢红色钢铁之旅工业旅游基地、沈飞航空博览园、抚顺煤矿博物馆、辽宁道光廿五集团壹捌肆伍（1845）文化创意产业园、凤城老窖、辽宁千山酒文化工业旅游基地、辽宁华原葡萄酒庄生态园、大连冰山慧谷、沈阳铁路陈列馆、丹东满药园、辽宁参中堂健康产业股份有限公司 12 个省级工业旅游示范基地，提升辽宁工业旅游发展活力，在拓展旅游资源的同时，使辽宁工业文化得到充分展示。

（五）对外协同发展的空间不断拓展

辽宁文体旅对外交流协作不断加强，在国内方面，辽宁分别与黑龙江、吉林、内蒙古等省区签署旅游业发展合作协议，落实《东北地区旅游业发展规划》及《关于促进东北三省一区旅游业协同发展的决定》。同时，辽宁联手 16 个省（区、市），推出文旅共创直播活动。在国际方面，2024 年 5 月 31 日至 6 月 7 日，2024 年中国辽宁省非物质文化遗产展演展示活动先后

走进白俄罗斯、俄罗斯，辽宁选调 21 项国家级、省级和市级非物质文化遗产代表性项目，展现了独具特色的辽宁地域文化和民俗风情，加强了双方文化交流与互鉴，扩大辽宁非遗的国际影响力。

（六）辽宁各地市文体旅产业融合发展步伐加快

辽宁各市积极拓展文体旅产业发展路径。盘锦文旅集团与中青旅控股股份有限公司合作，大力推行"山海有情　天辽地宁　一票游辽宁"旅游联票；本溪市组织召开文体旅产业项目合作洽谈会；锦州市组建锦州文旅集团。各区域合作更加紧密，逐步形成文体旅融合发展强大合力。

二　辽宁文体旅融合发展趋势及发展前景展望

（一）文体旅产业数字化发展趋势将不断增强

未来几年，辽宁文体旅产业将紧跟"数字辽宁"建设步伐，推动互联网、大数据、人工智能、云计算等新一代信息技术与文体旅产业发展的深度融合，加快文体旅数字化平台建设步伐，进一步推进文体旅设施的信息化建设，创新文体旅产业新模式，扩展文体旅融合发展空间。强化高新技术在文体旅领域的转化应用，运用 AI、虚拟现实等科技手段，推动文体旅产品服务能力的提升，以新质生产力引领文体旅产业创新发展。《辽宁省"十四五"体育事业发展规划》提出，辽宁将数字化升级改造不少于 100 个体育场馆，各地将陆续建成公共体育网站服务窗口或 App、微信服务号，基本实现省市县公共体育数字资源同步共享。

（二）我国持续推进更高水平的对外开放为文体旅融合发展拓展了空间

目前，中国对多个国家和地区实施了免签或试行免签政策。随着免签政策的逐步实施，入境游客数量呈现稳步提升，为开展人文交流及旅游业发展带来了更多新机遇。据国家移民管理局公布数据，2024 年，全国各口岸免签入境外国人 2011.5 万人次，同比上升 112.3%。2024 年上半年，经由辽宁机场口岸免签入境、144 小时免签过境的外籍人士分别为 1.21 万余人次和 400 余人次，分别同比增长 6269% 和 510%。但辽宁免签入境人数在全国占比不高，进一步提升的空间巨大。

（三）冰雪文旅发展提速

辽宁地处北纬 38°~42°，具有开展冰雪运动与旅游的最佳气候条件和发展冰雪文旅的地域优势。辽宁省拥有丰富的冰雪设施资源，包括 38 个滑雪场、98 个戏雪乐园、60 多个室内外滑冰场以及 137 家温泉度假场所。辽宁成功申办 2028 年第十五届全国冬季运动会，将进一步推进辽宁冰雪运动相关设施的完善，加速辽宁群众冰雪运动及相关体育产业的发展。根据国家统计局发布的《"带动三亿人参与冰雪运动"统计调查报告》，辽宁冰雪运动参与人数位居全国第 4，参与率位居全国第 3，高达 53.83%。未来几年，辽宁冰雪文旅的融合发展步伐将逐步加快。

三　辽宁文体旅融合发展存在的问题

目前，辽宁文体旅融合发展基础日趋稳固，外部环境不断完善，但推进辽宁文体旅融合发展仍面临一些亟待解决的问题，主要表现在以下几方面。

（一）文体旅市场主体建设有待强化

辽宁文体旅产业整体发展水平与国内文体旅产业发达省份相比仍有较大差距，辽宁省内各地区发展水平不均衡。沈阳和平文化旅游产业发展有限公司、大连圣亚旅游控股、大连金石滩旅游集团这样的大型文旅企业数量较少，中小型文旅企业居多，文旅体服务企业的横向及纵向关联度有待提升。从事相关工作的复合型人才匮乏，使文体旅产业高质量发展能力提升受限。文体旅市场主体培育需要长期的相关政策支撑，一些政策措施的制定实施应强化连贯性、长期性、可操作性。

（二）支撑文体旅融合发展的基础设施及软环境有待进一步完善

近年来，随着经济社会的发展，不同群体的文体旅服务需求日趋差异化。国外游客的支付方式及相关旅游生活设施的适宜性应加以完善。上海开展了出租车支付便利化改造，在车内添加了 POS 机，可以支持五大卡组织外卡支付以及银联境内外银行卡支付，让外籍人士的支付更加便捷。辽宁也应注重提升入境旅游支付服务便利化程度，逐步开展便利化支付硬件布设工作。辽宁文体旅服务设施的信息化、智能化水平有待提升。应进一步完善文化场馆及旅游景点的多语种介绍，为国外游客提供支付方式、通信手段、出行咨询及保障公益服务。一些餐饮住宿等生活设施应充分考虑国外不同地区游客的生活习惯及宗教信仰加以改进和完善。另外，由于辽宁位于东北地区，文体旅服务需求受季节变化的影响较大，在文体旅基础设施建设中应充分加以应对。

（三）赛事水平及组织管理能力有待提升

根据世界田联数据，2023 年全球共有 257 场标牌赛事（15 个白金标、39 个金标、72 个精英标、131 个标牌赛事），中国共有 68 场路跑赛事获评标牌，获评数量居全球首位。中国的上海马拉松和厦门马拉松为世界田联白金标赛事。目前，辽宁只有 2 个精英标马拉松赛事。辽宁体育文化底蕴厚重，应加快提升赛事水平，扩大赛事影响力，对辽宁文旅体融合发展起到更大的带动作用。在大型文体旅活动中，应统筹规划，完善赛事组织管理手段，提高组织管理水平，防止因组织管理不善而发生负面事件。

（四）辽宁省文体旅相关社团管理有待完善

沈阳和大连两市的文体旅社团发展较快，其他各市的社团发展相对较慢。省内相关社团虽然数量不少，但多数社团的规模相对较小，地区间的发展水平极不平衡，相互间的互动协作开展活动频率不高，没有形成集聚效应。政府部门应创新管理体制机制，使文体旅相关社团建设逐步完善，使社团在文体旅融合发展中起到更大的作用。

四　推进辽宁文体旅融合发展的对策建议

（一）通过不断创新友城合作机制为文体旅融合发展拓展对外空间

改革开放以来，辽宁省委、省政府积极推动友城建设。辽宁已与30多个国家建立了90对友城及其他类友好关系共227对。中国传统文化对国外游客的吸引力巨大。辽宁应加强国外文旅市场调研，加大和国外文旅企业的合作力度，拓展辽宁文体旅融合发展的新路径。辽宁应注重友城资源的全面归集和统筹使用，利用好国家免签政策调整的有利契机，促进辽宁友城工作与文体旅融合发展建立协调联动机制，创新辽宁文体旅融合发展的思路和举措，为辽宁文体旅融合拓展更广阔的国际发展空间。

（二）学习借鉴其他地区文体旅融合发展的经验

辽宁应积极借鉴国内外文体旅融合发展的经验拓宽发展思路，积极引进国内外文体旅企业到辽宁投资，注重跨地区的合作。"淄博烧烤"与"哈尔滨冰雪旅游"都因其独特的魅力和对待游客真诚的态度而火爆"出圈"，可见，软环境打造是文体旅融合高质量发展重要的一环。辽宁应加强对文体旅重点领域的专业指导和市场监管，强化文体旅相关产品和服务的质量提升，不断完善面向游客的服务体系建设。

（三）注重发挥现代信息技术在文体旅深度融合发展中的作用

当下，现代信息技术在文体旅深度融合发展中起到的作用不断加大，数字技术赋能的文体旅产业具有独特的文化属性和巨大的商业价值。辽宁应重视开拓现代信息技术在文体旅活动中的应用，特别是在一些文化场馆及大型文体旅活动中，注重运用现代信息技术提升活动的观赏性、娱乐性。辽宁在文化遗产展示及保护利用时，应充分结合现代信息技术的应用，以更加生动

的手段展示传统文化的魅力，给人们带来全新的体验，充分发挥信息技术在辽宁文体旅深度融合发展中的作用。

（四）完善推进文体旅融合发展的规划

辽宁各级政府应完善推进文体旅融合发展的规划，在宏观层面对发展布局、发展方向进行部署，在微观层面通过财税、技术服务等手段加以扶持。在制定产业发展规划的同时，应进一步完善文体旅相关人才引进和培养规划。由于经济社会发展差异等多方面的原因，辽宁各地区间的文体旅融合发展水平及发展优势领域各不相同。各地区在推进文体旅融合发展时应充分考虑各自发展优势及经济社会发展水平，制定合理的发展规划，实现差异化定位，避免同质化竞争。

（五）加强文体旅行业协会建设及相关社团的互动工作

辽宁的文体旅社团主要有两种，一种是在相关部门合法注册的社团；另一种是由于开展活动需要而自发组成，没有注册的社团。随着互联网和智能手机等现代信息技术和通信技术的普遍应用，人们的交往联络更加便捷，自发组成的社团日趋庞大。应加强对未注册文体旅社团的调查统计，逐步把自发性未注册社团纳入政府相关部门的社团管理工作。政府部门要加强和完善文体旅相关社团管理，通过出台相关政策规范文体旅社团运作模式，使政府相关部门和有关文体旅社团建立起长效的沟通协调机制。促进文体旅相关的政府部门、事业单位、社会组织及文体旅产业经营企业间逐步建立紧密的协作模式，形成政府、社团、产业经营主体共同维护促进文体旅高质量融合发展的良好局面。

（六）打造高水平赛事及国内外闻名遐迩的职业体育俱乐部

当今，一个地区或城市拥有高水平赛事及国内外闻名遐迩的职业体育俱乐部，对提升地区或城市知名度，吸引外地游客体验当地特色文化及传统文化具有不可估量的持续作用。例如，波士顿马拉松赛使全世界马拉松爱好者认识了波士顿这座城市，使其成为跑者的圣地。辽宁是传统体育强省，体育文化底蕴、历史文化底蕴都非常厚重，辽宁应充分利用体育及文化方面的相关资源，打造更多高水平赛事及国内外闻名遐迩的职业体育俱乐部以推动文体旅产业的融合发展。

（七）进一步强化文体旅基础设施建设

2024年5月24日，国家发展改革委、住房和城乡建设部、文化和旅游部、国家电影局、国家广电总局、国家文物局联合发布了《推动文化和旅游领域设备更新实施方案》。该方案围绕文化和旅游领域的设备更新，部署了八大重点行动。该方案旨在通过设备更新和改造，全面提升文化和旅游领域的服务质量和产业水平，推动行业高质量发展。辽宁应抓住文化和旅游领域设备更新的有利契机，强化辽宁文体旅基础设施建设，特别应强化现代信息技术应用对文体旅融合发展的支撑。利用先进信息技术手段改善文旅体相关产业的管理手段、服务流程及优化产品供给方式，提升文旅体产品质量和服务品质。

参考文献

《中华人民共和国2023年国民经济和社会发展统计公报》，国家统计局，2024年2月29日。

《辽宁省2023年国民经济和社会发展统计公报》，辽宁省统计局网站，2024年3月28日。

《2023年辽宁省统计年鉴》，辽宁省人民政府网站，2024年5月27日。

陈世香、宋广强：《山地省域文体旅产业融合发展测度与分析——以贵州为例》，《贵州社会科学》2022年第3期。

李澳、李安娜：《基于耦合协调模型的辽宁省文体旅产业融合发展研究》，《体育科技文献通报》2024年第9期。

B.31
辽宁科技创新发展现状、问题及对策研究

杨晓惠　王艳*

摘　要：　科技创新作为驱动发展的重要引擎，对于提升区域竞争力、促进产业结构优化升级、实现可持续发展具有重要意义。本文以辽宁省为研究对象，深入探讨了科技创新在推动地区经济社会发展中的重要作用，并系统分析了辽宁科技创新发展的现状及取得的成就。辽宁科技创新发展仍然存在与先进省份差距较大、创新综合实力相对滞后、创新生态需进一步完善等问题。针对这些问题，本文提出加快推动科技创新引领产业集群建设、加大创新要素投入、深化产学研协同创新、加强创新创业主体培育、加强创新主体建设等对策建议，旨在为辽宁科技创新发展提供理论支撑和实践指导，进一步凸显科技创新在辽宁全面振兴中的核心地位和关键作用。

关键词：　科技创新　高质量发展　创新企业　全面振兴

在全球科技创新竞争加剧的新时代背景下，科技创新已成为决定区域经济发展速度和质量、提升国际竞争力的关键变量。作为我国东北地区的经济核心，辽宁省科技创新体系的构建与优化对于推动东北老工业基地全面振兴具有深远影响。近年来，辽宁省深入贯彻创新驱动发展战略，坚定依靠科技创新支撑全面振兴全方位振兴，发挥科教资源底蕴丰富的优势，推进科技创

---

* 杨晓惠，沈阳市科技创新服务中心研究员，主要研究方向为科技服务、科技创新；王艳，中共沈阳市委党校教授，主要研究方向为科技创新、区域经济。

新发展取得新进展，各项科技创新指标稳步提升，重大科技成果不断涌现，为经济社会发展提供了强大动力。

一 辽宁科技创新发展现状

近年来，辽宁省在科技创新领域取得了显著成效。依托深厚的工业基础和丰富的人才资源，辽宁省大力推进科技创新驱动发展战略，不断完善科技创新体系，激发创新活力，推动传统产业转型升级和新兴产业发展壮大。当前，辽宁省科技创新正呈现蓬勃发展的良好态势，为全省经济社会持续健康发展注入了新的动力。

（一）研究与试验发展经费快速增长

2023年，辽宁省研究与试验发展（R&D）经费为676.4亿元，同比增长8.9%（见图1），比上年增加55.5亿元，增速比上年提升5.5个百分点，高于全国平均增速（8.4%）0.5个百分点，2018年以来增速首次超过全国平均水平。全省国家级高新区数量达到8个，居全国第6位。全年构建以企业为"盟主"的实质性产学研联盟200个。

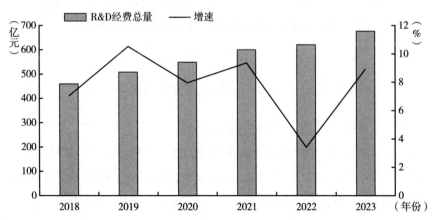

图1 2018~2023年辽宁省R&D经费与增速情况

资料来源：《辽宁科技统计数据资料2021》、国家统计数据库。

（二）投入强度止降回升

2023 年，辽宁省在科技创新领域的投入力度显著加大，全省 R&D 经费投入强度实现了显著提升，达到了 2.24%，较上一年度增加了 0.09 个百分点（见图 2）。这一增长不仅成功扭转了此前连续两年的下降趋势，而且将辽宁省 R&D 经费投入强度提升至十年来的最高水平。在全国范围内，辽宁省 R&D 经费投入强度排名上升至第 14 位，这一成绩充分体现了辽宁省在科技创新投入方面的积极作为和明显成效，为推动全省经济高质量发展奠定了坚实的科技基础。

图 2　2015~2023 年全国与辽宁省 R&D 经费投入强度情况

（三）科研机构及高技术制造业投入大幅增长

辽宁省 R&D 经费中，科研机构 R&D 经费为 125.8 亿元，比上年增加 25.0 亿元，增长 24.7%，比全国科研机构 R&D 经费增速（1.1%）高 23.6 个百分点，占全省 R&D 经费总量的 18.6%（见表 1）。高技术制造业 R&D 经费增长较快。2023 年全省高技术制造业 R&D 经费为 90.9 亿元，比上年增长 15.5%，增速较上年加快了 8.6 个百分点，比全省 R&D 经费投入增速高 6.6 个百分点，对全省 R&D 经费增长的贡献率为 22.0%，为全省产业结构调整奠定良好基础。"双核引领"作用明显。2023 年，大连、沈阳两市 R&D 经费合计 514.8 亿元，占全省的比重超过 3/4，比上年增加 48.5 亿元，对全省 R&D 经费增长的贡献率为 87.3%。其中，大连市 R&D 经费为 280.9 亿元，同比增长 7.4%，投入强度为 3.21%，高于全国（2.65%）0.56 个百分点；沈阳市 R&D 经费为 233.9 亿元，同比增长 14.2%，投入强度为 2.88%，高于全国 0.23 个百分点。

表 1　辽宁省 R&D 经费情况

单位：亿元，%

执行部门	R&D 经费	增速	增长贡献率
全省总计	676.4	8.9	100.0
科研机构	125.8	24.7	44.9
高等院校	89.9	18.0	24.7
企业	457.4	4.0	31.9
其他	3.4	−18.7	−1.4

（四）科技产出不断增长

2023 年，辽宁省技术合同成交额达到 1308.3 亿元，同比增长 30.8%。全省科技型中小企业、高新技术企业数量分别同比增长 55.6%、16.0%，新增"雏鹰""瞪羚"企业 1029 家、专精特新"小巨人"企业 41 家，"独角兽"企业也实现零的突破。2023 年，辽宁省有效发明专利总量为 75548 件，比上年增长 18.0%。每万人口高价值发明专利拥有量为 7.05 件，比上年增长 26.1%。每亿元 GDP 伴随的专利产出数量达到了 0.38 件，居全国第 16 名，表明辽宁省经济发展的技术含量较高，属于技术创新驱动型。在辽宁省内，沈阳市的专利最多，达 45188 件，其后依次是大连市、鞍山市、抚顺市、阜新市。整体来看，辽宁省的发明专利高度集中在沈阳市（占比 42%）和大连市（占比 39%），是辽宁省专利研发的重要区域。

二　辽宁科技创新发展存在的问题

对照建设创新型省份的要求以及经济高质量发展的内在要求，辽宁省与沿海发达省市相比，科技创新综合实力仍然较弱，财政科技扶持力量有限，科技人才外流现象严重，科技创新领域的体制机制短板依然突出。具体体现在以下几个方面。

（一）科技创新稳步增长，但与先进省份相比仍然存在较大差距

近年来，辽宁省在科技创新领域持续发力，呈现稳步增长的积极态势。从研发投入的关键指标来看，2023 年全省 R&D 经费达到了 676.4 亿元，这一数据展现了辽宁省在科技创新方面所付出的努力和投入的资源。然而，不容忽视的是，与国内先进省份相比，辽宁省在科技创新上仍然存在着较大的差距。从国内省份排名情况来看，辽宁省仅排在第 16 位。仅占全国总量的 2.0%，并且这一比重与上一年度（2.14%）相比并没有较大改变。反观其他省份，在科技创新投入上表现更为突出的省份众多，其中 R&D 经费超过千亿元的省份多达 12 个，包括广东省、江苏省、北京市、浙江省、山东省、上海市、湖北省、湖南省、河南省、四川省、安徽省以及福建省（见表 2）。这些省份在科技创新投入上的雄厚实力，更加凸显出辽宁省在科技创新之路上需要加快追赶的步伐，进一步加大投入、优化创新环境，以提升自身的科技创新能力和在全国的竞争力。

表 2　2023 年全国各省份 R&D 经费情况

地区	R&D 经费（亿元）	位次	R&D 经费投入强度(%)	位次
全国	33357.1	—	2.65	
北京	2947.1	3	6.73	1
天津	599.2	18	3.58	3
河北	912.1	13	2.08	16

地区	R&D 经费 （亿元）	位次	R&D 经费 投入强度(%)	位次
山西	298.2	20	1.16	24
内蒙古	228.1	22	0.93	27
辽宁	676.4	16	2.24	14
吉林	210.2	25	1.55	20
黑龙江	229.3	21	1.44	21
上海	2049.6	6	4.34	2
江苏	4212.3	2	3.29	5
浙江	2640.2	4	3.2	6
安徽	1264.7	10	2.69	7
福建	1171.7	12	2.16	15
江西	604.1	17	1.88	18
山东	2386.0	5	2.59	8
河南	1211.7	11	2.05	17
湖北	1408.2	7	2.52	10
湖南	1283.9	9	2.57	9
广东	4802.6	1	3.54	4
广西	228.1	23	0.84	28
海南	89.8	28	1.19	23
重庆	746.7	15	2.48	12
四川	1357.8	8	2.26	13
贵州	211.4	24	1.01	26
云南	346.7	19	1.15	25
西藏	7.2	31	0.30	31
陕西	846.0	14	2.50	11
甘肃	156.2	26	1.32	22
青海	30.3	30	0.80	29
宁夏	85.5	29	1.61	19
新疆	115.5	27	0.6	30

注：不含港澳台数据。

（二）辽宁省科技创新综合实力相对滞后

在我国的区域发展格局中，南方发达省份在科技创新领域展现了卓越的实力，无论是科研投入的规模、科研人才的会聚程度，还是创新成果的产出

与转化效率，都处于领先地位。相比之下，辽宁省科技创新综合实力则呈现相对滞后的状况。中国科技发展战略研究院发布的《中国区域科技创新评价报告2024》能够客观反映出辽宁省科技创新综合实力在全国的排名。辽宁省在2023年的综合科技创新水平指数为66.59%，到2024年这一指数仅微升至66.84%（见图3）。而2024年全国平均指数已达78.43%，辽宁省与全国平均水平之间存在着明显的差距，这凸显出辽宁省在科技创新发展方面面临着严峻挑战，亟待探索有效提升路径。

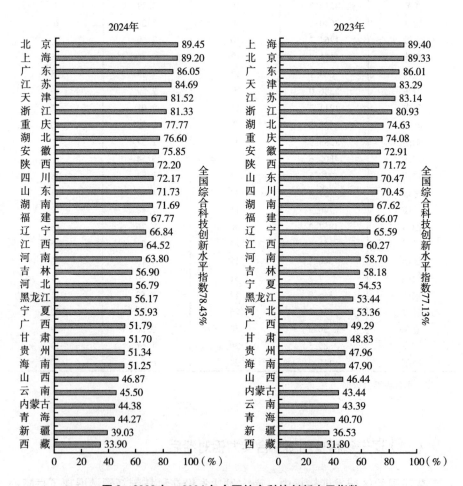

图3　2023年、2024年全国综合科技创新水平指数

资料来源：中国科学技术发展战略研究院《中国区域科技创新评价报告2024》。

（三）科技创新生态需要进一步完善

科技创新生态系统的良好运转依赖于技术、人才、资金、市场、政策、文化等要素的协同配合与相互促进。辽宁省当前的情况不容乐观，全省各项措施之间尚未形成有效的联动机制，未能充分发挥其协同放大效应。在科技服务领域，其发展的滞后性较为突出。专业的科技服务机构数量不足、规模有限，且人才队伍在质量和数量上均难以契合辽宁省创新发展的高要求，这直接导致专业化的科技服务体系存在诸多漏洞与不完善之处。尤其值得关注的是，科技金融作为推动科技发展的关键要素，在辽宁全省范围内的发展程度明显不足。现阶段，支持科技金融发展的政策措施寥寥无几，制约了科技金融对科技创新的助力作用。此外，从社会文化层面来看，全省范围内尊重创新、鼓励创新的文化氛围淡薄，公民科学素养和创新意识的欠缺也成为阻碍科技创新生态完善的重要因素。

三 谱写辽宁科技创新领域的目标展望

党的二十届三中全会审议通过的《中共中央关于进一步全面深化改革推进中国式现代化的决定》提出："加强创新资源统筹和力量组织，推动科技创新和产业创新融合发展。"辽宁省将全力以赴服务于科技自立自强这一目标，将关注点放在建设在全国范围内有影响力的产业科技创新中心上，加速推进各类重大产业集群创新发展平台的建设工作，构建科技创新新高地。

（一）构建产业科技创新价值新高地

推进科技创新引领产业集群建设，紧紧围绕辽宁的优势产业，尤其是装备制造、石化、冶金等，加大科技创新投入，培育壮大一批创新型领军企业。积极推动科技创新引领产业集群建设，重点培育并发展壮大一批创新型领军企业，为实现"在科技自立自强上走在前"这一目标贡献更多的力量。

通过领军企业的带动作用，提升产业集群的整体创新能力。在促进产业集群发展的同时，聚焦产业发展的瓶颈问题，加强产业关键核心技术攻关，组织实施重大科技专项，突破一批关键核心技术，特别是在新材料领域，攻克高性能合金材料、先进复合材料等关键技术，提高辽宁新材料产业的核心竞争力。

（二）打造创新企业汇聚高地

贯彻中央精神的重要举措和工作重点在于突出企业的科技创新主体地位。党的二十大报告提出要加快实施创新驱动发展战略，其中强调要强化企业科技创新主体地位。2023 年，习近平总书记在主持召开二十届中央全面深化改革委员会第一次会议时着重指出，强化企业科技创新主体地位是深化科技体制改革、推动实现高水平科技自立自强的关键举措。[①] 此次会议还审议通过了《关于强化企业科技创新主体地位的意见》。辽宁省科技创新要聚焦国家战略和产业发展重大需求，加大企业创新支持力度，推动企业在关键核心技术创新和重大原创技术突破中发挥作用。一是持续加大引才聚才力度，通过制定人才政策，吸引高层次人才和创新团队来辽宁创新创业。二是引育一批掌握关键核心技术的科技领军人才和创新团队，通过重大科技项目、人才计划等方式，培养科技创新领域的人才。三是加强人才培养体系建设，优化高等教育和职业教育结构，培养更多适应辽宁省科技创新发展需要的专业人才。

四　推进辽宁科技创新支撑经济高质量发展的
对策研究

（一）加快推动科技创新引领产业集群建设，集聚产业创新要素

一是持续推动数字经济和实体经济深度融合。大力发展数字经济，构建

---

① 《习近平主持召开二十届中央全面深化改革委员会第一次会议并发表重要讲话》，中国政府网，2023 年 4 月 21 日，https://www.gov.cn/yaowen/2023-04-21/content_ 5752598.htm。

数字创新体系，促进数字经济赋能产业集群。推动数字产业化，主攻数字产品制造业、数字技术应用业和数字要素驱动业等数字产业。加快产业数字化，促进数字经济与实体经济深度融合，巩固提升智能化改造和数字化转型先行优势。二是持续推动现代服务业同先进制造业深度融合。以破解关键核心技术"卡脖子"难题为目标，全力发展先进制造、智能制造、绿色制造、服务型制造，促进现代服务业与先进制造业深度融合，打造一批世界级战略性新兴产业集群和先进制造业集群，不断提升辽宁在全国产业链、价值链、供应链中的地位，努力成为具有全省影响力的综合性产业创新中心。三是持续推动创新链、产业链、资金链、人才链深度融合。紧扣创新引领和数字赋能，突出以产集才、以才兴产，实现以创助产、以产聚资、以资引才、以才促创良性循环，强化四链深度融合，推动多元要素高效对接、多维链条协同，做强产业创新生态，建设高水平创新集群。

（二）加大创新要素投入，促进科技与经济深度融合

在当前经济转型和产业升级的背景下，辽宁省振兴的关键在于加大创新要素的投入，以科技力量推动经济发展。在人才投入方面，一是建立完善的高端人才支持体系，设立专项基金与项目资助产业领军人才及团队；二是加大对具有发展潜力创新人才的投入；三是改革人才制度，借鉴经验优化评价、流动、激励机制，为中青年科研人才创机会，聚人才促创新。在财政科技支出方面，一是确立稳定增长机制，让科技支出增长同步或领先于GDP增长；二是利用金融工具与创新政策吸引撬动社会资本投入科技创新，助力创新型企业上市；三是推动国企科技创新，借混改与绩效考核，促其加大研发投入、提升创新能力。在科学仪器设施投入与共享方面，一是加大财政投入，改善科研基础设施以支撑创新；二是推动共建共享，提高仪器设施使用效率；三是依托领军企业等搭建开放平台，借助后补助奖补制度，鼓励高校、科研院所开放资源，实现资源的最大化利用。通过加大人才、财政科技和科学仪器设施投入，构建多元化的科技创新体系，提高科技资源供给效率，促进科技与经济的深度融合。这不仅有助于解决当前科技投入不足的问

题，还能为辽宁省老工业基地的全面振兴提供强大的动力支撑，实现经济高质量发展和区域竞争力的持续提升。

（三）进一步深化产学研协同创新，提高技术成果转移转化成效

针对辽宁省技术交易不够活跃，特别是电子信息、生物医药等技术成果外流的问题，需强化产学研协同，促进省内高校和科研机构技术成果的本土化应用和深度植入，提升技术成果在省内的转化效率。首先，优化产学研合作体系，激发技术交易市场活力。探讨实施融资互借、资源共享、知识产权入股等多元化合作模式，以实现技术成果市场价值的最大化。其次，实施技术经理人制度，将专业性强的技术交易活动交由专业团队执行。组建专业的技术经理人队伍，提供全方位的专业服务，包括政策咨询、技术评估、市场策划等，构建覆盖科技创新全过程的服务体系，助力技术高效对接。最后，推动科技成果转化机制的完善，促进技术成果在地化。全面贯彻国家和省科技成果转化政策，发挥企业在科技创新中的主体作用，利用科技成果转化基金和创业投资引导基金，引导社会资本参与，提升辽宁省科技成果的本地转化率和质量。

（四）加强创新创业主体培育，营造良好创新创业环境

首先，加大创新创业平台建设力度，积极营造鼓励创新、宽容失败的社会环境，借助媒体广泛宣传双创政策，传承创新与创业精神，树立创新价值导向。加强众创空间等新型孵化器建设，为初创企业提供增值服务，重点扶持中小微企业与创新创业者，降低企业成本，提升孵化质量。其次，强化企业创新主体地位，充分发挥政策激励效能，促使企业加大研发投入，支持领军企业开展前沿创新研究与产业化项目，攻克核心技术。加强企业研发机构建设，分类指导与重点扶持并行，推动企业与高校、科研院所共建，提升自主创新能力，同时破除体制机制障碍，支持新型研发组织建设，借助区域与专项政策助力其体制机制创新突破。最后，应加大创新政策督导力度，确保创新政策落地生根。制定突破性和定制化的创新政策，破除体制机制障碍，

提高科技有效供给。同时，促进创新政策因地制宜落到实处，通过简化操作程序、建立部门联动机制和监督考评制度，确保政策效果最大化，为科技创新提供坚实的政策保障。

（五）加强高新区等创新载体建设，加大创新对经济的支撑力度

首先，优化高新区发展战略布局，提升创新载体支撑能力。采用"一区多园"的发展模式，推动大学科技园、众创空间、科技企业孵化器等创新资源向高新区集中，建立起以研发中心、公共技术服务平台、风险投资、技术交易等为核心的服务体系，吸引一流的科研院所和创新团队落户，进而推动高新区产业的优化升级。其次，实施高新技术企业培育工程，增强企业自主创新能力。针对辽宁省高新技术企业发展的不足，建立高新技术企业培育库和高新技术项目孵化器，重点培育研发活动活跃、研发投入强度大、掌握核心技术、市场竞争力强的高新技术企业。此外，优先支持高新技术企业承担科技计划项目和享受创新政策，鼓励企业内部创新和创业，提升企业技术创新能力。最后，促进科技型中小微企业和高成长企业协同发展。依托高校和科研院所的科研和人才优势，在高新区建立"政产学研金"合作式公共技术服务平台，降低科技型中小微企业的技术创新成本。建立高成长企业挖掘和培养机制，着力培育"瞪羚"企业和"独角兽"企业，支持大企业裂变和跨界发展，推动形成以创新为驱动的高成长企业集群。

参考文献

邓丽丽、孙敬延：《辽宁省科技成果转化存在的问题及对策研究》，《中国科技产业》2024 年第 7 期。

孙福全、张俊芳、石长慧等：《我国"十四五"创新驱动发展目标任务的实现情况、主要问题及对策建议》，《科技中国》2024 年第 1 期。

金益萌：《创新改革背景下辽宁省科技创新驱动发展问题研究》，《中外企业家》2020 年第 4 期。

李忠华、王誉：《辽宁科技成果转移转化财政支持政策存在的问题及对策》，《经济研究导刊》2018年第7期。

于晓琳、路鸣、戚扬学等：《提高辽宁科技创新能力对策问题研究》，《辽宁经济》2017年第12期。

B.32
辽宁新质生产力发展路径研究

曹颖杰*

摘　要： 2024 年辽宁新质生产力发展态势整体向好、产业链式集群逐步壮大、科技创新成效突出、重大项目支撑有力、发展环境不断优化，为辽宁经济高质量发展注入新动力。但是辽宁新质生产力还存在新兴产业规模较小，对经济支撑作用不够明显；创新发展内生动力不足，科技成果转化不畅；龙头企业少，产业集聚度不高；数字赋能不强，产业融合有待提升等问题。针对上述问题，辽宁需夯实产业基础，建设现代产业体系；加大科技创新力度，推动科技成果转化；加快产业集聚，提升载体支撑能力；强化数字赋能，推进产业融合发展，以进一步推动辽宁新质生产力高质量发展，为辽宁经济发展提供动力支撑。

关键词： 新质生产力　产业集聚　科技创新　产业融合

新质生产力是推动经济高质量发展的重要力量和着力点，是加快产业转型升级、建设现代化产业体系、塑造发展新优势的有力支撑。2024 年，辽宁坚持新发展理念，深入贯彻实施创新驱动发展战略，持续做好结构调整"三篇大文章"，以科技创新为引领，推动产业优化升级，培育壮大战略性新兴产业，前瞻布局未来产业，加快形成新质生产力，打造新的经济增长点，为辽宁经济高质量发展注入新动力。

---

* 曹颖杰：辽宁社会科学院产业经济研究所副研究员，主要研究方向为产业经济。

一 辽宁新质生产力发展基础

（一）发展态势整体向好

辽宁大力推动产业转型升级，把发展特色优势产业和战略性新兴产业作为主要抓手，培育发展新质生产力强劲动能，战略性新兴产业保持快速增长态势。2024年上半年，辽宁高技术制造业增加值同比增长15.5%，增速高于全省规模以上工业12.2个百分点，高于全国6.8个百分点，其中光纤、光缆及锂电池制造业增加值同比增长16.9%，飞机制造业增加值同比增长33.2%，计算机、通信和其他电子设备制造业增加值同比增长34.6%，医药制造业增加值同比增长8.0%；高技术制造业投资增长较快，其中医疗仪器设备及仪器仪表制造业投资同比增长66.3%，航空、航天器及设备制造业投资同比增长1.6倍，医药制造业投资增长35.1%。新产品、新产业成为辽宁新质生产力发展的新增长点，其中服务器产量同比增长31.5%，新能源汽车产量同比增长19.3%，集成电路产量同比增长8.6%。①

（二）产业链式集群逐步壮大

辽宁大力推进新型工业化，加强产业合作，扎实推进产业集群发展。辽宁加快建设4个万亿级产业基地和22个重点产业集群，形成数控机床、航空装备等12个优势产业集群，新能源、机器人和人工智能、集成电路设备、软件和信息技术服务等10个战略性新兴产业集群逐步发展壮大，产业链群发展成效显著。辽宁把高新区建设作为推动全省新质生产力发展的重要载体，形成19家省级以上高新区，其中国家级高新区8家。高新区以培育新产业为支撑，做强发展新质生产力的产业链，成为新质生产力集聚区，支撑示范作用逐步增强，经济保持快速增长态势。

---

① 资料来源：辽宁省统计局网站。

（三）科技创新成效突出

辽宁依托科教资源优势，加快创建具有全国影响力的区域科技创新中心。整合辽河实验室、中国科学院沈阳自动化研究所等创新平台，建立辽宁省工业互联网实验室群。加快氢能源制造业创新中心、辽宁省高性能膜及膜材料创新中心等创新中心建设。截至 2024 年 7 月，辽宁省级及以上重点实验室达到 638 家，其中全国（国家）重点实验室 21 家、辽宁实验室 4 家；省级及以上技术转移示范机构 106 家；省级及以上科技企业孵化器 66 家。① 新培育创新型中小企业 571 家，"专精特新"中小企业 283 家，国家级制造业单项冠军企业 8 家。② 一批核心技术实现突破，东北制药维生素 C、左卡尼汀原料药获欧盟 CEP 认证批复，中国科学院沈阳自动化所与沈阳智能机器人创新中心联合研发的大型扫描探针显微镜测量精度远超世界领先水平。

（四）重大项目支撑有力

重大项目建设是产业提质增效的有效途径，辽宁把重大项目建设作为新质生产力发展的突破口，健全重大项目省级推进机制，持续推动项目建设，切实发挥重大项目牵引带动和支撑作用。项目投资稳步增长，2024 年上半年，辽宁省中央项目投资同比增长 18.8%，比全省固定资产投资增速高16.3 个百分点；建设项目投资同比增长 9.6%，其中亿元以上建设项目投资同比增长 13.3%。③ 加快重点项目建设，推进华电丹东风电装备项目、辽宁鼎际得石化新材料项目、营口华能清洁能源高端装备产业园、大连华锐重工大型高端风能核心零部件制造、中国中化扬农葫芦岛大型精细化工项目等开工建设，这些项目涵盖先进制造、新材料等多个产业领域。辽宁不断深化与

---

① 《辽宁省科技成果转化有关情况新闻发布会》，辽宁省人民政府网站，2024 年 7 月 23 日，https：//www.ln.gov.cn/web/spzb/2024nxwfbh/20240723143338895394/index.shtml。
② 《聚焦推进新型工业化　加快发展新质生产力——透视辽宁经济"半年报"②》，《辽宁日报》2024 年 7 月 24 日。
③ 资料来源：辽宁省统计局网站。

央企的合作，推动111个重大项目开工，投资额达到404.2亿元，推进合作项目整体对接和落地实施，加快与央企融合协同发展。①

（五）发展环境不断优化

加强制度体系建设，出台《辽宁省工业机器人等重点产业链供应链质量联动提升工作方案》《中共辽宁省委　辽宁省人民政府关于培育新质生产力推动高质量发展的意见》《关于强化企业科技创新主体地位　培育壮大科技型企业群体的若干措施》等一系列推动新质生产力发展的政策措施，为辽宁新质生产力发展提供强有力保障。深化科技体制改革，完善科技研发投入体系，推进科研经费管理改革，开展省级科技计划项目经费"包干制"试点，激发科技人员创新创业活力，提高科技经费使用效率。深化"放管服"改革，制定《关于进一步深化综合窗口改革的实施方案》《辽宁省进一步优化政务服务提升行政效能推动"高效办成一件事"工作方案》等政策，推进政务服务中心及分中心综合窗口改革、"高效办成一件事"改革、企业服务专区改革、惠企政策落地等，促进经营主体降本增效，提升政务综合服务水平。提升金融服务水平，结合新质生产力发展方向，开展政银企对接，搭建政银企对接服务平台，优化信贷资源配置，加大对科技创新等领域的支持力度，降低普惠贷款利率，推出"专精特新"贷款、"绿色信贷"等金融产品。

二　辽宁新质生产力发展存在的问题

（一）新兴产业规模较小，对经济支撑作用不够明显

辽宁深入实施制造强省战略，工业经济保持平稳健康发展。但从产业结构来看，以辽宁装备制造、石化、冶金等为代表的传统产业占比较大，工业发展对传统产业依赖过高；高端装备制造、新能源汽车、新一代信息技术等

---

① 《央企在辽宁：新老产业实现突破性进展》，《企业观察报》2024年8月12日。

战略性新兴产业发展快速，但是产业总体规模小，增加值占工业的比重较低，新动能支撑不足，对经济支撑作用不够明显。

（二）创新发展内生动力不足，科技成果转化不畅

辽宁创新投入总体不足，全社会研发投入占 GDP 的比重相对较低，2023 年辽宁 R&D 经费投入强度为 2.24%，远低于北京、上海、广东等地。技术支持能力不强，缺乏具有高科技含量、高附加值的产品，部分关键材料和零部件仍受制于人，处于产业链中低端。辽宁高校和科研院所科研市场导向性不强，科研成果与产业发展需求对接存在错位情况，企业主动承接科技成果转化不足，企业在产学研联合创新中的参与程度不高，科技服务市场化程度相对较低，科技成果转移转化中介机构服务水平有待提升。

（三）龙头企业少，产业集聚度不高

辽宁龙头企业总量少，对龙头企业的支持力度不够，部分产业领域缺乏创新能力强、竞争优势大、带动全产业链提升的创新型"链主"企业，龙头企业对新质生产力发展的引领带动作用不强。集群内产业链条不够完整，存在短链、缺链、断链、弱链的现象，部分产业集群还处于集中布局阶段，产业链横向纵向缺乏有效的协同和资源整合，没有形成配套完整、优势突出、协同分工的产业链发展模式。

（四）数字赋能不强，产业融合有待提升

辽宁产业数字化转型相对缓慢，数字技术助推产业发展成效不显著，部分中小企业、传统产业数字化转型相对滞后，数字化转型意识不足，存在"不会转""不想转""不敢转"的问题。数字基础设施建设仍需加强，重大科技基础设施建设相对滞后。数字与产业融合发展水平有待提升，新技术与产业融合发展不足，战略性新兴产业、未来产业、人工智能等高端领域仍需加快布局培育；数字化深度应用不足，数字化、智能化应用场景多停留在信息化系统建设阶段。

三 辽宁新质生产力发展面临的形势

（一）发展机遇

从国际来看，新一轮科技革命和产业变革加速推进，基础研究和颠覆性技术突破成为全球竞争的制高点，信息技术、生物技术、新材料技术等领域不断取得突破性进展，人工智能、大数据等数字技术与实体经济深度融合，新产业、新业态、新模式不断涌现，为新质生产力发展带来新市场和新机遇，特别是为元宇宙、细胞治疗等领域未来产业发展带来历史性发展机遇，要主动抓住机遇，以科技创新推动产业创新，不断形成新质生产力，构筑竞争新优势，抢占未来竞争制高点。

从国内来看，我国经济处于高质量发展阶段，加快供给侧结构性改革，构建"双循环"发展格局，加快发展现代产业体系，将推动新质生产力供给结构不断优化升级，为产业扩大内需、加快转型升级、塑造竞争新优势提供强大支撑。同时，我国在深化改革、推进区域协调发展、振兴实体经济等方面的有利因素，为新质生产力发展提供优质的环境及强大的动力，新质生产力发展动能将持续增强。

从省内来看，辽宁贯彻新发展理念，深入实施创新驱动发展战略，持续做好结构调整"三篇大文章"，提升企业创新主体地位，壮大高层次创新人才队伍、优化产业发展政策，培育壮大战略性新兴产业，加快布局未来产业，形成现代产业体系，这有利于辽宁新质生产力形成先发优势，促进产业优化升级和高质量发展。

（二）面临挑战

从国际来看，世界经济政治形势复杂多变，全球经济贸易具有不稳定性、不确定性，贸易保护主义、单边主义依然存在，世界各国在科技创新、产业发展上竞争愈发激烈，产业出口模式受到挑战，对产业链、供应链安全性和稳定性带来一定的冲击。发展新质生产力必须要做好产业基础再造和产业链提升工程，加快科技创新、绿色低碳、数字转型，以增强产业和产品的国际竞争力。

从国内来看，我国各地加快布局发展新质生产力，存在创新资源和人才争夺现象，新质生产力区域发展水平存在一定的差距，优化新质生产力布局促进区域协调发展面临巨大的挑战。我国产业结构调整和升级面临诸多难题，加快传统产业转型升级、培育壮大战略性新兴产业和未来产业、形成新质生产力竞争新优势，对我国新质生产力发展提出更高的要求。

从省内来看，辽宁新质生产力发展仍然存在产业基础薄弱、内生动力不足、集聚效应不强等问题，必须充分发挥辽宁的产业优势和比较优势，明确符合辽宁实际的新质生产力发展战略、发展目标和重点任务，培育壮大战略性新兴产业，大力发展未来产业，找准产业转型升级的突破口，释放产业发展新动能。

四　辽宁新质生产力的发展路径

（一）夯实产业基础，建设现代产业体系

新质生产力的载体是产业，辽宁要加快推动传统产业转型升级，重点发展战略性新兴产业，布局未来产业，加快建设现代化产业体系。一是推动传统产业转型升级。加快传统产业升级改造，推动传统产业向高端化、智能化、绿色化转型，实施产业基础再造工程，支持企业加大技术和设备改造投入，加快产品升级换代，打造技术、标准、服务、品牌优势，推动传统产业向产业链中高端迈进，通过"机器换人""生产换线"等措施推进数字化发展，加快绿色化改造，打造一批标杆企业。二是培育壮大战略性新兴产业。聚焦生物医药、新能源汽车、高端装备制造、新一代信息技术、新材料等战略性新兴产业领域，提升产业基础能力和发展能级，着力加大科技创新力度、增强企业创新主体地位、壮大产业集群、扩大开放合作、优化产业生态，提升产业发展质量和效益，为新质生产力发展提供有力支撑。以重大项

目为依托,围绕战略性新兴产业重点发展方向,深化央地合作,落地一批投资规模大、带动能力强的重大产业项目。三是前沿布局未来产业。围绕人工智能、细胞治疗、柔性电子、元宇宙等领域,以产业应用需求为导向加强未来产业基础研究,推动未来产业重点领域技术突破,培育未来产业竞争新优势。明确辽宁未来产业发展战略定位和重点方向,制定未来产业发展相关政策,支持在科教资源优势突出、产业基础雄厚的高新区布局建设未来产业先导区和集聚区。

(二)加大科技创新力度,推动科技成果转化

一是加强科技创新攻关。加大财政资金对基础研究和应用研究的支持力度,加大企业研发投入补助力度,开展前沿引领技术、颠覆性技术和产业关键共性技术研发。围绕产业链部署创新链,整合辽宁科技创新资源,制定辽宁新质生产力重点产业领域关键核心技术短板清单,在关键基础材料、核心基础零部件(元器件)、先进基础工艺等方面开展关键核心技术攻关,提升产业核心竞争力。二是建设高能级创新平台。围绕新质生产力发展需求,建设一批中试平台和试验验证平台,加快重点实验室、技术研发中心、工程研究中心、产业创新中心等高能级重大科技创新平台建设,突破新质生产力发展的"卡脖子"技术,提升产业技术创新能力。三是推动科技成果转化。聚焦战略性新兴产业和未来产业,推进产学研深度融合,深化高校产教融合、院企合作,鼓励企业与科研院所共建实验室、大学科技园、创新基地,进行产学研对接,开展关键技术联合攻关,促进协同创新和科技成果转化。建立统一开放的技术市场,健全技术信息平台、技术交易平台、专利技术转移转化平台,提升技术转移机构的专业化服务水平,开展科技专项对接活动,促进科技成果供需对接、技术转移和科技成果转化。

(三)加快产业集聚,提升载体支撑能力

一是壮大产业集群。立足辽宁产业基础,充分发挥辽宁比较优势,结合辽宁区域重大发展战略,聚焦辽宁新质生产力重点发展方向和关键领域,加

快产业链、创新链、资金链、人才链融合，加速科技、资金、人才、金融等要素集聚，推动研发设计、生产制造、服务配套等环节集中布局，培育壮大战略性新兴产业集群和未来产业集群，提升产业集群带动力，打造新质生产力发展高地。二是完善集群产业链条。推进强链、补链、延链工程，打通产业链各环节堵点、难点、断点，提升产业链条整合力，提升产业链协同创新能力。围绕新质生产力优势产业链和重点产业集群壮大龙头企业，发挥龙头企业的集成带动作用，大力培育"链主"企业，开展产业链提升工程，打造产业链上下游企业联盟，提升产业链竞争力。三是提升产业园区承载力。加强生产要素集聚和优化配置，将高新区、经济技术开发区、产业基地、产业园等作为产业集群发展的主要载体，围绕园区主导产业开展产业链精准招商，引进一批支撑重点产业发展的重大项目，培育"专而精"的特色产业，形成主导产业突出、产业链条集聚度高、配套完备的特色产业园区。加快园区建设，加大物联网、5G 等新基建的建设和投入，加大对园区道路及排水、排污等设施的建设力度，推进产业园区基础设施和公共配套建设，推动园区政务服务、创新创业、人才培训等综合服务平台建设，提升园区综合公共服务能力。

（四）强化数字赋能，推进产业融合发展

一是加快数字基础设施建设。加快建设 5G、千兆光纤、IPv6、移动物联网等通信网络基础设施，建设人工智能、区块链、云计算等新技术基础设施，统筹布局超算中心、人工智能算力中心、数据中心等算力基础设施，加快"数字+""智能+"等融合基础设施建设，围绕新质生产力重点领域布局建设一批重大科技基础设施，加快推进华为辽宁区域总部建设，为辽宁新质生产力发展和场景应用提供支撑。二是推动产业数字化升级。加快数字技术与新质生产力深度融合，推动 5G、人工智能、区块链、大数据等数字技术在新质生产力领域的应用，完善辽宁工业互联互通基础性平台，有序推进产业、园区数字化转型。加快产业链数字化升级，打通产业链、供应链上下游企业数据通道，搭建大数据产业合作与对接平台，推动实现大数据在研

发、生产、销售、仓储物流、产品服务等全过程供需调配和精准对接，提高产业链协同效率。三是推动企业数字化转型。推进数字技术赋能企业发展，鼓励建设面向中小企业的工业互联网平台，支持企业建设数字化车间、智能生产线、智慧工厂，推广应用数字化、智能化等先进制造系统和成套技术装备，提高企业数字化、网络化、智慧化水平。

参考文献

王宇：《以新促质：战略性新兴产业与未来产业的有效培育》，《人民论坛》2024年1月30日。

钟茂初：《新质生产力强劲推动高质量发展》，《中国社会科学报》2023年7月9日。

贾品荣：《加快形成新质生产力的重点及实现路径》，《光明日报》2023年10月31日。

丁任重、李溪铭：《新质生产力的理论基础、时代逻辑与实践路径》，《经济纵横》2024年第4期。

李晓华：《以新质生产力打造发展新优势》，《经济日报》2023年12月12日。

附录一
2024年大事记

2024年1月6日 全国首个获批的国际枢纽港港口总体规划《大连港总体规划（2035年）》正式获批，明确了大连港未来发展方向，标志着大连港规划建设进入一个新的历史时期。

2024年1月17日 中国科学院沈阳自动化研究所、通用技术集团沈阳机床有限责任公司成功获批国家首批机器人、数控机床领域唯一国家标准验证点。

2024年2月1日 沈阳市、大连市成功入选国家知识产权局发布的第二批国家知识产权保护示范区建设城市（地区）名单。

2024年2月6日 《中共辽宁省委组织部关于组织工作服务保障辽宁全面振兴新突破三年行动的意见》印发，从加强干部、人才、基层党建、考核等工作方面制定10个配套文件，为实施辽宁全面振兴新突破三年行动提供有力保障。

2024年2月26日 辽宁启动科技专员进企业专项行动，将派出1000名科研能力强、拥有创新成果的科技人员担任"科技专员"，帮助企业解决技术、人才和服务等方面的难题。

2024年2月26日 2024沈阳航空航天城项目签约仪式在辽宁友谊宾馆举行，现场签约25个项目，计划总投资68.5亿元。

2024年2月28日 《辽宁省促进市场公平竞争条例》正式实施，这是东北地区第一部维护市场公平竞争秩序的基础性、地方性法规，将为吸引国内外优秀企业来辽投资提供高质量、可持续的基础保障。

2024 年 2 月 29 日 辽宁沈阳市首宗农村集体经营性建设用地入市挂牌成交，是新土地管理法实施以来，这是辽宁全省 11 个试点地区首次实现农村集体经营性建设用地入市成交。

2024 年 3 月 7 日 辽宁首条跨市城际公交线路——葫芦岛至锦州城际公交线路正式开通。

2024 年 3 月 14 日 民政厅等 15 部门联合印发《辽宁省积极发展老年助餐服务实施方案》，聚焦老年人就餐实际困难，积极构建覆盖城乡、布局合理、多元参与、共建共享的老年助餐服务网络，推动老年助餐服务方便可及、经济实惠、安全可靠、持续发展。

2024 年 3 月 21 日 辽宁省邮政管理局印发《深入推进快递包装绿色转型行动方案工作任务清单》，深入推进快递包装绿色转型。

2024 年 3 月 26 日 由辽河油田采油工艺研究院研发的井下大功率电加热蒸汽提干装置连续平稳运行，标志着世界首台套 1 兆瓦井下大功率电加热蒸汽提干装置试验成功，在国内外稠油热采领域开辟出一条崭新的绿电消纳、降碳减排之路。

2024 年 4 月 5 日 《关于推动消费品工业高质量发展的指导意见》出台，将培育建设主营业务收入 10 亿元以上农产品加工集聚区 34 个，省级消费品工业"三品"优质县 10 个，消费品工业特色镇 10 个。

2024 年 4 月 20 日 东北海陆大通道综合运输公共服务平台完成"一个门户+五大中心"框架规划，航运客户足不出户便能完成多式联运、报关通关等业务的线上办理，跟踪货物运输动态。

2024 年 4 月 22 日 全国首家特殊食品生产企业体系检查平台完善试点在辽宁启动。

2024 年 4 月 23 日 东北首列冷藏集装箱中欧班列顺利启程。

2024 年 5 月 2 日 《进一步推动降低经营主体成本的若干措施》出台，围绕推动降低制度性交易成本、物流成本、融资成本、用地成本、用能成本、用工成本 6 个方面，实施 32 项举措，更大力度破解经营主体反映比较集中的痛点和堵点问题，助力释放市场活力。

2024年5月12日 省发展改革委以"共促民营经济发展，推动辽宁全面振兴"为主题举办首届辽宁民营经济茶叙会，倾听企业建议诉求，了解企业经营情况，帮助企业纾困解难。

2024年5月13日 以"推动企业高质量发展，助力全面振兴新突破"为主题的辽宁省企业大会在沈阳召开，会议对在全面振兴新突破三年行动首战之年做出突出贡献的企业予以通报表扬。

2024年5月18日 东北亚绿色船舶燃料供应链联盟成立，将凝聚绿色船舶燃料供应链各方力量，保障东北三省一区绿色船舶燃料产业链安全，支持和带动航运业绿色低碳发展。

2024年5月20日 东北地区首款高铁旅游计次票正式推出，沈阳、丹东、大连实现"一票可达"。

2024年6月2日 沈阳、大连两市成功入选全国首批制造业新型技术改造城市试点，每个市将获得3亿元中央财政补助。

2024年6月12日 全国最大容量构网型SVG（静止无功发生器）人工短路试验在阜新彰北风电场成功完成，将为辽宁省构建新型电力系统建设和大规模新能源并网消纳提供可靠技术保障。

2024年6月19日 东北地区首单飞机融资租赁业务正式落地大连，实现了东北地区飞机融资租赁业务零的突破。

2024年6月28日 辽宁省工业互联网实验室群成立大会在沈阳召开，将在平台建设、任务实施、资源共享、人才引育、政策咨询和科技金融服务等方面做好创新资源统筹优化，推动创新链、产业链、资金链、人才链深度融合，实现科技与产业"双向奔赴"。

2024年7月5日 辽宁全面启动"率先将永久基本农田全部建成高标准农田"行动，打造高标准农田高水平建设示范省，预计到2026年建成150万亩示范项目。

2024年7月6日 中共辽宁省委办公厅、辽宁省人民政府办公厅公布关于推动县域经济高质量发展若干政策措施的意见26条，进一步激发辽宁县域经济发展活力、动力，推动全省县域经济高质量发展，

2024 年 7 月 8 日 氢能源制造业创新中心在大连揭牌，聚焦动力电池和储能电池发展方向，加速氢能产业基础研究、应用开发、成果转化、产业化全链条贯通。

2024 年 7 月 12 日 清水大米和建平小米入选国家地理标志保护工程。

2024 年 7 月 12 日 省国资委与省供销社签署战略合作框架协议，围绕粮食、农资、仓储物流、农（副）产品等涉农产业、再生资源等领域深化合作，共同构建"大国资、一盘棋"的发展格局。

2024 年 7 月 12 日 国内首个聚氯乙烯聚合工艺校企联合研发中心在沈阳揭牌，针对 PVC 糊树脂的关键技术难题进行攻关，加快 PVC 糊树脂领域科技成果从实验室走向生产线的步伐，推动并加快科技成果转化与应用。

2024 年 7 月 17 日 徐大堡核电站 2 号机组主体工程正式开工，将为东北地区能源电力保供和绿色低碳转型提供有力支撑。

2024 年 7 月 26 日 大连蛇岛—老铁山、丹东鸭绿江口两处候鸟栖息地被成功列入《世界遗产名录》，标志着辽宁世界自然遗产实现了零的突破。

2024 年 7 月 31 日 中石化世界级超大缠绕管式换热器在大连东方亿鹏成功制造，该设备是中国乃至世界上单体质量最重、直径最大、长度最长、换热面积最大、技术要求最高、焊接工艺最精、制造难度最大的立体高效缠绕管式换热器。

2024 年 8 月 4 日 省商务厅等 13 部门联合印发《推动全省网红经济发展工作方案（2024—2026）》，力争将辽宁建设成为全国网红经济发展的新高地。

2024 年 8 月 8 日 首届辽宁养老新技术、新产品、新方案推介活动在沈阳举办，为养老服务领域交流和创新搭建平台，促进不同主体合作协同，共同谋划和深化辽宁养老事业和养老产业改革发展。

2024 年 8 月 22 日 大连、沈阳城市群成功获得国家综合货运枢纽补链强链竞争立项，将获得中央财政奖补资金 20 亿元，计划支持建设 57 个货运枢纽场站及集疏运线路项目。

2024 年 8 月 23 日 辽宁"专精特新"企业畅享"免申即享"政策，首批158家企业获7800万元的奖补资金。

2024年9月1日　第二十二届中国国际装备制造业博览会在沈阳召开，主题为"智能新装备·新质生产力"，境外（地区）、外商在华投资及合作参展企业达125家，总计达成意向项目113个，意向成交金额达12亿元。

2024年9月9日　由辽宁主导制定的《柔性多孔聚合物材料　海绵和发泡橡胶制品　第2部分：模制品与挤出制品规范》国际标准正式发布，提高了我国在橡胶与橡胶制品领域的国际话语权。

2024年9月10日　以"以智焕制　以旧焕新"为主题的2024全球工业互联网大会在沈阳举办，国家工业碳基础数据库正式上线，多款机器人携"智慧大脑"亮相。

2024年9月11日　2024全球工业互联网大会新闻发布会在中国工业博物馆召开，本次大会以"以智焕制　以旧焕新"为主题，突出"旧"和"新"的对比张力、"小场景"到"大场面"的纵深延展、"辽宁味儿"和"国际范儿"的有机融合。

2024年9月17日　辽宁产业投资基金与4家中央企业合作组建的产业投资基金相继完成设立，总规模达100亿元，投资方向涵盖全省4个万亿级产业基地和22个重点产业集群，标志着辽宁央地合作母、子基金产业化协同投资集群初步形成。

2024年9月18日　省政府办公厅印发《辽宁省进一步推动经济以进促稳稳中提质若干措施》，推出16条惠企政策措施，推动经济持续回升向好。

2024年9月19日　省人力资源社会保障厅下发通知，提出规范化建设零工市场，线上、线下齐发力，建设市场、驿站、专区等各类型零工载体相互衔接的服务格局，为所有灵活就业人员提供免费基本就业公共服务。

2024年10月6日　《关于科技引领未来产业创新发展的实施意见》印发，力争未来五年，全省未来产业实现技术创新、产业培育、安全治理全面发展，基础研究和关键核心技术取得重大突破，涌现一批标志性产品、创新企业和领军人才，形成一批重要应用场景、中试平台和技术标准，未来产业新增长点逐步显现。

2024年10月24日 国务院批复《沈阳市国土空间总体规划（2021—2035年）》，对沈阳国土空间作出全局安排，确定沈阳的城市性质是"辽宁省省会、东北亚国际化中心城市、国家历史文化名城、国际性综合交通枢纽城市"，核心功能定位是"全国先进制造业基地、东北现代服务业中心、区域性科技创新高地"。

2024年10月27日 沈阳金融商贸经济技术开发区升级为国家级经济技术开发区。

2024年11月1日 辽宁省数字赋能民企高质量发展大会在沈阳举办，大会以"数字精准赋能 激发民企活力"为主题，宣讲数字化转型政策，推介"辽宁省民营企业数字化转型服务联盟"。

2024年11月1日 由中国船舶大连船舶重工集团有限公司联合中国船舶工业贸易有限公司为MSC地中海航运建造的"玛利亚克里斯蒂娜"轮交付，在国内首次实现B型LNG燃料舱全流程自主研制，填补国内技术空白。

2024年11月2日 2024年全国工业和信息化系统产业科技创新工作座谈会在沈阳召开，会议指出要高度重视科技创新在推进新型工业化中的关键作用，不断完善科技创新体系，强化高质量的创新供给，夯实产业基础，提升技术创新能力；要抓住科技创新发展机遇，加快数字转型、壮大创新主体、加速"四链"融合发展。

2024年11月6日 东北首个进口铜精矿保税混矿试点在辽宁自贸试验区大连片区落地，实现了现有境外混矿业务向国内口岸"前移"。

附录二
2024年前三季度基本数据

2024 年前三季度基本数据

项目	单位	绝对值	同比增速
国内生产总值	亿元、%	22549.9	4.9
第一产业	亿元、%	1545.1	4.8
第二产业	亿元、%	8876.4	5.1
第三产业	亿元、%	12128.4	4.7
工业增加值	亿元、%	—	3.4
高技术制造业	亿元、%	—	13.3
固定资产投资	%	—	4.8
基础设施投资	%	—	17.2
制造业投资	%	—	3.5
房地产开发投资	%	—	−17.3
社会消费品零售总额	亿元、%	7952.1	4.2
城镇	亿元、%	6942.2	4.1
乡村	亿元、%	1009.9	5.0
进出口总额	亿元、%	5735.7	−0.9
出口总额	亿元、%	2753.9	3.0
进口总额	亿元、%	2981.8	−4.3
居民消费价格指数	%	—	0.3
工业生产者出厂价格指数	%	—	−1.9
工业生产者购进价格	%	—	−2.1
一般公共预算收入	亿元、%	2293.7	5.7
一般公共预算支出	亿元、%	4815.6	2.9
全体居民人均可支配收入	元、%	29998	4.9
城镇居民人均可支配收入	元、%	35862	4.6
农村居民人均现金收入	元、%	17786	5.9

资料来源：辽宁省统计局网站和辽宁省人民政府网站。

皮 书

智库成果出版与传播平台

❖ 皮书定义 ❖

皮书是对中国与世界发展状况和热点问题进行年度监测，以专业的角度、专家的视野和实证研究方法，针对某一领域或区域现状与发展态势展开分析和预测，具备前沿性、原创性、实证性、连续性、时效性等特点的公开出版物，由一系列权威研究报告组成。

❖ 皮书作者 ❖

皮书系列报告作者以国内外一流研究机构、知名高校等重点智库的研究人员为主，多为相关领域一流专家学者，他们的观点代表了当下学界对中国与世界的现实和未来最高水平的解读与分析。

❖ 皮书荣誉 ❖

皮书作为中国社会科学院基础理论研究与应用对策研究融合发展的代表性成果，不仅是哲学社会科学工作者服务中国特色社会主义现代化建设的重要成果，更是助力中国特色新型智库建设、构建中国特色哲学社会科学"三大体系"的重要平台。皮书系列先后被列入"十二五""十三五""十四五"时期国家重点出版物出版专项规划项目；自2013年起，重点皮书被列入中国社会科学院国家哲学社会科学创新工程项目。

权威报告·连续出版·独家资源

皮书数据库
ANNUAL REPORT(YEARBOOK)
DATABASE

分析解读当下中国发展变迁的高端智库平台

所获荣誉

- 2022年，入选技术赋能"新闻+"推荐案例
- 2020年，入选全国新闻出版深度融合发展创新案例
- 2019年，入选国家新闻出版署数字出版精品遴选推荐计划
- 2016年，入选"十三五"国家重点电子出版物出版规划骨干工程
- 2013年，荣获"中国出版政府奖·网络出版物奖"提名奖

皮书数据库

"社科数托邦"
微信公众号

成为用户

　　登录网址www.pishu.com.cn访问皮书数据库网站或下载皮书数据库APP，通过手机号码验证或邮箱验证即可成为皮书数据库用户。

用户福利

- 已注册用户购书后可免费获赠100元皮书数据库充值卡。刮开充值卡涂层获取充值密码，登录并进入"会员中心"—"在线充值"—"充值卡充值"，充值成功即可购买和查看数据库内容。
- 用户福利最终解释权归社会科学文献出版社所有。

数据库服务热线：010-59367265
数据库服务QQ：2475522410
数据库服务邮箱：database@ssap.cn
图书销售热线：010-59367070/7028
图书服务QQ：1265056568
图书服务邮箱：duzhe@ssap.cn

社会科学文献出版社 皮书系列
SOCIAL SCIENCES ACADEMIC PRESS (CHINA)
卡号：288597553373
密码：

S 基本子库
SUB DATABASE

中国社会发展数据库（下设 12 个专题子库）

紧扣人口、政治、外交、法律、教育、医疗卫生、资源环境等 12 个社会发展领域的前沿和热点，全面整合专业著作、智库报告、学术资讯、调研数据等类型资源，帮助用户追踪中国社会发展动态、研究社会发展战略与政策、了解社会热点问题、分析社会发展趋势。

中国经济发展数据库（下设 12 专题子库）

内容涵盖宏观经济、产业经济、工业经济、农业经济、财政金融、房地产经济、城市经济、商业贸易等 12 个重点经济领域，为把握经济运行态势、洞察经济发展规律、研判经济发展趋势、进行经济调控决策提供参考和依据。

中国行业发展数据库（下设 17 个专题子库）

以中国国民经济行业分类为依据，覆盖金融业、旅游业、交通运输业、能源矿产业、制造业等 100 多个行业，跟踪分析国民经济相关行业市场运行状况和政策导向，汇集行业发展前沿资讯，为投资、从业及各种经济决策提供理论支撑和实践指导。

中国区域发展数据库（下设 4 个专题子库）

对中国特定区域内的经济、社会、文化等领域现状与发展情况进行深度分析和预测，涉及省级行政区、城市群、城市、农村等不同维度，研究层级至县及县以下行政区，为学者研究地方经济社会宏观态势、经验模式、发展案例提供支撑，为地方政府决策提供参考。

中国文化传媒数据库（下设 18 个专题子库）

内容覆盖文化产业、新闻传播、电影娱乐、文学艺术、群众文化、图书情报等 18 个重点研究领域，聚焦文化传媒领域发展前沿、热点话题、行业实践，服务用户的教学科研、文化投资、企业规划等需要。

世界经济与国际关系数据库（下设 6 个专题子库）

整合世界经济、国际政治、世界文化与科技、全球性问题、国际组织与国际法、区域研究 6 大领域研究成果，对世界经济形势、国际形势进行连续性深度分析，对年度热点问题进行专题解读，为研判全球发展趋势提供事实和数据支持。

法律声明